Rückverfolgbarkeitssysteme in der Ernährungswirtschaft:
Eine empirische Untersuchung des
Investitionsverhaltens deutscher Unternehmen

Dissertation
zur Erlangung des Doktorgrades
der Fakultät für Agrarwissenschaften
der Georg-August-Universität Göttingen

vorgelegt von
Thorsten Hollmann-Hespos
geboren in Diepholz

Göttingen, September 2007

D 7

1. Referent: Prof. Dr. Ludwig Theuvsen

2. Korreferent: Prof. Dr. Achim Spiller

Tag der mündlichen Prüfung: 15. November 2007

Thorsten Hollmann-Hespos

Rückverfolgbarkeitssysteme in der Ernährungswirtschaft

Eine empirische Untersuchung des Investitionsverhaltens deutscher Unternehmen

Verlag Dr. Kovač

Hamburg
2008

VERLAG DR. KOVAČ
FACHVERLAG FÜR WISSENSCHAFTLICHE LITERATUR

Leverkusenstr. 13 · 22761 Hamburg · Tel. 040 - 39 88 80-0 · Fax 040 - 39 88 80-55
E-Mail info@verlagdrkovac.de · Internet www.verlagdrkovac.de

Bibliografische Information der Deutschen Nationalbibliothek
Die Deutsche Nationalbibliothek verzeichnet diese Publikation
in der Deutschen Nationalbibliografie;
detaillierte bibliografische Daten sind im Internet
über http://dnb.d-nb.de abrufbar.

ISSN: 1435-6201
ISBN: 978-3-8300-3505-3

Zugl.: Dissertation, Universität Göttingen, 2007

© VERLAG DR. KOVAČ in Hamburg 2008

Umschlaggestaltung: Anne Klug

Printed in Germany
Alle Rechte vorbehalten. Nachdruck, fotomechanische Wiedergabe, Aufnahme in Online-Dienste
und Internet sowie Vervielfältigung auf Datenträgern wie CD-ROM etc. nur nach schriftlicher
Zustimmung des Verlages.

Gedruckt auf holz-, chlor- und säurefreiem Papier Alster Digital. Alster Digital ist
alterungsbeständig und erfüllt die Normen für Archivbeständigkeit ANSI 3948 und ISO 9706.

GELEITWORT

Mit dieser Arbeit, die von der Fakultät für Agrarwissenschaften der Georg-August-Universität Göttingen als Dissertation angenommen wurde, greift Herr Dr. Thorsten Hollmann-Hespos ein in hohem Maße aktuelles Thema auf. Die Rückverfolgbarkeit von Lebensmitteln ist in den vergangenen Jahren zunehmend in das Blickfeld gerückt. Eine zentrale Ursache sind verschiedene gesetzgeberische Maßnahmen gewesen. So ist in Artikel 18 der EU-Verordnung 178/2002 erstmals für alle Futtermittel- und Lebensmittelunternehmen eine Verpflichtung zur Sicherstellung der Rückverfolgbarkeit ihrer Produkte etabliert worden. Neben der veränderten Rechtslage ist es insbesondere auch der scharfe Wettbewerb, der Unternehmen des Agribusiness darüber nachdenken lässt, ob nicht eine verbesserte Rückverfolgbarkeit einen Beitrag zur Erarbeitung eines Kosten- oder Differenzierungsvorteils im Wettbewerb leisten kann.

Das theoretische Fundament der Arbeit bildet das von Herrn Dr. Hollmann-Hespos auf der Grundlage des Technology Acceptance Model entwickelte Tracking and Tracing Investment Model. Es stellt eine bemerkenswerte Leistung dar, dieses in der Vergangenheit für die Erklärung des (Nicht-)Gebrauchs bestimmter Informationstechnologien, z.B. Graphik- und E-Mail-Programme, entwickelte Modell für die Analyse unternehmerischer Investitionen in Rückverfolgbarkeitssysteme nutzbar gemacht zu haben.

Die aus dem Modell abgeleiteten Hypothesen bildeten die Grundlage einer umfangreichen Online-Erhebung bei Unternehmen der Ernährungswirtschaft. Die von Herrn Dr. Hollmann-Hespos durchgeführten Datenanalysen zeigen sehr deutlich die zentralen Determinanten von Investitionen in Rückverfolgbarkeitssysteme im Agribusiness. Vor allem die pfadanalytischen Untersuchungen unter Verwendung des Partial Least Squares-Ansatzes gestatten differenzierte Einsichten, u.a. in das unterschiedliche Verhalten von Großunternehmen einerseits sowie kleinen und mittelständischen Betrieben andererseits.

Die Arbeit stellt eine sehr beachtliche und originelle wissenschaftliche Leistung dar. Anspruchsvolle Theorien und empirische Methoden werden eingesetzt, um für Wissenschaft und Praxis gleichermaßen wertvolle Ergebnisse und Anregungen zu erarbeiten. Ich wünsche der Arbeit die verdiente Resonanz in der Fachwelt.

Ludwig Theuvsen

VORWORT

Die vorliegende Arbeit wurde am Department für Agrarökonomie und Rurale Entwicklung der Georg-August-Universität Göttingen angefertigt. Das Gelingen dieser Veröffentlichung wurde durch eine Vielzahl von Personen und Institutionen unterstützt, denen ich an dieser Stelle herzlich danken möchte.

Besonders bedanke ich mich bei Prof. Dr. Ludwig Theuvsen für die Überlassung des Themas und die wissenschaftliche Betreuung. Seine konstruktiven Anmerkungen und Hinweise waren für die Konzeption und Durchführung der Arbeit unerlässlich. Für die Übernahme des Korreferates bedanke ich mich bei Prof. Dr. A. Spiller.

Ein ganz besonderer Dank gilt allen Kolleginnen und Kollegen des Departments. Besonders hervorheben möchte ich an dieser Stelle Zazie von Davier, Oliver Ebneth, Christoph Niederhut-Bollmann, Timm Georg, Christina Gawron und Sabine Gerlach. Weiterhin bedanke ich mich bei Nils Banse, der zu meinen besten Freunden während der Promotionszeit zählte und auf so tragische Weise aus dem Leben gerissen wurde. Ebenfalls gilt mein Dank den Kollegen aus dem 10. Stock, die mich bei der Durchführung und Auswertung der empirischen Untersuchung jederzeit unterstützt haben. Insgesamt danke ich allen Freunden und Kollegen, mit denen ich neben der fachlichen Arbeit eine Vielzahl unvergesslicher Stunden verbracht habe und die mich immer motiviert haben, diese Arbeit zu beenden.

Weiterhin gilt mein Dank den Kollegen und Vorgesetzten der Landwirtschaftskammer Niedersachsen. Durch die flexible Arbeitszeitgestaltung und die unproblematische Beurlaubung, ist es mir erst ermöglicht worden, diese Arbeit anzufertigen.

Abschließend gilt mein größter Dank meiner Familie und meiner Freundin Eva Anslinger, die mich während der Anfertigung dieser Arbeit jederzeit unterstützt haben und somit einen entscheidenden Beitrag zum Erfolg geleistet haben.

Göttingen, im November 2007   Thorsten Hollmann-Hespos

INHALTSVERZEICHNIS

INHALTSVERZEICHNIS IX

ABBILDUNGSVERZEICHNIS XV

TABELLENVERZEICHNIS XVII

ABKÜRZUNGSVERZEICHNIS XXI

1 EINLEITUNG 1
   1.1 Problemstellung 1
   1.2 Ziel der Arbeit 2
   1.3 Vorgehensweise 3

2 DEFINITIONEN, EINORDNUNG DER ARBEIT, STAND DER FORSCHUNG 5
   2.1 Begriffsbestimmung 5
   2.2 Wissenschaftliche Einordnung des Themas 6
   2.3 Stand der Forschung 12

3 RECHTLICHE VORGABEN ZUR RÜCKVERFOLGBARKEIT 19
   3.1 Entwicklung der EU-Rechtsvorschriften im Bereich der Lebensmittelsicherheit 19
      3.1.1 Grünbuch zur Lebensmittelsicherheit 20
      3.1.2 Weißbuch zur Lebensmittelsicherheit 21
      3.1.3 Lebensmittel-Basisverordnung (EG) 178/2002 22
   3.2 Rückverfolgbarkeit im Rahmen der Verordnung (EG) 178/2002 ... 23
   3.3 Einfluss weiterer Rechtsvorschriften auf die Rückverfolgbarkeit ... 27
      3.3.1 Rückverfolgbarkeit gentechnisch veränderter Organismen ... 27
      3.3.2 Nationale Rechtsvorschriften mit Rückverfolgbarkeitsaspekten ... 28
         3.3.2.1 Aspekte der Rückverfolgbarkeit im deutschen Lebensmittelrecht ... 28
         3.3.2.2 Weitere nationale Rechtsvorschriften mit Rückverfolgbarkeitsaspekten ... 29

3.4 Kennzeichnungsvorschriften 32
   3.4.1 Produktunabhängige Kennzeichnungsvorschriften 32
   3.4.2 Produktabhängige Kennzeichnungsvorschriften 33
      3.4.2.1 Kennzeichnung von Rindern 34
      3.4.2.2 Kennzeichnung von Schweinen 34
      3.4.2.3 Kennzeichnung von Geflügelfleisch und Eiern 35
      3.4.2.4 Kennzeichnung anderer Tierarten 36
3.5 Regelungen des Codex Alimentarius 36
   3.5.1 Ziele, Aufgaben und Handlungsmöglichkeiten der Codex Alimentarius Commission 36
   3.5.2 Rückverfolgbarkeit im Rahmen des Codex Alimentarius 39
3.6 Zusammenfassende Betrachtung der rechtlichen Regelungen 41

4 GRÜNDE FÜR DIE FREIWILLIGE ERRICHTUNG VON RÜCKVERFOLGBARKEITSSYSTEMEN 43

4.1 Wettbewerbsstrategische Nutzung der Rückverfolgbarkeit 43
   4.1.1 Differenzierung als Wettbewerbsstrategie 43
   4.1.2 Differenzierungsstrategien im Lebensmittelsektor 45
   4.1.3 Rückverfolgbarkeit als Teil einer Differenzierungsstrategie 48
      4.1.3.1 Rückverfolgbarkeit als Produktmerkmal 49
      4.1.3.2 Differenzierung über eine Verknüpfung entlang der Supply Chain 51
4.2 Rückverfolgbarkeit als Teil des betrieblichen Risikomanagements 52
   4.2.1 Grundlagen des Risikomanagements 53
      4.2.1.1 Klassifikation von Risiken 54
      4.2.1.2 Risikomanagementprozess 56
   4.2.2 Rückverfolgbarkeit als Risikomanagementinstrument 58
      4.2.2.1 Arten von Warenrückrufen 58
      4.2.2.2 Schäden durch Warenrückrufe in der Lebensmittelbranche 59
      4.2.2.3 Eintrittswahrscheinlichkeit von Warenrückrufen im Lebensmittelsektor 61
      4.2.2.4 Rückverfolgbarkeit als Risikomanagementinstrument 63

4.3 Rückverfolgbarkeit im Rahmen unterschiedlicher Zertifizierungsstandards 64

4.3.1 Definition, Ablauf und Ziele von Zertifizierungen........................ 65

4.3.2 Überblick über unterschiedliche Standards 67

4.3.3 Vorstellung relevanter Zertifizierungsstandards und –initiativen sowie Normen im Bereich der Rückverfolgbarkeit in Deutschland.. 70

4.3.3.1 ISO-Norm 22000: 2005.. 70

4.3.3.2 Global Food Safety Initiative (GFSI)......................... 72

4.3.3.3 International Food Standard (IFS) 74

4.3.3.4 BRC- Global Standard Food 76

4.3.3.5 EurepGAP 78

4.3.3.6 Qualität und Sicherheit... 80

4.4 Nutzung der Rückverfolgbarkeit zur Optimierung innerbetrieblicher und zwischenbetrieblicher Prozesse 82

4.4.1 Optimierung der Zusammenarbeit entlang der Wertschöpfungskette.. 82

4.4.2 Verbesserung innerbetrieblicher Prozesse durch Rückverfolgbarkeitssysteme 84

5 TECHNISCHE ASPEKTE DER ERRICHTUNG VON RÜCKVERFOLGBARKEITSSYSTEMEN.. 87

5.1 Anforderungen an Identifikationstechnologien zur Errichtung von Rückverfolgbarkeitssystemen... 87

5.1.1 Identifikation der wesentlichen Einheiten 88

5.1.2 Erfassung und Aufzeichnung der relevanten Daten 88

5.1.3 Verknüpfung der Daten... 89

5.1.4 Durchgehende Kommunikation innerhalb der Supply Chain............. 89

5.2 Errichtung von Rückverfolgbarkeitssystemen auf Basis von Barcodes 90

5.2.1 Identifikation von Einheiten mittels Strichcodes auf Basis der EAN-Symbologie.. 91

5.2.2 Datenerfassung, -aufzeichnung und -archivierung mit EAN-Codes.. 94

5.2.3 Datenverarbeitung innerhalb der Lieferkette 96

5.2.4 Elektronische Kommunikation zwischen den Unternehmen der Supply Chain ... 97
5.3 Radio Frequency Identification als Identifikationstechnologie der Zukunft ... 97
    5.3.1 Allgemeine Informationen zur RFID-Technologie ... 98
    5.3.2 Technische Grundlagen ... 100
    5.3.3 Anwendungsgebiete von RFID-Systemen ... 103
    5.3.4 Kosten der RFID-Systeme ... 104
    5.3.5 Einsatz des EPC als Standard im Lebensmittelbereich ... 105
        5.3.5.1 Aufbau des Electronic Product Codes (EPC) ... 106
        5.3.5.2 Funktionsweise der Warenidentifikation mittels RFID und EPC ... 107
    5.3.6 Grenzen der RFID-Technologie ... 108

6 THEORETISCHE GRUNDLAGE DER EMPIRISCHEN ERHEBUNG ... 111

6.1 Theory of Reasoned Action ... 111
6.2 Theory of Planned Behavior (TOPB) ... 113
6.3 Technology Acceptance Modell ... 113
6.4 Technology Acceptance Model 2 ... 115
6.5 Entwicklung eines Modells zur Erfassung des Investitionsverhaltens im Bereich der Rückverfolgbarkeitssysteme ... 117

7 STICHPROBENVORSTELLUNG UND ANALYSE DER GRÜNDE FÜR DIE ERRICHTUNG VON RÜCKVERFOLGBARKEITSSYSTEMEN ... 125

7.1 Datenerhebung ... 125
7.2 Vorstellung der Stichprobe ... 127
    7.2.1 Allgemeine Daten der befragten Unternehmen ... 127
    7.2.2 Grundsätzliche Einschätzungen zur Rückverfolgbarkeit ... 129
    7.2.3 Stand der Errichtung von Rückverfolgbarkeitssystemen ... 131
7.3 Gründe für die Errichtung von Systemen zur Rückverfolgung von Lebensmitteln ... 132

7.3.1 Einschätzung der rechtlichen Rahmenbedingungen 132

7.3.2 Gründe für freiwillige Investitionen in Rückverfolgbarkeitssysteme 135

    7.3.2.1 Schadensbegrenzung durch Rückverfolgbarkeitssysteme 136

    7.3.2.2 Erfüllung von Vorgaben im Rahmen einer freiwilligen Zertifizierung 138

    7.3.2.3 Optimierung der innerbetrieblichen Abläufe sowie die Verbesserung der Zusammenarbeit mit Lieferanten und Abnehmern 139

    7.3.2.4 Rückverfolgbarkeit als Merkmal einer Differenzierungsstrategie 141

7.3.3 Stellenwert der Gründe in den unterschiedlichen Unternehmen 143

    7.3.3.1 Faktoranalyse zur Dimensionsreduktion 143

    7.3.3.2 Clusteranalyse zur Gruppierung der Unternehmen 145

7.4 Leistungsfähigkeit der Systeme 149

7.5 Kosten der Rückverfolgbarkeitssysteme 151

    7.5.1 Verteilung und Arten der Kosten 151

    7.5.2 Höhe der Kosten für die Errichtung von Rückverfolgbarkeitssystemen 153

7.6 Einschätzungen zur Zukunft der Rückverfolgbarkeitssysteme 156

8 ÜBERPRÜFUNG DES MODELLS 159

8.1 Grundlagen des PLS-Pfadmodells 159

    8.1.1 Analyse von Kausalmodellen 159

    8.1.2 Vorstellung des PLS-Ansatzes 161

    8.1.3 Entscheidungsgründe für die Anwendung der PLS-Pfadmodellierung bei der vorliegenden Fragestellung 163

    8.1.4 Berücksichtigung moderierender Effekte im PLS-Pfadmodell 164

    8.1.5 Beurteilung der Güte von PLS-Pfadmodellen 165

        8.1.5.1 Gütebeurteilung reflektiver Messmodelle 166

        8.1.5.2 Gütebeurteilung formativer Messmodelle 168

        8.1.5.3 Gütebeurteilung des Strukturmodells 169

8.2 Überprüfung des Tracking and Tracing Investment Modells 170

	8.2.1 Überprüfung der Güte des Messmodells	170
	8.2.2 Überprüfung der Hypothesen	175
	8.2.3 Prüfung des Modells unter Berücksichtigung der Unternehmensgröße	184
	8.2.3.1 Überprüfung der Güte der Messmodelle	184
	8.2.3.2 Modellauswertung differenziert nach Unternehmensgröße	187
8.3	Ergebnisdiskussion	192
8.4	Entwicklung von Handlungsempfehlungen	196
9	**ZUSAMMENFASSUNG UND AUSBLICK**	**199**
LITERATUR		**XXIII**
ANHANG		**XLIII**
	Anhang 1: Screenshots Online Umfrage	XLIII
	Anhang 2: Deskriptive Auswertung	LVIII
	Anhang 3: Kreuzladungen	LXXXIX
	Anhang 4: Indikatorreliabilität kleine und große Unternehmen	XCI
	Anhang 5: Fornell-Larcker-Kriterium	XCIII
	Anhang 6: Kreuzladungen kleine Unternehmen	XCV
	Anhang 7: Kreuzladungen große Unternehmen	XCVII
	Anhang 8: Interviews	XCIX

ABBILDUNGSVERZEICHNIS

Abbildung 1: Definition der Begriffe Tracking und Tracing 6
Abbildung 2: Wissenschaftliche Einordnung der Betriebswirtschaftslehre 7
Abbildung 3: SR-Modell (Prinzipdarstellung) 10
Abbildung 4: SOR-Modell (Prinzipdarstellung) 10
Abbildung 5: Anzahl der Veröffentlichungen zum Thema Rückverfolgbarkeit in den Datenbanken LexisNexis und Genios 12
Abbildung 6: Risikomanagementprozess 56
Abbildung 7: Anzahl der Warn- und Informationsmeldungen im EU-Schnellwarnsystem für Futter- und Lebensmittel (RASFF) 62
Abbildung 8: Typologisierung der Zertifizierungssysteme 68
Abbildung 9: Step by step Traceability-Systeme 89
Abbildung 10: Traceability-Systeme auf Basis einer zentralen Datenbank 90
Abbildung 11: Internationale Lokationsnummer Typ 1 92
Abbildung 12: Internationale Lokationsnummer Typ 2 92
Abbildung 13: Internationale Artikelnummer (EAN) 93
Abbildung 14: Nummer der Versandeinheit (NVE) 93
Abbildung 15: Möglichkeiten zur Datenerhebung in der Supply Chain 94
Abbildung 16: Transportetikett (links) und Datenbezeichner (rechts) des EAN-Code 128 95
Abbildung 17: Anzahl Erwähnungen RFID in europäischen Fachzeitschriften 98
Abbildung 18: Entwicklung des RFID-Einsatzes 99
Abbildung 19: Bauformen unterschiedlicher Transponder 101
Abbildung 20: Stand der Einführung von RFID-Systemen 104
Abbildung 21: Struktur des Electronic Product Code (EPC) 106
Abbildung 22: Aufbau EPC-Netzwerk 107
Abbildung 23: Vergleich World Wide Web mit dem EPC-Netzwerk 108
Abbildung 24: Theory of Reasoned Action 112
Abbildung 25: Theory of Planned Behavior 113

XV

Abbildung 26: Technology Acceptance Model 114
Abbildung 27: Technology Acceptance Model 2 115
Abbildung 28: Tracking and Tracing Investment Modell 118
Abbildung 29: Branchenverteilung der befragten Unternehmen 127
Abbildung 30: Umsatz der befragten Unternehmen (in €) 128
Abbildung 31: Anzahl der Mitarbeiter in den befragten Unternehmen 128
Abbildung 32: Allgemeine Einschätzungen der Befragten zur Rückverfolgbarkeit 129
Abbildung 33: Stand der Einrichtung innerbetrieblicher Rückverfolgbarkeitssysteme 131
Abbildung 34: Realisierungsgrad der Rückverfolgbarkeitssysteme unter Berücksichtigung der Unternehmensgröße 132
Abbildung 35: Einschätzungen der rechtlichen Rahmenbedingungen 133
Abbildung 36: Gründe für die Errichtung von Rückverfolgbarkeitssystemen 136
Abbildung 37: Ausprägung der clusterbildenden Variablen 146
Abbildung 38: Leistungsfähigkeit der Rückverfolgbarkeitssysteme 150
Abbildung 39: Kosten der Errichtung von Rückverfolgbarkeitssystemen 152
Abbildung 40: Kostenverteilung nach Unternehmensgrößen 153
Abbildung 41: Kosten für die Errichtung von Rückverfolgbarkeitssystemen nach Größenklassen (in €) 154
Abbildung 42: Investitionen in Rückverfolgbarkeitssysteme nach Branchen (in 1000 €) 155
Abbildung 43: Zukunft der Rückverfolgbarkeitssysteme 156
Abbildung 44: Allgemeine Darstellung eines vollständigen Kausalmodells 160
Abbildung 45: Schematische Darstellung eines moderierenden Effekts 164
Abbildung 46: Modellierung moderierender Effekte im PLS-Pfadmodell 165
Abbildung 47: Ergebnisse der Überprüfung des Tracking and Tracing Investment Modells 176
Abbildung 48: Ergebnisse der Auswertung nach Unternehmensgröße 188

TABELLENVERZEICHNIS

Tabelle 1: Ökonomischer versus Verhaltenswissenschaftlicher Ansatz 8

Tabelle 2: Differenzierungselemente und deren Ausgestaltungen 46

Tabelle 3: Kategorisierung der Unternehmensrisiken 55

Tabelle 4: Beispiele für Warenrückrufe 60

Tabelle 5: Eintrittswahrscheinlichkeiten von Warenrückrufen unterschiedlicher Lebensmittel 61

Tabelle 6: Schadensbegrenzende Wirkungen von Rückverfolgbarkeitssystemen 64

Tabelle 7: Ziele von Zertifizierungen 66

Tabelle 8: Rotierte Faktormatrix 144

Tabelle 9: Vergleich PLS-Pfadmodellierung mit Kovarianzstrukturanalyse (LISREL) 162

Tabelle 10: Faktorladungen der Indikatoren der latenten endogenen Variablen 170

Tabelle 11: Faktorladungen der Indikatoren der latenten exogenen Variablen 171

Tabelle 12: Faktorreliabilität 172

Tabelle 13: Durchschnittlich erfasste Varianz (Average Variance Extracted - AVE) 173

Tabelle 14: Fornell-Larcker-Kriterium 174

Tabelle 15: Substanzieller Erklärungsbeitrag (f^2) 177

Tabelle 16: Faktorreliabilität 185

Tabelle 17: Durchschnittlich erfasste Varianz (Average Variance Extracted - AVE) 186

Tabelle 18: Substanzieller Erklärungsbeitrag (f^2) 191

Tabelle 19: Einschätzungen zur innerbetrieblichen Rückverfolgbarkeit LVIII

Tabelle 20: Einschätzungen zur überbetrieblichen Rückverfolgbarkeit LIX

Tabelle 21: Realisierungsgrad der Rückverfolgbarkeitssysteme LX

Tabelle 22: Statement: Aufgrund der gesetzlichen Anforderungen haben wir in Rückverfolgbarkeitssysteme investiert. LXI

Tabelle 23: Statement: Die gesetzlichen Vorgaben können von uns problemlos ohne zusätzliche Investitionen erfüllt werden. LXII

Tabelle 24: Statement: Die Lebensmittelbasisverordnung (178/2002) führte bei uns zu einer stärkeren Auseinandersetzung mit der Rückverfolgbarkeit. LXIII

Tabelle 25: Statement: Wir hätten auch ohne gesetzliche Verpflichtung in die Errichtung von Rückverfolgbarkeitssystemen investiert. LXIV

Tabelle 26: Statement: Risiken durch einen Warenrückruf werden durch das Rückverfolgbarkeitssystem verringert. LXV

Tabelle 27: Statement: Banken fordern Rückverfolgbarkeit im Rahmen des Rankings (Basel II). LXVI

Tabelle 28: Statement: Rückverfolgbarkeit ist notwendig, um eine Zertifizierung (IFS, ISO 9001...) zu erhalten. LXVII

Tabelle 29: Statement: Die Zusammenarbeit mit unseren Lieferanten und Abnehmern wurde verbessert. LXVIII

Tabelle 30: Statement: Durch das Rückverfolgbarkeitssystem können wir die innerbetrieblichen Abläufe optimieren. LXIX

Tabelle 31: Statement: Wir wollen steigenden Anforderungen der Verbraucher/ Abnehmer mit unserem Rückverfolgbarkeitssystem entsprechen LXX

Tabelle 32: Statement: Die Rückverfolgbarkeit ist Teil unserer Werbung / Marketingstrategie. LXXI

Tabelle 33: Mittelwerte und Standardabweichung der clusterbildenden Variablen LXXII

Tabelle 34: Statement: Im Bedarfsfall sind bei uns die notwendigen Informationen sofort verfügbar. LXXIII

Tabelle 35: Statement: Wir können Lieferanten und Abnehmer einzelner Chargen sofort feststellen. LXXIV

Tabelle 36: Statement: Wir sind in der Lage, Chargen präzise zu trennen. LXXV

Tabelle 37: Statement: Die (geplante) Leistungsfähigkeit unseres Rückverfolgbarkeitssystems ist sehr hoch. LXXVI

Tabelle 38: Statement: Wir können weitere Informationen wie Testergebnisse, Produktionszeiten u.ä. den Chargen zuordnen. LXXVII

Tabelle 39: Statement: Wir sind in der Lage, die Leistungsfähigkeit der Rückverfolgbarkeitssysteme jederzeit interessierten Personen zu demonstrieren. LXXVIII

Tabelle 40: Statement: Wir verfügen über große Erfahrung im Bereich der Rückverfolgbarkeit von Lebensmitteln. LXXIX

Tabelle 41: Kostenverteilung für Rückverfolgbarkeitssysteme bei den Unternehmen der Branche Brot- und Backwaren LXXX

Tabelle 42: Kostenverteilung für Rückverfolgbarkeitssysteme bei den Unternehmen der Branche Mühlen- und Getreideprodukte LXXX

Tabelle 43: Kostenverteilung für Rückverfolgbarkeitssysteme bei den Unternehmen der Branche Molkereiprodukte LXXX

Tabelle 44: Kostenverteilung für Rückverfolgbarkeitssysteme bei den Unternehmen der Branche Öle und Fette LXXXI

Tabelle 45: Kostenverteilung für Rückverfolgbarkeitssysteme bei den Unternehmen der Branche Süßwaren und Snacks LXXXI

Tabelle 46: Kostenverteilung für Rückverfolgbarkeitssysteme bei den Unternehmen der Branche Tiefkühlkost LXXXI

Tabelle 47: Kostenverteilung für Rückverfolgbarkeitssysteme bei den Unternehmen der Branche Dauerkonserven LXXXII

Tabelle 48: Kostenverteilung für Rückverfolgbarkeitssysteme bei den Unternehmen der Branche Fisch LXXXII

Tabelle 49: Kostenverteilung für Rückverfolgbarkeitssysteme bei den Unternehmen der Branche Fleisch und Wurstwaren LXXXII

Tabelle 50: Kostenverteilung für Rückverfolgbarkeitssysteme bei den Unternehmen der Branche Geflügel LXXXIII

Tabelle 51: Kostenverteilung für Rückverfolgbarkeitssysteme bei den Unternehmen der Branche Obst und Gemüse LXXXIII

Tabelle 52: Kostenverteilung für Rückverfolgbarkeitssysteme bei den Unternehmen der Branche Kaffee und Tee LXXXIII

Tabelle 53: Kostenverteilung für Rückverfolgbarkeitssysteme bei den Unternehmen der Branche Getränke LXXXIV

Tabelle 54: Kostenverteilung für Rückverfolgbarkeitssysteme bei den Unternehmen der Branche Nonfood LXXXIV

Tabelle 55: Kostenverteilung für Rückverfolgbarkeitssysteme bei den Unternehmen anderer Branchen LXXXIV

Tabelle 56: Statement: Die von uns geplanten / eingerichteten Systeme werden auf absehbare Zeit ausreichen LXXXV

Tabelle 57: Statement: Die gesetzlichen Anforderungen im Bereich der Rückverfolgbarkeit werden weiter verschärft LXXXVI

Tabelle 58: Statement: Wir müssen und werden noch mehr im Bereich der Rückverfolgbarkeit investieren. LXXXVII

Tabelle 59: Statement: Rückverfolgbarkeit wird in der Gesellschaft einen höheren Stellenwert gewinnen. LXXXVIII

Tabelle 60: Kreuzladungen LXXXIX

Tabelle 61: Indikatorreliabilität kleine und große Unternehmen..................... XCI

Tabelle 62: Fornell-Larcker-Kriterium (Gruppe der kleinen Unternehmen)..XCIII

Tabelle 63: Fornell-Larcker-Kriterium (Gruppe der größeren Unternehmen).. XCIV

Tabelle 64: Kreuzladungen kleine Unternehmen..XCV

Tabelle 65: Kreuzladungen große Unternehmen XCVII

ABKÜRZUNGSVERZEICHNIS

AVE	Average Variance Extractet
BGB	Bürgerliches Gesetzbuch
BLL	Bund für Lebensmittelrecht und Lebensmittelkunde
BRC	British Retail Consortium
BSE	Bovine Spongiforme Enzephalopathie
CAC	Codex Alimentarius Commission
CCFH	Food Hygiene Committee
CCFICS	Comittee on Food Import- and Export Inspection and Certifikation Systems
CCFL	Labelling Committee
CCG	Centrale für Coorganisation
CCGP	Komitee für allgemeine Prinzipien
CIES	International Comitee of Food Retail Chains
DIN	Deutsches Institut für Normung
DNS	Domain Name Server
EAN	Europäischen Artikelnummer
EAS	Electronic Article Surveillance
EDI	elektronischen Datenaustausches, Electronic Data Interchange
EHI	Euro Handelsinstitut
EPC	Electronic Product Code
EUREP	Euro Retailer Produce Working Group
FAO	Food and Agricultural Organization of the United Nations)
FCD	Fédération des entreprises du Commerce et de la Distribution
FSI	Food Marketing Institut
GAP	Good Agricultural Practice
GFSI	Global Food Safety Initiative
GMP	Good Manufacturing Practice
GS 1	Global Standards 1 Germany
GVO	Gentechnisch veränderten Organismen
HACCP	Hazard Analysis and Critical Control Point
HDE	Hauptverband des Deutschen Einzelhandels

HI-Tier	Herkunftssicherungs- und Identifikationssystem Tier
IFS	International Food Standard
ILN	internationale Lokationsnummer
IP	Internet Protocol
ISM	Industrial, Scientific, Medical
ISO	International Organization of Standardization
KMO-Koeffizient	Kaiser-Meyer-Olkin Koeffizient
KonTragG	Gesetz zur Kontrolle und Transparenz im Unternehmensbereich
KTBL	Kuratorium für Technik und Bauwesen in der Landwirtschaft
LFBG	Lebensmittel- und Futtermittelgesetzbuch
LISREL	Linear Structural Relationship
LKV	Los-Kennzeichnungs-Verordnung
LMBG	Lebensmittel- und Bedarfsgegenständegesetz
LMKV	Lebensmittelkennzeichnungsverordnung
MKS	Maul- und Klauenseuche
NVE	Nummer der Versandeinheit
ONS	Object Name Server
PHG	Produkthaftungsgesetzes
PLS	Partial Least Squares
QS	Initiative Qualität und Sicherheit
RASFF	Schnellwarnsystem für Futter- und Lebensmittelsicherheit der Europäischen Behörde für Lebensmittelsicherheit
RFID	Radiofrequenztechnik zu Identifikationszwecken
RW	Read / Write
TAM	Technology Acceptance Modell
TOPB	Theroy of Planned Behavior
TORA	Theory of Reasoned Action
TRU	Traceable Resource Unit
URL	Uniform Resource Locator (Internetadresse)
WHO	World Health Organisation
XML	Extensible Markup Language

1 Einleitung

Sicherheit ist die wichtigste Zutat unserer Lebensmittel. Europa muss in der Lage sein, dafür zu sorgen, dass wir unseren Verbrauchern diese Zutat liefern können.

David Byrne

1.1 Problemstellung

Die Sicherheit und Qualität von Lebensmitteln ist zunehmend ins Blickfeld der Öffentlichkeit gerückt, wobei insbesondere die Lebensmittelskandale der jüngeren Vergangenheit zu einem Vertrauensverlust in Teilen der Gesellschaft und insgesamt zu einer steigenden Sensibilität der Verbraucher in Fragen der Lebensmittelsicherheit führten. Um das verlorene Vertrauen der Verbraucher zurück zu gewinnen, aber auch um steigenden rechtlichen Anforderungen zu genügen, werden von den Unternehmen im Lebensmittelsektor große Anstrengungen unternommen. Ein zentraler Bereich der Lebensmittelsicherheit ist die Möglichkeit der Rückverfolgbarkeit. Unter dem Stichwort "from stable to table" werden Systeme und Verfahren entwickelt, die es ermöglichen Lebensmittel sowohl vom Erzeuger bis zum Verbraucher als auch auf dem umgekehrten Weg zu verfolgen.

Mit Inkrafttreten von Artikel 18 der EU-Verordnung 178/2002 am 1. Januar 2005 ist die Einrichtung von Systemen zur Rückverfolgbarkeit im Lebensmittelsektor zur gesetzlichen Pflicht geworden. Diese Regelungen lösten zunächst intensive Debatten über die genaue Ausgestaltung der Systeme aus. Unklar war insbesondere, inwieweit eine Rückverfolgbarkeit innerhalb der Unternehmen und damit einhergehend eine Chargentrennung obligatorisch sein sollte und wie bzw. ob eine Verknüpfung der Daten entlang der Supply Chain erfolgen soll. Inzwischen sind diese Punkte weitgehend geklärt. Es lässt sich festhalten, dass die rechtlichen Bestimmungen nicht das erwartet hohe Niveau von den Unternehmen fordern wie zunächst angenommen. Demzufolge ist das Thema auch in der öffentlichen Diskussion etwas abgeebbt. Trotzdem spielt die Errichtung von Rückverfolgbarkeitssystemen in den Unternehmen der Lebensmittelbranche eine bedeutende Rolle. Zwischenzeitlich ist jedoch die praktische Ausgestaltung der Systeme in den Vordergrund getreten. So sind Rückverfolgbarkeitssysteme in vielen Unternehmen Teil des betrieblichen Risikomanagements oder einer Differenzierungsstrategie. Zudem ist die Errichtung von Rückverfolgbarkeitssysteme im Zuge einer Zertifizierung vielfach unerlässlich.

Um Entscheidungen für oder gegen Investitionen in Rückverfolgbarkeitssysteme treffen zu können, sind die Unternehmen gezwungen, im Zuge eines Meinungsbildungsprozesses alle relevanten Informationen zur Errichtung entsprechender Systeme zusammen zu tragen. Nur wenn vorab eine umfassende und vollständige Erhebung und Bewertung relevanter Entscheidungsgründe erfolgt, kann auch eine entsprechende Investitionsentscheidung getroffen werden. Dabei werden die Entscheidungen zwangsläufig nicht vom jeweiligen „Unternehmen", sondern von den Entscheidungsträgern (also Menschen) in den Untenehmen getroffen. An diesem Punkt setzt die vorliegende Arbeit an.

1.2 Ziel der Arbeit

Ziel der Arbeit ist es, zunächst einen Überblick über die Beweggründe der Unternehmen im deutschen Lebensmittelsektor für Investitionen im Bereich von Rückverfolgbarkeitssystemen zu geben. Basierend auf diesen Gründen wird ein Modell entwickelt mit dessen Hilfe das Investitionsverhalten der Unternehmen analysiert werden kann. Im Einzelnen sollen die folgenden Fragestellungen beantwortet werden:

- Welche rechtlichen Vorgaben zur Rückverfolgbarkeit existieren und welche Folgen resultieren daraus für die Untenehmen des deutschen Lebensmittelsektors?
- Welche Gründe sprechen neben dem gesetzlichen Zwang für eine Einrichtung von Rückverfolgbarkeitssystemen?
- Welche technischen Anforderungen müssen bei der Errichtung von Rückverfolgbarkeitssystemen beachtet werden?
- Welche Bedeutung kommt den verschiedenen Gründen für Investitionen im Bereich der Rückverfolgbarkeitssysteme in Unternehmen des Lebensmittelsektors tatsächlich zu?

Mit Hilfe der Antworten auf die genannten Forschungsfragen liefert die vorliegenden Arbeit Handlungsempfehlungen für die Unternehmen des Lebensmittelsektors. Darüber hinaus werden die Zielsetzungen von Politik, Gesellschaft und anderen Anspruchsgruppen im Bereich der Rückverfolgbarkeitssysteme beleuchtet und Möglichkeiten zur Realisierung dieser Ziele entwickelt.

Neben den vorgenannten praxeologischen Fragestellungen zielt die Arbeit im theoretischen Bereich auf die Beantwortung der Frage inwieweit Möglichkeiten bestehen, eine vorhandene Theorie aus dem Bereich der Verhaltenswissenschaften auf ökonomische Fragestellungen anzuwenden. Dazu wird die in den Verhaltenswissenschaften weit verbreitete Theory of Planned Behavior in modifizierter Form auf die vorliegende Fragestellung angewandt.

1.3 Vorgehensweise

Um die vorgenannten Fragestellungen zu beantworten, werden nach dem einleitenden ersten Kapitel im zweiten Abschnitt zunächst die zentralen Begriffe der Arbeit definiert und ein Überblick über die wissenschaftliche Einordnung des Themas sowie den derzeitigen Stand der Forschung gegeben. Anschließend werden anhand einer Literaturanalyse die Beweggründe für Investitionen deutscher Unternehmen in Systeme zur Rückverfolgbarkeit ihrer Produkte dargestellt. Dazu wird zunächst im Kapitel drei die rechtliche Situation sowohl in der Europäischen Union als auch Deutschland analysiert. Schwerpunktmäßig werden in diesem Kapitel die Regelungen der Lebensmittelbasisverordnung (EG) 178/2002 der EU betrachtet. Darüber hinaus erfolgt ein kurzer Überblick über weitere gemeinschaftsrechtliche Vorgaben zur Rückverfolgbarkeit sowie eine Analyse der nationalen Rechtslage. Im letztgenannten Bereich wird neben der Betrachtung der Vorgaben aus dem Gebiet der Lebensmittelsicherheit und -kennzeichnung auch ein kurzer Überblick über den Bereich der Produkthaftung gegeben. Abschließend wird der Codex Alimentarius als weltweite Norm unter dem Aspekt der Rückverfolgbarkeit vorgestellt.

Im Abschnitt vier werden freiwillige Gründe für die Errichtung von Rückverfolgbarkeitssystemen untersucht. Dabei wird zunächst die Möglichkeit der Nutzung dieser Systeme im Bereich der wettbewerbsstrategischen Ausrichtung der jeweiligen Unternehmen betrachtet. Diesbezüglich wird insbesondere der Einsatz im Zuge von Differenzierungsstrategien erläutert. Weiterhin wird untersucht, welche Rolle Rückverfolgbarkeitssysteme im Rahmen des betrieblichen Risikomanagements spielen. Hierzu erfolgt ein Überblick über die Funktion und den Aufbau von Risikomanagementsystemen. Aufbauend auf diesem Überblick wird im Weiteren eine Betrachtung des Risikos eines Warenrückrufes und der Möglichkeiten, diesem Risiko mit entsprechenden Systemen zu begegnen, vorgenommen. Anschließend werden die Systeme zur Rückverfolgbarkeit vor dem Hintergrund der Erfüllung von Anforderungen im Zuge einer Zertifizierung im

Lebensmittelbereich untersucht. Dazu wird ein Überblick über die bedeutendsten Zertifizierungsstandards in Deutschland gegeben und eine Analyse der Standards im Hinblick auf die jeweiligen Anforderungen an die Rückverfolgbarkeitssysteme durchgeführt. Abschließend erfolgt eine Betrachtung der Möglichkeiten, Rückverfolgbarkeitssysteme zur Optimierung inner- und zwischenbetrieblicher Prozesse zu nutzen.

Das Kapitel fünf stellt die technischen Anforderungen zur Errichtung von Rückverfolgbarkeitssystemen vor. Zentrale Erfordernisse sind hierbei die Erfassung, Aufbereitung und Weitergabe der Daten sowohl innerhalb der jeweiligen Unternehmen als auch entlang der gesamten Supply Chain. Zur Erfüllung dieser Anforderungen kommen derzeit vorwiegend Barcodes zum Einsatz, die jedoch in der nahen Zukunft von funkgestützten Technologien abgelöst werden. Beide Systeme werden in dem Kapitel erläutert.

Aufbauend auf die grundlegenden Ausführungen der vorangegangenen Kapitel erfolgt in den sich anschließenden Teilen dieser Arbeit eine empirische Analyse des Investitionsverhaltens der deutschen Lebensmittelunternehmen. Hierzu werden im Kapitel sechs zunächst die theoretischen Grundlagen der Erhebung erläutert. Basierend auf theoretischen Ansätzen aus dem Bereich der Akzeptanzforschung wird darin ein Modell erarbeitet, mit dessen Hilfe eine Analyse des Investitionsverhaltens der Unternehmen vorgenommen werden kann. Ausgehend von diesem Modell werden Forschungshypothesen generiert, die in der weiteren Untersuchung geprüft werden. Das anschließende Kapitel stellt die Stichprobe im Rahmen einer vorwiegend deskriptiven Beschreibung vor. Dazu wird zunächst ein kurzer Überblick über die Erhebungsmethodik und den Zeitraum der Befragung gegeben. Zudem erfolgt mittels einer Faktor- und Clusteranalyse eine gezielte Untersuchung der unterschiedlichen Gründe für die Errichtung von Rückverfolgbarkeitssysteme. Weiterhin werden die befragten Unternehmen beschrieben und deren allgemeine Einschätzungen zu Rückverfolgbarkeitssystemen dargelegt. Darauf aufbauend folgt die Überprüfung der erarbeiteten Forschungshypothesen. Hierzu wird zunächst der Partial-Least-Squares-Ansatz als Auswertungsmethode erläutert. Im Weiteren werden die jeweiligen Ergebnisse der Erhebung dargestellt. Abschließend erfolgt eine Interpretation und Diskussion der Ergebnisse und die Entwicklung von Handlungsalternativen für die Unternehmen.

Das Kapitel neun fasst die Ergebnisse dieser Arbeit zusammen und gibt einen Ausblick auf weitergehende Forschungsfragen.

2 Definitionen, Einordnung der Arbeit, Stand der Forschung

2.1 Begriffsbestimmung

Eine allgemeine Definition des Begriffes „Rückverfolgbarkeit" liefert die ISO-Norm 9000:2000. Demnach ist Rückverfolgbarkeit die „Fähigkeit, den Werdegang, die Verwendung oder den Ort des Betrachteten zu verfolgen. Anmerkung 1: Bei einem Produkt kann sich die Rückverfolgbarkeit beziehen auf:
- die Herkunft von Werkstoffen und Teilen,
- den Ablauf der Verarbeitung,
- die Verteilung und Position des Produktes nach der Auslieferung" [Deutsches Institut für Normung (DIN), 2000: 26].

Die Definition umfasst unter dem Begriff „Produkt" sowohl physische Produkte (Lebensmittel, Rohstoffe, Halbfertig- oder Fertigprodukte etc.) als auch Dienstleistungen oder Kombinationen zwischen beiden Gruppen. Die Anmerkung verdeutlicht, dass die Rückverfolgbarkeit im Sinne dieser Qualitätsmanagementnorm sowohl die interne als auch die unternehmensübergreifende Rückverfolgbarkeit abdeckt. Dabei werden alle vor- und nachgelagerten Stufen („aufwärts" und „abwärts") einbezogen.

Eine lebensmittelspezifische (Legal-)Definition erfährt der Begriff „Rückverfolgbarkeit" in Artikel 3 Nr. 15 der Verordnung (EG) 178/2002. Rückverfolgbarkeit ist demnach „die Möglichkeit, ein Lebensmittel oder Futtermittel, ein der Lebensmittelerzeugung dienendes Tier oder einen Stoff, der dazu bestimmt ist oder von dem erwartet werden kann, dass er in einem Lebensmittel oder Futtermittel verarbeitet wird, durch alle Produktions-, Verarbeitungs- und Vertriebsstufen zu verfolgen" [o.V., 2002].

Eine weitere lebensmittelspezifische Definition ergibt sich aus dem Codex Alimentarius. Hier wird Traceability / Product tracing definiert als „The ability to follow the movement of a food through specified stage(s) of production, processing and distribution" [Codex Alimentarius Commission, 2006: 1].

Während die EU in ihrer Definition ausdrücklich auch Futtermittel mit berücksichtigt, bezieht sich der Codex Alimentarius lediglich auf Lebensmittel. Beide Definitionen umfassen jedoch die komplette Supply Chain und beschränken sich nicht auf eine Rückverfolgbarkeit innerhalb der jeweiligen Unternehmen.

Grundsätzlich kann unterschieden werden zwischen Produktstrom abwärts gerichteter Rückverfolgung (Tracking) und Produktstrom aufwärts gerichteter Rückverfolgbarkeit (Tracing).

Abbildung 1: Definition der Begriffe Tracking und Tracing

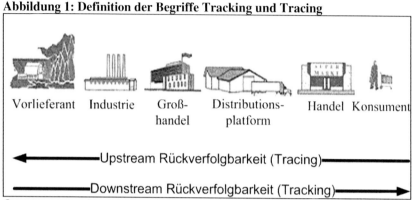

QUELLE: EIGENE DARSTELLUNG

Wie Abbildung 1 verdeutlicht, werden im Falle des Trackings die Produkte vom Vorlieferanten in Richtung der weiteren Verarbeitung bis zum Endverbraucher verfolgt. Diese Möglichkeit ist z.B. im Falle eines Warenrückrufes von Bedeutung. Tracing umschreibt den umgekehrten Fall, wenn die Produkte vom Endverbraucher zurück bis zum Vorlieferanten verfolgt werden. Letztgenannte Möglichkeit ist z.B. für eine Nutzung von Rückverfolgbarkeitssystemen im Zuge von Differenzierungsstrategien notwendig.

2.2 Wissenschaftliche Einordnung des Themas

Die vorliegende Arbeit ist dem Bereich der Betriebswirtschaftslehre zuzuordnen und somit Teil der Wirtschaftswissenschaften, die ihrerseits zu den Kultur- oder Geisteswissenschaften zählen (Abbildung 2).

Abbildung 2: Wissenschaftliche Einordnung der Betriebswirtschaftslehre

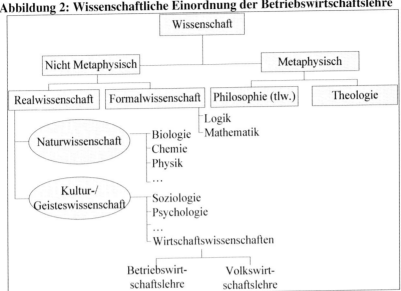

QUELLE: KORNMEIER, 2007: 14 (VERÄNDERT)

Die Wirtschaftswissenschaften werden zum einen in die gesamtwirtschaftlich orientierte Volkswirtschaftslehre und zum anderen in die auf eine Betrachtung einzelbetrieblicher Fragestellungen ausgerichtete Betriebswirtschaftslehre unterteilt. Schierenbeck nimmt eine weitere Aufgliederung in Wirtschaftstheorie, Wirtschaftstechnologie und Wirtschaftsphilosophie vor [Schierenbeck, 2003: 6ff.].

Die Wirtschaftstheorie versucht, Erklärungen und Prognosen wirtschaftlicher Sachverhalte über eine Formulierung von allgemein gültigen Aussagen herzuleiten. Dabei stößt sie häufig an ihre Grenzen, da die Komplexität wirtschaftlicher Phänomene nur unzureichend abgebildet werden kann. Daher beschränkt sich die Theoriebildung oftmals auf eine Beschreibung der Realität. Demgegenüber ist die Wirtschaftstechnologie stärker praxeologisch ausgerichtet und kann auch als „das eigentliche Kernstück der wirtschaftswissenschaftlichen Forschung" angesehen werden [Schierenbeck, 2003: 6ff.]. Diesem Gebiet kann auch die vorliegende Arbeit zugeordnet werden. Während in der Regel die Wirtschaftstechnologie auf den Erkenntnissen der Wirtschaftstheorie aufbaut, werden jedoch in der vorliegenden Arbeit theoretische Grundlagen aus dem Bereich der Verhaltenswissenschaften herangezogen. Dieser Rückgriff auf theoretische Konzepte einer anderen Disziplin erscheint zwar auf den ersten Blick ungewöhnlich, eine genauere Betrachtung beider Disziplinen zeigt jedoch einige Annäherungen oder sogar Übereinstimmungen, die eine solche Vorgehensweise sinnvoll erscheinen lassen. Einen entsprechenden Überblick liefert die Tabelle 1.

Tabelle 1: Ökonomischer versus Verhaltenswissenschaftlicher Ansatz

	Ökonomie	Verhaltenswissenschaften
Menschenbild	Homo Oeconomicus Präferenzen sind gegeben	Homo Sociologicus Homo Psychologicus Präferenzen sind zu erforschen
Forschungsmethoden	Quantitativ-statistische Analyse des tatsächlichen (Entscheidungs-)Verhaltens (revealed preferences)	Quantitativ-statistische oder qualitativ-heuristische Analyse von Befragungs- und Beobachtungsergebnissen
Theoriezweige (Beispiele)	Neoklassik (Mikroökonomik) Agency Theory Spieltheorie Entscheidungstheorie	Theory of planned Behavior Motivationstheorie
Grenzbereiche (Beispiele)	Behavioural Economics Entscheidungsanomalien als Gegenstand der experimentellen Verhaltensforschung	

QUELLE: JAHN, 2005: 11; SPILLER, 2004: 346

Unterschiede zwischen den Wirtschafts- und Verhaltenswissenschaften existieren u.a. im zugrunde gelegten Menschenbild. So wird in den Wirtschaftswissenschaften in der Regel auf den Homo Oeconomicus abgestellt. Dieses Menschenbild unterstellt dem handelnden Individuum folgende Eigenschaften bzw. Handlungsweisen:

- Eigeninteressiertes und rationales Handeln,
- Nutzenmaximierung,
- Reaktion auf Umweltbedingungen,
- Feststehende Präferenzen,
- Verfügt über vollständige Information [Franz, 2004: 4ff.].

Das Menschenbild des Homo Oeconomicus wurde im Zuge neuerer Forschungsansätze zunehmend in Frage gestellt. So werden in Forschungsansätzen der Neuen Institutionenökonomik Faktoren wie asymmetrische Information, Opportunismus und beschränkte Rationalität unterstellt, die eine Abschwächung der Annahmen des Homo Oeconomicus darstellen. Auch die Spieltheorie legt Änderungen in den Annahmen des Menschenbildes zugrunde. So wird bspw. unterstellt, dass auch kurzfristige Verluste in Kauf genommen werden, um dadurch langfristige Erträge zu sichern. Weitergehende Überlegungen in diesem Bereich werden im Rahmen der experimentellen Wirtschaftsforschung untersucht. Dabei konnte durch Laborexperimente zwar nachgewiesen werden, dass unter bestimmten, eng definierten Bedingungen die Annahmen des Homo Oeconomicus ein geeignetes Menschenbild darstellen. Eine wesentlich größere Zahl weiterer Laborexperiment bestätigt jedoch, dass Präferenzen z.B. für Punkte wie Fairness oder kurzfristiger Konsum zugunsten langfristiger Investitionen existieren, die den Annahmen des Homo Oeconomicus widersprechen [Falk, 2003: 141ff.; Spiller, 2004: 344].

In den Verhaltenswissenschaften wird auf unterschiedliche Menschenbilder zurückgegriffen. Mit dem Homo Sociologicus wird unterstellt, dass das menschliche Verhalten durch die Gesellschaft bestimmt wird und sich der jeweilige Mensch gemäß seiner Rolle verhält. Abweichungen von der Norm werden von der Gesellschaft sanktioniert. Im Vergleich zum Homo Oeconomicus entwickelt der Homo Sociologicus keinerlei eigene Kräfte. Zudem ergeben sich keine Handlungsalternativen aufgrund der Einschränkungen durch Normen und Sanktionen. Ein anderes in den Verhaltenswissenschaften viel diskutiertes Menschenbild ist der Homo Psychologicus. Dabei existieren unterschiedliche Ausprägungen, wobei übereinstimmend unterstellt wird, dass das menschliche Verhalten durch Meinungen und Einstellungen bestimmt wird [Esser, 1996: 231ff.; Dahrendorf, 1967: 128ff.].

Im Bereich der Forschungsmethoden sind zunächst kaum Übereinstimmungen festzustellen. Zwar nutzen sowohl die Betriebswirtschaftslehre als auch die Verhaltenswissenschaften quantitativ-statistische Analysen im Rahmen der unterschiedlichen Forschungsansätze. Allerdings basiert die betriebswirtschaftliche Forschung in der Regel auf SR-Ansätzen. Darin werden bspw., ausgehend vom tatsächlichen Kaufverhalten (Reaktion, R) entsprechend messbare Auslöser (Stimuli, S) gesucht.

Abbildung 3: SR-Modell (Prinzipdarstellung)

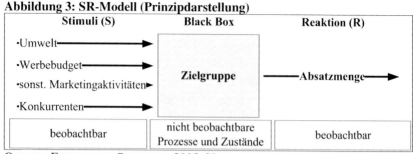

QUELLE: FOSCHT UND SWOBODA, 2005: 29 (VERÄNDERT)

Wie Abbildung 3 verdeutlicht, werden dabei die Verhaltensmotive des jeweiligen Individuums als Black Box angesehen und ausgeklammert. Eine Untersuchung des Verhaltens eines Individuums erfolgt ausschließlich über die jeweiligen Input- und Outputgrößen der Black Box [Kröber-Riel und Weinberg, 2003: 322ff.; Foscht und Swoboda, 2005: 28f.; Spiller, 2004: 346].

Im Gegensatz zu den SR-Modellen wird in den SOR-Modellen, die vorwiegend im Bereich der Psychologie eingesetzt werden, dem menschlichem Wahrnehmungs- und Denkmuster (Organismus, O) eine zentrale Rolle eingeräumt. Dementsprechend wird die Annahme einer Black Box aufgegeben und der Organismus (O) in das Modell eingefügt. Wie in Abbildung 4 am Beispiel des Käuferverhaltens dargestellt, erfolgt die Messung des Organismus (O) über eine Erfassung von intervenierenden Variablen. Diese sind nicht direkt messbar und werden daher in der Regel über entsprechende Indikatoren erhoben [Kröber-Riel und Weinberg, 2003: 322ff.; Foscht und Swoboda, 2005: 29f.].

Abbildung 4: SOR-Modell (Prinzipdarstellung)

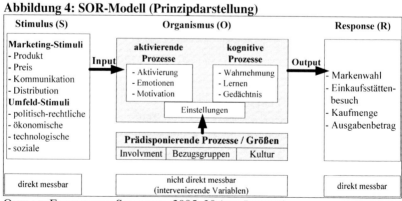

QUELLE: FOSCHT UND SWOBODA, 2005: 30 (VERÄNDERT)

SOR-Modelle finden auch in der betriebswirtschaftlichen Forschung zunehmend Verwendung. Somit ist auch hier ein Abbau der klaren Abgrenzung zu den Verhaltenswissenschaften zu beobachten. So werden bspw. im Bereich der Erforschung des Käuferverhaltens im Rahmen von Marketingstudien verstärkt SOR-Modelle genutzt, da diese eine Berücksichtigung des inneren Verhaltens ermöglichen. Foscht und Swoboda stellen dazu fest, dass die „Beobachtung des äußeren Verhaltens (R)" ergänzt werden muss „um die des inneren Verhaltens" [Foscht und Swoboda, 2005: 29]. Dementsprechend kommen mit Techniken wie Conjoint und Discrete-Choice-Analysen Instrumente zum Einsatz, die es erlauben, Daten auf Basis von SOR-Modellen zu erheben [Spiller, 2004: 346ff.].

Wie eingangs geschildert, bewegt sich die vorliegende Arbeit an der Schnittstelle zwischen Wirtschafs- und Verhaltenswissenschaften. Den Annahmen des Homo Oeconomicus, wonach rationales Handeln sowie feststehende Präferenzen existieren, wird hier zum Teil nicht gefolgt. Vielmehr wird auf Annahmen des Homo Psychologicus zurückgegriffen und unterstellt, dass die befragten Personen anhand von Umwelteinflüssen Präferenzen und Einstellungen entwickeln, die das tatsächliche Handeln beeinflussen. Weiterhin wird ein SOR-Modell zugrunde gelegt, das es erlaubt, intervenierende Variablen zu berücksichtigen, um dadurch die vorliegenden Fragestellungen zu beantworten. Darüber hinaus wird mit der Verwendung der Theory of planned Behavior, als Grundlage für Bearbeitung der vorliegenden Fragestellungen eine Theorie aus dem Bereich der Verhaltenswissenschaften gewählt, die sich jedoch aufgrund ihrer Annahmen „als Bewegung auf das ökonomische Verhaltensmodell hin" auffassen lässt [Frey, 1990: 24].

Einige Forscher vertreten die Ansicht, dass eine Überschneidung der Betriebswirtschaftslehre zu anderen Wissenschaftsbereichen wie sie in der vorliegenden Arbeit erfolgt, problematisch sei. Dabei wird unterstellt, dass in der Regel niemand mehrere wissenschaftliche Disziplinen gleichzeitig beherrschen kann und somit die Qualität der entsprechenden Forschungsergebnisse nicht ausreichend ist. Daher fordern einige Vertreter im Rahmen dieser „Dilettantismus-Debatte", dass sich die Forscher am traditionellen Erkenntnisobjekt orientieren und dadurch eine klare Abgrenzung zu anderen Disziplinen erfolgt [Schneider, 2001: 168, 262; Füllbier, 2004: 267]. Die Gefahr eines Dilettantismus ist sicherlich nicht zu unterschätzen, allerdings kann die Frage gestellt werden, ob es besser wäre wenn sich statt der BWL „andere Disziplinen (z.B. Psychologie, Soziologie) des vakanten Überschneidungsbereichs annähmen. Und wenn sie dies täten:

Woher stammt deren Kompetenz in Betriebswirtschaftslehre?" [Kornmeier, 2007: 20].

Festzuhalten bleibt, dass es aufgrund der Ausrichtung der vorliegenden Arbeit es möglich erscheint, sowohl die Fragestellung aus dem Abschnitt 1.2 zum Investitionsverhalten der Unternehmen im Bereich der Rückverfolgbarkeitssysteme als auch Möglichkeiten der Übertragung von theoretischen Grundlagen aus den Verhaltenswissenschaften auf praktische Fragestellungen der Wirtschaftswissenschaft zu untersuchen.

2.3 Stand der Forschung

Da sich mit dem Thema Rückverfolgbarkeit von Lebensmitteln eine Vielzahl unterschiedlicher Personen aus den verschiedensten Bereichen befasst hat, beschränken sich die folgenden Ausführungen auf einen Überblick. Die Punkte, die für die weitere Arbeit relevant sind, werden in den entsprechenden Kapiteln erneut aufgegriffen.

Das Thema Rückverfolgbarkeit ist erst zu Beginn dieses Jahrhunderts verstärkt in das Interesse der Öffentlichkeit und somit auch in den Fokus der Forschung gelangt. Wie Abbildung 5 zeigt, ist die Anzahl der Veröffentlichungen in der deutschen Presse zu diesem Thema seit dem Jahr 2000 stark angestiegen und erreichte in den Jahren 2004 und 2005 ihren vorläufigen Höhepunkt.

Abbildung 5: Anzahl der Veröffentlichungen zum Thema Rückverfolgbarkeit in den Datenbanken LexisNexis und Genios

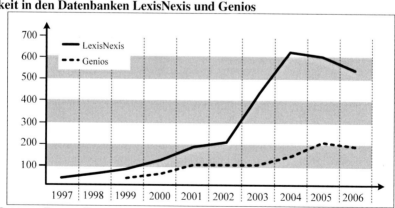

QUELLE: EIGENE ERHEBUNG

Die Gründe für das steigende Interesse dürften zum einen in den unterschiedlichen Lebensmittelskandalen und der damit verbundenen Suche nach Instrumenten zu deren Beherrschung oder Eindämmung zu suchen sein. Zum zweiten dürfte die Schaffung rechtlicher Normen (insbesondere VO (EG) 178/2002) und die Diskussion über deren Umsetzung zu diesem starken Anstieg geführt haben.

Ähnliche Ergebnisse liefert auch eine Untersuchung von Gampl im Jahr 2006. Sie identifiziert einen geringen Anstieg der Veröffentlichungen bereits 1999 nach Inkrafttreten des Weißbuchs zur Lebensmittelsicherheit. Eine starke Zunahme der Veröffentlichungen gibt es im Jahr 2003, als Folge der Veröffentlichung der Lebensmittelbasisverordnung [Gampl, 2006: 34ff.].

Auch in der wissenschaftlichen Literatur ist das Thema Rückverfolgbarkeit in den vergangenen Jahren verstärkt in das Interesse der Forscher gerückt. Dabei lassen sich unterschiedliche Blickwinkel identifizieren, aus denen sich die Wissenschaftler dem Thema nähern. Im Einzelnen kann in folgende Gruppen differenziert werden:

- Rückverfolgbarkeit als Risikomanagementinstrument zur Vermeidung oder Optimierung von Rückrufaktionen sowie zur Bewältigung von Lebensmittelskandalen,
- Rechtliche Vorgaben zur Rückverfolgbarkeit und deren Umsetzung bzw. Interpretation,
- Rückverfolgbarkeit aus organisatorischer Sicht, Optimierung der Zusammenarbeit in der Supply Chain,
- Rückverfolgbarkeit als Instrument bzw. Merkmal von Differenzierungsstrategien (insb. Untersuchungen zum Thema „Willingness to Pay"),
- Technische Anforderungen und Lösungsmöglichkeiten von Rückverfolgbarkeitssystemen, z.B. in den Bereichen Trennung physischer Produktionseinheiten, technische Systeme zur Datenerfassung, -verwaltung und -weitergabe oder Standardisierungsvorhaben.

Die Zahl der Warenrückrufe im Lebensmittelsektor ist in den vergangenen Jahren stark angestiegen. Daraus resultierte u.a., dass dieses Thema stärker Einzug in die wissenschaftliche Literatur gehalten hat. Ein Aspekt, der zur Vermeidung entsprechender Rückrufe häufig aufgegriffen wird, ist die Möglichkeit zur (Rück-)Verfolgbarkeit der Produkte. Einen Überblick über Entstehung und Auswirkungen öffentlicher Warenrückrufe gibt Fries [Fries, 2006: 38]. Thomsen und McKenzie untersuchen die Folgen eines Warenrückrufs anhand des Verlaufs von Aktienkursen betroffener Unternehmen im amerikanischen Fleischsektor. Sie können nachweisen, dass im Rahmen von Rückrufen der sog. „Klasse I"

Aktienkursverluste 1,5 – 3 % zu verzeichnen sind. Ähnliche Studien führen Hooker et al. in den USA und Australien durch. Auch sie können negative Auswirkungen von Warenrückrufen feststellen, wobei eine statistische Absicherung der Aussagen nicht möglich ist [Thomsen und McKenzie, 2001: 526ff.; Hooker et al., 1999: 1ff.]. Aufbauend auf Studien, die eine Erfassung der Kosten von Warenrückrufen ermöglichen, entwickeln Resende-Filho und Buhr ein Modell zur Beurteilung der Einflussmöglichkeit von Rückverfolgbarkeitssysteme auf die Auswirkungen von Warenrückrufen [Resende-Filho und Buhr, 2007: 1ff.]. Rosada fasst ebenfalls die Folgen von Rückrufen zusammen und entwickelt Möglichkeiten, durch die Einrichtung von Rückverfolgbarkeitssystemen eine Begrenzung der Probleme im Zusammenhang mit Warenrückrufen zu erreichen [Rosada, 2003]. Auch Branchenverbände wie der Bund für Lebensmittelrecht und Lebensmittelkunde (BLL) oder die Centrale für Coorganisation (CCG)[1] erarbeiten Konzepte zur Risikominimierung durch Rückverfolgbarkeitssysteme. Diese Arbeiten zielen jedoch vorrangig auf die Erarbeitung praktischer Handlungsempfehlungen für Unternehmen und sind somit nur begrenzt dem wissenschaftlichen Bereich zuzuordnen [Horst et al., 2006: 6ff.; Centrale für Coorganisation, 2002: 3ff.].

Die Arbeiten zu den rechtlichen Vorgaben fokussieren sich in Europa auf die Lebensmittelbasisverordnung (EG) 178/2002. Im Mittelpunkt stehen die Interpretation des Artikels 18 und der damit verbundenen Rechtsfolgen. Neben dem Verordnungstext gibt es in der EU verschiedene untergesetzliche Regelungswerke, welche die Verordnung konkretisieren [European Commission, 2004]. Des Weiteren wird die Verordnung von einer Vielzahl nationaler Gesetze und Vorschriften flankiert. Basierend auf den Gesetzestexten erfolgten unterschiedliche Kommentierungen, die sich mit der Umsetzung dieser Rechtsvorschriften befassen [Wegner-Hambloch, 2004; Girnau, 2003a; Waldner, 2006; BLL, 2003].

Die Arbeiten im Bereich der Rückverfolgbarkeit als Differenzierungsstrategie betrachten in erster Linie die Zahlungsbereitschaft der Verbraucher für Produkte, die entsprechende Merkmale aufweisen. Dabei stehen empirische Untersuchungen, die sich auf einzelne Produkte in bestimmten Regionen beziehen, im Vordergrund. In der Regel werden in den Studien Produkte betrachtet, die in der Vergangenheit häufiger von Lebensmittelkrisen betroffen waren und bei denen

---

[1] Die CCG ist später in die GS 1 Germany aufgegangen.

eine entsprechende Sensibilität der Verbraucher für Aspekte der Lebensmittelsicherheit vermutet wird (z.B. Rind- oder Schweinefleisch). Häufig werden neben der Rückverfolgbarkeit auch andere Punkte der Lebensmittelsicherheit und -qualität betrachtet. Dadurch ist eine Einordnung der Rückverfolgbarkeit im Vergleich zu diesen Aspekten möglich [Hobbs, 2002: 1ff., Hobbs, 2005: 47ff.; Dickinson und Bailey, 2002a: 348ff.; Dickinson und Bailey, 2002b: 1ff.; Clemens, 2003: 4f.; Caswell und Joseph, 2006: 9ff.].

Andere Arbeiten betrachten Rückverfolgbarkeitssysteme aus organisatorischer Sicht. Theuvsen differenziert dabei zwischen Rückverfolgbarkeit als Koordinationsproblem und Rückverfolgbarkeit als Motivationsproblem. Ein Koordinationsproblem entsteht demnach durch die arbeitsteilige Organisation der Wertschöpfungsketten. Dadurch können an den organisatorischen Schnittstellen Probleme bei der Weitergabe der notwendigen Informationen entstehen, aus denen Schwierigkeiten bei der Realisierung der Rückverfolgbarkeit resultieren. Motivationsprobleme können entstehen, da die einzelnen Beteiligten der Wertschöpfungskette zur Sicherstellung der Rückverfolgbarkeit zum Teil Informationen generieren und weitergeben müssen, ohne dass dies im direkten Eigeninteresse des jeweiligen Akteurs liegt [Theuvsen, 2003: 555ff.]. Hobbs beleuchtet die Möglichkeiten zur Errichtung von Rückverfolgbarkeitssystemen vor dem Hintergrund der Transaktionskostentheorie, wobei sie zwischen ex ante- und ex post-Systemen differenziert [Hobbs, 2004: 397]. Andere Autoren untersuchen die Möglichkeit zur Rückverfolgbarkeit von Lebensmitteln anhand der Prinzipal-Agenten-Theorie. Wilson et. al. und Henry betrachten vor diesem Hintergrund die vertraglichen Beziehungen zwischen den USA und der EU im Bereich gentechnisch veränderter Lebensmittel [Wilson et al., 2006: 1ff., Henry, 2004: 1ff.]. Ebenfalls auf Basis der Prinzipal-Agenten-Theorie analysieren Resende-Filho und Buhr die Wertschöpfungskette für Rindfleisch in den USA [Resende-Filho und Buhr, 2006: 1ff.]. Gampl untersucht gezielt die Rückverfolgbarkeit in kettenübergreifenden Informationssystemen. Dazu analysiert sie 32 Rückverfolgbarkeitssysteme in Netzwerken mittels der Graphentheorie [Gampl, 2006: 1ff.].

Im technischen Bereich der Rückverfolgbarkeitssysteme existiert eine Vielzahl unterschiedlicher Forschungsansätze. Ein Bereich befasst sich mit der Trennung physischer Produktionseinheiten. Die Arbeiten auf diesem Gebiet lassen sich weiter unterteilen anhand der unterschiedlichen Stufen der Wertschöpfungskette, die betrachtet werden. Auf der Stufe der Primärproduktion richtet sich der

Blickwinkel vorrangig auf die Trennung unterschiedlicher Einheiten der erzeugten Rohprodukte (Milch, Getreide). Betrachtet werden hier Technologien, die eine Vermischung unterschiedlicher Chargen vermeiden können oder die eindeutige Zuordnung von Chargen zum Entstehungsort ermöglichen [Beplate-Haarstrich et al., 2007: 27ff.]. Viel beachtet werden vor diesem Hintergrund die Technologien des „precision farming". Diese Technik ermöglicht neben einer Optimierung pflanzenbaulicher Anforderungen die Zuordnung pflanzlicher Erzeugnisse zu den Produktionsflächen und kann daher als Ausgangsbasis oder Datengrundlage für die Rückverfolgbarkeit dieser Produkte dienen [Weigert et al., 2004: 37ff.]. Des Weiteren wird im Bereich der Primärproduktion der Identifikation von Tieren große Aufmerksamkeit gewidmet. Abhängig von der jeweiligen Tierart werden Systeme entwickelt, die bis auf die Kennzeichnung des Einzeltiers zurückgehen [Altmann, 1998: 29ff.]. Klindtworth et al. untersuchen vor diesem Hintergrund die Einsatzmöglichkeiten von Transpondern zur Identifikation von Rindern, Schafen und Ziegen. Dabei werden vorrangig unterschiedliche Bauarten der Transponder (Bolus, Injektat oder Ohrmarke) und deren technische Eigenschaften wie Auslesesicherheit, Ausfall- und Verlustrate oder Größe und Bauform betrachtet [Klindtwordt et al., 2003: 124ff., Fröhlich et al., 2003: 63ff.]. Ähnliche Arbeiten sind auch für andere landwirtschaftliche Nutztiere durchgeführt worden [Mader, 2000: 3ff.; Adam, 1998: 87ff. ; Meyer, 1998: 70ff.].

In den nachgelagerten Stufen rücken mit zunehmendem Verarbeitungsgrad andere technische Systeme zur Trennung und Identifikation der Produkte in den Vordergrund. Unterschiedliche Arbeiten widmen sich dabei den Möglichkeiten hinsichtlich der Verarbeitung von Rindfleisch. Insbesondere aufgrund der BSE-Krise werden in diesem Bereich eine Reihe von möglichen technischen Lösungen diskutiert [Mousavi et al., 2002: 7ff.; Buhr, 2002: 103ff; Atzberger, 1997: 16ff.]. Ein weiterer Schwerpunkt ist die Trennung gentechnisch veränderter Produkte von anderen Produkten [Duschl, 2006: 17ff.].

Neben der Trennung von physischen Einheiten stehen häufig Techniken zur automatischen Datenerfassung und -verarbeitung im Mittelpunkt von Forschungsvorhaben. Vor diesem Hintergrund kann zwischen Hardware und Software differenziert werden. Derzeit bilden barcodegestützte Systeme den Standard unter den Identifikationssystemn im Lebensmittelsektor. Einen Überblick über die Funktionsweisen, Anwendungsmöglichkeit und Verbreitung dieser Technologie geben Jesse und Rosenbaum [Jesse und Rosenbaum, 2000, 13ff.]. Im Lebensmittelsektor ist derzeit die Strichcodesymbologie der EAN der am weitesten verbreitete Standard [Weber et al., 2004: 22]. Einen Überblick über den Aufbau der EAN-Strichcodes sowie deren Einsatzmöglichkeiten und Anforderungen im Bereich der Rückverfolgbarkeit gibt Springob [Springob, 2004: 30ff.]. Intensiv diskutiert werden neben der Strichcodetechnologie die Möglichkeiten des Einsatzes der RFID-Technologie im Lebensmittelbereich. Diese Technik bietet deutlich mehr Möglichkeiten und dürfte die Strichcodes in Zukunft ablösen. Finkenzeller stellt die grundlegenden Funktionsweisen und Anwendungsgebiete dar, gibt einen Überblick über die technischen Details und Anforderungen sowie über Einsatzmöglichkeiten der RFID-Technologie [Finkenzeller, 1998: 1ff.]. Der Lebensmittelsektor gilt als einer der ersten Bereiche, in denen der flächendeckende Einsatz der RFID-Technik realisiert werden könnte. Dem entsprechend wird dieser Punkt in einer Reihe von Arbeiten aufgegriffen, wobei insbesondere ökonomische und technische Fragestellungen erörtert werden [de Jong, 2004: 1ff.: Schenkel, 2006: 137ff.].

Analog zur Hardware wird auch im Bereich der Software nach Möglichkeiten gesucht, Chargen möglichst effektiv zu verfolgen. Zur Nutzung der vorgenannten RFID-Technologie müssen neben den Hardwarevoraussetzungen auch die Softwarelösungen erarbeitet werden. Hier steht u.a. der Electronic Product Code (EPC) im Fokus des Interesses. Mehrere Arbeiten beschäftigen sich bspw. mit Aufbau, Einsatzmöglichkeiten und Funktionsweisen des EPC [Clasen, 2006: 3ff.; Furness, 2006: 232ff.; Cheek, 2006: 1ff.]. Darüber hinaus erarbeiten unterschiedliche Einrichtungen Lösungen, die im Bereich des elektronischen Datenaustausches (EDI) einzuordnen sind [Springob, 2004: 117f.]. Ein Forschungsschwerpunkt ist hierbei die Verwendung unterschiedlicher Standards und die daraus resultierenden Schwierigkeiten der unternehmensübergreifenden Weitergabe und Nutzung von Daten. Buxmann gibt einen Überblick über die Möglichkeiten und Probleme im Zuge der Standardisierung betrieblicher Informationssysteme [Buxmann, 1996: 1ff.]. Eine viel diskutierte Lösungsmöglichkeit ist der Einsatz von XML-Schnittstellen[2], die in der Lage sind, unterschiedliche Datenformate zu verarbeiten. Ein Ansatz für den Bereich der Primärproduktion wird derzeit unter dem Namen agroXML unter Federführung des Kuratoriums für

---

[2] XML: Extensible Markup Language ist eine Programmiersprache, die als plattformunabhängige Sprache in der Lage ist, Inhalte und Strukturen für internetbasierte Anwendungen zu beschreiben. Grundsätzlich ähnelt XML der Sprache HTML, bietet aber weitere Möglichkeiten da XML nicht wie HTML primär für die graphische Darstellung von Informationen entwickelt wurde [GS 1 Germany, 2007].

Technik und Bauwesen in der Landwirtschaft (KTBL) und der Fachhochschule Bingen erarbeitet [Kunisch et al., 2007: 127ff.; Möbius, 2007: 86ff.; Lang, 2004]. Analog dazu wird unter dem Namen organicXML ein Standard zur Rückverfolgbarkeit und Herkunftssicherung von Ökoprodukten entwickelt [Mäder, 2006]. Für den Informationsaustausch zwischen den nachgelagerten Stufen werden die Anstrengungen zur Schaffung von XML-basierten Konzepten vorrangig von der GS1 betrieben [GS 1 Germany, 2007; Springob, 2004: 118].

3 Rechtliche Vorgaben zur Rückverfolgbarkeit

Wie in den einleitenden Abschnitten dieser Arbeit dargestellt, führten insbesondere verschärfte rechtliche Rahmenbedingungen zu einer intensiven Diskussion über die Errichtung von Rückverfolgbarkeitssystemen in den Unternehmen. Daher liefert das folgende Kapitel einen Überblick über die entsprechenden Regelungen.

3.1 Entwicklung der EU-Rechtsvorschriften im Bereich der Lebensmittelsicherheit

Die Diskussion um die Schaffung eines einheitlichen „Fundaments" für das europäische Lebensmittelrecht wird bereits seit Beginn der 90er Jahre geführt. Ausgangspunkt war die Schaffung des gemeinsamen Binnenmarkts 1993, der einen grenzübergreifenden Handel ohne Kontrollen in den EU-Ländern ermöglichte. Gleichzeitig wurde in der EU das Eigenverantwortungsprinzip der Wirtschaftsbeteiligten gestärkt, um dadurch eine geringere staatliche Überwachung bzw. Kontrolle zu kompensieren. Rechtliche Vorgaben der EU wurden zunächst in Form von Richtlinien verabschiedet, die eine Umsetzung in das jeweils nationale Recht der einzelnen Mitgliedstaaten erforderlich machten. Diese Vorgehensweise hatte den Nachteil, dass durch unterschiedliche Rechtsinterpretation und Abweichungen vom Richtlinientext die Vorschriften in den Mitgliedstaaten auseinander drifteten. Dies konnte auch mit der Überprüfung der nationalen Vorschriften durch die EU nicht komplett verhindert werden. Um diesen Nachteil zu vermeiden, erfolgte die Schaffung von Rechtsnormen in der EU seit Ende der 90er Jahre verstärkt in Form von EU-Verordnungen. Diese erlangen unmittelbare Gültigkeit in den Mitgliedsstaaten, ohne dass eine gesonderte Umsetzung in nationale Vorschriften erforderlich ist. Dabei folgt die EU einigen Grundprinzipien:

- Stärkung der Eigenverantwortung der Unternehmen in Fragen der Lebensmittelsicherheit,
- Einführung und Etablierung von prozessübergreifenden Systemen im Bereich der betrieblichen Eigenkontrolle,
- Durchführung behördlicher Kontrollen auf Basis einer Risikoanalyse,
- Generelle Einführung von qualitätsgesicherten Verfahren sowohl in den Unternehmen als auch in der Überwachung,
- Verbesserung und Optimierung der Informationen für Verbraucher,

- Übergeordnete Koordinierung von Kontrollprogrammen [Haunhorst, 2006: 50].

Auf Grundlage dieser Prinzipien trat 2002 mit der Lebensmittel-Basisverordnung (Verordnung (EG) 178/2002) erstmals eine Verordnung für das gesamte Lebensmittelrecht in der EU in Kraft. Wichtige Meilensteine auf dem Weg zu einer gemeinsamen Basisverordnung waren das Grünbuch „Allgemeine Grundsätze des Lebensmittelrechts in der Europäischen Union" (1997) und das „Weißbuch zur Lebensmittelsicherheit" (1999), die als Diskussionsvorlagen durch die EU-Kommission erarbeitet wurden [Horst, 2000: 475].

3.1.1 Grünbuch zur Lebensmittelsicherheit

Das Grünbuch mit dem Titel „Allgemeine Grundsätze des Lebensmittelrechts in der Europäischen Union" wurde am 30. April 1997 vorgelegt. Damit endete eine Diskussion, die schon einige Jahre zuvor begonnen hatte. Ursprünglich sollte das Grünbuch bereits im März 1994 veröffentlicht werden. Die sukzessive Aufnahme weiterer Elemente, technische Schwierigkeiten (insbesondere Übersetzungsprobleme infolge der Aufnahme Finnlands und Schwedens und den daraus resultierenden zwei neuen Amtssprachen) und die Einbeziehung landwirtschaftlicher Elemente und damit verbundenen Abstimmungsproblemen zwischen den Generaldirektionen III und IV der Kommission verzögerten die Veröffentlichung des Grünbuchs jedoch zusehends. Eine weitere Verzögerung erfuhr die Veröffentlichung durch das Auftreten der BSE-Krise [Streinz, 1998: 146f.].

Mit dem Grünbuch wollte die EU-Kommission eine öffentliche Debatte über die Weiterentwicklung der Rechtsvorschriften im Bereich des Lebensmittelrechts erreichen. Als Ausgangspunkt der Diskussion werden im Grünbuch sechs Hauptziele formuliert:

1. Gewährleistung eines hohen Maßes an Schutz der allgemeinen Gesundheit sowie der Sicherheit und der Interessen der Verbraucher.
2. Sicherung des freien Warenverkehrs innerhalb des Binnenmarktes.
3. Gewährleistung der Rechtsvorschriften beruhend auf wissenschaftlichen Erkenntnissen und Risikobewertungen.
4. Sicherung der Wettbewerbsfähigkeit der europäischen Industrie und Verbesserung ihrer Exportchancen.
5. Zuweisung der Primärverantwortung an die Erzeuger, Verarbeiter und Lieferanten – unter Anwendung von Systemen nach dem HACCP-

Prinzip, die durch wirksame amtliche Kontroll- und Durchsetzungsmaßnahmen unterstützt werden müssen.
6. Sicherstellung der Kohärenz, Rationalität und Anwenderfreundlichkeit der Gesetzgebung [o.V., 1997b: Dokumentation 1].

Nach der Veröffentlichung des Grünbuchs wurde eine Frist von drei Monaten bis zum 31. Juli 1997 gesetzt, um die erbetenen Stellungnahmen einzureichen. Diese sehr kurze Frist führte insbesondere vor dem Hintergrund, dass die Erstellung des Grünbuchs mehrere Jahre in Anspruch genommen hatte, zu starken Protesten. Daraufhin wurde die Frist zur Einreichung qualifizierter Stellungnahmen bis zum 19. September 1997 verlängert.

Die Zielsetzung, mit dem Grünbuch eine engagierte Diskussion in Gang zu setzen, ist erreicht worden. So sind bei der EU mehr als 140 Stellungnahmen aus Politik, Verwaltung, Wissenschaft, Verbraucherschaft und Wirtschaft eingegangen. Zudem sind auf einer Reihe von Konferenzen, politischen Gesprächen und anderen Veranstaltungen die Vorschläge diskutiert und entsprechende Stellungnahmen erarbeitet worden. In ihren Stellungnahmen stimmten die einzelnen Mitgliedsstaaten den Vorschlägen größtenteils zu. Insbesondere die Vorschläge zu einer vereinfachten, verbraucherfreundlichen und transparenten Gesetzgebung wurden von den Mitgliedsstaaten begrüßt [Horst und Mrohs, 2000: 127].

3.1.2 Weißbuch zur Lebensmittelsicherheit

Auf Basis der lebhaften Diskussion infolge der Veröffentlichung des Grünbuchs beabsichtigte die EU-Kommission neue Vorschläge zur Weiterentwicklung des europäischen Lebensmittelrechts erarbeiten. Diese Ankündigungen sind zunächst jedoch nicht umgesetzt worden. Die wieder eingetretene Stagnation hatte unterschiedliche Gründe: So rückten in der politischen Diskussion Krisen wie BSE oder umstrittene Entwicklungen wie die Gentechnik in den Fokus der Beteiligten. Zudem fehlte es der EU-Kommission an politischer Führung und Vision. Ein weiterer Grund war das fehlende Interesse der einzelnen Mitgliedsstaaten, gemeinsame europäische Lösungen voranzubringen. Erst die Einsetzung einer neuen Kommission im Herbst 1999 sorgte für neue Impulse bei der Weiterentwicklung einer europäischen Lebensmittelgesetzgebung. Die Lebensmittelsicherheit wurde von der Prodi-Kommission zu einem Vorhaben höchster Priorität erklärt und die Kommissare Byrne und Liikanen kündigten die Vorlage eines Weißbuchs zur Lebensmittelsicherheit noch bis zum Jahresende 1999 an [Horst und Mrohs, 2000: 127f.; Somogyi, 2001: 44].

Tatsächlich wurde dieses Ziel mit der Vorlage des „Weißbuchs zur Lebensmittelsicherheit" am 12. Januar 2000 nur knapp verfehlt. Kernpunkt des Weißbuchs ist der Ansatz, die gesamte Lebensmittelkette von der Herstellung der Futtermittel bis zur Abgabe der Lebensmittel an den Verbraucher abzudecken. Insgesamt wurden 84 Einzelmaßnahmen vorgeschlagen, die sowohl zur Verbesserung der Lebensmittelsicherheit als auch zu einem höheren Gesundheitsschutzniveau für die Verbraucher führen sollen. Die Hauptverantwortung für sichere Lebensmittel soll Erzeugern, Industrie und Handel übertragen werden, die durch eine angemessene Überwachung auf nationaler und europäischer Ebene kontrolliert werden sollen.

Die Reaktionen auf die Vorschläge der Kommission im Rahmen des Weißbuchs fielen unterschiedlich aus. Zusammenfassend kann festgestellt werden, dass „das Weißbuch zwar eine gute Diskussionsgrundlage für die Zukunft bietet, einerseits aber überfrachtet ist und andererseits in vielen Fällen auf halbem Wege stehen bleibt" [Horst und Mrohs, 2000: 133]. Zudem wurde im vorgegebenen, sehr knapp bemessenen Zeitplan die Gefahr gesehen, dass die erforderlichen Änderungen in der Lebensmittelgesetzgebung nicht mit der notwendigen Sorgfalt und Gründlichkeit erfolgen können.

3.1.3 Lebensmittel-Basisverordnung (EG) 178/2002

Die Verordnung (EG) Nr. 178/2002 des Europäischen Parlaments und des Rates vom 28. Januar 2002 zur Festlegung der allgemeinen Grundsätze und Anforderungen des Lebensmittelrechts, zur Errichtung der Europäischen Behörde für Lebensmittelsicherheit und zur Festlegung von Verfahren zur Lebensmittelsicherheit legt den rechtlichen Rahmen innerhalb der Union für diesen Bereich fest. Sie ist die erste Rechtsvorschrift, die EU-weite Regelungen für den Lebensmittelsektor schafft. Basierend auf den Ergebnissen der Diskussion um das Grünbuch und das Weißbuch zur Lebensmittelsicherheit ist der überwiegende Teil dieser Vorschrift am 1. Januar 2002 in Kraft getreten. Lediglich die Artikel 11 und 12 sowie 14 bis 20 traten erst am 1. Januar 2005 in Kraft. Als EU-Verordnung erlangt sie unmittelbar Gesetzeskraft in den einzelnen Mitgliedsländern, einer gesonderten Umsetzung in nationales Recht bedarf es nicht. Die Verordnung bezieht sich auf alle Produktions-, Verarbeitungs- und Vertriebsstufen von Lebensmitteln und Futtermitteln [Girnau, 2003b].

Die Verordnung (EG) Nr. 178/2002 ist in fünf Kapitel gegliedert. Kapitel I nennt Ziele und Anwendungsbereich der Vorschrift. Zudem werden in diesem

Kapitel wichtige Definitionen vorgenommen. Von zentraler Bedeutung ist die Definition des Begriffes Lebensmittel, die eine Vereinheitlichung bislang unterschiedlicher Definitionen der Gesetze einzelner Mitgliedsstaaten ermöglicht. Kapitel II gibt die zukünftigen Anforderungen im allgemeinen Lebensmittelrecht der EU vor. Dabei werden zunächst allgemeine Grundsätze des Lebensmittelrechts und Grundsätze zur Konsultation und Information der Öffentlichkeit festgesetzt. Anschließend werden die Anforderungen an den Lebensmittelhandel formuliert. Im Kapitel III sind die Bestimmungen zur Errichtung einer europäischen Behörde für Lebensmittelsicherheit aufgeführt. Im Einzelnen werden Auftrag und Aufgaben der Behörde sowie die Organisationsstruktur und die Aufgabenverteilung der einzelnen Organisationseinheiten geregelt. Kapitel IV widmet sich der Errichtung eines Schnellwarnsystems sowie den erforderlichen Maßnahmen bei Notfällen und dem Krisenmanagement. Das abschließende Kapitel V beinhaltet Verfahrens- und Schlussbestimmungen.

3.2 Rückverfolgbarkeit im Rahmen der Verordnung (EG) 178/2002

Die Rückverfolgbarkeit von Lebensmitteln wird in Artikel 18 der Verordnung (EG) 178/2002 geregelt und erlangte somit zum 1. Januar 2005 rechtliche Gültigkeit. Im Einzelnen beinhaltet Artikel 18 folgende Regelungen:

(1) Die Rückverfolgbarkeit von Lebensmitteln und Futtermitteln, von der Lebensmittelgewinnung dienenden Tieren und allen sonstigen Stoffen, die dazu bestimmt sind oder von denen erwartet werden kann, dass sie in einem Lebensmittel oder Futtermittel verarbeitet werden, ist in allen Produktions-, Verarbeitungs- und Vertriebsstufen sicherstellen.

(2) Die Lebensmittel- und Futtermittelunternehmer müssen in der Lage sein, jede Person festzustellen, von der sie ein Lebensmittel, Futtermittel, ein der Lebensmittelgewinnung dienendes Tier oder einen Stoff, der dazu bestimmt ist oder von dem erwartet werden kann, dass er in einem Lebensmittel oder Futtermittel verarbeitet wird, erhalten haben. Sie richten hierzu Systeme und Verfahren ein, mit denen diese Informationen den zuständigen Behörden auf Aufforderung mitgeteilt werden können.

(3) Die Lebensmittel- und Futtermittelunternehmer richten Systeme und Verfahren zur Feststellung der anderen Unternehmen ein, an die ihre Erzeugnisse geliefert worden sind. Diese Informationen sind den zuständigen Behörden auf Aufforderung zur Verfügung zu stellen.

(4) Lebensmittel, die in der Gemeinschaft in Verkehr gebracht werden, oder bei denen davon auszugehen ist, dass sie in Verkehr gebracht werden, sind durch sachdienliche Dokumentation und Information gemäß den diesbezüglich in spezifischeren Bestimmungen enthaltenden Auflagen

ausreichend zu kennzeichnen oder kenntlich zu machen, um ihre Rückverfolgbarkeit zu erleichtern.

(5) Bestimmungen zur Anwendung der Anforderungen dieses Artikels auf bestimmte Sektoren können nach dem in Artikel 58 Absatz 2 genannten Verfahren erlassen werden.

Absatz 1 der vorgenannten Vorschrift enthält lediglich eine generelle Verpflichtung zur Sicherstellung der Rückverfolgbarkeit, unmittelbar anwendbare Bestimmungen ergeben sich hieraus nicht. Diese Bestimmungen sind in den Absätzen 2 und 3 enthalten. Demnach müssen die Lebensmittel- und Futtermittelunternehmer in der Lage sein, ihre Lieferanten und Abnehmer zu identifizieren und über ein geordnetes Wareneingangs- und -ausgangssystem die Nachvollziehbarkeit des Warenflusses zu gewährleisten. Dabei bezieht sich die geforderte Dokumentation lediglich auf den jeweiligen direkten Lieferanten (one step up) und den Abnehmer (one step down). Eine durch einzelne Unternehmen zu gewährleistende, produktionsstufenübergreifende Rückverfolgbarkeit lässt sich den Bestimmungen des Art. 18 Abs. 2 und 3 nicht herleiten. Um die Rückverfolgbarkeit über alle Stufen hinweg zu gewährleisten, ist es notwendig, dass die einzelnen beteiligten Unternehmen über Informationen bezüglich der jeweils vor- und nachgelagerten Stufe verfügen. Durch eine Verzahnung dieser Informationen kann eine lückenlose Rückverfolgbarkeit bspw. im Fall einer Lebensmittelkrise gewährleistet werden [Schroeter, 2003: 1].

Neben den Regelungen in den Absätzen zwei und drei, die eine Rückverfolgbarkeit zwischen unterschiedlichen Unternehmen regeln, existieren keine weiteren Bestimmungen, die sich auf eine Rückverfolgbarkeit innerhalb eines Unternehmens beziehen. Es findet somit Absatz eins als allgemeine Regelung Anwendung. Demnach ist eine Rückverfolgbarkeit in allen Produktions-, Verarbeitungs- und Vertriebsstufen sicherzustellen. Diese Formulierung kann bei einer weiten Auslegung auch den innerbetrieblichen Bereich mit einbeziehen. Da weitere Regelungen fehlen, kann auf die Erwägungsgründe der Verordnung zurückgegriffen werden. Nach Erwägungsgrund 28 bezweckt die Verordnung, dass nicht-sichere Lebensmittel gezielt zurückgenommen werden können. Somit könnte Artikel 18 Abs. 1 dahingehend ausgelegt werden, dass ein effizienter Rückruf nicht-sicherer Lebensmittel gewährleistet sein muss. Diese vergleichsweise allgemeine Aussage trägt den technischen und sonstigen Besonderheiten der Lebensmittelunternehmen Rechnung. Zudem sind die Unternehmen selbst bestrebt, im Falle eines notwendigen Warenrückrufes diesen so effizient wie möglich zu gestalten.[3]

Weiterhin ist auf Erwägungsgrund 29 zur Lebensmittelbasisverordnung hinzuweisen. Demnach muss sichergestellt werden, „dass ein Lebensmittel- oder Futtermittelunternehmen einschließlich des Importeurs zumindest das Unternehmen feststellen kann, das das Lebensmittel oder Futtermittel, das Tier oder die Substanz, die möglicherweise in einem Lebens- oder Futtermittel verarbeitet wurden, geliefert hat, damit bei einer Untersuchung die Rückverfolgbarkeit in allen Stufen gewährleistet ist." [o.V., 2002: Erwägungsgrund 29]. Die Einschränkung „möglicherweise" (und eben nicht verpflichtend) kann dahingehend interpretiert werden, dass eine chargengenaue innerbetriebliche Rückverfolgbarkeit nicht zwingend erforderlich ist [Schroeter, 2003: 1ff.].

Nach Artikel 18 Abs. 2 richten die Unternehmen „Systeme und Verfahren ein, mit denen diese Informationen den zuständigen Behörden auf Aufforderung mitgeteilt werden können." Diese Systeme und Verfahren werden nicht weiter spezifiziert. Somit müssen nicht zwangläufig aufwendige IT-Systeme zur Verwaltung der Daten betrieben werden. Auch papiergebundene Verfahren können die Anforderungen an die Aufzeichnungspflichten erfüllen. Ab einer gewissen Größenordnung der Betriebe werden jedoch leistungsfähigere Systeme notwendig. Durch den Verzicht auf detaillierte Vorgaben trägt der Gesetzgeber auch hier den Besonderheiten und Grenzen in der Lebensmittel- und Futtermittelindustrie Rechnung [Schroeter, 2003: 1ff.].

Mit dem Absatz 5 des Artikels 18 verweist der EU-Gesetzgeber auf Artikel 58 Abs. 2 dieser Verordnung. Demnach können Durchführungsvorschriften zur Rückverfolgbarkeit lediglich auf EU-Ebene verabschiedet werden. Eine Aufnahme entsprechender Vorschriften in nationale Gesetze, z.B. in das deutsche Lebensmittel- und Futtermittelgesetzbuch, ist somit unzulässig. Sollten nach Ansicht der Beteiligten weitergehende gesetzliche Regelungen notwendig sein, so können diese nur auf europäischer Ebene verabschiedet werden [Schroeter, 2003: 3].

Wie eingangs geschildert, erlangt die Verordnung 178/2002 ohne gesonderte Umsetzung im Rahmen nationaler Gesetze rechtliche Gültigkeit in den jeweiligen Mitgliedsstaaten der EU. Trotzdem müssen Details zur Durchführung, die nicht unter den im vorigen Kapitel genannten Regelungsvorbehalt der EU fallen,

---

[3] Vgl. Kapitel 4.2.

durch die einzelnen Mitgliedsstaaten festgelegt werden. In Deutschland hat man sich entschlossen, die Wirtschaft stark in die Überlegungen der Behörden mit einzubeziehen. So sind durch das Bundesministerium für Ernährung, Landwirtschaft und Verbraucherschutz im Rahmen von Branchengesprächen Vertreter von Unternehmen und Verbänden aller beteiligten Wertschöpfungsstufen gehört worden. Ziel dieser Gespräche war es, festzustellen, wie der Stand der Rückverfolgbarkeit derzeit ist und welche Probleme existieren. Dabei sind unterschiedliche Gebiete identifiziert worden:

- Schwierig bzw. aufwendig erscheint die Erstellung eines Rückverfolgbarkeitssystems in den vergleichsweise kleinstrukturierten Betrieben in Handel und Urproduktion. In der Regel wird in diesen Betrieben keine umfassende elektronische Datenverarbeitung und Dokumentation durchgeführt. Dadurch gestaltet sich die Gewinnung der notwendigen Daten häufig als langwieriger Prozess. Zudem ist durch den geringen Grad der Arbeitsteilung in diesen Betrieben das Know How im Bereich der Datenerhebung und Dokumentation sehr gering. Dies bringt neben einer unzureichenden Datenerfassung und -verwaltung auch Akzeptanz- und Motivationsprobleme seitens der betroffenen Betriebsleiter und Mitarbeiter mit sich.

- Ein weiteres Problemfeld sind technische Machbarkeitsgrenzen. So kommt es in der Wertschöpfungskette für Lebensmittel häufig zu Vermischungen von Chargen, die keine produktstromaufwärts gerichtete Rückverfolgbarkeit mehr zulassen. In diesem Zusammenhang sind insbesondere Getreide, Zucker und Milch zu nennen. Ein weiterer Bereich in Verbindung mit technischen Machbarkeitsgrenzen ist die Herstellung von Mischfuttermitteln. Zwar können einzelne Komponenten der Mischfuttermittel in der Regel zurückverfolgt werden, da diese Komponenten teilweise jedoch nur zu verschwindet geringen Anteilen in den Mischfuttermitteln eingesetzt werden, werden die jeweiligen Chargen an eine sehr hohe Zahl von Landwirten vertrieben, was eine etwaige produktstromabwärtsgerichtete Rückverfolgbarkeit deutlich erschwert.

Die festgestellten Problembereiche wurden zunächst gesammelt und entsprechend aufbereitet, um sie in den folgenden Beratungen zur konkreten Umsetzung der EU-Vorgaben einfließen lassen zu können. Darüber hinaus ist auch im Zuge der weiteren Entscheidungsprozesse eine enge Zusammenarbeit zwischen Behörden und Vertretern der Wirtschaft vereinbart worden.

3.3 Einfluss weiterer Rechtsvorschriften auf die Rückverfolgbarkeit

Neben der Lebensmittelbasisverordnung existieren weitere europäische und nationale Regelungen, die Rückverfolgbarkeitsaspekte beinhalten. Häufig werden dabei weitergehende Regelungen für bestimmte Lebens- und Futtermittel getroffen. Sehr große Öffentlichkeitswirkung ist insbesondere in der Diskussion um die Regelungen zur Rückverfolgbarkeit von gentechnisch veränderten Organismen (GVO) zu beobachten. Daneben gewinnen Fragen der Produkthaftung an Bedeutung.

3.3.1 Rückverfolgbarkeit gentechnisch veränderter Organismen

Der Rückverfolgbarkeit von gentechnisch veränderten Lebensmitteln wird seitens der Verbraucher große Bedeutung beigemessen. So sprachen sich in einer Umfrage des Marktforschungsunternehmens KRC Research, London, bei ca. 3.500 Befragten in Großbritannien, Frankreich, Deutschland und Spanien 96 % der Befragten für eine Kennzeichnung der entsprechenden Produkte aus [o.V., 2003: Kurzmeldungen 9].

Mit den Verordnungen (EG) 1829/2003 und 1830/2003 gibt die EU den rechtlichen Rahmen für die Kennzeichnung und Rückverfolgbarkeit gentechnisch veränderter Lebens- und Futtermittel sowie von Produkten, die aus diesen hergestellt wurden, vor. Diese Regelungen sind am 7. November 2003 in Kraft getreten und mussten bis April 2004 umgesetzt werden. Sie lösten die seit 1997 geltenden Vorschriften zur Kennzeichnung gentechnisch veränderter Lebensmittel ab. Die Verordnungen erstrecken sich auf alle Lebens- und Futtermittel, die GVO-Anteile enthalten, mit Ausnahme von Produkten, die weniger als 0,9 % GVO beinhalten, vorausgesetzt dieser Anteil ist zufällig oder technisch nicht zu vermeiden.

Die Rückverfolgbarkeit von GVO wird direkt in der VO (EG) 1830/2003 geregelt. Ziel dieser Regelung ist es, durch die Schaffung eines Rahmens von nachhaltigen Untersuchungs- und Kontrollmöglichkeiten die Auswirkungen auf die Umwelt und die Gesundheit der Verbraucher zu überwachen und ggf. Maßnahmen zur Risikovermeidung bis hin zum Rückruf der Produkte zu ermöglichen bzw. zu vereinfachen. Um dieses Ziel zu erreichen, werden detaillierte Vorgaben zur Kennzeichnung der GVO gemacht. So müssen die Produkte Hinweise wie bspw. „Dieses Produkt enthält gentechnisch veränderte Organismen" enthalten. Weiterhin werden Vorgaben zur Verwendung von Markern, die eine Identifikation von gentechnisch veränderten Produkten ermöglichen, gemacht. Zudem wird festgelegt, dass die Aufzeichnungen mindestens 5 Jahre aufzubewahren sind. Dadurch wird dem Umstand Rechnung getragen, dass Spätfolgen auf Mensch und Natur durch die GVO nicht vollständig ausgeschlossen werden können [Fuchs und Herrmann, 2001: 8; Grüne Biotechnologie, 2003; TransGen, 2003].

3.3.2 Nationale Rechtsvorschriften mit Rückverfolgbarkeitsaspekten

Durch die Verabschiedung europäischer Vorschriften im Bereich des Futter- und Lebensmittelrechts verlieren nationale Gesetze zunehmend ihre Bedeutung. Diese Entwicklung wird voraussichtlich in der EU weiter voranschreiten [Brenner, 2001: 359]. Lebensmittel- und Futtermittelrecht waren in Deutschland lange Zeit getrennte Rechtsgebiete. Mit der Verordnung (EG) 178/2002 sind die beiden Gebiete erstmals auf europäischer Ebene in einer Norm zusammengefasst worden. Diesem Beispiel ist der deutsche Gesetzgeber zwischenzeitlich mit der Verabschiedung des Lebensmittel-, Bedarfsgegenstände- und Futtermittelgesetzbuchs gefolgt.

3.3.2.1 ASPEKTE DER RÜCKVERFOLGBARKEIT IM DEUTSCHEN LEBENSMITTELRECHT

Die zentrale Vorschrift im deutschen Lebensmittelrecht ist das nationale Lebensmittel- und Futtermittelgesetzbuch (LFBG). Es trat am 1. September 2005 in Kraft in löste damit u.a. das Lebensmittel- und Bedarfsgegenständegesetz aus dem Jahr 1974 und das Futtermittelgesetz aus dem Jahr 2000 ab.[4] Die Neuordnung dieser Rechtsgebiete erfolgte aufgrund der Vorgaben durch die EU-Basisverordnung. Die neue nationale Vorschrift dient nach § 1 Abs. 2 LFBG ausdrücklich der Umsetzung und Durchführung von Rechtsakten der Europäischen Gemeinschaft sowie der Ergänzung der Basisverordnung. Diese Ergänzungen werden nur dort vorgenommen, wo die Basisverordnung einen entsprechenden Gestaltungsraum lässt bzw. ausgestaltungsbedürftige Bestimmungen

---

[4] Ebenfalls aufgehoben wurden das Vorläufige Biergesetz v. 29.7.1983, das Säuglingsnahrungsgesetz v. 10.10.1994, das Gesetz über Zulassungsverfahren bei natürlichen Mineralwässern v. 25.7.1984, das Gesetz betreffend den Verkehr mit blei- und zinkhaltigen Gegenständen v. 2.3.1974, das Gesetz betreffend Phosphorzündwaren v. 2.3.1974, das Gesetz betreffend die Verwendung gesundheitsschädlicher Farben bei der Herstellung von Nahrungsmitteln, Genussmitteln und Gebrauchsgegenständen vom 16.12.1977, das Fleischhygienegesetz vom 30.6.2003, das Geflügelfleischhygienegesetz v. 17.7.1996, das Gesetz zur Gesamtreform des Lebensmittelrechts v. 15.8.1974, das Verfütterungsverbotgesetz v. 29.3.2001 und die VerfütterungsverbotVO vom 27.12.2001.

vorliegen. Im Umkehrschluss sind detailliertere Regelungen zu Gebieten, die bereits durch die Basisverordnung abschließend geregelt sind oder in denen sich die EU ausdrücklich die Schaffung weiterer Vorschriften vorbehält, nicht möglich. Für die, im Artikel 18 der Basisverordnung geregelte Rückverfolgbarkeit ist im Absatz 5 i.V.m. Art. 58 Abs. 2 ausdrücklich geregelt, dass weitergehende Regelungen zu diesem Punkt lediglich auf europäischer Ebene erfolgen können. Demzufolge wird dieser Punkt im LFBG nicht aufgegriffen, sondern lediglich der Vorrang europäischer Vorschriften nochmals bestätigt [Streinz, 2007: 47ff.].

3.3.2.2 WEITERE NATIONALE RECHTSVORSCHRIFTEN MIT RÜCKVERFOLGBARKEITSASPEKTEN

Neben den Vorschriften im Bereich des Lebensmittelrechts beinhalten auch Gesetze aus anderen Gebieten Regelungen, die eine Auswirkung auf die Errichtung von Rückverfolgbarkeitssystemen haben können. Dazu zählen bspw. die Vorschriften im Bereich der Produkthaftung und des Gesetzes zur Kontrolle und Transparenz im Unternehmensbereich (KonTraG). Diese werden im Folgenden kurz dargestellt.

Der Begriff der Produkthaftung ist vor etwa 30 Jahren entstanden und kann als „Sammelbezeichnung für das Einstehenmüssen für Schäden, die durch fehlerhafte Produkte verursacht wurden" definiert werden [Rothe, 2004: 3]. Grundlegende Vorschriften zur Produkthaftung sind im Bürgerlichen Gesetzbuch (BGB) vom 1. Januar 1900 in der derzeit gültigen Fassung aufgeführt. Diese Regelungen sind überwiegend in der zweiten Hälfte des 20. Jahrhunderts in das BGB aufgenommen worden. Im Laufe der Zeit sind die zunächst sehr allgemeinen Formulierungen des BGB durch die Rechtsprechung weiter präzisiert worden, so dass sich inzwischen „der Verantwortungsumfang für Hersteller, Händler und alle sonst an der Produktentstehung Beteiligten umreißen lässt" [Rothe, 2004: 3]. Mit dem Inkrafttreten des Produkthaftungsgesetzes (PHG) am 1.1.1990 erfuhren die gesetzlichen Regelungen eine erneute Präzisierung und teilweise auch Verschärfung. Mit dem PHG wurde eine verschuldensunabhängige Haftung für eine umfangreiche Gruppe von Produkten eingeführt.[5] Während in der deliktischen Haftung nach § 823 BGB die vorsätzliche oder fahrlässige Verletzung der Rechte Dritter berücksichtigt wird, spielt in § 1 PHG das Verschulden beim Ent-

---

[5] Vor Inkrafttreten des Produkthaftungsgesetzes war die verschuldensunabhängige Produkthaftung bereits im Arzneimittelgesetz verankert [von Werder et al., 1990: 17].

stehen der Haftungsverpflichtung keine Rolle. Die Haftungsverpflichtung nach dem PHG erwächst allein aus dem „Fehler" des Produktes [Rothe, 2004: 5].

Die Produkthaftung ist grundsätzlich abzugrenzen von der Gewährleistung, die ebenfalls im BGB geregelt ist. So umfasst die Gewährleistung den Ausgleich eines Fehlers / Mangels oder „Schadens" am Produkt selbst, während die Produkthaftung sich auf Folgeschäden an Rechten Dritter (Personen, Sachen, Vermögen) bezieht. Basierend auf dem Grundsatz, dass derjenige, der etwas haben will, auch die Begründung liefern muss, lag die Aufgabe des Nachweises von Schaden, Ursache und Ursächlichkeit (Kausalität) beim Geschädigten. Da dieses in vielen Fällen für die Geschädigten unmöglich erschien, wurde die Beweislast durch eine Entscheidung des Bundesgerichtshofes 1968 umgekehrt. Seither müssen Unternehmen mittels entsprechender Nachweise darlegen, dass alle möglichen und zumutbaren Maßnahmen zur Vermeidung von Fehlern und daraus resultierenden Folgeschäden ergriffen wurden. Diese Umkehr der Beweisführung sorgte in den Unternehmen für einen drastischen Anstieg des Haftungsrisikos. Die spätere Einführung des Produkthaftungsgesetzes und der daraus resultierende Wegfall der Verschuldensfrage ist demgegenüber von nachrangiger Bedeutung. Entsprechende Befürchtungen der Industrie, die im Zuge des Gesetzgebungsverfahrens geäußert wurden, waren unbegründet [Rothe, 2004: 5f.].

Um dem Haftungsrisiko zu begegnen, stehen den Unternehmen unterschiedliche Möglichkeiten zur Verfügung. Da eine Haftungsverpflichtung grundsätzlich ein „fehlerhaftes" Produkt voraussetzt, müssen die Anstrengungen zumindest darauf ausgerichtet sein, Produkte herzustellen, die nach rechtlichen Maßstäben „fehlerfrei" sind. Zentrales Instrument zur Erreichung dieses Ziels ist die betriebliche Qualitätssicherung. Die Definition eines „fehlerfreien Produkts" bereitet dabei einige Schwierigkeiten. Basierend auf der Rechtsprechung und der juristischen Literatur kann eine gewisse Strukturierung vorgenommen werden. So kann man in folgende Arten von fehlerfreien Produkten unterscheiden:

- Fehlerfreiheit der Konstruktion: Dieser Punkt beinhaltet die Umsetzung fehlerfreier Lösungen unter Berücksichtigung des technischen Standes und der Auswahl geeigneter Materialien. Zudem ist die Kenntnis über die Anforderungen der Kunden sicherzustellen.

- Fehlerfreiheit der Fabrikation: Es muss sichergestellt werden, dass Vorgaben der Konstruktion umgesetzt werden. Dabei ist auf ausreichende und vollständige Vorgaben zu achten und der Stand der Technik wiederum zu berücksichtigen. Zudem müssen notwendige Prüfungen durchgeführt und dokumentiert werden.

- Fehlerfreiheit der Instruktion: Die Information der Kunden bezüglich des bestimmungsgemäßen Gebrauchs und der Anwendungsgrenzen sowie die Mitteilung von weiteren Hinweisen und Warnungen zählen zu den Pflichten des Herstellers. Dies geschieht in der Regel mittels Bedienungsanleitungen, Produktbeschreibungen sowie Sicherheits- und Warnhinweisen. Diese sind als Teil des Produktes zu sehen und können daher einen Haftungsanspruch auslösen.

- Pflicht zur Produktbeobachtung: Der Hersteller sollte Hinweise zum Einsatzverhalten und zur Bewährung seiner Produkte sammeln und auswerten. Werden dabei Probleme oder Risiken erkannt, sind verschiedene Maßnahmen wie Warnungen oder Nachbesserungen möglich [Rothe, 2004: 2ff.].

Die o.g. Punkte können bereits auf die Vorschriften des BGB abgeleitet werden. Mit der Verabschiedung des PHG und der damit verbundenen Einführung der verschuldensunabhängigen Haftung erfahren die einzelnen Punkte zunehmende Bedeutung. So reichte vor Inkrafttreten des PHG die Berücksichtigung des Standes der Technik häufig aus, um Haftungsansprüche abwehren können. Mit dem PHG wurden diese Anforderungen in der Form erhöht, als dass nunmehr sowohl der Stand der Technik als auch der Stand der Wissenschaft Beachtung finden [Rothe, 2004: 6ff.].

Die Rückverfolgbarkeit spielt insbesondere bei der Pflicht zur Produktbeobachtung eine wichtige Rolle. Werden Hinweise auf Mängel oder Risiken bekannt, ist häufig eine Rückrufaktion unumgänglich. Diese wiederum kann nur durchgeführt werden, wenn im Rahmen einer entsprechenden Dokumentation die Daten verfügbar sind.[6]

Eine indirekte Vorschrift zur Erstellung von Rückverfolgbarkeitsvorschriften ist das Gesetz zur Kontrolle und Transparenz im Unternehmensbereich (KonTraG), welches im Frühjahr 1998 verabschiedet wurde [Hornung, 1999: 317]. Darin wurden Aktiengesellschaften und Kommanditgesellschaften auf Aktien verpflichtet, ein entsprechendes Überwachungssystem einzurichten, das „auch als Kern eines Risikomanagementsystems interpretiert werden kann" [Mikus, 2001:

---

[6] Durchführung und Auswirkungen von Warenrückrufen werden im Abschnitt 4.2.2 dargestellt.

13]. Hauptziel eines Risikomanagementsystems ist es, existenzbedrohende Risiken zu beherrschen. Zu den existenzbedrohenden Risiken im Bereich der Futtermittel- und Lebensmittelwirtschaft zählen insbesondere Warenrückrufaktionen, um fehlerhafte Produkte aus dem Handel zu nehmen.[7] Um diesem Risiko wirksam zu begegnen, ist der Aufbau eines Rückverfolgbarkeitssystems unumgänglich [Rosada, 2003].

3.4 Kennzeichnungsvorschriften

Neben den Rechtsvorschriften, die direkt oder indirekt ein Rückverfolgbarkeitssystem von den Unternehmen fordern, bestehen verschiedene Gesetze, die eine Kennzeichnung unterschiedlicher Produkte regeln. Diese Kennzeichnungen können zum Aufbau von Systemen zur Rückverfolgbarkeit genutzt werden und werden daher im Folgenden erläutert.

3.4.1 Produktunabhängige Kennzeichnungsvorschriften

Die zentralen Kennzeichnungsvorschriften im Lebensmittelbereich sind die Verordnung über die Kennzeichnung von Lebensmitteln (Lebensmittelkennzeichnungsverordnung LMKV) und die Los-Kennzeichnungs-Verordnung (LKV). Diese Verordnungen bilden die nationale Umsetzung der EU-Richtlinie 2000/13/EG zur Angleichung der Rechtsvorschriften der Mitgliedsstaaten über die Etikettierung und Aufmachung von Lebensmitteln sowie die Werbung hierfür und sind aufgrund der Ermächtigungen im Lebensmittel- und Bedarfsgegenständegesetz (LMBG) erlassen worden. Auch nach der Verabschiedung des Lebensmittel-, Bedarfsgegenstände- und Futtermittelgesetzbuchs (LFGB) und dem gleichzeitigen außer Kraft treten des LMBG am 7.9.2005 wurden die Verordnungen aufrechterhalten [Hagenmeyer, 2006: 1ff.].

Die Lebensmittelkennzeichnungsverordnung bezieht sich auf die Kennzeichnung von Lebensmitteln, die in Fertigverpackungen an den Verbraucher abgegeben werden. Ausgenommen sind Lebensmittel in Fertigverpackungen, die in der Verkaufsstätte zur alsbaldigen Abgabe an den Verbraucher hergestellt und dort abgegeben werden (jedoch nicht zur Selbstbedienung). Weiterhin ausgenommen sind einzelne Lebensmittel wie Honig, Aromen u.a. sowie Lebensmittel, deren Kennzeichnung durch Verordnungen der EU geregelt ist. Entspre-

---

[7] Vgl. Kapitel 4.2.2.2.

chend der LMKV sind die betroffenen Lebensmittel mit folgenden Informationen zu versehen:
- Name oder Firma und die Anschrift des Herstellers, des Verpackers oder Verkäufers,
- Verzeichnis der Zutaten,
- Mindesthaltbarkeitsdatum, Verbrauchsdatum,
- Ggf. Alkoholgehalt u.a.m.

Die Los-Kennzeichnungs-Verordnung bestimmt, dass Lebensmittel mit einer Angabe versehen sein müssen, aus der sich das Los ablesen lässt, zu dem das jeweilige Lebensmittel gehört. Das Los ist dabei die Gesamtheit von Verkaufseinheiten eines Lebensmittels, das unter praktisch gleichen Bedingungen erzeugt, hergestellt oder verpackt wurde. Das Los wird vom Erzeuger, Hersteller, Verpacker oder dem ersten im Inland niedergelassenen Verkäufer des betreffenden Lebensmittels festgelegt. Die Kennzeichnung erfolgt mittels einer Buchstaben-Kombination, Ziffern-Kombination oder einer Buchstaben-/Ziffern-Kombination. Betroffen sind alle Lebensmittel mit Ausnahme von bestimmten Agrarprodukten, Lebensmitteln, die lose abgegeben oder erst kurz vor der Abgabe verpackt werden, Lebensmitteln in Verpackungen, deren größte Einzelfläche weniger als 10 cm^2 beträgt, sowie Lebensmittel, die mit einem Mindesthaltbarkeitsdatum gekennzeichnet sind, das Tag und Monat umfasst. Des Weiteren sind Lebensmittel ausgenommen, für deren Kennzeichnung EU-Verordnungen bestehen.

3.4.2 Produktabhängige Kennzeichnungsvorschriften

Produktabhängige Kennzeichnungsvorschriften sind verstärkt im Bereich tierischer Produkte festzustellen. So ist bei der Kennzeichnung von Rindern, Schafen und Ziegen eine Einzeltierkennzeichnung vorgeschrieben. Bei Schweinen und Eiern erfolgt eine Kennzeichnung nach Herkunftsbetrieb. Lediglich bei Geflügel und Pferden existieren keine gesetzlichen Kennzeichnungsvorschriften.

Im Bereich der pflanzlichen Produktion bestehen hingegen kaum Vorschriften zur Kennzeichnung der einzelnen Produkte oder Chargen. Ausnahmen bilden hier lediglich Produkte aus ökologischem Landbau sowie gentechnisch veränderte Organismen. Ansonsten greifen im pflanzlichen Bereich die Vorschriften der Lebensmittelbasisverordnung.

3.4.2.1 Kennzeichnung von Rindern

Wie eingangs geschildert, nimmt die Kennzeichnung von Rindern und Rindfleischerzeugnissen einen wichtigen Stellenwert innerhalb der EU ein. Ausgehend von der BSE-Problematik sind eine Reihe von Vorschriften erlassen worden, die diese Kennzeichnung regeln. Maßgebliche Vorschrift auf EU-Ebene ist die Verordnung (EG) 1760/2000 vom 17. Juli 2000 zur Einführung eines Systems zur Kennzeichnung und Registrierung von Rindern und über die Etikettierung von Rindfleisch und Rindfleischerzeugnissen sowie zur Aufhebung der Verordnung (EG) Nr. 820/97.

Kernelemente der Kennzeichnung von Rindern sind demnach:
- Ohrmarken zur Einzelkennzeichnung von Tieren,
- Elektronische Datenbanken,
- Tierpässe und
- Einzelregister je Betrieb.

Diese Vorgaben waren bereits in der vorangegangenen Verordnung (EG) 820/97 aufgeführt und sorgten somit nicht für grundlegende Änderungen. Das Tierpasssystem und die Führung eines betrieblichen Bestandsverzeichnisses sind in Deutschland bereits seit Inkrafttreten der Viehverkehrsverordnung im Jahr 1995 vorgeschrieben und insofern ebenfalls keine Neuerung. Die Errichtung einer Datenbank läge in Deutschland nach dem Grundgesetz in der Zuständigkeit der einzelnen Bundesländer. Im Zuge eines Bund- / Länderabkommens einigte man sich jedoch, das Bundesland Bayern mit der Schaffung einer bundesweiten Datenbank zu beauftragen, in der alle Einzeltiere erfasst werden. Somit wurde in München das Herkunftssicherungs- und Identifikationssystem Tier (HI-Tier) entwickelt. Die Erfassung der Tiere beginnt mit der Geburtsmeldung durch den jeweiligen Erzeuger (Landwirt). Anschließend müssen über eine entsprechende Eingabemaske im Internet alle Bewegungen des Tieres bis zur Schlachtung an die Datenbank gemeldet werden (durch den Landwirt, den Händler oder den Schlachtbetrieb) [Carmanns, 2007].

3.4.2.2 Kennzeichnung von Schweinen

Die Kennzeichnung von Schweinen ist im Rahmen der Änderung der Viehverkehrsverordnung im Dezember 2002 neu geregelt worden. Hintergrund war die Integration europäischer Vorgaben zum Schutz vor Tierseuchen in die nationale Gesetzgebung. Analog zur Kennzeichnung von Rindern erfolgte auch bei der

Kennzeichnung von Schweinen die Errichtung einer zentralen elektronischen Datenbank. Diese wurde in das Herkunftssicherungs- und Identifikationssystem Tier (HI-Tier) in München integriert. Einer Meldepflicht an diese Datenbank unterliegen neben den Schweinehaltern auch Viehhandelsunternehmen, Transportunternehmen, Schlachtstätten und Sammelstellen. Im Gegensatz zu den Anforderungen bei der Kennzeichnung von Rindern erfolgt bei Schweinen keine Einzeltierkennzeichnung. In der Datenbank werden lediglich die jeweils 12-stelligen Registriernummern des abgebenden und des aufnehmenden Betriebes, die Anzahl der abgegebenen Schweine und das Datum der Übernahme erfasst. Darüber hinaus müssen schweinehaltende Betriebe einmal jährlich eine Bestandsmeldung abgeben, die in erster Linie zur Kontrolle und Korrektur der Datenbank herangezogen wird. Im Rahmen der Bestandsmeldung müssen die Anzahl der Zuchtschweine inkl. Saugferkel und die Anzahl der Mastschweine mitgeteilt werden [Carmanns, 2007].

3.4.2.3 KENNZEICHNUNG VON GEFLÜGELFLEISCH UND EIERN

Für die Kennzeichnung von Geflügelfleisch bestehen kaum gesetzliche Vorschriften. Lediglich für Fleisch, das aus bestimmten Haltungsformen (artgerecht) stammt, existieren rechtliche Vorgaben. Im Gegensatz zur Kennzeichnung von Rindern und Schweinen ist im Bereich Geflügelfleisch jedoch eine freiwillige Kennzeichnung der Tiere bzw. deren Herkunft weit verbreitet. Häufig wird versucht, diese Herkunftsnachweise zur Generierung von Wettbewerbsvorteilen zu nutzen.[8]

Die Kennzeichnung von Eiern ist mit Beginn des Jahres 2004 europaweit neu geregelt worden. Alle Eier der Güteklasse A müssen ab diesem Termin mit einem einheitlichen Code versehen werden. Die erste Ziffer gibt die Haltungsform an. Dabei wird die ökologische Eierproduktion mit „0" ausgewiesen, Eier aus Freilandhaltung werden mit der „1", Eier aus Bodenhaltung mit der „2" und Eier aus Käfighaltung mit der „3" gekennzeichnet. An die verschiedenen Kennzeichnungen sind je nach Haltungsform unterschiedliche Bedingungen geknüpft. Im Anschluss an die Kennzeichnung der Haltungsform wird das Herkunftsland der Eier angegeben. Dies erfolgt durch ein entsprechendes Buchstabenkürzel (z.B. DE für Deutschland). Den Abschluss des Codes bildet die zwölfstellige Betriebsnummer.

---

[8] Vgl. Kapitel 4.1.

3.4.2.4 KENNZEICHNUNG ANDERER TIERARTEN

Die Kennzeichnung von Schafen und Ziegen ist mit der EU-Verordnung 21/2004 neu geregelt worden. Vor dem Hintergrund der Maul- und Klauenseuche (MKS) sowie der BSE-Problematik stellt die Neuregelung eine deutliche Verschärfung der bisherigen Vorschriften dar. Ähnlich wie im Bereich der Kennzeichnung von Rindern erfolgt auch bei Schafen und Ziegen eine Kennzeichnung des Einzeltieres. Die Betriebe sind zudem verpflichtet, ein Bestandsregister zu führen und Begleitdokumente für die Einzeltiere anzufordern und zu verwalten. Darüber hinaus müssen die Mitgliedsländer eine zentrale Datenbank errichten, in der alle Tierbewegungen von den jeweils beteiligten Tierhaltern gemeldet werden müssen. Die Vorschriften finden Anwendung auf alle Tiere, die nach dem 9. Juli 2005 geboren wurden. Ausgenommen von der Kennzeichnungspflicht sind lediglich Schlachttiere, die weniger als 12 Monate alt sind und nicht für den innergemeinschaftlichen Handel oder die Ausfuhr in Drittländer bestimmt sind. Im Gegensatz zu Rindern und Schweinen besteht derzeit für Schafe und Ziegen keine zentrale elektronische Datenbank [Hassenpflug, 2007: 14f.]

3.5 Regelungen des Codex Alimentarius

3.5.1 Ziele, Aufgaben und Handlungsmöglichkeiten der Codex Alimentarius Commission

Der Codex Alimentarius ist eine Sammlung von international anerkannten Lebensmittelstandards, die von der Codex Alimentarius Commission (CAC) entwickelt wurden. Die CAC ist eine Unterorganisation der FAO (Food and Agricultural Organization of the United Nations) und der WHO (World Health Organisation). Im Gegensatz zu anderen Institutionen, die sich mit der Schaffung von internationalen Lebensmittelstandards befassen (z.B. der EU), deren Motivation bei der Festlegung häufig auf wirtschaftlichen Interessen basiert, ist in der Satzung der CAC der Schutz der Gesundheit der Verbraucher als eindeutiges Ziel verankert. Zudem sollen faire Praktiken im Handel mit Lebensmitteln sichergestellt werden. Diesem Ziel ist im Zuge der Bemühungen um den Abbau von Handelsbeschränkungen zunehmend Bedeutung beigemessen worden. Eine weitere Aufgabe der CAC ist, die Koordination aller von internationalen, staatlichen oder nicht staatlichen Organisationen im Zusammenhang mit Lebensmittelstandards übernommenen Arbeiten zu fördern und diese im Codex Alimentarius zu veröffentlichen. Dazu sind mit einem Großteil der Organisationen, die sich mit Lebensmittelstandards befassen, entsprechende Vereinbarungen getroffen worden, die eine enge Zusammenarbeit gewährleisten. Ziel dieser Zusammenarbeit ist eine sinnvolle Arbeitsteilung zwischen den Institutionen und die Schaffung eines weltweiten Standards im Lebensmittelbereich [Merkle, 1994: 2].

Zur Erfüllung ihrer Aufgaben bedient sich die CAC unterschiedlicher Codex-Komitees. Diese können zum einen unterschieden werden in weltweit tätige oder regionale Komitees, zum anderen bestehen vertikal und horizontal arbeitende Gremien. Weiterhin können regionale Koordinierungskomitees, beratend tätige Gremien und seit 1999 sog. Ad-hoc-Ausschüsse, die sich mit speziellen Lebensmittel- und Tierfutterfragen beschäftigen, gebildet werden. Den Vorsitz der jeweiligen Gremien führt das Mitgliedsland, das bereit ist, dem Ausschuss Räumlichkeiten zur Verfügung zu stellen und die laufenden Kosten zu übernehmen. Durch diese Vorgehensweise wird die Position des Vorsitzenden eines Komitees in der Regel mit dem Vertreter einer Industrienation besetzt, da die Entwicklungsländer die finanziellen Ressourcen für die Durchführung der entsprechenden Sitzungen in der Regel nicht besitzen [Merkle, 1994: 22ff.; Veeman und White, 2006: 5ff.].

Horizontal arbeitende Komitees, sog. allgemeine Codex-Komitees, beschäftigen sich mit der Entwicklung von Standards, die für eine Vielzahl von Lebensmitteln Bedeutung haben. Demgegenüber legen vertikal arbeitende Codex-Komitees (auch Produkt-Standard-Komitees genannt) Standards für einzelne Bereiche der Nahrungsmittelverarbeitung fest. Beispiele für horizontale Gremien sind die Komitees für Lebensmittelzusatzstoffe und Pestizidrückstände, die beide ihren Sitz in den Niederlanden haben. Beispiele für Produkt-Standard-Komitees sind die Gremien für natürliches Mineralwasser in der Schweiz oder Milch und Milchprodukte in Großbritannien [Merkle, 1994: 22ff.; Veeman und White, 2006: 5ff.].

Regionale Koordinierungskomitees dienen Staaten einer bestimmten Region zur Abstimmung ihrer Vorgehensweise innerhalb der CAC. Inzwischen existieren entsprechende Kommissionen für Europa, Afrika, Asien, Lateinamerika inklusive Karibik und Nordamerika einschließlich des Südwest-Pazifiks. Insbesondere die Entwicklungsländer profitieren von der Einrichtung der regionalen Koordinierungskomitees, da sie dadurch deutlich mehr Einfluss innerhalb der CAC gewinnen. Insgesamt stehen regionale Komitees jedoch im Widerspruch zu den Bemühungen, weltweit einheitliche Standards zu verwirklichen, und werden daher nur selten eingesetzt. Weiterhin besteht die Gefahr, dass von industriell weiterentwickelten Staaten regionale Standards für protektionistische Zwecke genutzt werden. Ad-hoc-Ausschüsse können gebildet werden, wenn die Behandlung akuter Fragestellungen es erfordert. Dies ist in den vergangenen Jahren im zunehmenden Maße der Fall gewesen. So wurden entsprechende Gremien als Folge des wachsenden Handels mit gentechnisch verändertem Mais und Soja sowie als Folge der BSE-Krise in der Rindfleischproduktion gegründet. Neben den unterschiedlichen Ausschüssen können von der CAC beratende Gremien gebildet werden. Diese haben die Aufgabe, die einzelnen Komitees mit wissenschaftlichen Daten zu versorgen. Die Empfehlungen der beratenden Gremien sind dabei nicht verbindlich, sondern dienen ausschließlich der Entscheidungsvorbereitung [Merkle, 1994: 25ff.].

Die CAC hat im Wesentlichen drei unterschiedliche Handlungsmöglichkeiten: Codex Standards, Codes of Practice und Guidelines. Wichtigstes Instrument ist dabei die Schaffung von Codex Standards. Hier kann, wie bereits dargelegt, unterschieden werden in weltweite bzw. regionale und horizontale bzw. vertikale Standards. Codex Standards legen die Anforderungen an Lebensmittel in Bezug auf ihre Zusammensetzung, Behandlung, Qualität und Kennzeichnung fest. Dabei erfolgt keine Unterteilung, ob die Lebensmittel bereits fertig verarbeitet, halbfertig oder noch unverarbeitet sind. Voraussetzung für die Geltung der Codex-Standards in den Mitgliedsländern ist die Umsetzung durch den jeweiligen nationalen Gesetzgeber. Eine Verpflichtung zur Anerkennung bestimmter Standards besteht nicht. Wirkt jedoch ein Mitgliedsstaat an der Festlegung eines Standards mit, so entsteht ein gewisser politischer und moralischer Druck, den Standard auch in nationales Recht umzusetzen [Sander, 2000: 343; Merkle, 1994: 27ff.].

Codes of Practice (Verfahrenskodices) dienen der Ergänzung der Codex-Standards. Während sich die Codex-Standards nur auf das Endprodukt beziehen, befassen sich Codes of Practice mit dessen Herstellung. Überwiegend werden dabei Anforderungen an eine hygienische Herstellung von Lebensmitteln festgelegt. Codes of Practice werden nicht in nationales Recht umgesetzt und besitzen somit nur den Charakter von Empfehlungen. Mittels sog. Guidelines hat die CAC die Möglichkeit bestimmte Grundsätze bei der Erarbeitung von Codex Standards festzulegen. Guidelines sind ähnlich wie Codes of Practice nicht verbindlich [Sander, 2000: 244f.; Merkle, 1994: 29f.].

Obwohl alle EU-Mitgliedsstaaten und die EU selbst in der CAC Mitglied sind, ist bislang noch kein Codex Standard offiziell von der EU anerkannt worden. Hauptgrund dafür ist, dass die im Rahmen des Codex Alimentarius festgelegten Standards nicht an das nationale bzw. europäische Niveau beim Gesundheitsschutz heranreichen. Trotzdem beeinflussen die Arbeiten der CAC auch die Festsetzung von Rechtsvorschriften innerhalb der EU. So findet sich bspw. in der EU-Richtlinie zur Säuglingsanfangsnahrung ein direkter Bezug zum Codex Alimentarius. Ähnliches gilt auch für HACCP-Konzepte, die im Bereich der Lebensmittelhygiene vorgeschrieben sind. Hier legt der Codex Alimentarius im Bereich „allgemeine Grundsätze der Lebensmittelhygiene" die international verbindlichen Vorgaben fest [Bräuning, 2007: 1]. Der umgekehrte Fall, also eine Beeinflussung der Codex-Standards durch entsprechende Regelungen der EU, ist ebenfalls zu beobachten. Dies ist bspw. im Bereich der Kennzeichnung von Produkten festzustellen. Hier finden sich Vorgaben aus der EU-Etikettierungsrichtlinie im Codex-Standard wieder. Der Grund für die gegenseitige Beeinflussung der beiden Regelungswerke ist häufig eine Personalunion bei der Erarbeitung der entsprechenden Standards [Merkle, 1994: 53].

3.5.2 Rückverfolgbarkeit im Rahmen des Codex Alimentarius

Das Thema Rückverfolgbarkeit ist zunächst in unterschiedlichen Codex-Komitees und Task Forces aufgegriffen worden. Zwangsläufig resultierte daraus die Gefahr, dass unterschiedliche Interpretationen und Verfahrensweisen zu diesem Bereich erarbeitet werden. Um dies zu vermeiden, ist auf Betreiben der EU-Mitgliedsstaaten die Thematik auf der Sitzung der CAC im Juli 2001 in Genf behandelt worden. Es wurde beschlossen, dem Komitee für allgemeine Prinzipien (CCGP) den Auftrag zu geben, allgemeine Grundsätze zur Rückverfolgbarkeit zu erarbeiten. Parallel dazu sollte durch die Einbeziehung unterschiedlicher Codex-Komitees eine zügige und fachspezifische Behandlung des Themas erreicht werden. In erster Linie waren das Comittee on Food Import- and Export Inspection and Certifikation Systems (CCFICS), das Food Hygiene Committee (CCFH) und das Labelling Committee (CCFL) an den Diskussionen beteiligt. Im Rahmen der Beratungen sind unterschiedliche Zielsetzungen einzelner Mitgliedsländer offenkundig geworden. So erwarten einige Entwicklungsländer Lateinamerikas und Asien in erster Linie zusätzliche Kosten und Handelsbeschränkungen, während Australien, die USA, Kanada und Neuseeland Rückverfolgbarkeit nur akzeptieren wollen, wenn es sich als „geeignetes Mittel zum Zweck erweist" [Töpner, 2003: 1f.].

Im Rahmen der Sitzung der CCGP in Paris im Jahr 2003 ist die Rückverfolgbarkeit erneut aufgegriffen worden. Es wurde beschlossen, dass „ausreichende Einigkeit nur darüber besteht, eine Definition der „Rückverfolgbarkeit / Produktrückverfolgbarkeit" für die Verwendung durch Codex zu erarbeiten" [Kützemeier, 2003: 2]. Um dieses Ziel zu erreichen, wurde eine unbefristete Arbeitsgruppe unter französischer Führung eingerichtet. Diese Gruppe soll zunächst Vorschläge, Kommentare und verfügbare Dokumente sammeln und darauf basierend einen Definitionsentwurf erarbeiten. Dieser wird an alle Mitgliedsstaaten zur Kommentierung verschickt. Anhand der jeweiligen Kommentare erfolgte im Anschluss eine Überarbeitung des Entwurfes. Zudem werden Erläuterungen zum Entwurf und eine Zusammenfassung der Diskussion sowie der Kommentare erarbeitet und im Vorfeld der nächsten ordentlichen Sitzung des CCGP verschickt [Kützemeier, 2003: 2].

Diese Sitzung fand 2004 in Genf statt und führte zur Verabschiedung einer Definition des Begriffes „Traceability / product tracing".[9] Des Weiteren bekam das CCFICS den Auftrag, Prinzipien für Traceability / product Tracing zu erarbeiten. Auf dieser Grundlage wurde 2006 der Standard CAC/GL 60-2006 mit dem Titel „Principles for traceability / product tracing as a tool within a food inspection and certification system" verabschiedet. Darin sind neben den Zielen des Standards zunächst Definitionen der wichtigsten Begriffe sowie einige Prinzipien in Hinblick auf die Rückverfolgbarkeit aufgeführt. Im Weiteren erfolgen Hinweise zum Aufbau bzw. zur Einrichtung entsprechender Systeme. Insgesamt wird auch im Codex-Standard die gesamte Supply Chain betrachtet, wobei allerdings eine Rückverfolgbarkeit ähnlich wie in der Lebensmittelbasisverordnung lediglich zum jeweiligen Lieferanten (one step up) und zum Abnehmer (one step down) sicherzustellen ist. Die gesamte Kette muss dann über eine Verknüpfung der Informationen abgedeckt werden. Des Weiteren wird im Standard ausgeführt, dass auch die Entwicklungsländer entsprechende Systeme aufbauen sollten. Allerdings soll das Entstehen von Handelshemmnissen durch Forderungen der Industriestaaten vermieden werden [Codex Alimentarius Commission, 2006: 1f.].

---

[9] Vgl. Kapitel 2.

3.6 Zusammenfassende Betrachtung der rechtlichen Regelungen

Mit der Lebensmittelbasisverordnung ist ein gemeinsames gesetzliches Fundament für Fragen der Lebensmittelsicherheit in der EU geschaffen worden. Diese Verordnung beinhaltet in vielen Bereichen allerdings nur ein Mindestmaß an Anforderungen für die Unternehmen. Auch für die Rückverfolgbarkeit kann festgehalten werden, dass die zunächst sehr weitgehend erscheinenden Anforderungen des Art. 18 im Zuge der praktischen Umsetzung stark relativiert wurden und nunmehr lediglich einen gesetzlichen Mindeststandard bilden, der von der überwiegenden Zahl der Unternehmen problemlos erfüllt werden kann.

Weitergehende Regelungen finden sich häufig für einzelne Produkte, die in der Regel eine hohe Sensibilität der Verbraucher hervorrufen (z.B. GVO oder Rindfleisch). Aufgrund dieser großen gesellschaftlichen Relevanz sah sich der Gesetzgeber gezwungen, produktspezifische Regelungen zu verabschieden. Ebenfalls zu berücksichtigen im Bereich der Rückverfolgbarkeit sind Kennzeichnungsvorschriften, die zwar zunächst keine direkten Rückverfolgbarkeitsaspekte aufweisen, aber durch ihre Ausgestaltung indirekt eine Rückverfolgbarkeit der Produkte fördern. Auch die Ausgestaltung der Kennzeichnungsvorschriften variiert zwischen den unterschiedlichen Produkten sehr stark. So werden im Bereich der Rinderkennzeichnung sehr hohe Anforderungen gestellt, die sich in erster Linie auf die Folgen der BSE-Krise zurückführen lassen, während bspw. im Geflügelbereich keine verbindlichen Vorgaben existieren.

Ein besonderes Rechtsgebiet in Zusammenhang mit der Rückverfolgbarkeit ist die Produkthaftung. Dieser Bereich ist in den vergangenen Jahren zunehmend zu Gunsten der Verbraucher ausgestaltet worden, so dass mittlerweile ein Schadensfall verheerende Auswirkungen auf ein Unternehmen nach sich ziehen kann. Um diesem Risiko zu begegnen, ist es häufig unumgänglich, Systeme zu installieren, die eine zügige Eingrenzung von Schadensfällen ermöglichen bzw. eine Klärung von Haftungsfragen gestatten.

Weltweite Regelungen im Bereich der Rückverfolgbarkeit existieren im Rahmen des Codex Alimentarius. Allerdings sind diese Regelungen zunächst nicht verbindlich für die einzelnen Staaten. Zudem muss zwischen einer Vielzahl von Interessen ein gemeinsamer Kompromiss gefunden werden, der in der Regel lediglich einen Mindeststandard formuliert. Im Bereich der Rückverfolgbarkeitssysteme geht der Standard daher nicht über die Lebensmittelbasisverordnung hinaus und besitzt somit in der EU vergleichsweise geringe Bedeutung. Allerdings verpflichten sich im Codex Alimentarius auch die Entwicklungsländer, gewisse Standards einzuhalten. Dadurch wird die Möglichkeit geschaffen, Rohstoffe oder Halbfertigprodukte, die aus diesen Ländern importiert werden, entsprechend zu verfolgen.

4 Gründe für die freiwillige Errichtung von Rückverfolgbarkeitssystemen

Neben den gesetzlichen Vorgaben gibt es für die Untenehmen des Lebensmittelsektors weitere Gründe, die eine Einrichtung von Systemen zur (Rück)Verfolgung ihrer Produkte notwendig erscheinen lassen können. Dazu zählen bspw. die Nutzung der Informationen im Rahmen der Wettbewerbsstrategie, die Schaffung von Möglichkeiten zur Bewältigung des Risikos von Warenrückrufen oder die Erfüllung von Vorgaben im Rahmen eines Zertifizierungsprozesses sowie die Optimierung inner- und zwischenbetrieblicher Prozesse. Die folgenden Abschnitte geben einen Überblick über Gründe, die für eine Einführung von Rückverfolgbarkeitssysteme auf freiwilliger Basis sprechen und beleuchten die Möglichkeiten, die aus dieser Einführung resultieren.

4.1 Wettbewerbsstrategische Nutzung der Rückverfolgbarkeit

4.1.1 Differenzierung als Wettbewerbsstrategie

Eine Wettbewerbsstrategie definiert sich nach Porter als das „Streben, sich innerhalb der Branche, dem eigentlichen Schauplatz des Wettbewerbs, günstig zu platzieren. Ziel der Wettbewerbsstrategie ist eine gewinnbringende Position, die sich gegenüber den wettbewerbsbestimmenden Kräften innerhalb der Branche behaupten lässt" [Porter, 1989: 19]. Zur Klassifizierungen von Wettbewerbsstrategien sind in der Literatur unterschiedliche Ansätze gewählt worden. In der vorliegenden Arbeit wird die Einteilung von Porter zugrunde gelegt, da diese Systematisierung sowohl in der Theorie als auch in der Praxis die höchste Bedeutung erlangt hat [Weishäupl, 2003: 94].[10] Demnach lassen sich drei unterschiedliche Wettbewerbsstrategien unterscheiden:
- Strategie der Kostenführerschaft,
- Differenzierungsstrategie und
- Strategie der Konzentration auf Schwerpunkte.

Im Rahmen einer Differenzierungsstrategie versucht ein Unternehmen, in „einigen, bei den Abnehmern allgemein hoch bewerteten Dimensionen in seiner

---

[10] Weitere Klassifizierungsansätze finden sich bei Galbraith und Schendel, 1983, Miles und Snow, 1986: 1ff.; Mintzberg, 1988: 1ff.; Chrisman et al., 1988: 413ff.; Abell, 1980: 1ff.

Branche einmalig zu sein" [Porter, 1989: 34]. Kernpunkt einer Differenzierungsstrategie sind Merkmale, die für eine große Gruppe von Abnehmern relevant sind. Diese müssen von dem Unternehmen, welches sich differenzieren will, zunächst identifiziert werden. Im zweiten Schritt muss das Unternehmen die Bedürfnisse der Abnehmer im Bereich dieser Merkmale in besonderem Maße befriedigen, um dadurch eine einmalige Position zu erreichen. Sobald eine entsprechende Position erreicht wurde, ist es möglich, höhere Produktpreise zu realisieren. Welche Merkmale als Bestandteil von Differenzierungsstrategien herangezogen werden können, ist je nach Branche unterschiedlich. So können bspw. die Langlebigkeit eines Produktes, das Händlernetz oder die Ersatzteilversorgung als Merkmale im Bereich des Maschinenbaus genutzt werden, während in der Kosmetikbranche das Produktimage oder die Präsentation der Produkte gegenüber dem Endverbraucher Inhalte einer entsprechenden Strategie sein können. Merkmale, die als Kernpunkt einer Differenzierungsstrategie genutzt werden, müssen einmalig sein und resultieren in der Regel aus einer Vielzahl unterschiedlicher Aktivitäten. Dazu zählen bspw.:

- unternehmenspolitische Entscheidungen des jeweiligen Unternehmens (z.B. Produktmerkmale und Leistungsangebot, Angebot von Dienstleistungen, Intensität und Inhalt einer Aktivität sowie die bei der Ausführung verwendete Qualität der für die Aktivität gelieferten Inputs, Vorschriften für die Tätigkeit der Belegschaft bei einer Aktivität, Erfahrungs- und Kenntnisstand der Mitarbeiter, Verwendung von Informationen zur Kontrolle und Überwachung von Aktivitäten),
- Verknüpfungen (Optimierung der Zusammenarbeit innerhalb der Supply Chain),
- Zeitwahl, Standort, Verflechtungen und Integration,
- Lernen und dessen Verbreitung,
- Unternehmens- und Betriebsgröße und
- außerbetriebliche Faktoren (z.B. Gewerkschaftsbeziehungen) [Porter, 1989: 170ff.].

Unternehmen, die eine Differenzierungsstrategie erfolgreich umsetzen wollen, sind gezwungen jeden ihrer einmaligen Bereiche zu prüfen und festzustellen, inwieweit die jeweiligen Aktivitäten zur Einmaligkeit des Bereiches geführt hat und wie sich diese behaupten lässt. Dabei ist zu beachten, dass einige Aktivitäten leichter von den Konkurrenten zu imitieren sind als andere (unternehmenspolitische Entscheidung können bspw. leicht nachgeahmt werden, während Verflechtungen oder Verknüpfungen schwer zu imitieren sind) [Porter, 1989: 170ff.; Schmeisser et al., 2005: 14f.].

Ist es einem Unternehmen gelungen, Differenzierungsvorteile zu erreichen und zu behaupten, so kann es überdurchschnittliche Ergebnisse erzielen, wenn die Kosten der „Einmaligkeit" unter den zusätzlichen Erlösen liegen, die aus den höheren Preisen resultieren. Um den dauerhaften Erfolg des Unternehmens zu sichern, ist es erforderlich, dass laufend nach Differenzierungsmöglichkeiten gesucht wird, deren Zusatzkosten geringer sind als die zu erwartenden Mehrerlöse. Weiterhin muss die Kostenposition des Unternehmens insgesamt im Auge behalten werden. Kommt es zu einem starken Auseinanderdriften innerhalb einer Branche zwischen Unternehmen mit Kostenführerschafts- und Differenzierungsstrategien, kann es für Unternehmen mit Differenzierungsstrategie aufgrund der deutlich unterlegenen Kostensituation unmöglich werden, die notwendigen höheren Preise zu erzielen.

Zentraler Punkt einer Differenzierungsstrategie sind die Merkmale, die als Differenzierungskriterium zu den Mitbewerbern genutzt werden. Diese Merkmale müssen sich von denen der Mitbewerber deutlich unterscheiden und einmalig sein, um den Erfolg der Strategie zu ermöglichen. Da es jedoch unter Berücksichtigung der jeweiligen Branche unterschiedliche Merkmale für eine Differenzierung von Unternehmen gibt, können im Gegensatz zu den Kostenführerschaftsstrategien durchaus unterschiedliche Differenzierungsstrategien von Unternehmen erfolgreich sein [Porter, 1989: 34f.].

4.1.2 Differenzierungsstrategien im Lebensmittelsektor

In der deutschen Ernährungswirtschaft herrscht ein enormer Konkurrenzdruck und Verdrängungswettbewerb. Um dauerhaft am Markt bestehen zu können, ist eine klare Wettbewerbsstrategie unabdingbar [Weindlmaier et al., 1997: 23]. Dabei sind auch Differenzierungsstrategien in diesem Sektor weit verbreitet, wobei die Merkmale der Differenzierung in unterschiedlichen Bereichen entstehen können. Einen Überblick über mögliche Differenzierungselemente gibt Tabelle 2 wieder.

Tabelle 2: Differenzierungselemente und deren Ausgestaltungen

Produkt, Produktionsprozess	Serviceleistungen	Mitarbeiter	Distribution	Identitätsgestaltung
Ausstattungselemente	Kundenschulung	Fachkompetenz	Absatzwege	Symbole
Leistung	Kundenberatung	Höflichkeit	Abdeckungsgrad	Medien
Konformität	sonstige Dienstleistungen	Vertrauenswürdigkeit	Fachkompetenz	Atmosphäre
Haltbarkeit		Zuverlässigkeit	Leistung	Ereignis-Sponsoring
Styling		geistige Beweglichkeit		
Produktdesign		Kommunikation		
Herstellungsprozess				

QUELLE: KOTLER UND BLIEMEL, 1999: 478 (VERÄNDERT)

Zentraler Ausgangspunkt vieler Differenzierungsstrategien im Lebensmittelsektor sind Eigenschaften des physischen Produkts. So wird häufig versucht, über besondere Ausstattungselemente, die über das „nackte" Grund- oder Basismodell hinausgehen, einen Differenzierungsvorteil zu erlangen. Im Lebensmittelsektor sind entsprechende Strategien häufig anzutreffen, z.B. cholesterinsenkende Brotaufstriche (Becel), Jogurt zur Stärkung der Abwehrkräfte (Actimel) oder besonders leicht verträglicher Kaffee (Idee-Kaffee). Differenzierungsvorteile durch zusätzliche Ausstattungsmerkmale können insb. dann genutzt werden, wenn die jeweiligen Untenehmen die zusätzlichen Merkmale als erste anbieten. Zudem ist es möglich, einzelne Merkmale zu einem „Ausstattungspaket" zu kombinieren und dadurch weitere Vorteile zu generieren.

Die Leistung eines Produktes spiegelt die Erfüllung der wesentlichen Kundenanforderungen an das Produkt wieder. Im Bereich der Lebensmittel ist der Geschmack als zentrale „Leistung" anzusehen. Hinzu kommen weitere Parameter wie bspw. Nährwert, Inhaltsstoffe oder Haltungs- und Produktionsbedingungen.

Die Konformität der Produkte beschreibt, inwieweit die Eigenschaften des Produkts mit dem vom Kunden erwarteten Standard übereinstimmen. Wurde z.B. für einen bestimmten Wellness-Drink der Standard definiert, dass er beim Kunden zu einer Gewichtsreduzierung führt und dieser Effekt dann auch tatsächlich bei allen Kunden auftritt, so ist eine hohe Konformität erreicht. Tritt dieser Effekt jedoch nicht auf, so ist aus Sicht der Kunden die Leistung nicht erfüllt und die Konformität sinkt auf ein niedriges Niveau mit der Folge, dass die Differenzierung über dieses Merkmal nicht mehr erfolgen kann [Kotler und Bliemel, 1999: 478ff.].

Die Haltbarkeit der Produkte ist im Lebensmittelsektor ein wichtiger Punkt: Zum einen sind die Zeiträume in der Regel vergleichsweise kurz, so dass jede Verlängerung des Haltbarkeitszeitraumes einen direkten Nutzen für den Verbraucher darstellt. Zum zweiten wird die Haltbarkeit direkt ausgewiesen, so dass ein Vergleich der Produkte leicht möglich ist. Insbesondere im Bereich frischer Produkte, die nur eine Haltbarkeit von wenigen Tagen aufweisen, werden Anstrengungen unternommen, über eine Verlängerung dieser Zeiträume Differenzierungsvorteile zu generieren. Ein Beispiel dafür ist die ESL-Milch[11], bei der mittels eines besonderen Erhitzungsverfahrens eine längere Haltbarkeit als bei pasteurisierter Frischmilch erreicht wird [Kotler und Bliemel, 1999: 478ff.].

Das Styling eines Produkts umschreibt, wie gut ein Produkt aussieht bzw. wie sich der Käufer damit fühlt. Dabei kann sich das Styling sowohl auf das Produkt als auch auf die Verpackung beziehen. Letzteres ist im Lebensmittelsektor häufig zu beobachten. Im Gegensatz zum Styling ist das Produktdesign umfassender zu sehen: Dieser Punkt fasst alle Produktattribute zusammen, die die Kundenanforderungen des Produktes in Hinblick auf Aussehen und Funktion betreffen. Bei der Entwicklung des Produktdesigns ist festzulegen, inwieweit die einzelnen Punkte der Produktdifferenzierung (Ausstattung, Leistung, Konformität, Haltbarkeit, Zuverlässigkeit, Instandsetzbarkeit, Styling) berücksichtigt werden sollen [Kotler und Bliemel, 1999: 478ff.].

Insbesondere im Bereich der Lebensmittel sind Parameter des Herstellungsprozesses von steigender Bedeutung. Dazu zählen z.B. „fairer Handel", „artgerechte Haltung" oder „gebraut nach dem Reinheitsgebot". Im Gegensatz zu den vorgenannten Punkten des physischen Produkts sind diese Eigenschaften am Produkt selbst jedoch in der Regel nicht nachweisbar. Auch die Möglichkeit zur (Rück-)Verfolgbarkeit der Produkte fällt in diese Kategorie.

Neben den Merkmalen des physischen Produkts können auch Serviceleistungen zur Generierung von Differenzierungsvorteilen genutzt werden. Dabei sind allerdings die Punkte Zustellung, Installation und Instandsetzung / -haltung von

---

[11] ESL-Milch steht für Extended Shelf-Life Milch. Diese Milch ist etwa 12-21 Tage haltbar und somit zwischen pasteurisierter Frischmilch (Haltbarkeit 5-6 Tage) und H-Milch (Haltbarkeit 3-6 Monate) einzuordnen.

nachrangiger Bedeutung, da sie im Lebensmittelbereich nur selten notwendig sind. Bedeutender ist demgegenüber die Kundenschulung. So bieten einige Hersteller weitere Information zum Gebrauch oder zur Zubereitung der Lebensmittel an (z.B. „Maggi-Kochstudio"). Auch die Kundenberatung wird bspw. über kostenlose telefonische Hotlines von vielen Lebensmittelherstellern angeboten. Darüber hinaus werden weitere Dienstleistungen wie kostenlose Rückgaberechte oder Probeverkostungen im Lebensmitteleinzelhandel angeboten [Kotler und Bliemel, 1999: 489f.].

Weitere Differenzierungsvorteile können durch die Mitarbeiter, das Distributionssystem oder die Identitätsgestaltung erreicht werden. Die Mitarbeiter können durch Eigenschaften wie z.B. Fachkompetenz, Höflichkeit, Vertrauenswürdigkeit, Zuverlässigkeit, geistige Beweglichkeit oder Kommunikation zu einem Differenzierungsvorteil einzelner Unternehmen führen. Im Lebensmittelsektor versucht bspw. der US-Konzern Wal Mart, über besondere Eigenschaften der Mitarbeiter eine Differenzierung zu erreichen. Das Distributionssystem umfasst die Bereiche Absatzwege, Abdeckungsgrad, Fachkompetenz und Leistung und ist insb. im Hinblick auf die Errichtung von Rückverfolgbarkeitssystemen von Bedeutung.[12] Auch die Identitätsgestaltung in Form von Symbolen, Medien, Atmosphäre sowie das Ereignis-Sponsoring werden im Lebensmittelsektor häufig genutzt, um Differenzierungsvorteile zu erlangen. Im Bereich der Symbole wird über entsprechende Marken- oder Firmenlogos versucht, den Wiedererkennungswert des Unternehmens oder der Marke zu fördern. Neben den Logos werden auch weitere Symbole wie bestimmte Farben / Farbkombinationen, Melodien oder Namen von berühmten Personen verwendet. Der Verbreitung der Symbole erfolgt über die Medien (Print- und audiovisuelle Medien). Sie sorgen dafür, dass ein entsprechendes Image der Unternehmen oder Marken zum Verbraucher transportiert wird. Ein weites Betätigungsfeld vieler Unternehmen im Lebensmittelsektor ist das Event-Sponsoring. Unternehmen wie Jägermeister oder Krombacher unterstützen gezielt Veranstaltungen, um ein gewünschtes Image an die Zielgruppe zu transportieren [Kotler und Bliemel, 1999: 493ff.].

4.1.3 Rückverfolgbarkeit als Teil einer Differenzierungsstrategie

Wie in den vorangegangenen Abschnitten erläutert, können Merkmale für Differenzierungsstrategien in unterschiedlichen Bereichen eines Unternehmens ent-

---

[12] Vgl. Kapitel 4.1.3.2.

stehen. Obwohl viele Unternehmen Merkmale des physischen Produkts oder des Marketings in den Mittelpunkt stellen, können auch Rückverfolgbarkeitssysteme zur Umsetzung einer Differenzierungsstrategie beitragen.

4.1.3.1 RÜCKVERFOLGBARKEIT ALS PRODUKTMERKMAL

Die Merkmale der hergestellten Produkte stehen häufig im Fokus von Differenzierungsstrategien. Im Bereich der Lebensmittel lassen sich die Eigenschaften eines Produkts in Such-, Erfahrungs- und Vertrauensgüter einteilen.[13] Suchgüter umfassen dabei Merkmale, die der Kunde vor dem Kauf eines Produktes durch einfache Inspektion feststellen kann. Erfahrungseigenschaften lassen sich zwar vor dem Kauf nicht feststellen, sind aber nach dem Kauf durch die Konsumenten zu beurteilen. Vertrauenseigenschaften bleiben im Gegensatz zu den Such- und Erfahrungseigenschaften dem Konsumenten auch nach dem Kauf verborgen oder lassen sich nur mit einem hohen finanziellen Aufwand ermitteln [Darby und Karni, 1973: 67ff; Nelson, 1970: 311ff.].

In der Regel verfügen alle Produkte über Eigenschaften aller drei Kategorien. Die Möglichkeit zur Rückverfolgbarkeit der Produkte ist vor allem im Zusammenhang mit Vertrauenseigenschaften von Bedeutung. Zu den Vertrauenseigenschaften können u.a. Merkmale wie GVO-Freiheit, Verzicht auf Zusatz bestimmter Inhaltsstoffe (z.B. Konservierungsstoffe) sowie Angaben zur Herkunft oder zu tiergerechten Haltungsverfahren gezählt werden.

Inwieweit diese Eigenschaften als Merkmale im Rahmen einer Differenzierungsstrategie genutzt werden können, ist dabei abhängig vom Stellenwert beim jeweiligen Verbraucher und der damit verbundenen Mehrzahlungsbereitschaft. Hier ist in den vergangenen Jahren ein deutlicher Wandel zu verzeichnen gewesen: Während in der Phase der knappen Versorgung nach Ende des 2. Weltkriegs insbesondere naturwissenschaftlich messbare Eigenschaften wie Nährwert oder Eignungs- / Verbrauchswert von Lebensmitteln von Bedeutung waren, gewinnen inzwischen weitere Eigenschaften wie Genuss, Wellness, Health Care oder die Erfüllung ökologischer und / oder sozialer Kriterien an Bedeutung [Weindlmaier, 2005: 11]. Einen besonders starken Zuwachs in ihrer Bedeutung

---

[13] Andere Autoren bilden mit Potemkin-Eigenschaften eine weitere Kategorie. Potemkin-Eigenschaften eines Produktes lassen sich auch unter hohem finanziellen Aufwand nicht durch den Käufer nachweisen wie bspw. biologischer Anbau von Produkten oder geographische Herkunft [Tietzel und Weber, 1991: 116; Jahn et al., 2003: 4].

haben darüber hinaus Aspekte der Lebensmittelsicherheit erfahren. Diese Entwicklung resultiert in erster Linie aus den Lebensmittelkrisen der jüngeren Vergangenheit und der damit verbundenen stärkeren Sensibilisierung der Verbraucher. Dadurch gewinnen diese Merkmale auch eine stärkere Bedeutung im Zuge von Differenzierungsstrategien, da durch die höhere Sensibilität der Verbraucher für die Belange der Lebensmittelsicherheit auch die Zahlungsbereitschaft für entsprechende Produktmerkmale zunimmt. Unternehmen, die entsprechende Merkmale für die Umsetzung einer Differenzierungsstrategie nutzen wollen, müssen feststellen, wie hoch die Mehrzahlungsbereitschaft der Verbraucher für die jeweiligen Merkmale ist. Insbesondere bei Produkten, die eine hohe Anfälligkeit für Warenrückrufe verzeichnen und gleichzeitig als Folge von Lebensmittelkrisen in der Vergangenheit vom Verbraucher kritisch betrachtet werden (z.B. Rindfleisch), dürfte eine entsprechende Bereitschaft vorliegen.

Unterschiedliche Studien zu dieser Fragestellung bestätigen dies, wobei in der Regel lediglich einzelne Produkte (z.B. Rind- oder Geflügelfleisch) in bestimmten Regionen untersucht wurden.[14] Mehrere Untersuchungen beschäftigen sich mit der Zahlungsbereitschaft US-amerikanischer und kanadischer Verbraucher für unterschiedliche Aspekte der Qualität von Fleisch wie Lebensmittelsicherheit, Rückverfolgbarkeit oder artgerechte Haltungsbedingungen. Dabei konnte mittels Bieterexperimenten nachgewiesen werden, dass die Zahlungsbereitschaft der Verbraucher für Rückverfolgbarkeit im Vergleich der drei erhobenen Parameter am geringsten ausgeprägt ist [Hobbs, 2002: 1ff.; Dickinson und Bailey, 2002a: 348ff.; Hobbs, 2005: 47ff.]. Ähnliche Untersuchungen wurden auch für den japanischen Fleischmarkt durchgeführt. Hier stellte sich heraus, dass schon die Möglichkeit zum Abfragen gezielter Rückverfolgbarkeitsinformationen vom überwiegenden Teil der Verbraucher als ausreichend angesehen wird. Eine tatsächliche Abfrage der Informationen erfolgt dagegen kaum [Clemens, 2003: 4f.]. In einer gegenüberstellenden Betrachtung beurteilen Dickinson und Bailey die Zahlungsbereitschaft für unterschiedliche Parameter der Lebensmittelqualität in den USA, Kanada, Großbritannien und Japan. Auch in dieser Studie kommen die Autoren zu dem Schluss, dass es eine Mehrzahlungsbereitschaft der Verbraucher für die Möglichkeit zur Rückverfolgbarkeit gibt. Diese ist aber mit Ausnahme Großbritanniens schwächer ausgeprägt als für andere Merkmale der Lebensmittelqualität [Dickinson und Bailey, 2002b: 1ff.].

---

[14] Vgl. Kapitel 2.

Eine Meta-Analyse zu unterschiedlichen Studien im Bereich der Zahlungsbereitschaft für unterschiedliche Parameter der Lebensmittelqualität führten Caswell und Joseph im Jahr 2006 durch. Hier wurden neben der Möglichkeit zur Rückverfolgbarkeit der Lebensmittel die Attribute „Sicherheit der Lebensmittel", „tiergerechte Haltungsbedingungen" und „regionale Herkunft" analysiert. Schwerpunktmäßig werden auch hier Schweine- und Rindfleisch betrachtet. Die Analyse kommt ähnlich wie die vorgenannten Untersuchungen zu dem Schluss, dass die Zahlungsbereitschaft für Rückverfolgbarkeit vergleichsweise gering ist [Caswell und Joseph, 2006: 9ff.].

Umfassende Studien für große Bereiche des Lebensmittelsektors existieren derzeit nicht. Hinzu kommt, dass die Rückverfolgbarkeit in der Regel nicht als Einzelmerkmal einer Differenzierungsstrategie genutzt wird, sondern häufig Teil einer Kombination unterschiedlichster Merkmale der Herkunftssicherung und Lebensmittelsicherheit ist. Je nach Ausprägung der Merkmalskombinationen ist die Zahlungsbereitschaft der Verbraucher zu ermitteln, um darauf basierend die wettbewerbsstrategische Ausrichtung des Unternehmens vorzunehmen.

Neben der Mehrzahlungsbereitschaft der Verbraucher gilt es, die Kosten der Differenzierung zu ermitteln und den zusätzlichen Erlösen der Einmaligkeit gegenüber zu stellen. Nur wenn es gelingt, höhere Erlöse aus der differenzierten Position zu erzielen als an Kosten für die Erlangung und Aufrechterhaltung dieser Position notwendig sind, kann eine Differenzierungsstrategie erfolgreich umgesetzt werden. Ähnlich wie im Bereich der Mehrzahlungsbereitschaft erscheint es auch im Bereich der Kosten nicht möglich, pauschale Angaben zu machen. Die Ermittlung der Kosten hängt von einer Vielzahl unterschiedlicher Punkte ab, die je nach Unternehmen stark variieren. Somit ist eine unternehmensinterne Erhebung und Analyse der Kosten unumgänglich.

4.1.3.2 Differenzierung über eine Verknüpfung entlang der Supply Chain

Neben der im vorangegangenen Abschnitt geschilderten Differenzierung mittels der Rückverfolgbarkeit im Bereich des physischen Produktes, kann dieses Merkmal auch in anderen Bereichen des Unternehmens zur Differenzierung führen. Diese Möglichkeit wird von vielen Unternehmen nicht erkannt, da sie die Differenzierungsmöglichkeiten „zu eng" sehen und auf das physische Produkt oder die Marketingaktivitäten beschränken [Porter, 1989: 164]. So können auch im Bereich der Distribution und der Verknüpfungen mit den Unternehmen der

Supply Chain sowohl auf den vorgelagerten als auch auf den nachgelagerten Stufen als Ausgangspunkt für die Einmaligkeit eines Merkmals genutzt werden. Der Aufbau stufenübergreifender Rückverfolgbarkeitssysteme erfordert eine systematische Erhebung, Verarbeitung und Weitergabe von Daten. Gelingt es, diese Vorgänge über alle beteiligten Unternehmen der Supply Chain zu installieren, entsteht eine Einmaligkeit, die als Differenzierungsmerkmal genutzt werden kann. Durch die Verknüpfung der Unternehmen untereinander wird es für Konkurrenten schwieriger, einzelne Unternehmen der Supply Chain zu ersetzen. Zudem können ausgehend von der engen Verknüpfung über die Rückverfolgbarkeitssysteme entlang der Wertschöpfungskette weitere Vorteile aus einer Zusammenarbeit erzielt werden. Die beteiligten Unternehmen können die zwischenbetrieblichen Austauschprozesse optimieren, Lieferzeiten verkürzen oder Rückrufe schneller abwickeln [Porter, 1989: 170f.].

Auch die Differenzierung über die Verknüpfung entlang der Supply Chain mittels stufenübergreifender Rückverfolgbarkeitssysteme muss vor dem Hintergrund der Kosten beurteilt werden. Dabei ist es möglich, dass als Folge der Optimierung weiterer Aktivitäten entlang der Wertschöpfungskette die zusätzlichen Kosten kompensiert oder sogar durch Kostensenkungen in anderen Bereichen mehr als aufgefangen werden [Porter, 1989: 175f.].

Festzuhalten bleibt, dass Rückverfolgbarkeitssysteme geeignet sind, um im Zuge einer Differenzierungsstrategie entsprechende Mehrerlöse zu generieren. Dabei dürfen jedoch Kosten und Nutzen entsprechender Systeme nicht unbeachtet bleiben. In den meisten Fällen wird die Rückverfolgbarkeit gemeinsam mit anderen Maßnahmen wie z.B. artgerechte Haltungsbedingungen, fairer Handel oder GVO-Freiheit kombiniert, um eine entsprechende Differenzierung zu erreichen.

Erfolgsversprechende Ansatzpunkte für entsprechende Strategien existieren in erster Linie bei Produkten, die auf der einen Seite eine hohe Sensibilität der Verbraucher im Bereich der Lebensmittelsicherheit genießen und auf der anderen Seite eine vergleichsweise einfache und kostengünstige Rückverfolgbarkeit erlauben.

4.2 Rückverfolgbarkeit als Teil des betrieblichen Risikomanagements

Nachdem Risikomanagementsysteme in Großunternehmen nahezu obligatorisch sind, gewinnen sie zunehmend auch in kleinen und mittleren Unternehmen an Bedeutung. Für die Unternehmen des Lebensmittelsektors können sich Rückverfolgbarkeitssysteme im Falle eines Warenrückrufes als entscheidendes Instrument zur Bewältigung dieses Risikos darstellen.

4.2.1 Grundlagen des Risikomanagements

Im Folgenden wird ein allgemeiner Überblick über das Risikomanagement in Unternehmen gegeben, um eine Einordnung des „Instruments" Rückverfolgbarkeit zu ermöglichen. Dazu werden zunächst Definitionen, Aufgaben und Ziele der Risikomanagementsysteme beleuchtet. Daran anschließend erfolgt eine Darstellung des Stellenwerts sowie der Gründe für die Einführung von Risikomanagementsystemen. Abschließend wird eine Klassifikation der Unternehmensrisiken vorgenommen und der Prozess des Risikomanagements erläutert.

Der Begriff Risiko zählt zu einem der am häufigsten verwendeten Begriffe in der wirtschaftswissenschaftlichen Literatur. Dementsprechend vielfältig sind die Definitionen, wobei grundsätzlich in weite Definitionen, die sowohl eine negative als auch eine positive Planabweichung (Chance) einbeziehen, und enge Definitionen, die sich lediglich auf die negativen Folgen eines Risikos beziehen, unterschieden werden kann [Wolf, 2002: 1729]. Nahezu alle Definitionen stimmen darin überein, dass Risiken aus unvollständigen Informationen über die Zukunft und den darauf basierenden Entscheidungen resultieren [Eberle, 2005: 33]. In dieser Arbeit wird einer engen Risikodefinition gefolgt, wonach Risiko „die mit einer wirtschaftlichen Handlung verbundene Verlustgefahr" ist [Schulz, 1996: 109].

Risikomanagement umschreibt die gezielte Analyse, Bewertung und Bewältigung aller Risiken, die die Zielerreichung eines Unternehmens gefährden können. Als Hauptziel des Risikomanagements wird die Existenzsicherung der Unternehmen angesehen. Daneben werden mit dem Risikomanagement die Nebenziele Sicherung des Unternehmenserfolges und Minimierung der Risikokosten verfolgt. Inhalt des betrieblichen Risikomanagements ist es nicht, alle Risiken zu vermeiden, vielmehr sollen Risiken gezielt analysiert, bewertet und ggf. mittels entsprechender Maßnahmen gehandhabt werden.[15]

Den Ausgangspunkt des hier betrachteten Risikomanagements bildet das „insurance management", ein Ansatz der eine gezielte Analyse und Optimierung der

---

[15] Das betrachtete einzelbetriebliche Risikomanagement muss unterschieden werden vom (politischen) Risikomanagement und der (wissenschaftlichen) Risikobewertung wie sie nach Artikel 6 der Lebensmittelbasisverordnung gefordert werden [Meyer, 2006: 675ff.].

Versicherungsverträge in US-Großunternehmen nach dem Ende des 2. Weltkriegs beschreibt. Daraus entwickelten sich zunächst in den USA Systeme, die sich mit der gezielten Analyse, Bewertung und Bewältigung von Risiken befassten. Anfang der 70er Jahre begannen auch europäische Unternehmen, entsprechende Systeme zu installieren. Dabei wurden entgegen der Praxis in den Vereinigten Staaten neben versicherbaren Risiken auch spekulative und nicht versicherbare Risiken betrachtet. 1998 wurde mit der Verabschiedung des Gesetzes zur Kontrolle und Transparenz von Aktiengesellschaften (KonTraG) die Einrichtung von Risikomanagementsystemen zur Pflicht für deutsche Aktiengesellschaften und Unternehmen vergleichbarer Rechtsformen. Neben gesetzlichen Verpflichtungen, entsprechende Systeme zu installieren, spielen Anforderungen der Kreditinstitute im Rahmen der Vergabe von Fremdkapital und betriebswirtschaftliche Überlegungen eine bedeutende Rolle bei der Einführung von Risikomanagementsystemen. Die Anforderungen resultieren in erster Linie aus den Vorschriften, die im Rahmen der Basel II-Beschlüsse erarbeitet wurden. Demnach wird bei der Vergabe von Fremdkapital die individuelle Risikosituation eines Unternehmens geprüft und bewertet. Risikomanagementsysteme können im Rahmen dieser Überprüfung eine wichtige Rolle spielen und somit einen gravierenden Einfluss auf die Vergabekonditionen von Fremdkapital ausüben. Neben den gesetzlichen Anforderungen und den Überlegungen im Rahmen der Fremdkapitalbeschaffung, existieren eine Vielzahl betriebswirtschaftlicher Gründe, Risikomanagementsysteme einzuführen. Grundsätzlich kann festgestellt werden, dass jede unternehmerische Handlung das Eingehen von Risiken voraussetzt, um im Gegenzug Chancen realisieren zu können. Ein Risikomanagementsystem trägt durch die systematische Identifikation, Bewertung und Bewältigung von Risiken zu einer Verbesserung der Sicherheitsniveaus der Unternehmen bei [Seidel, 2005: 5ff.].

4.2.1.1 KLASSIFIKATION VON RISIKEN

Ansätze zur Klassifizierung von Risiken existieren in ähnlich vielfältiger Weise wie die Definitionen des Begriffes Risiko. Den Ausgangspunkt der unterschiedlichen Klassifizierungsansätze bilden in der Regel die Entstehung oder die Auswirkungen einzelner Risiken. Betrachtet man die Entstehung der Risiken, so kann in unternehmensinterne und unternehmensexterne Risiken unterteilt werden. Während unternehmensinterne Risiken alle Risiken umfassen, deren Entstehung innerhalb des direkten Einflussbereiches des Unternehmens liegt und die demnach vergleichsweise leicht zu beeinflussen sind, liegen bei unternehmensexternen Risiken die Ursachen außerhalb dieses Einflussbereiches. Dadurch sind unternehmensexterne Risiken in der Regel deutlich schwieriger zu beeinflussen [Nücke und Feindenhagen, 1998: 18; Seidel, 2005: 22].

Tabelle 3: Kategorisierung der Unternehmensrisiken

Unternehmensrisiken			
Unternehmensexterne Risiken	Unternehmensinterne Risiken		
Allgemeine externe Risiken	Leistungswirtschaftliche Risiken	Finanzwirtschaftliche Risiken	Risiken aus Corporate Governance / Management
- Gesetzliche Vorschriften - Technologiesprünge - Naturgewalten - Politische Verhältnisse	- Beschaffung - Absatz - Produktion - F&E	- Marktpreise - Bonität der Debitoren - Liquidität	- Organisation - Führungsstil - Kommunikation - Unternehmenskultur

QUELLE: NÜCKE UND FEINDENHAGEN, 1998: 18; EBERLE, 2005: 38

Zu den unternehmensexternen Risiken zählen entsprechend der Klassifizierung in Tabelle 3 gesetzliche Vorschriften, Technologiesprünge, Naturgewalten oder auch eine Veränderung der politischen Verhältnisse. Die unternehmensinternen Risiken werden weiter unterteilt in drei wesentliche Gruppen: Leistungswirtschaftliche Risiken umfassen dabei alle Risiken aus den Bereichen Beschaffung, Absatz, Produktion sowie Forschung und Entwicklung. Die finanzwirtschaftlichen Risiken beziehen sich u.a. auf Schwankungen der Marktpreise, Bonität der Debitoren oder die Liquidität des Unternehmens. Die dritte Gruppe umfasst Risiken aus Corporate Governance bzw. Management, also die Bereiche Organisation, Führungsstil, Kommunikation und Unternehmenskultur [Nücke und Feindenhagen, 1998: 18].

Klassifikationen, die auf den Auswirkungen der Risiken basieren, differenzieren beispielsweise in Bezug auf den Risikograd zwischen Klein-, Mittel- und Großrisiken sowie existenzgefährdenden Risiken. Eine weitere Klassifikationsmöglichkeit resultiert aus der Einteilung der Risiken nach Entscheidungsebenen in strategische, taktische und operative Risiken. Hierbei gefährden strategische Risiken langfristige bzw. globale Ziele, während taktische und operative Ziele eher mittel- und kurzfristigen Charakter aufweisen [Eberle, 2005: 38].

4.2.1.2 RISIKOMANAGEMENTPROZESS

Wie in Abbildung 6 verdeutlicht, folgt das betriebliche Risikomanagement einem bestimmten Prozess.

Abbildung 6: Risikomanagementprozess

```
Nicht                Unternehmensrisiko
identifizierte       vor Risikomanagement
Risiken

Unternehmensrisiko nach    Risiko-              Identifiziertes
Risikomanagement           identifikation       Unternehmensrisiko
(Restrisiko)

        Risiko-                              Risiko-
        kontrolle                            bewertung

Maßnahmen zur              Risiko-           Bewertetes
- Vermeidung               handhabung        Unternehmensrisiko
- Verminderung
- Übertragung
  von Risiken
```

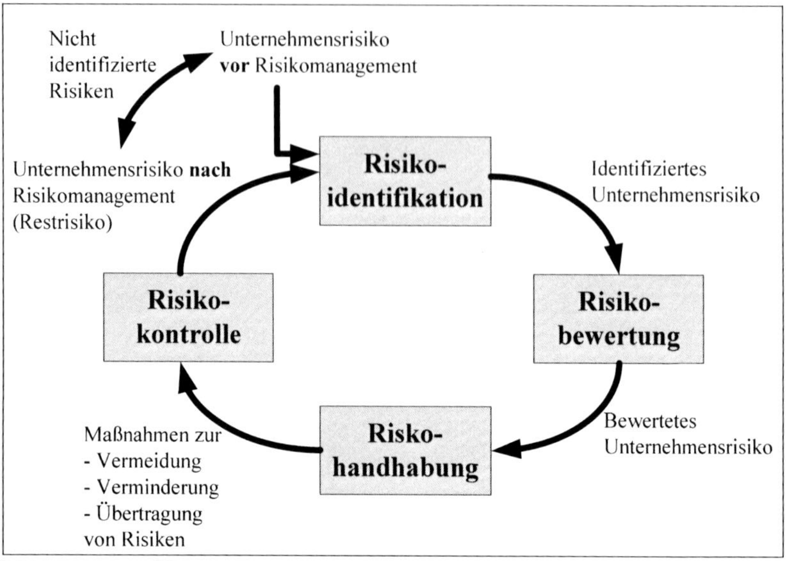

QUELLE: EIGENE DARSTELLUNG

Der Prozess des Risikomanagements lässt sich in 4 Stufen einteilen:
1. Risikoidentifikation
2. Risikobewertung
3. Risikohandhabung und
4. Risikokontrolle [Mikus, 2001: 13ff.; Grasser, 2000: 31ff.].

Im Rahmen der Risikoidentifikation erfolgt eine systematische Erfassung aller relevanten Risiken. Diese Stufe muss vor allen weiteren Stufen erfolgen und gewährleisten, dass ein möglichst vollständiges Bild der Risikosituation der Unternehmen erstellt wird. Wichtig ist, dass grundsätzlich alle Risiken zunächst erfasst werden und nicht bereits vorab Risiken ausgeklammert werden, die vermeintlich ausreichend gehandhabt werden können. Die Identifikation der Risiken kann mittels unterschiedlicher Hilfsmittel durchgeführt werden. Dazu zählen bspw. Besichtigungen und Dokumentenanalysen, Mitarbeiterbefragungen oder die Überprüfung anhand entsprechender Checklisten [Rogler, 2002: 29f.].

Aufbauend auf der Identifikation der Risiken erfolgt eine Risikobewertung. In diesem Schritt muss die potenzielle Gefahr im Falle des Eintretens des jeweiligen Risikos für das Unternehmen abgeschätzt werden. Die Bewertung der Risiken erfolgt anhand der möglichen Schadenshöhe und der Eintrittswahrscheinlichkeit des betrachteten Risikos. Abschließend erfolgt im Rahmen der Risikobewertung die Entscheidung, inwieweit Maßnahmen gegen die jeweiligen Risiken zu treffen sind [Grasser, 2000: 36ff.].

Die Auswahl der einzusetzenden Maßnahmen und deren tatsächliche Anwendung ist dann Inhalt der Risikohandhabung. Den Unternehmen stehen dabei unterschiedliche Instrumente zur Verfügung:

1. Risiken vermeiden
2. Risiken vermindern
3. Risiken überwälzen oder versichern und
4. Risiken selbst tragen.

Risiken vermeiden ist in vielen Fällen kaum möglich. Da jedes wirtschaftliche Handeln mit einem gewissen Risiko behaftet ist, ließe sich eine komplette Vermeidung der Risiken lediglich durch eine Aufgabe der Unternehmertätigkeit realisieren. Denkbar ist jedoch eine Teilaufgabe besonders risikoreicher Bereiche. Wesentlich flexibler kann das Instrument der Risikoverminderung eingesetzt werden. Dabei kann in schadensverhütende und schadensherabsetzende Maßnahmen untergliedert werden. Schadensverhütende Maßnahmen senken die Eintrittswahrscheinlichkeit der Risiken und müssen somit im Vorfeld eines etwaigen Schadensereignisses getroffen werden. Schadensmindernde Maßnahmen greifen, wenn der Schadensfall eingetreten ist und verringern in der Regel den wirtschaftlichen Schaden für das Unternehmen. Die Überwälzung von Risiken auf Dritte erfolgt in erster Linie durch Versicherungen. Aber auch eine Absicherung von Marktrisiken über entsprechende vertragliche Bindungen oder Kontrakte fällt in diesen Bereich. Die Strategie, Risiken selbst zu tragen, wird zwangsläufig auf alle Risiken angewandt, die nicht mittels anderer Maßnahmen beeinflusst werden. Risiken selbst zu tragen kann darüber hinaus in vielen Bereichen sinnvoll sein, wenn die Vermeidung, Verminderung oder Überwälzung zu aufwändig ist. Vielfach ist auch eine Kombination unterschiedlicher Maßnahmen anzutreffen [Grasser, 2000: 39ff.].

Den Abschluss des Risikomanagementprozesses bildet die Risikokontrolle, in deren Rahmen eine Überprüfung der getroffenen Maßnahmen vorgenommen wird. Insbesondere soll festgestellt werden, ob der gewünschte Sicherheitsgrad des Unternehmens erreicht wurde und das Kosten-Nutzen-Verhältnis der Maßnahmen angemessen ist. Grundsätzlich handelt es sich beim Risikomanagementprozess nicht um einen einmaligen Vorgang, der dauerhafte Gültigkeit hat. Es ist vielmehr notwendig, den Prozess laufend zu wiederholen, um so möglichst frühzeitig neue Risiken zu erkennen und entsprechende Maßnahmen zu ergreifen [Thiemt, 2003: 45ff.].

4.2.2 Rückverfolgbarkeit als Risikomanagementinstrument

Rückverfolgbarkeitssysteme können im Bereich des betrieblichen Risikomanagements als Instrument zur Risikobewältigung eingesetzt werden. Dabei können insbesondere Schäden, die aus Warenrückrufen resultieren, vermindert werden. In den folgenden Abschnitten wird daher auf dieses Risiko näher eingegangen. Darauf aufbauend erfolgt eine Darstellung, wie Rückverfolgbarkeitssysteme zur Verringerung der Schadenshöhe im Falle eines Warenrückrufes beitragen können.

4.2.2.1 ARTEN VON WARENRÜCKRUFEN

Als Rückrufe sind alle „Maßnahmen des Herstellers eines Produktes, einer Behörde oder sonstigen Institution zu verstehen, die dem Zweck dienen, eine weitere Verbreitung der Produkte zu verhindern. Eingeschlossen sind die Rückholung oder Reparatur und die schadlose Entsorgung" [Sattler, 2002: 11].

Warenrückrufe können in unterschiedlichen Ausprägungen auftreten. Zum einen kann zwischen Eigen- und Fremdrückruf differenziert werden. Im Falle des Eigenrückrufs geht die Initiative zum Rückruf der Produkte vom jeweiligen Hersteller, Händler oder Importeur selbst aus und bezieht sich auf selbst hergestellte, gehandelte oder importierte Produkte. Dem gegenüber werden im Rahmen eines Fremdrückrufes Produkte zurückgerufen, bei denen der Mangel bereits in den Roh- oder Ausgangsstoffen, Halbfertig- und Zwischenprodukten oder Serviceleistungen von Zulieferern begründet ist.

Des Weiteren kann zwischen offenem und stillem Rückruf unterschieden werden. Im Falle eines offenen Rückrufes wird die Öffentlichkeit über die Medien informiert. Demgegenüber erfolgt im Rahmen eines stillen Rückrufes keine öffentliche Information. Bei einem stillen Rückruf werden die Produkte durch gezielte Information der nachgelagerten Stufen (z.B. Zwischenhandel, LEH...) zurückgerufen, ohne dass der Endverbraucher etwas von dem Rückruf erfährt. Stille Warenrückrufe verursachen nur einen Bruchteil der Schäden, die im Falle von öffentlichen Rückrufen zu erwarten sind. Insbesondere Schäden durch Imageverlust und darauf folgende Kosten durch verstärkte Werbung und Maßnahmen zur Zurückgewinnung des Verbrauchervertrauens fallen kaum an.

Als weiteres Unterscheidungskriterium kann zwischen freiwilligen Rückrufen und behördlich veranlassten Rückrufen differenziert werden. Behördliche Rückrufe basieren in der Regel auf besonderen rechtlichen Regelungen (z.B. LFBG). Demnach dürfen Behörden einen Rückruf veranlassen, Produkte sicherstellen und deren Vernichtung veranlassen, wenn Personen-, Sach- oder Vermögensschäden durch die Produkte zu befürchten sind. Freiwillige Rückrufe erfolgen demgegenüber durch die jeweiligen Hersteller, Händler oder Importeure selbst. Sie werden häufig auch vorgenommen, wenn sich zwar ein Schaden ereignen könnte, dies aber nicht wahrscheinlich ist. Freiwillige Rückrufe können als Zeichen eines hohen Risikobewusstseins der betroffen Firmen durchaus zu einer positiven Wahrnehmung durch den Verbraucher führen [Sattler, 2002: 11].

Im Folgenden werden vorrangig öffentliche Warenrückrufe betrachtet. Dabei wird nicht weiter differenziert, ob es sich um Eigen- bzw. Fremdrückrufe oder freiwillige bzw. behördliche veranlasste Rückrufe handelt.

4.2.2.2 Schäden durch Warenrückrufe in der Lebensmittelbranche

Warenrückrufe im Nahrungsmittelbereich sind in den vergangenen Jahren verstärkt aufgetreten. Die Folgen von öffentlichen Warenrückrufen für die betroffenen Unternehmen sind häufig dramatisch. Kurzfristig sind Umsatzeinbußen und Kostensteigerungen zu verkraften. Umsatzeinbußen resultieren aus dem Ausfall der nicht verkaufbaren Schadware und dem Ausfall durch Nicht-Lieferfähigkeit bis zur Fehlerbehebung. Kostensteigerungen ergeben sich durch Out-of-Stocks im Handel, Abholung, Rücktransport und Vernichtung der Schadware, Entschädigungen, Durchführung von Sonderanalysen und Maßnahmen zur Fehlerbeseitigung sowie durch die Durchführung von Kommunikationsmaßnahmen gegenüber Konsumenten, Öffentlichkeit und Marktpartnern. Wie hoch die kurzfristigen Umsatzeinbußen und Kostensteigerungen ausfallen, ist in erster Linie abhängig von Umfang und Dauer der Rückrufaktion. Die langfristigen Folgen von öffentlichen Warenrückrufen sind schwerer abzuschätzen. In erster Linie entstehen Umsatzeinbußen durch Schwächung der Marke, der Kundenbindung und der Wettbewerbsposition. Hinzu kommen Kostensteigerungen infolge einer notwendigen Intensivierung der Kommunikation zur Markenpflege, Repositionierung der Marke und ggf. einer Anpassung der Markenstrategie im Hinblick auf neue Produkte oder Innovationen. Darüber hinaus entstehen weitere Kosten, die aus der Anpassung der Prozesse und zusätzlichen Kontrollen entlang der Wertschöpfungskette resultieren. Die Höhe der langfristigen Umsatz- und Ergebniseinbußen ist in erster Linie abhängig vom Imageschaden, den das Unternehmen aus der Rückrufaktion erlitten hat [Rosada, 2003; Beck, 2002: 11ff.]. Tabelle 4 gibt einen beispielhaften Überblick über öffentliche Warenrückrufe im Lebensmittelsektor.

Tabelle 4: Beispiele für Warenrückrufe

Warenrückrufe von Nahrungsmitteln	
Humana (2005)	Babynahrung (Inhaltsstoffe)
Alete (2001)	Babynahrung (Glasbruch)
Storck / Aldi (2001)	Schokolade (Salmonellen)
Hipp (2000)	Babynahrung (Grenzwerte)
Coca Cola (1999)	Belgien (Verunreinigungen)
Coca Cola (1999)	Polen (Schimmelpilze)
Aldi (1998)	Heringsfilet (Kontamination)
Teekanne (1994)	Darjeeling (Pestizide)
Wein (1985)	Österreich, Deutschland (Glykol)
Birkel (1985)	Nudeln (Flüssig-Ei)

QUELLE: ROSADA, 2003 (VERÄNDERT)

Die Kosten von Rückrufaktionen lassen sich nur schwer konkret beziffern. Van Betteray ermittelte eine Spannweite von 10.000 € bis 20 Mio. €, wobei die Kosten durchschnittlich etwa 500.000 € betragen [van Betteray, 2005]. Andere Autoren versuchen, die Folgen von Warenrückrufen durch eine Analyse der Kapitalmarktreaktionen bei Eintreten eines entsprechenden Ereignisses zu ermitteln [Broder und Morrall, 1991: 310]. Auf dieser Basis untersuchten Thomsen und McKenzie die Auswirkungen von Produktrückrufen auf den Aktienkurs der betroffenen Unternehmen. Dazu teilen sie die Rückrufe in drei unterschiedliche Kategorien ein: Kategorie eins umfasst Rückrufe von Produkten, die die Verbrauchergesundheit ernsthaft bedrohen. Die Klassen zwei und drei beziehen sich demgegenüber auf Rückrufe von Produkten, die lediglich eine mittlere oder geringe Bedrohung der Gesundheit der Verbraucher nach sich ziehen. In der Auswertung der Untersuchung zeigt sich, dass bei Rückrufen der 1. Kategorie Aktienkursverluste von 1,5 - 3 % auftreten. Bei den Rückrufen der Kategorien 2 und 3 können keine Auswirkungen auf den Aktienkurs festgestellt werden [Thomsen und McKenzie, 2001: 527ff.].

Die Auswirkungen auf den Kapitalmärkten können jedoch nur bedingt zur Erfassung der Kosten eines Warenrückrufes herangezogen werden. Um diese Kosten tatsächlich zu erfassen, ist eine detaillierte Analyse des Einzelfalls notwendig. Dabei können die Folgen von Warenrückrufen bis zur Existenzbedrohung der betroffenen Unternehmen reichen. Beispiele dafür sind die US-Fleischkonzerne Hudson Foods und Thorn Apple Valley Inc. oder auch der deutsche Nudelhersteller Birkel [Skees et al., 2001: 103f.; Rosada, 2003].

4.2.2.3 Eintrittswahrscheinlichkeit von Warenrückrufen im Lebensmittelsektor

Neben der Schadenshöhe ist die Eintrittswahrscheinlichkeit eines Warenrückrufes im Rahmen des Risikomanagements von Bedeutung. Je höher die Eintrittswahrscheinlichkeit, desto notwendiger sind Maßnahmen zur Risikobewältigung. Rückverfolgbarkeitssysteme können die Eintrittswahrscheinlichkeit zwar nicht direkt beeinflussen, sie können aber den Schaden im Bedarfsfall entscheidend senken. Daher sind entsprechende Systeme insbesondere bei einer hohen Eintrittswahrscheinlichkeit eines Warenrückrufes von Bedeutung. Im Lebensmittelsektor ist die Eintrittswahrscheinlichkeit stark von den jeweiligen Produkten abhängig. Tabelle 5 gibt eine mögliche Klassifizierung der Lebensmittel bezüglich der Anfälligkeit für Warenrückrufe wieder.

Tabelle 5: Eintrittswahrscheinlichkeiten von Warenrückrufen unterschiedlicher Lebensmittel

Hohe Eintrittswahrscheinlichkeit	Mittlere Eintrittswahrscheinlichkeit	Niedrige Eintrittswahrscheinlichkeit
• Fleisch • Fisch • Gemüse • Frische Früchte • Fruchtprodukte • Ei-Produkte • Stärke • Getreide • Tierische Fette • Pflanzliche Fette • Sojalecithin • Gewürze, Kräuter • Frischmilch	• Kakaobohnen • Kakaobutter • Grüner Kaffee • Milchpulver • Milchproteine	• Aromen • Getrocknete Früchte • Zucker • Chicorie • Honig • Karamel • Vitamine • Mineral. Additive • Wein & Alkohol

Quelle: van Betteray, 2005 (verändert)

Die höchste Anfälligkeit weisen demnach Fleisch, Fisch, frische Früchte und Gemüse sowie Frischmilch und eihaltige Produkte auf. Eine vergleichsweise geringe Anfälligkeit für Warenrückrufe weisen demgegenüber Aromen, Vitamine, Zucker oder getrocknete Früchte, Wein und Alkohol auf [van Betteray, 2005].

Ein ähnliches Bild ergibt sich aus den Auswertungen des Schnellwarnsystems für Futter- und Lebensmittelsicherheit (RASFF) der Europäischen Behörde für Lebensmittelsicherheit. Dabei lässt sich grundsätzlich feststellen, dass die Anzahl der Warn- und Informationsmeldungen über gesundheitsgefährdende Futter- und Lebensmittel in den vergangenen Jahren stetig gestiegen ist. Diese Entwicklung resultiert u.a. aus einer Ausweitung der Kontrollen, einer gestiegenen Zahl von Importen (auch als Folge der EU-Erweiterung) und einer gestiegenen Zahl an „vorsorglichen Meldungen". Einen Überblick über die betroffenen Produktkategorien gibt Abbildung 7.

Abbildung 7: Anzahl der Warn- und Informationsmeldungen im EU-Schnellwarnsystem für Futter- und Lebensmittel (RASFF)

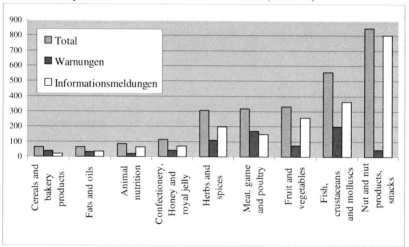

QUELLE: EUROPEAN COMMISSION, 2006: 30

Im Jahresbericht 2005 sind insgesamt 956 Fälle aufgeführt, in denen sich die Mitgliedstaaten gezwungen sahen, Warnungen abzugeben und Rückrufaktionen zu starten. Darüber hinaus wurden in weiteren 2.202 Fällen sog. Informationsmeldungen veröffentlicht, in denen bedenkliche Futter- und Lebensmittel festgestellt wurden [o.V., 2006c: 22]. Betrachtet man die Warnungen, so bezogen sich die meisten Warnungen auf Fischprodukte (inkl. Krustentiere und Mollusken), Fleisch und Fleischprodukte, Obst und Gemüse sowie Kräuter und Gewürze. Im Bereich der Informationsmeldungen sind neben den vorgenannten Gruppen insbesondere Nüsse, Nussprodukte und Snacks betroffen [European Commission, 2006: 30].[16] Es bleibt festzuhalten, dass die verarbeiteten / hergestellten Produkte und deren Rohstoffe einen hohen Einfluss auf die Eintrittswahrscheinlichkeit eines Warenrückrufes ausüben. Unternehmen, die Produkte herstellen oder verarbeiten, die eine hohe Anfälligkeit aufweisen, sind gezwungen, verstärkt Maßnahmen zur Bewältigung dieses Risikos zu treffen.

4.2.2.4 RÜCKVERFOLGBARKEIT ALS RISIKOMANAGEMENTINSTRUMENT

Die Möglichkeit zur (Rück-)Verfolgbarkeit von Lebensmitteln ist im Rahmen des Risikomanagements als Maßnahme zur Risikominderung einzuschätzen. Die Unternehmen sind in der Lage, im Falle eines notwendigen Warenrückrufes diesen effektiver durchzuführen als dies ohne Rückverfolgbarkeitssystem möglich wäre.

Allerdings können diese Systeme erst zum Einsatz kommen, wenn bereits ein Schadensfall eingetreten ist, und daher lediglich die Schadenshöhe verringern. Da es jedoch kaum möglich ist, den Eintritt eines Warenrückrufes mittels anderer Instrumente vollständig auszuschließen, führt in der Regel kein Weg an der Einrichtung von Rückverfolgbarkeitssystemen zur Verringerung des Schadensausmaßes im Falle eines Warenrückrufes vorbei.

Im Einzelnen können durch Rückverfolgbarkeitssysteme unterschiedliche Bereiche eines Warenrückrufs beeinflusst werden (Tabelle 6).

---

[16] Durch die hohe Zahl der Warnungen ist die Kategorie Nüsse, Nussprodukte und Snacks auch in der Summe aus Warn- und Informationsmeldungen am häufigsten betroffen.

Tabelle 6: Schadensbegrenzende Wirkungen von Rückverfolgbarkeitssystemen

- Im Ereignisfall rascher Zugriff auf Daten und Produkte
- Gezielter Warenzugriff in den vor- und nachgelagerten Bereichen
- Abgrenzbare Sperrungen
- Gezielte Rücknahme vom Kunden oder Rückrufe
- Geringer Zeitverlust bei Informationsbeschaffung
- Konkrete Kommunikation nach innen und außen
- Rasche Verbraucherinformation, sofern erforderlich
- Konkrete Maßnahmen gegenüber Lieferanten
- Lückenlose Aufklärung bei Herkunftsfragen
- Klärung von Haftungsfragen

QUELLE: HORST ET AL., 2006: 21

Die Systeme liefern im Bedarfsfall umgehend einen Zugriff auf die notwendigen Daten der betroffenen Produkte. Dadurch ist ein gezielter Rückruf in den vor- und nachgelagerten Stufen sowie ggf. eine Eingrenzung der betroffen Chargen oder Gebiete möglich. Zudem wird durch entsprechende Systeme der Zeitverlust bei der Informationsbeschaffung minimiert. Somit ist das Unternehmen in der Lage, die Menge der zurückzurufenden Waren zu begrenzen und dadurch zum Teil erhebliche Kosten zu sparen. Teilweise ist es darüber hinaus möglich, fehlerhafte Produkte bereits vor dem Verkauf an den Endverbraucher zu lokalisieren und zurückzurufen und dadurch einen öffentlichen Warenrückruf mit seinen weit reichenden Folgen zu vermeiden.

Weiterhin bieten Rückverfolgbarkeitssysteme die Möglichkeit, im Falle eines Rückrufes eine konkrete Information von Verbrauchern, Behörden, Lieferanten und Abnehmern sowie Stakeholdern durchzuführen. Dadurch können drohende Imageschäden und die daraus resultierenden langfristigen Folgen ganz oder teilweise verhindert werden. Abschließend bieten Rückverfolgbarkeitssysteme eine Möglichkeit, Ursachen von Warenrückrufen zu ermitteln und dadurch bspw. Haftungsfragen zu klären [Horst et al., 2006: 21f.].

4.3 Rückverfolgbarkeit im Rahmen unterschiedlicher Zertifizierungsstandards

Zertifizierungen haben in den Unternehmen des Lebensmittelsektors inzwischen einen hohen Stellewert erlangt. Vielfach sind sie eine obligatorische Voraussetzung, um die Produkte vermarkten zu können. Dabei enthalten nahezu alle Zertifizierungsstandards Vorgaben zur Dokumentation der Produktionsprozesse sowie zur (Rück-)Verfolgbarkeit der hergestellten Produkte. Die folgenden Kapitel greifen daher zunächst die Zertifizierungen im Allgemeinen auf und erläutern anschließend die wichtigsten Standards im deutschen Lebensmittelsektor und deren Anforderungen im Bereich der Rückverfolgbarkeit.

4.3.1 Definition, Ablauf und Ziele von Zertifizierungen

Einheitliche Anforderungen an Qualitätsmanagementsysteme wurden bereits in den 60er Jahren des vorigen Jahrhunderts in Form von Branchenvereinbarungen formuliert. Eine weltweit gültige und gleichzeitig branchenübergreifende Vorgabe für die Einführung und Beurteilung von Qualitätsmanagementsystemen wurde mit der Norm ISO 9000 erstmals 1987 realisiert. Diese inzwischen zweimal überarbeitet Norm bildete bis heute mit über 500.000 Unternehmen weltweit die wichtigste Zertifizierungsnorm [Jahn, 2005: 24].[17]

Ende des vergangenen Jahrhunderts setzte sich zunehmend die Erkenntnis durch, dass die ISO 9000 mit ihrem branchenübergreifenden und somit vergleichsweise abstrakten Vorgaben den speziellen Anforderungen der Lebensmittelbranche nicht gerecht wird. Dies führte zur Entwicklung einer Vielzahl unterschiedlicher lebensmittelspezifischer Standards.

Die neu entwickelten Standards orientierten sich mehr oder weniger stark an den Vorgaben der ISO 9000. In der Regel fordern auch die lebensmittelspezifischen Standards eine Dokumentation der Produktionsprozesse und Rückverfolgbarkeit der Produkte.

Der Begriff Zertifizierung bezeichnet „einen Evaluationsprozess durch eine neutrale Drittpartei, welche die Einhaltung bestimmter Standards überprüft" [Freiling, 2001: 1935]. Zertifizierungen werden häufig im Bereich des Qualitätsmanagements der Unternehmen mit dem Ziel angewandt, zum einen eine Überprüfung der Leistungsfähigkeit des Qualitätssicherungssystems durch eine unabhängige Instanz vorzunehmen und zum zweiten die Qualitätsfähigkeit des Unternehmens gegenüber Dritten (Abnehmer, Öffentlichkeit, Kooperationspartner etc.) zu verdeutlichen [Freiling, 2001: 1935]. Um eine erfolgreiche Zertifizierung nach außen kommunizieren zu können, wird ein „Zertifikat" ausgestellt. Die Zertifizierung erfolgt in der Regel im Rahmen einer festgelegten Vorgehensweise, dem „Zertifizierungsprozess", der in der Praxis in Form eines „Au-

---

[17] Im Lebensmittelsektor ist aus der ISO 9000-Normenfamilie vorrangig die Norm DIN EN ISO 9001 angewandt worden.

dits" durchgeführt wird. Als Audit wird ein „systematischer, unabhängiger und dokumentierter Prozess zur Erlangung von Auditnachweisen und zu deren objektiver Auswertung" angesehen, „um zu ermitteln, inwieweit die Auditkriterien erfüllt sind" [Zollondz, 2002: 252]. Grundsätzlich können Audits durch unternehmenseigene Auditoren (first-party-audit), von nachgelagerten Unternehmen (Kunden-Audit, second-party-audit) oder unabhängigen Dritten (Zertifizierungs-Audits, third-party-audits) durchgeführt werden. Eine Zertifizierung beinhaltet somit immer ein neutrales Drittparteien-Audit.

Drittparteien-Audits werden von Zertifizierungsstellen (häufig auch Zertifizierer genannt) vorgenommen, die ihrerseits ebenfalls überprüft und bewertet werden. Dieser Prozess der „Akkreditierung" ist in der DIN EN 45011 geregelt. Unter Akkreditierung wird ein Prozess verstanden „in dem eine maßgebliche Stelle formell anerkennt, dass eine Stelle oder Person kompetent ist, bestimmte Aufgaben auszuführen" [Zollondz, 2002: 331].

Mit Zertifizierungen werden von den Unternehmen unterschiedliche Ziele verfolgt, wobei zwischen unternehmensinternen und unternehmensexternen Zielen differenziert werden kann (Tabelle 7).

Tabelle 7: Ziele von Zertifizierungen

Interne Ziele	Externe Ziele
• Optimierung der Unternehmensabläufe • Dokumentation der Geschäftsprozesse • Reduzierung der Kosten • Steigerung der Produktivität • Abbau unternehmensinterner Schwachstellen • Mitarbeitermotivation • Schnellere Einweisung neuer Mitarbeiter	• Nachweis der Erfüllung von Qualitätsanforderungen • Schaffung von Transparenz für Kunden • Aufbau effizienter Kundenbeziehungen • Erweiterung des potenziellen Kundenkreises • Festigung und Verbesserung des Qualitätsimages • Verbesserung der Wettbewerbsposition • Förderung und Erleichterung der Geschäftsprozesse

QUELLE: BRUHN UND HOMBURG, 2001: 814

Die internen Ziele resultieren in erster Linie aus der systematischen Analyse und Dokumentation der Produktionsprozesse. Dies ermöglicht eine Optimierung der Unternehmensabläufe, wodurch eine Steigerung der Produktivität, eine Reduzierung der Kosten und der Abbau unternehmensinterner Schwachstellen erreicht werden kann. Zudem können die Unterlagen zur Einweisung neuer Mitarbeiter herangezogen werden und die Motivation der Mitarbeiter verbessern.

Außerhalb der Unternehmen können Zertifizierungen zum Nachweis der Erfüllung von Qualitätsanforderungen herangezogen werden. Dadurch ist es möglich, Transparenz für die Kunden zu schaffen, effiziente Kundenbeziehungen aufzubauen und den potenziellen Kundenkreis zu erweitern. Zudem ermöglichen Zertifizierungen eine Festigung und Verbesserung des Qualitätsimages, eine Verbesserung der Wettbewerbsposition sowie eine Förderung und Erleichterung der Geschäftsprozesse [Bruhn und Homburg, 2001: 814].

4.3.2 Überblick über unterschiedliche Standards

Während zu Beginn der 90er Jahre des vorigen Jahrhunderts die Zertifizierungen nach der ISO 9000-Normenreihe dominierten, ist es gegen Ende des Jahrhunderts im Lebensmittelsektor verstärkt zur Schaffung lebensmittelspezifischer Standards gekommen. Im Zuge dieser Entwicklung entstand eine Vielzahl unterschiedlicher Zertifizierungssysteme, welche die spezifischen Anforderungen für einzelne Bereiche formulierten. Durch diese Aufgliederung konnten die Anforderungen des Sektors in den jeweiligen Standards besser berücksichtigt werden. Gleichzeitig sorgte jedoch die Abkehr von einem globalen Zertifizierungssystem für einen Wettbewerb der Standards und deren Träger untereinander. Zudem mussten viele Unternehmen mehrere Zertifizierungen durchlaufen, um bspw. die Anforderungen unterschiedlicher Kunden erfüllen zu können. Dies führte zu einer „Zertifizierungswelle" im Lebensmittelsektor, in deren Verlauf manche Unternehmen bis zu 50 unterschiedliche Audits durchlaufen haben. Um die stark steigenden Kosten dieser Vorgehensweise zu begrenzen, bildeten sich Initiativen, die eine gemeinsame Zertifizierung unterschiedlicher Standards oder die gegenseitige Anerkennung der Zertifizierungen förderten (z.B. Global Food Safety Initiative (GFSI)[18] oder „European Meat Alliances" im Fleischbereich) [Jahn, 2005: 21; Spiller, 2003: 83ff.].

Um einen Überblick über die Zertifizierungssysteme im Lebensmittelsektor zu geben, kann zunächst anhand der Systemeignerschaft in hoheitliche und privatwirtschaftlich getragene Systeme unterschieden werden (Abbildung 8).

---

[18] Vgl. Kapitel 4.3.3.2.

Abbildung 8: Typologisierung der Zertifizierungssysteme

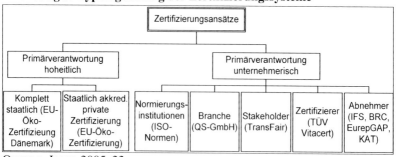

QUELLE: JAHN, 2005: 22

In hoheitlich initiierten Systemen gibt der Staat die Regelungen vor. Diese Systeme finden vorrangig in Bereichen Anwendung, in denen der Verbraucher sich nicht selbst von der Qualität der Produkte überzeugen kann (Herkunftsangaben, Prozessqualit etc). Die Überprüfung und Zertifizierung kann sowohl durch hoheitliche Stellen als auch durch privatwirtschaftliche Einrichtungen, die staatlich akkreditiert sind, erfolgen. Hoheitliche Standards finden sich derzeit bspw. im Bereich der ökologisch erzeugten Lebensmittel (EU-Öko-Zertifizierung).

Privatwirtschaftliche Standards haben in den vergangenen Jahren stark an Bedeutung gewonnen. Sie lassen sich anhand unterschiedlicher Kriterien klassifizieren:

- Eigner / Träger des Zertifizierungssystems,
- Nutzung: Endverbrauchermarketing oder lediglich auf abnehmende Unternehmen ausgerichtet,
- Verbreitungsgebiet: national, europäisch, weltweit,
- Prüfungsform: Managementsystem-, Prozess-, Produktprüfungen oder Kombinationen oder
- Reichweite: stufenbezogene oder stufenübergreifende Konzepte [Jahn, 2005: 23f.; Gawron et al., 2007: 180ff.].

Die ersten Zertifizierungsstandards im privatwirtschaftlichen Bereich wurden von Normierungsinstitutionen erarbeitet. Die zentrale Rolle spielte dabei die bereits angesprochene ISO 9000 Normenreihe. Diese Norm konnte in allen Branchen und auf allen Stufen der Wertschöpfungskette angewandt werden und ist aufgrund dieses umfangreichen Anwendungsfeldes lediglich auf die Systemprüfung ausgerichtet. Um den lebensmittel-spezifischen Anforderungen stärker Rechnung tragen zu können, ist mit der DIN EN ISO 22000: 2005 eine neue

Norm geschaffen worden, die spezifische Aspekte dieses Sektors berücksichtigt. Neben den Standards, die auf die Initiative von Normierungsinstitutionen zurückgehen, existieren im Bereich der privatwirtschaftlich getragenen Standards eine Reihe weiterer Systeme dazu zählen:

- Branchenspezifische Standards, die die gesamte oder Teile der Wertschöpfungskette umfassen (z.B. Initiative Qualität und Sicherheit[19]),
- Standards, die auf die Initiative unterschiedlicher Interessengruppen / Stakeholder zurückgehen (z.B. TransFair),
- Standards privater Zertifizierungsunternehmen (z.B. TÜV-Vitacert),
- Standards, die von Abnehmern / Abnehmerverbänden erarbeitet wurden (IFS,[20] BRC,[21] EUREPGAP,[22] etc.).

Branchenspezifische Standards basieren ähnlich wie Standards der Normierungsinstitutionen auf einem ausgeprägten Konsensbildungsprozess. Da sich Unternehmen der gesamten Supply Chain auf einheitliche Vorgaben einigen müssen, ist die Bildung eines Standards für alle betroffenen Unternehmen entsprechend aufwändiger. Stakeholdermodelle gehen zurück auf Initiativen von branchenfremden Interessengruppen (Verbraucher, Umweltschützer etc.). In diesem Bereich versuchen bspw. Natur- und Tierschutzverbände oder entwicklungspolitische Institutionen Standards für die Einhaltung entsprechender Wirtschaftsweisen zu etablieren. Standards, die von einzelnen Zertifizierungsunternehmen erarbeitet wurden, stellen insofern eine Sonderform dar, als dass sich ihre Bedeutung ausschließlich an der Reputation des Zertifizierungsunternehmens misst, welches den Standard entwickelt und die Zertifizierung ausspricht. Da eine Akkreditierung nicht stattfindet, fehlt die unabhängige Beurteilung des zertifizierenden Unternehmens. Die derzeit bedeutendste Rolle spielen Standards, die von Abnehmern bzw. deren Verbänden erarbeitet wurden. Diese Standards beziehen sich in der Regel auf eine Stufe der Wertschöpfungskette und dienen nicht der Kommunikation an den Endverbraucher. Ziel ist lediglich, den Abnehmern nachzuweisen, dass definierte Anforderungen eingehalten werden [Schramm und Spiller, 2003: 174ff.; Jahn, 2005: 24].

---

[19] Vgl. Kapitel 4.3.3.6.
[20] Vgl. Kapitel 4.3.3.3.
[21] Vgl. Kapitel 4.3.3.4.
[22] Vgl. Kapitel 4.3.3.5.

4.3.3 Vorstellung relevanter Zertifizierungsstandards und –initiativen sowie Normen im Bereich der Rückverfolgbarkeit in Deutschland

Im Folgenden werden exemplarisch einzelne Zertifizierungsstandards und -initiativen sowie Normen, die derzeit im deutschen Lebensmittelsektor eine bedeutende Rolle spielen, näher vorgestellt. Dabei wird verstärktes Augenmerk auf die Vorgaben zur Rückverfolgbarkeit gelegt.

4.3.3.1 ISO-NORM 22000: 2005

Mit der Norm DIN EN ISO 22000: 2005 ist erstmal eine weltweit anerkannte Norm im Bereich der Managementsysteme für den Lebensmittelsektor erarbeitet worden. Diese Norm ersetzt damit in diesem Bereich die ISO 9001. Die Schaffung einer gesonderten ISO-Norm für den Lebensmittelbereich erschien notwendig, da die ISO 9001 für die Zertifizierung von Qualitätsmanagementsystemen in allen Branchen entwickelt wurde und demzufolge vergleichsweise abstrakte Vorgaben enthält, die den Anforderungen des Lebensmittelsektors nicht genügten. Die von einem internationalen Expertengremium[23] erarbeitete ISO 22000-Norm ist grundsätzlich in allen Unternehmen der Lebensmittelkette anwendbar.

Die ISO 22000 definiert unterschiedliche Anforderungen an die Unternehmen:
- Planung, Implementierung, Anwendung, Aufrechterhaltung und Aktualisierung eines Managementsystems für die Sicherheit der Lebensmittel mit der Zielsetzung, die Produktsicherheit zu erhöhen (Verbraucher) und die Rückverfolgbarkeit zu gewährleisten (Industrie).
- Darstellung der Einhaltung zutreffender rechtlicher Vorgaben im Bereich der Lebensmittelsicherheit.
- Prüfung und Beurteilung der Kundenanforderungen, Bewertung und ggf. Optimierung der Kundenzufriedenheit.
- Effektive Kommunikation der Belange der Lebensmittelsicherheit mit den vor- und nachgelagerten Stufen der Lebensmittelkette sowie weiteren relevanten Gruppen.
- Umsetzung und Sicherstellung der formulierten Lebensmittelsicherheitspolitik.

---

[23] ISO TC 34 WG 8.

- Informationspflicht über den Nachweis der Rechtskonformität gegenüber betroffenen Kreisen [o.V., 2005b: 37; International Organization for Standardization (ISO), 2005: 7].

Die ISO 22000 verbindet Anforderungen der etablierten Normen / Standards ISO 9001, ISO 14001,[24] HACCP,[25] IFS[26] und BRC[27]. Aufgrund der umfangreichen Anwendungsmöglichkeiten der ISO 22000, die es ermöglichen, weltweit alle Unternehmen des Lebensmittelsektors zu zertifizieren, könnte diese Norm als einheitlicher Standard etabliert werden und somit die Vielzahl der derzeit existierenden Standards ersetzen.

Die ISO 22000 legt im Bereich „Planung und Realisierung sicherer Produkte" konkrete Forderungen für die Einführung von Rückverfolgbarkeitssystemen fest. So fordert die Norm ein System, das es ermöglicht, Produktlose zu identifizieren und eine Zuordnung der Lose zu Prozess- und Auslieferungsaufzeichnungen herzustellen. Damit geht diese Norm über die gesetzlichen Anforderungen der Lebensmittelbasisverordnung hinaus, die keine vergleichbare Chargentrennung vorschreibt. Des Weiteren fordert die ISO 22000 eine Verknüpfung von eingehenden Chargen mit den jeweiligen Produzenten / Lieferanten und analog dazu auch die Dokumentation der ausgelieferten Chargen mit den jeweiligen Abnehmern. Die Unterlagen über ausgelieferte Produkte müssen entsprechend der Norm aufbewahrt werden, wobei sicherzustellen ist, dass den gesetzlichen Vorgaben sowie den Anforderungen von Kunden und Behörden entsprochen wird. Auch hier werden chargengenaue Unterlagen empfohlen, die bspw. auf der Loskennzeichnung des Endprodukts basieren können [International Organization for Standardization (ISO), 2005: 25].

Insgesamt gehen die Vorgaben der ISO 22000 z.T. deutlich über die gesetzlichen Vorschriften der Lebensmittelbasisverordnung hinaus. Wichtigster Unterschied ist die Vorgabe, wonach im Rahmen der ISO 22000 eine Chargentrennung erfolgen muss. Darauf aufbauend sind detaillierte Aufzeichnungen zu führen und aufzubewahren.

---

[24] Die internationale Umweltmanagementnorm ISO 14001 legt weltweit anerkannte Anforderungen an ein Umweltmanagementsystem fest.
[25] Das Hazard Analysis Critical Control Point-Konzept (HACCP-Konzept) ist ein vorbeugendes System, das die Sicherheit von Lebensmitteln und Verbrauchern gewährleisten soll.
[26] Vgl. Kapitel 4.3.3.3
[27] Vgl. Kapitel 4.3.3.4

4.3.3.2 GLOBAL FOOD SAFETY INITIATIVE (GFSI)

Im Gegensatz zu den anderen in dieser Arbeit dargestellten Normen bzw. Standards dient die Global Food Safety Initiative (GFSI) nicht als Grundlage für die Zertifizierung einzelner Unternehmen. Vielmehr wurden unter dem Dach der GFSI Regelungen erarbeitet, die eine Beurteilung und Anerkennung unterschiedlicher Standards ermöglichen. Diese Vorgaben können daher auch als „Meta-Standard" angesehen werden. Aufgrund dieser Funktion beeinflussen die Anforderungen der GFSI direkt die jeweiligen Standards, die eine Anerkennung durch die GFSI erhalten wollen. Somit erscheint es sinnvoll, diese Initiative und deren Inhalte an dieser Stelle aufzugreifen.

Die GFSI ist im Mai 2000 als Initiative weltweit agierender Lebensmittelunternehmen gegründet worden. Sie wird koordiniert vom CIES (International Commitee of Food Retail Chains) und unterstützt vom FSI (Food Marketing Institut). Die Mitglieder des CIES repräsentieren dabei ca. 200 Lebensmittelhändler und Zulieferer aus mehr als 50 Ländern, die einen Umsatz von ca. 2,8 Billionen US$ erwirtschaften.

Ausgangspunkt der Initiative war die Erkenntnis, dass das Verbrauchervertrauen in die Lebensmittel gestärkt und die Lebensmittelsicherheit verbessert werden muss. Diese Erkenntnis basierte in erster Linie auf Erfahrungen, die in den Lebensmittelkrisen der vorangegangenen Jahre gesammelt wurden. Die Schwerpunkte / Ziele der Initiative sind:

- Erhöhung der Lebensmittelsicherheit,
- Benchmarking der Anforderungen für Lebensmittelsicherheitsmanagementprogramme,
- Erhöhung der Kosteneffizienz innerhalb der gesamten Lebensmittelkette,
- Stärkung des Verbrauchervertrauens und
- Gewährleistung des Verbraucherschutzes [GFSI, 2004: 5].

Um die genannten Ziele zu erreichen, ist eine internationale Arbeitsgruppe mit 50 Qualitätsmanagern gegründet worden. Dieser Gruppe gelang es jedoch nicht, einen einheitlichen Standard zu entwickeln. Das Gremium konnte sich lediglich auf einen Leitfaden (Guidance Document) einigen, der einen weltweiten Vergleich von Sicherheitsstandards im Lebensmittelbereich ermöglicht. Dieser Leitfaden orientiert sich an Schlüsselkriterien, die in drei Gruppen unterteilt wurden. Die erste Gruppe bilden Kriterien, die Lebensmittelsicherheitsmanagementsysteme betreffen. Diese Kriterien wurden in der Regel aus bereits bestehenden

Standards, dem Codex Alimentarius und ISO-Normen sowie gesetzlichen Grundlagen und Empfehlungen wie GAP (Good Agricultural Practice) oder GMP (Good Manufacturing Practice) entnommen. Die zweite Gruppe der Schlüsselkriterien umfasst die „Good Practices" in Landwirtschaft, Produktion und Distribution. Die abschließende dritte Gruppe beinhaltet Vorgaben zum HACCP-System und greift in erster Linie auf Bestimmungen des Codex Alimentarius in diesem Punkt zurück.

Die Schlüsselkriterien bilden die Ausgangsbasis für die Anerkennung von Lebensmittelsicherheits-Programmen durch die GFSI. Beantragt der Träger eines entsprechenden Standards eine Zertifizierung, so wird der Standard zunächst auf Konformität mit den Schlüsselkriterien hin überprüft. Weiterhin wird geprüft, ob die folgenden Mindestbestandteile enthalten sind:

- Ein klar abgesteckter Geltungsbereich,
- Qualifizierungsanforderungen an die Prüfer,
- Inhaltliche Mindestanforderungen an den Prüfbericht,
- Tabelle mit Angaben über Dauer und Häufigkeit der Prüfbesuche und
- Bedingungen für die Gewährung, Verlängerung, Erweiterung sowie den vorläufigen und endgültigen Entzug der Zertifizierung.

Derzeit sind u.a. der International Food Standard (IFS) und der British Retail Consortium-Global Standard Food (BRC) von der GFSI anerkannt.

Die Möglichkeit zur Rückverfolgbarkeit der Produkte wird in den Schlüsselkriterien im Bereich Lebensmittelsicherheitsmanagementsystem aufgegriffen. Demnach muss ein Standard verlangen, dass „eine systematische Kennzeichnung durch einen Code auf dem Behälter und dem Produkt zur Ermittlung der Herkunft fremdbeschaffter Produkte, Bestandteile oder Dienstleistungen" erfolgt. Zudem muss eine „schriftliche Erfassung des Einkäufers und des Bestimmungsorts der Auslieferung für alle gelieferten Produkte" erfolgen [GFSI, 2004: 19]. Diese Forderungen stellen lediglich die Mindestanforderungen an die Standards dar, die eine Anerkennung der GFSI erhalten wollen und gehen dabei kaum über die gesetzlichen Anforderungen hinaus.[28] Allerdings können die jeweils anerkannten Standards ihrerseits weitergehende Vorgaben definieren.

---

[28] Vgl. Kapitel 3.

4.3.3.3 INTERNATIONAL FOOD STANDARD (IFS)

Mit dem International Food Standard (IFS) haben deutsche Einzelhändler im Jahr 2002 einen Standard geschaffen, der vorrangig der Auditierung von Eigenmarkenproduzenten dienen soll. Dabei sind einige Übereinstimmungen mit dem britischen BRC-Standard festzustellen. Ziel des IFS ist es, eine einheitliche Formulierung und Durchführung sowie Anerkennung von Audits und eine hohe Transparenz innerhalb der gesamten Lieferkette zu erreichen. 2003 erfolgte der Beitritt des französischen Einzelhandelsverbands FCD (Fédération des entreprises du Commerce et de la Distribution) zur IFS Working Group. Im Jahr 2007 sind die italienischen Handelsverbände dem IFS beigetreten und haben an der Erarbeitung der fünften, derzeit aktuellen Version des Standards mitgearbeitet [IFS Audit Portal, 2007]. Im IFS werden sowohl inhaltliche Anforderungen und Verfahren als auch die Bewertungen der Audits definiert.[29]

Zudem enthält der Standard Vorgaben für die Anforderungen an die Zertifizierungsstellen und Auditoren. Der IFS-Anforderungskatalog umfasst 5 Kategorien:

- Anforderungen an das Qualitätsmanagementsystem,
- Verantwortlichkeit des Managements,
- Ressourcenmanagement,
- Herstellungsprozess,
- Messungen, Analysen und Verbesserungen.

Im Bereich „Anforderungen an das Qualitätsmanagement" werden Vorgaben bezüglich des HACCP-Systems der Unternehmen formuliert. Zudem erfolgt eine Definition der Aufzeichnungs- und Dokumentationspflichten sowie die Festlegung von Vorgaben zur Einführung eines Qualitätsmanagementhandbuchs. Der Punkt „Verantwortlichkeit des Managements" umfasst die Zuständigkeit und Verantwortlichkeit des Managements für die Fragen der Qualitäts- und Produktionssysteme sowie das Engagement des Managements im Bereich der Überprüfung dieser Systeme zur Optimierung der Ergebnisse. Das „Ressourcenmanagement" befasst sich mit dem Personal eines Unternehmens. In diesem Punkt werden bspw. Personalhygiene, medizinische Kontrolluntersuchungen und Sozialeinrichtungen überprüft. Der Bereich „Herstellungsprozess" ist der

---

[29] Die Ausführung beziehen sich auf die Version vier des IFS, da die 2007 verabschiedete Version fünf noch nicht vorlag.

umfassendste Teil des IFS. Hier werden Punkte wie Produktspezifikationen, Schädlingsbekämpfung, Betriebsgelände, Einsatz von GVO u.ä. betrachtet. Ebenfalls in diesem Bereich sind Vorgaben zur Rückverfolgbarkeit zu finden. Im abschließenden 5. Punkt „Messungen, Analysen und Verbesserungen" werden Vorgaben zur Erfassung unterschiedlicher Parameter wie Temperatur-, Zeit- oder Mengenangaben und Daten über Produktkontaminationen und Rückrufaktionen gemacht.

Die Zertifizierung der Betriebe nach dem IFS wird durch Auditoren vorgenommen, die entsprechend der DIN EN 45011 über eine Akkreditierung verfügen müssen und zusätzliche Prüfungen erfolgreich abgelegt haben. Eine Zertifizierung nach dem IFS kann grundsätzlich auf einem „Basisniveau" oder auf einem „Höheren Niveau" erfolgen [Gawron und Theuvsen, 2007: 2ff.]. Unternehmen, die das Basisniveau erreichen, können nachweisen, dass sie im Rahmen der geprüften Kriterien die Mindestanforderungen der internationalen Lebensmittelindustrie erfüllen. Im Rahmen des Höheren Niveaus werden Vorgaben erfüllt, die höchsten internationalen Ansprüchen genügen. Neben der Zertifizierung auf Basisniveau bzw. höherem Niveau können „Empfehlungen" ausgesprochen werden.

Die Audithäufigkeit variiert entsprechend dem Zertifizierungsniveau. Im Basisniveau wird alle 12 Monate ein Audit durchgeführt. Für Unternehmen des Höheren Niveaus erfolgt nach dem 1. Audit, das nach 12 Monaten stattfindet, alle 18 Monate ein Überwachungsaudit. Lediglich Unternehmen, die Saisonprodukte herstellen, werden auch hier im 12-Monatsrhythmus auditiert [Swoboda et al., 2004: 11ff.].

Die Rückverfolgbarkeit ist ein zentrales Kriterium im IFS (KO-Kriterium). Bereits zur Erlangung des Basisniveaus muss ein System zur Rückverfolgbarkeit eingerichtet werden. Dabei muss die Möglichkeit bestehen, bestimmte Produktlose den entsprechenden Rohstoffchargen zuzuordnen. Zudem muss auch eine Verknüpfung mit den Erst- und Endverbraucherverpackungen sowie mit den Verarbeitungs- und Vertriebsprotokollen gewährleistet sein. Die eingerichteten Rückverfolgbarkeitssysteme müssen regelmäßig getestet werden und sowohl up- als auch downstream eine lückenlose Verfolgung des Warenflusses ermöglichen. Die Rückverfolgbarkeitsinformationen sind mindestens so lange aufzubewahren, dass die Anforderungen der Verbraucher bzw. des Gesetzgebers erfüllt werden. Als Mindestzeitraum gilt der Zeitraum bis zum Ablauf des Mindesthaltbarkeitsdatums oder die Verbrauchsfrist des Produkts. Des Weiteren sind repräsentative Proben der Produkte (bzw. auch Proben aller Herstellungschargen) in geeigneter Weise bis zum Verfallsdatum aufzuheben. Um das „höhere Niveau" im IFS zu erreichen, sind darüber hinaus Proben der wichtigsten Rohmaterialien aufzuheben.

Ein gesondertes Kapitel widmet der IFS der Rückverfolgbarkeit gentechnisch veränderter Organismen und deren Verarbeitung in den zertifizierten Unternehmen. Darin werden detaillierte Vorgaben zur Kennzeichnung und Rückverfolgbarkeit entsprechender Produkte, Halbfertigprodukte und Rohstoffchargen gegeben.

Mit der geforderten Trennung der Chargen geht der IFS über die gesetzlichen Anforderungen hinaus. Ansonsten decken sich die Vorgaben dieses Standards mit den Anforderungen, die in der Lebensmittelbasisverordnung formuliert werden.

4.3.3.4 BRC- GLOBAL STANDARD FOOD

Das British Retail Consortium ist ein Zusammenschluss britischer Handelsorganisationen, ähnlich dem deutschen HDE, der den IFS entwickelt hat. Analog zum IFS nutzt auch der BRC die Vorgaben der GFSI.

Das BRC hat unterschiedliche Standards für Lebensmittelunternehmen entwickelt, wobei in der vorliegenden Arbeit der „BRC Technical Standard and Protocol for Companies Supplying Retailer Branded Food Products" (kurz „Global Standard Food") betrachtet wird. Die erste Version dieses Standards stammt aus dem Jahr 1998. Ähnlich wie der IFS in Deutschland zielt der BRC-Standard auf die Schaffung eines einheitlichen Fundaments für die Zertifizierung der Lebensmittelunternehmen ab.

Der BRC-Standard gliedert sich in 7 Punkte:
1. HACCP-Konzept
2. Qualitätsmanagementsystem
3. Standards für die Werksumgebung
4. Produktbeherrschung
5. Prozesskontrolle
6. Personal
7. Glossar (Bedeutung der verwendeten Begriffe)

Der erste Punkt befasst sich mit der Einrichtung eines HACCP-Systems, dessen Vorgaben aus dem Codex Alimentarius stammen. Im Punkt Qualitätsmanagement werden die Anforderungen an die entsprechenden Systeme vorgegeben. Demnach hat das Unternehmen sicher zu stellen, dass ein klar definiertes, auf den Standard bezogenes Qualitätsmanagementsystem Anwendung findet. Dieses System muss eingerichtet, dokumentiert, durchgesetzt, eingehalten, geprüft und ggf. verbessert werden. Zudem werden in Form von Checklisten zentrale Punkte wie bspw. die Qualitätspolitik, Verantwortlichkeiten und Befugnisse oder die Dokumentationspflichten vorgegeben. Im Bereich „Standards für die Werksumgebung" werden Anforderungen an den Standort und die Betriebsumgebung der Unternehmen formuliert. Ziel ist es, eine Kontamination oder Verunreinigung der Produkte zu verhindern und die Produktion sicherer Produkte zu gewährleisten, die entsprechend der gesetzlichen Vorgaben gefertigt werden. Die „Produktbeherrschung" beinhaltet Vorgaben zu Produktentwurf, -entwicklung und -verpackung, Produktanalysen sowie Verfahren zur Trennung und Verhinderung von Kreuzkontaminationen zwischen rohen und bereits verarbeiteten Produkten. Des Weiteren sind Vorgaben zur Lagerhaltung, Aufspürung produktfremder Teile / Kontaminationen und fehlerhafter Produkte sowie zur Produktfreigabe enthalten. Im Rahmen der „Prozesskontrolle" muss das Unternehmen in der Lage sein, eine wirksame Kontrolle aller durchgeführten Vorgänge und Verfahren nachzuweisen. Dazu sind eine Reihe von Kontrollen, Überwachungen, Messungen und Kalibrierungen entlang des Produktionsprozesses nachzuweisen. Der Bereich „Personal" regelt die Anforderungen an die Mitarbeiter im Untenehmen in Bezug auf persönliche Hygiene, medizinische Untersuchungen, Schutzkleidung und Schulungen [British Retail Consortium, 2005: 1ff.].

Zum Bereich Rückverfolgbarkeit wird vom BRC-Standard folgende grundlegende Anforderung formuliert: „Das Unternehmen verfügt über ein System, mit dem sämtliche Rohstoffe (einschl. Material für die Primärverpackung) von der Quelle über sämtliche Stadien von der Verarbeitung bis zur Verteilung des fertigen Produkts an den Kunden verfolgt werden kann" [British Retail Consortium, 2005: 18]. Des Weiteren wird verlangt, dass regelmäßige Überprüfungen des Systems stattfinden, die gewährleisten, dass die Rückverfolgbarkeit jederzeit möglich ist. Sollen Eigenschaften im Hinblick auf die Vergabe eines Logos oder in Bezug auf ein Produktmerkmal innerhalb der Lieferkette weitergegeben werden, so sind dafür entsprechende Verfahren einzurichten. Darüber hinaus muss bei Produkten, die im Zuge des Verarbeitungsprozesses überarbeitet oder transformiert werden, eine Rückverfolgbarkeit zu den jeweiligen Ausgangsprodukten möglich sein. Neben den Anforderungen zur Rückverfolgbarkeit formuliert der

BRC-Standard auch Vorgaben zum Produktrückruf. Dazu zählen u.a. eine gezielte Dokumentation, die im Bedarfsfall den verantwortlichen Mitarbeitern zur Verfügung steht und festgelegte Verfahren, die die Vorgehensweise im Falle eines Warenrückrufes vorgeben. Diese Verfahren sind regelmäßig zu testen und ggf. anzupassen [British Retail Consortium, 2005: 18].

Mit den vorgenannten Anforderungen geht auch der BRC-Standard über die Regelungen der Lebensmittelbasisverordnung hinaus. So sind bspw. die Anforderungen bezüglich der Zuordnung von Informationen im Rahmen der innerbetrieblichen Verarbeitung, ohne eine Chargentrennung nicht zu realisieren. Auch eine regelmäßige Prüfung der Rückverfolgbarkeitssysteme ist in den gesetzlichen Vorgaben nicht enthalten.

4.3.3.5 EUREPGAP

Die EUREP (Euro Retailer Produce Working Group) ist zunächst als Arbeitsgruppe von Einkäufern aus dem Obst- und Gemüsebereich 1997 entstanden. Die Gründung ging auf eine Initiative von Einzelhandelsunternehmen zurück, wobei insbesondere britische Supermärkte eine führende Rolle übernahmen. Ziel war es, verlorenes Verbrauchervertrauen in den Bereichen Lebensmittelsicherheit sowie Umwelt- und Arbeitsstandards zurück zu gewinnen. Dazu sollte in der Vorstufe des Handels die „Good Agricultural Practice (GAP)" definiert und als Standard etabliert werden [Hallier, 2001: 432]. Derzeit sind in mehr als 70 Ländern über 40.000 Erzeuger nach diesem Standard zertifiziert [Transparent Goods, 2007b].

Der Standard EurepGAP ist im Jahr 2001 als weltweiter Standard für die Stufe der Primärproduktion ins Leben gerufen worden und bezog sich zunächst nur auf den Bereich Obst und Gemüse, ist zwischenzeitlich jedoch weiter ausgebaut worden. Eine Zertifizierung nach den Vorgaben von EurepGAP kann über vier unterschiedliche Zertifizierungsoptionen erfolgen. Option eins bezieht sich dabei auf die Zertifizierung von Einzelbetrieben, während Option zwei die Zertifizierung von Erzeugergemeinschaften umfasst. In beiden Fällen erfolgt die Überprüfung der Unternehmen durch Zertifizierungsunternehmen, die im Falle einer Erfüllung der Vorgaben das Zertifikat ausstellen. Die dritte und vierte Option stellen eine Besonderheit des EurepGAP dar. Der Standard ermöglicht die Anerkennung anderer (häufig) nationaler Standards, wenn diese die Anforderungen von EurepGAP erfüllen. Diese Anerkennung erfolgt in Form eines Benchmarkingverfahrens, in dessen Verlauf die Inhalte des anzuerkennenden Standards den Anforderungen von EurepGAP gegenübergestellt werden. Wird dieses Verfahren erfolgreich absolviert, können Unternehmen, die eine Zertifizierung in dem von EurepGAP anerkannten Standard nachweisen können, auch eine Zertifizierung nach EurepGAP erhalten. Dabei kann ähnlich wie in den vorgenannten Optionen eins und zwei in die Anerkennung einzelner Betriebe (Option drei) oder Erzeugergemeinschaften (Option vier) differenziert werden. Der Vorteil der gegenseitigen Anerkennung von Standards ist die Möglichkeit, auf unterschiedliche Überprüfungen der Untenehmen zu verzichten und somit die Kosten für Mehrfachaudits zu vermeiden [Peupert, 2006: 71f.].

Der Standard beinhaltet unterschiedliche Kernpunkte, die von den Produzenten klar beschrieben, gelenkt und nachgewiesen werden müssen. Dazu zählen:
- Nachweis der Rückverfolgbarkeit der Produkte und Prozesse,
- Aufzeichnungen und interne Inspektionen,
- Sortenauswahl und Pflanzgut,
- Standortgeschichte und -bewirtschaftung,
- Boden- und Substratbehandlung,
- Düngung, Bewässerung und Pflanzenschutz,
- Ernte und Handhabung von Erzeugnissen nach der Ernte,
- Abfall- und Umweltmanagement und
- Sicherheit und Gesundheit am Arbeitsplatz.

Diese Punkte wurden in einer Checkliste zusammengefasst, die im Rahmen des Zertifizierungsprozesses überprüft wird. In der Checkliste wird in kritische Muss-Kriterien (müssen vollständig erfüllt sein), nicht kritische Muss-Kriterien (müssen zu mindestens 95 % erfüllt sein) und Kann / Soll-Kriterien (müssen nicht erfüllt sein, werden aber immer mit abgeprüft) unterschieden [o.V., 2007].

Rückverfolgbarkeit zählt zu den Kernpunkten im EurepGAP-Standard und bildet ein kritisches Muss-Kriterium im Rahmen der Zertifizierung. Die Unternehmen müssen also entsprechende Systeme einrichten, die eine Rückverfolgbarkeit ihrer Produkte ermöglichen. Dazu muss eine Dokumentation erfolgen, die es ermöglicht die Produkte vom Produktionsort (Feld, Obstplantage, Gewächshaus) bis zum Liefer- oder Vermarktungsort zu verfolgen. Um dies zu gewährleisten, ist eine eindeutige Identifikation der Produkte sicherzustellen. Weiterhin muss das Kennzeichnungsverfahren der Produkte so angelegt sein, dass Falschetikettierungen oder Verwechslungen mit Produkten, die nicht nach EurepGAP anerkannt sind vermieden werden [EurepGAP, 2004: 41].

Obwohl eine Trennung der Chargen nicht explizit in den Ausführungen gefordert wird, dürfte diese in der Praxis realisierbar sein, wenn die Vorgaben des Standards konsequent umgesetzt werden. Damit geht auch EurepGAP über die Vorgaben des Gesetzgebers in der EU hinaus.

Derzeit engagiert sich der Träger des EurepGAP-Standards, die FoodPlus GmbH, stark in dem Projekt Transparent Goods. Dieses Projekt wird von T-Systems[30] in Zusammenarbeit mit der Global Standards 1 Germany (GS 1) Germany entwickelt. Ziel ist es, eine Datenbank aufzubauen, die lückenlose Rückverfolgbarkeitsinformationen über die gesamte Wertschöpfungskette enthält. Dazu werden Schnittstellen geschaffen, die einen Zugriff auf die EurepGAP-Datenbank ermöglichen [Transparent Goods, 2007a].

4.3.3.6 QUALITÄT UND SICHERHEIT

Die Initiative Qualität und Sicherheit (QS) ist im Oktober 2001 von Vertretern unterschiedlicher Stufen der Lebensmittel-Wertschöpfungskette in Deutschland gegründet worden. Im Gegensatz zu den meisten anderen Zertifizierungsstandards betrachtet QS alle Stufen der Wertschöpfungskette. Ziel ist es, ein System zu entwickeln, das alle Stufen der Wertschöpfungskette umfasst, einheitliche und nachprüfbare Qualitätsvorgaben erarbeitet und somit letztlich ein transparentes Qualitätssicherungssystem für die gesamte Kette schafft. Dadurch soll verloren gegangenes Vertrauen der Verbraucher in die Qualität der Lebensmittel zurück gewonnen werden. Um den Standard nach außen zu kommunizieren, ist ein Logo entwickelt worden, das dem Verbraucher die Einhaltung des Standards anzeigt.

Für die Organisation des Gesamtsystems ist die Qualität und Sicherheit GmbH verantwortlich. Ihr gehören Verbände aus den unterschiedlichen Stufen der Wertschöpfungskette an.[31] Zudem sind im Jahr 2004 zwei Fachgesellschaften gegründet worden, die sich mit den neu aufgenommenen Bereichen Geflügel sowie Obst, Gemüse und Kartoffeln beschäftigen. Daneben gibt es für jede im Standard vertretene Produktgruppe einen Fachbeirat, der die Kriterien und Prüf-

---

[30] T-Systems ist ein Tochterunternehmen der Deutschen Telekom.
[31] Im Einzelnen gehören folgende Verbände der QS GmbH an: Deutscher Raiffeisenverband, Deutscher Bauernverband, Verband der Fleischwirtschaft, Bundesverband der deutschen Fleischwarenindustrie, Handelsvereinigung für Marktwirtschaft und die Centrale Marketing Gesellschaft der deutschen Agrarwirtschaft.

vorgaben erarbeitet.[32] Darüber hinaus komplettieren ein Kuratorium für die Beratung in grundsätzlichen Fragen und ein Sanktionsbeirat, der Verstöße gegen die Vorgaben des Systems bearbeitet und ggf. Konsequenzen oder Maßnahmen verhängt, den Aufbau des QS-Systems.

Das System Qualität und Sicherheit bietet aufgrund der stufenübergreifenden Ausrichtung bessere Möglichkeiten im Hinblick auf eine wirksame Rückverfolgbarkeit als dies in Zertifizierungssystemen, die sich lediglich auf eine Stufe der Wertschöpfungskette beziehen, der Fall ist. Größtenteils orientieren sich die Vorgaben an den gesetzlichen Regelungen, die in der Lebensmittelbasisverordnung und ggf. unterschiedlichen Kennzeichnungsvorschriften verankert sind.[33] Dabei variieren die Anforderungen des Standards je nach betrachtetem Produkt und betroffener Wertschöpfungsstufe.

So wird im Fleischbereich auf der Stufe der Futtermittelunternehmen und der Landwirtschaft ein geordnetes System zur Rückverfolgbarkeit verlangt, ohne dass präzise Vorgaben dazu gemacht werden, wie dieses System im Einzelnen ausgestattet ist. Im Bereich des Fleischgroßhandels wird jedoch eine Chargentrennung vorgegeben, die sich aus den rechtlichen Bestimmungen nicht ableiten lässt. Im Bereich Obst und Gemüse gehen die Vorgaben auf der Stufe der Primärproduktion nicht über die gesetzlichen Vorgaben hinaus. Demgegenüber sind im Bereich des Fruchthandels deutlich weitergehende Vorgaben zu erfüllen. Hier sind Unternehmen verpflichtet Chargen zu bilden, die im Einzelnen verfolgt werden können. Zudem werden vom Standard detaillierte Vorgaben zu den Informationen gemacht, die entsprechend erhoben und vorgehalten werden müssen (z.B. Abgangsdatum der Ware, Kunde/n, Lieferscheinnummer/n, erwartete Ankunft, Transportmittel, Produkt, Sorte, Menge, Größe, Gewicht, Qualitätsprotokolle, Losnummer (falls bereits zugeteilt), Temperaturprotokolle, Größe und Anzahl der Verpackungseinheiten, Paletten, ggf. Belegung im Transportmittel). Etwas detaillierter sind auch die Vorgaben im Bereich Speisekartoffeln. Hier fordert der Standard auf der Stufe der Primärproduktion die Trennung von Partien bei der Einlagerung, die eine entsprechende Datenerhebung und -verarbeitung notwendig macht. Der Verkauf von Erntegut ist zwar ebenfalls zu dokumentieren, geht aber nicht über die Forderungen der Lebensmittelbasisver-

---

[32] Derzeit existieren drei Fachbeiräte: Fleisch und Fleischwaren, Geflügel sowie Obst, Gemüse und Kartoffeln.
[33] Vgl. Kapitel 3.4.

ordnung hinaus. Auf der Stufe des Speisekartoffel-Großhandels ist die Rückverfolgbarkeit ebenfalls für einzelne Partien sicherzustellen. Eine Partie definiert sich dabei als jede avisierte und eingehende Transportsendung - unabhängig vom Transportmittel. Somit geht auch hier der Standard mit einer Chargentrennung über die gesetzlichen Anforderungen hinaus. Im Bereich Ackerbau - Erzeugung Drusch- und Hackfrüchte ist ebenfalls eine Chargentrennung durchzuführen und zu dokumentieren. Zudem sind Maßnahmen zu ergreifen, die eine Vermischung der unterschiedlichen Chargen bei der Lagerung oder dem Transport verhindern. Auf der Stufe des Lebensmitteleinzelhandels werden strenge Maßstäbe seitens des Standards angelegt. Hier ist eine Rückverfolgbarkeit zu den vorgelagerten Stufen über die Erfassung entsprechender Informationen bei der Warenanlieferung zu gewährleisten. Dabei muss eine Trennung der Chargen im Bedarfsfall möglich sein [Qualität und Sicherheit, 2007].

4.4 Nutzung der Rückverfolgbarkeit zur Optimierung innerbetrieblicher und zwischenbetrieblicher Prozesse

Systeme zur Rückverfolgbarkeit können die Möglichkeit eröffnen, sowohl innerbetriebliche Prozesse als auch die unternehmensübergreifende Zusammenarbeit zu optimieren. Die unternehmensübergreifende Zusammenarbeit wird derzeit intensiv unter dem Begriff Supply Chain Management (SCM) diskutiert. Die grundlegenden Definitionen, Ziele und Aufgaben des SCM sowie die Möglichkeiten der Rückverfolgbarkeit in diesem Bereich werden im folgenden Abschnitt dargestellt. Anschließend erfolgt eine Betrachtung der Rückverfolgbarkeit vor dem Hintergrund einer möglichen Verbesserung der innerbetrieblichen Prozesse.

4.4.1 Optimierung der Zusammenarbeit entlang der Wertschöpfungskette

Die Betrachtung der gesamten Wertschöpfungskette ist mit Beginn der Diskussion um das Supply Chain Management in den Fokus einer breiteren Öffentlichkeit und somit auch einer Vielzahl von Veröffentlichungen gerückt. Dabei wird dem SCM ein sehr großes Rationalisierungspotenzial beigemessen, wodurch das Thema sowohl in der Praxis als auch in der Wissenschaft eine große Beachtung findet. Supply Chain Management oder auch Lieferkettenmanagement, kann definiert werden als „die unternehmensübergreifende Koordination der Material- und Informationsflüsse über den gesamten Wertschöpfungsprozess von der Rohstoffgewinnung über die einzelnen Veredlungsstufen bis hin zum Endkunden mit dem Ziel, den Gesamtprozess sowohl zeit- als auch kostenoptimal zu gestalten." [Scholz-Reiter und Jakobza, 1999: 8]. Andere Autoren ergänzen diese Definition um weitere Punkte wie bspw. Geldfluss, zusätzliche Dienstleistungseinflüsse oder Produktentwicklung und Entsorgung [Busch und Dangelmaier, 2004: 6].

Aus der vorgenannten Definition lassen sich unterschiedliche Ziele des Supply Chain Managements ableiten. Dazu zählen:

- Schaffung von Transparenz,
- Abbau von Informationsasymmetrien,
- Ganzheitliche Wertschöpfungskettenorientierung,
- Verbesserung der Kontinuität im Material-, Informations- und Geldfluss,
- Optimierung der Komplexität [Busch und Dangelmaier, 2004: 8].

Da sich diese Ziele nur schwer quantifizieren lassen, ist es notwendig Kennzahlen zu entwickeln, die ein gezieltes Controlling zulassen. Dazu können die Vorteile, die aus der Realisierung von SCM entstehen können wie folgt klassifiziert werden:

- Kostenvorteile
- Zeitvorteile
- Qualitätsvorteile [Busch und Dangelmaier, 2004: 9; Corsten und Gössinger, 2001: 17].

Kostenvorteile durch ein SCM können in unterschiedlichen Bereichen entstehen, wie bspw. die Reduzierung der Bestandskosten durch geringere Sicherheitsbestände und der damit verbundenen Verringerung des gebundenen Kapitals sowie der Transaktionskosten, die Einsparung von Kosten im Transportbereich durch eine verbesserte Auslastung der Kapazitäten oder Kostensenkungen durch eine Optimierung des gesamten Netzwerks. Zeitvorteile lassen sich durch die Einführung des SCM in fast allen Grundfunktionsbereichen eines Unternehmens realisieren. So können die Entwicklungszeiten von Neuprodukten durch eine Zusammenarbeit mit den Lieferanten deutlich verkürzt werden. Weiterhin kann durch eine optimierte Planung in der Produktion und im Transport sowie ein effizientes Bestandsmanagement eine Verringerung der Durchlaufzeiten erreicht werden. Zudem kann auf Änderungen schneller und flexibler reagiert werden, was eine Erhöhung der Lieferflexibilität und der Verbesserung des Servicegrades nach sich zieht. Qualitätsvorteile aufgrund der Einführung des SCM basieren auf einer intensiveren Zusammenarbeit der beteiligten Unternehmen. Dadurch ist es möglich, ein abgestimmtes und durchgängiges Vorgehen im Bereich der Qualitätsplanung, -lenkung und -prüfung zu realisieren [Busch und Dangelmaier, 2004: 9; Corsten und Gössinger, 2001: 17f.].

Der Bereich Rückverfolgbarkeit gewinnt vor dem Hintergrund des SCM in erster Linie an Bedeutung wenn unternehmensübergreifende Systeme errichtet werden sollen. Dabei wirkt sich die Einführung insbesondere in den Bereichen Logistik und Informationstechnik aus (z.B. Electronic Data-Interchange EDI, Web-EDI und Extensible Markup Language-XML). Weiterhin kann festgestellt werden, dass viele der relevanten Werkzeuge, die für ein Rückverfolgbarkeitssystem notwendig sind, bereits im Rahmen des allgemeinen Supply Chain Managements im Einsatz sind. Daher ist häufig lediglich eine systematische Nutzung dieser Instrumente notwendig, um die Rückverfolgbarkeitssysteme zu errichten [Springob, 2004: 26]

Durch die Einführung von stufenübergreifenden Rückverfolgbarkeitssysteme ist es möglich, Echtzeit-Statusinformationen für die jeweiligen Produkte zu generieren. Diese erlauben es dem Lieferanten, mögliche Störfaktoren zu eliminieren oder Transportwege kurzfristig umzudisponieren. Zudem kann auch der Warenempfänger die Informationen nutzen, um Zustand und Standort der Waren festzustellen. Somit ist eine Vereinfachung und Rationalisierung der unternehmensinternen und externen Material- und Transportflüsse möglich [Springob, 2004: 25]. Dadurch können mit der Einführung unternehmensübergreifender Rückverfolgbarkeits-systeme unterschiedliche Vorteile realisiert werden. Zunächst können Kostensenkungen aufgrund der optimierten Zusammenarbeit mit Lieferanten und Abnehmern erreicht werden. Weiterhin sind Zeitvorteile durch eine Verringerung der Transportzeiten bzw. eine Optimierung der logistischen Prozesse möglich. Darüber hinaus kann durch die Systeme eine Verbesserung der Prozessqualität realisiert werden, die in erster Linie aufgrund der höheren Transparenz entsteht. Somit ist es für die Unternehmen möglich, einen etwaigen Rückruf schneller und effizienter durchzuführen und ein höheres Sicherheitsniveau zu gewährleisten.

4.4.2 Verbesserung innerbetrieblicher Prozesse durch Rückverfolgbarkeitssysteme

Ähnlich wie bei zwischenbetrieblichen Prozessen kann auch im Bereich innerbetrieblicher Prozesse mittels der Rückverfolgbarkeitssysteme eine Verbesserung erreicht werden. Zur Beurteilung können auch innerbetrieblich die Indikatoren Prozesskosten, Durchlaufzeit und Prozessqualität herangezogen werden. Die Prozesskosten umfassen den gesamten „Ressourceneinsatz, der zur Erbringung der Prozessleistung erforderlich ist" [Gaitanides, 2007: 206]. Zu den Prozesskosten zählen bspw. Gebäudekosten, Gehalts- und Gehaltsnebenkosten oder Kosten für Datenverarbeitungssysteme. Die Durchlaufzeit bezeichnet die Zeitspanne von Beginn des Prozesses bis zu dem Zeitpunkt an dem das Produkt für interne oder externe Kunden bzw. für anschließende Prozesse zur Verfügung steht. Der Bereich Prozessqualität betrachtet die „Planung, Steuerung und Kontrolle der Geschäftsprozesse hinsichtlich des Parameters Qualität" [Gaitanides, 2007: 207]. Rückverfolgbarkeitssysteme können die drei vorgenannten Parameter positiv beeinflussen. Mit der Einführung entsprechender Systeme müssen Daten zu den jeweiligen Chargen erfasst, aufbereitet und verknüpft werden.[34] Dazu ist eine gezielte Analyse des Produktionsprozesses unumgänglich. Diese systematische Analyse des Produktionsprozesses bietet die Möglichkeit, diesen zu optimieren und dadurch sowohl Kosten einzusparen als auch die Durchlaufzeiten zu erhöhen. Zudem kann eine Prüfung der Prozesse im Hinblick auf Verbesserungspotenziale im Bereich der Prozessqualität durchgeführt werden [Horst et al., 2006: 22; Springob, 2004: 30ff.].

---

[34] Vgl. Kapitel 5.

5 Technische Aspekte der Errichtung von Rückverfolgbarkeitssystemen

Im folgenden Abschnitt werden die grundlegenden technischen Anforderungen im Bereich der Errichtung von Rückverfolgbarkeitssystemen dargestellt. Ausgehend von diesen Informationen erfolgt in der anschließenden empirischen Analyse die Beurteilung der Leistungsfähigkeit der Systeme.

Schwerpunkt bei der Betrachtung technischer Aspekte im Bereich der Rückverfolgbarkeitssysteme ist die Erfassung, Weitergabe und Verarbeitung der relevanten Informationen. Im Bereich der Datenerfassung muss sichergestellt werden, dass eine Trennung und eindeutige Identifikation der jeweiligen Produkte sowie von deren Rohstoffen möglich ist. Dazu sind ggf. entsprechende Einrichtungen zur Trennung der physischen Produkte notwendig. Die Weitergabe und Verarbeitung der Informationen erfordert einheitliche Standards und Vorgehensweisen der Unternehmen. Vor diesem Hintergrund erfolgt im Folgenden ein Überblick über die entsprechenden technischen Systeme. Verstärktes Augenmerk wird dabei auf Barcodes, in Form der EAN-Standards, die derzeit meistverwendete Technologie im Bereich der Identifikation von Produkten, und die Radiofrequenztechnik zu Identifikationszwecken (RFID) als Identifikationstechnologie der Zukunft im Lebensmittelsektor gelegt.

5.1 Anforderungen an Identifikationstechnologien zur Errichtung von Rückverfolgbarkeitssystemen

Für die Errichtung stufenübergreifende Rückverfolgbarkeitssysteme, ist es notwendig, dass jedes beteiligte Unternehmen in der Lage ist, im Bedarfsfall die notwendigen Informationen zu beschaffen. Um dieses Ziel zu erreichen, müssen einheitliche Standards geschaffen werden, die es den unterschiedlichen Unternehmen erlauben, die notwendigen Daten weiterzugeben bzw. Daten anderer Unternehmen zu nutzen. Im Zuge der Entwicklung von Rückverfolgbarkeitssystemen sind vier Kernbereiche festzustellen:

1. Identifikation der wesentlichen Einheiten,
2. Erfassung und Aufzeichnung der relevanten Daten,
3. Verknüpfung der Daten und
4. durchgehende Kommunikation innerhalb der Supply Chain.

5.1.1 Identifikation der wesentlichen Einheiten

Vor Errichtung eines Rückverfolgbarkeitssystems muss die „Einheit" definiert werden, deren Rückverfolgbarkeit gewährleistet werden soll. Abhängig von den jeweiligen Produkten können dabei einzelne Produkte, Chargen oder Versandeinheiten als „Einheit" definiert werden. Um diese Einheit (zurück-)verfolgen zu können, muss anschließend eine eindeutige Identifikation gewährleistet werden. Als Identifizierungsmerkmal können unterschiedliche Zugriffsschlüssel wie Artikelnummern mit Chargenidentifikation oder Packstückidentifikation herangezogen werden. Mittels dieser Zugriffsschlüssel kann auf die notwendigen Informationen zurückgegriffen werden und dadurch eine Rückverfolgbarkeit erreicht werden. Wird eine Einheit transformiert, muss ihr ein neues Identifikationsmerkmal zugeordnet werden, wodurch sich eine eindeutige Identifikation gewährleisten lässt. Schwierig erscheint in vielen Fällen die eindeutige und überschneidungsfreie Abgrenzung der Einheiten untereinander. Insbesondere in komplexen Fertigungsprozessen können die entsprechenden Vorgaben häufig nur mit großem Aufwand erreicht werden [Springob, 2004: 30f.; Horst et al., 2006: 28ff.].

5.1.2 Erfassung und Aufzeichnung der relevanten Daten

Die Identifikationsnummern können durch unterschiedliche Datenträger repräsentiert werden. Derzeit finden in der Ernährungswirtschaft vorrangig Barcodes Verwendung, die ein automatisches Ablesen während des gesamten Produktionsprozesses erlauben. Somit können die relevanten Daten an jeder Stelle der Supply Chain erfasst werden. Barcodes bieten zudem den Vorteil eines vergleichsweise hohen Automatisierungsgrades und sehr geringer Fehleranfälligkeit. Nachteilig wirkt sich demgegenüber die Notwendigkeit aus, dass zwischen Ablesegerät und Barcode direkter Sichtkontakt bestehen muss. Die erfassten Daten müssen aufgezeichnet und archiviert werden. Im Rahmen dieses Prozesses können weitere Informationen wie Datumsangaben, Produktionslinien oder Produktionszeiten erfasst und mit der jeweiligen Einheit in Verbindung gesetzt werden, die sich im Bedarfsfall als sehr nützlich erweisen können. In Zukunft dürften die Barcodes zunehmend durch RFID-Technologien ersetzt werden, die eine Datenerfassung ohne Sichtkontakt zwischen Ausleseeinheit und Kennzeichnungselement ermöglichen [Springob, 2004: 31f.; Horst et al., 2006: 32f.].

5.1.3 Verknüpfung der Daten

Daten, die im Verlauf des Produktionsprozesses gesammelt werden, müssen über geeignete Systeme verknüpft werden, um so im Bedarfsfall eine Rückverfolgbarkeit zu ermöglichen. Dabei kann zwischen zwei unterschiedlichen Arten der Datenverknüpfung unterschieden werden: Zum einen muss eine Verknüpfung der Daten der jeweiligen physischen Einheiten erfolgen (bspw. Daten zwischen Rohmaterialien und Fertig- bzw. Halbfertigproduktchargen, Chargen und logistischen Einheit oder logistischen Einheiten untereinander). Zum anderen müssen der Fluss der physischen Einheiten mit dem zugehörigen Informationsfluss verknüpft werden. Gibt es bei der Zusammenführung der Daten einen Bruch in der Kette ist eine Rückverfolgbarkeit ab diesem Punkt nicht mehr möglich [Springob, 2004: 32ff.].

5.1.4 Durchgehende Kommunikation innerhalb der Supply Chain

Um eine Rückverfolgbarkeit über die unterschiedlichen Stufen der Supply Chain zu erreichen, ist eine Verknüpfung der Daten unterschiedlicher Unternehmen unumgänglich. Dazu können zwei verschiedene Wege (step by step-Systeme und Systeme mit zentraler Datenbank) gewählt werden: Die Minimalanforderung bei der Datenverknüpfung ergibt sich aus der Lebensmittelbasisverordnung, wonach sicherzustellen ist, dass die Unternehmen in der Lage sind, den jeweiligen direkten Lieferanten (one step up) und den Abnehmer (one step down) zu benennen. Es müssen also die relevanten Daten über Lieferanten und Abnehmer vorliegen und im Bedarfsfall kommuniziert werden können (Abbildung 9) [Horst et al., 2006: 23].

Abbildung 9: Step by step Traceability-Systeme

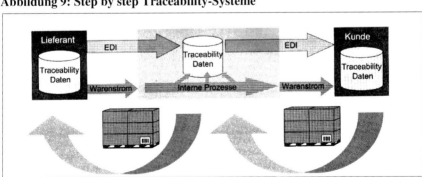

QUELLE: SPRINGOB, 2004: 35

Vorteil eines Rückverfolgbarkeitssystems, das auf der Kommunikation von Stufe zu Stufe basiert, ist die Unabhängigkeit der Unternehmen untereinander. Nachteilig ist hingegen die Problematik, dass das schwächste Glied in der Kette die Leistungsfähigkeit des Systems bestimmt. Ist beispielsweise ein Unternehmen nicht in der Lage, den Lieferanten einer Charge zu benennen, so endet an dieser Stelle die Möglichkeit zur Rückverfolgung dieser Charge. Hinzu kommt, dass häufig ein vergleichsweise langer Zeitraum benötigt wird, um relevante Informationen zu generieren.

Um diesen Nachteilen zu begegnen, sind in einzelnen Branchen zentrale Datenbanken eingerichtet worden, in denen die relevanten Informationen gespeichert werden. Voraussetzung für die Einrichtung solcher Datenbanken sind Vereinbarungen zwischen den Beteiligten einer Supply Chain über die Erfassung der notwendigen Daten und die Bereitschaft, alle Daten auch tatsächlich und zeitnah in die Datenbank einzuspeisen (Abbildung 10).

Abbildung 10: Traceability-Systeme auf Basis einer zentralen Datenbank

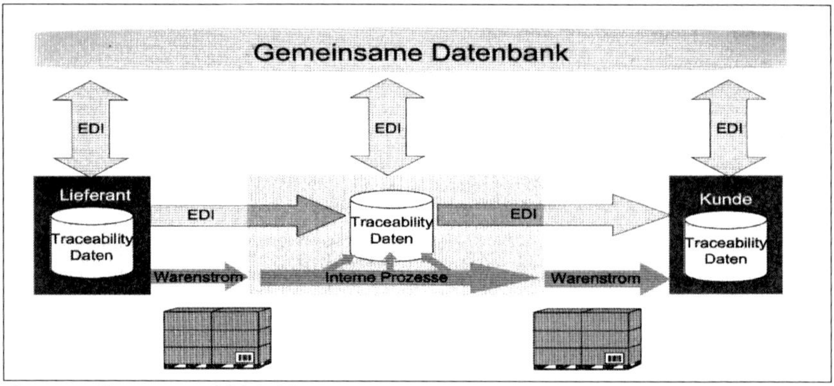

QUELLE: SPRINGOB, 2004: 35

Vorteil der Systeme mit zentraler Datenbank ist die zeitnahe Verfügbarkeit der notwendigen Daten. Voraussetzung dazu ist allerdings die Schaffung eines einheitlichen Standards zur Datenverwaltung der beteiligten Unternehmen [Springob, 2004: 34ff.].

5.2 Errichtung von Rückverfolgbarkeitssystemen auf Basis von Barcodes

Barcodes bilden derzeit im Bereich der Konsumgüterwirtschaft die wichtigste Kennzeichnungstechnologie. Hierbei kann zwischen unternehmensinternen Artikelnummern und den EAN-Standards unterschieden werden. Barcodes, die auf dem EAN-Standard basieren, sind weltweit überschneidungsfrei und können sowohl zur internen Datenverwaltung als auch zur Kommunikation zwischen den Unternehmen eingesetzt werden. Betriebsinterne Codes können zwar ebenfalls zur internen Rückverfolgbarkeit eingesetzt werden, eine Nutzung durch die vor- und nachgelagerten Unternehmen kann jedoch nur erfolgen, wenn dazu Vereinbarungen getroffen wurden und die notwendigen Schnittstellen der Systeme bestehen. Trotz dieses Vorteils der einfachen unternehmensübergreifenden Nutzung setzen derzeit weniger als die Hälfte der Unternehmen in der Lebensmittelbranche EAN-basierte Identifikationslösungen ein. Es ist jedoch zu beobachten, dass einige Unternehmen an einer Implementierung entsprechender Systeme arbeiten, so dass eine zunehmende Verdrängung der unternehmensinternen Kennzeichnungssysteme zu erwarten ist [Weber et al., 2004: 22ff.]. Die EAN-basierten Kennzahlen werden länderspezifisch durch privatwirtschaftliche Unternehmen vergeben. In Deutschland erfolgt dies durch Global Standards 1 Germany (GS 1), früher Centrale für Coorganisation (CCG) [Horst und Strecker, 2005: 36].

5.2.1 *Identifikation von Einheiten mittels Strichcodes auf Basis der EAN-Symbologie*

Zur Identifikation der Einheiten, Unternehmen, Chargen u.a. stehen unterschiedliche, auf den EAN-Codes basierende Barcodes zur Verfügung. Zur eindeutigen Identifikation der Unternehmen ist eine internationale Lokationsnummer (ILN) eingeführt worden. Sie kann Informationen zu Herstellungsort, Lageradresse, Bestimmungsort, Transportunternehmen, Importeur u.a. enthalten. Die ILN wird in zwei unterschiedlichen Typen ausgegeben. Die ILN Typ 1 dient lediglich zur Identifikation einzelner Unternehmen. Sie besteht aus einem 12stelligen Code plus einer Prüfziffer (Abbildung 11). Die ILN Typ 1 ist preisgünstiger als die ILN Typ 2 und wird in erster Linie von Unternehmen genutzt, die sich lediglich gegenüber Geschäftspartnern identifizieren müssen.

Abbildung 11: Internationale Lokationsnummer Typ 1

Internationale Lokationsnummer (ILN), Typ 1	
Durch GS1 zugeteilte Nummer	
4 3 1 2 3 4 5 9 8 7 6 5	3
ILN der Karl Klein OHG, Werkstattbedarf en Gros, Köln	

QUELLE: GS 1 GERMANY, 2006C

Die ILN Typ 2 bietet weitergehende Möglichkeiten. Sie bildet neben der reinen Unternehmensidentifikation die Ausgangsbasis für die Vergabe weiterer Nummern wie der Europäischen Artikelnummer (EAN) oder der Nummer der Versandeinheit (NVE). Die ILN Typ 2 besteht aus einer sieben- bis neunstelligen Basisnummer, die das Unternehmen kennzeichnet. Daran anschließend stehen den Unternehmen drei bis fünf Stellen zur Verfügung, die bei der Vergabe anderer Codes genutzt werden können. Den Abschluss der ILN Typ 2 bildet wiederum eine Prüfziffer (Abbildung 12).

Abbildung 12: Internationale Lokationsnummer Typ 2

Internationale Lokationsnummer (ILN), Tpy 2		
Basisnummer	Individueller Nummerteil	Prüfziffer
4 0 1 2 3 4 5	0 0 0 0 0	9
4 2 1 2 3 4 5 6	0 0 0 0	5
4 3 1 2 3 4 5 6 7	0 0 0	5

QUELLE: GS 1 GERMANY, 2006C

Zur Kennzeichnung einzelner Artikel wird die internationale Artikelnummer (EAN-13) genutzt. Sie besteht ähnlich wie die ILN aus einem insgesamt 13stelligen Code. Die ersten sieben bis neun Stellen entsprechen der Basisnummer aus der ILN (Typ 2). Daran anschließend stehen den Unternehmen weitere drei bis fünf Stellen zur Verfügung für die Kennzeichnung der eigenen Artikel, was einer verfügbaren Nummernkapazität zwischen 1.000 und 100.000 EAN-Artikelnummern entspricht (Abbildung 13). Den Abschluss bildet eine Prüfziffer. Mittels der EAN können eine Reihe von Merkmalen weitergegeben werden.

Dazu zählen unter anderem: Beschreibung des jeweiligen Produktes, Hersteller, Markengeber, Zusammenstellung, Inhaltsstoffe, Herstellungsprozess, Dimensionen, Gewicht, Handlinganweisungen und Zertifizierung [Springob, 2004: 39f.]. Für Produkte, an denen aufgrund ihrer Größe das Anbringen eines 13stelligen EAN-Codes nicht möglich ist, gibt es eine achtstellige Variante (EAN-8).

Abbildung 13: Internationale Artikelnummer (EAN)

Internationale Artikelnummer (EAN)			
Basisnummer		Individueller Nummerteil	Prüfziffer
4 0	1 2 3 4 5	0 0 0 0 0	9
4 2	1 2 3 4 5 6	0 0 0 0	5
4 3	1 2 3 4 5 6 7	0 0 0	5

QUELLE: GS 1 GERMANY, 2006B

Eine weitere zentrale Funktion im Bereich der EAN-basierten Identifikationssysteme nimmt die Nummer der Versandeinheit (NVE) ein. Sie dient, wie der Name schon aussagt, zur Identifikation von Versandeinheiten. Die Nummer wird einmalig vom Versender einer Transporteinheit vergeben und kann anschließend von den weiteren Beteiligten der Logistikkette genutzt werden. Die NVE basiert auf der sieben- bis neunstelligen Basisnummer aus der ILN Typ 2, die eine Identifikation des Betriebes ermöglich, der die NVE vergibt. Hinzu kommt eine sieben- bis neunstellige Zahlenfolge, die vom jeweils vergebenden Betrieb individuell ausgewählt werden kann, was zwischen 100.000 und 10.000.000 unterschiedliche Möglichkeiten ergibt.

Abbildung 14: Nummer der Versandeinheit (NVE)

Nummern der Versandeinheit (NVE)			
Reserve-Ziffer	Basisnummer der ILN vom Typ 2	vom Versender zu vergebende, fortlaufende Nummer	Prüfziffer
3	4 0 1 2 3 4 5	1 2 3 4 5 6 7 8 9	5
3	4 2 1 2 3 4 5 6	1 2 3 4 5 6 7 8	0
3	4 3 1 2 3 4 5 6 7	1 2 3 4 5 6 7	6

QUELLE: GS 1 GERMANY, 2006D

5.2.2 Datenerfassung, -aufzeichnung und -archivierung mit EAN-Codes

Mittels der EAN-Standards ist eine eindeutige Identifikation von Produkten möglich. Um die entsprechenden Verfahren zu automatisieren, werden derzeit vorrangig Barcodes eingesetzt, die in verschlüsselter, maschinenlesbarer Codierung die Daten über das jeweilige Produkt enthalten. Die Barcodes werden über Scanner an den relevanten Punkten der Supply Chain ausgelesen und somit die Daten für ein Rückverfolgbarkeitssystem generiert. Die Abbildung 15 gibt einen beispielhaften Überblick über mögliche Punkte zur Datenerhebung innerhalb einer Supply Chain.

Abbildung 15: Möglichkeiten zur Datenerhebung in der Supply Chain

QUELLE: SPRINGOB, 2004: 48

Um den unterschiedlichen Anforderungen der auszeichnenden Unternehmen und deren Geschäftspartnern zu entsprechen, ist es häufig notwendig, mehrere Informationen auf einem Datenträger zu bündeln. Um diesem Ziel entsprechen zu können, ist der EAN-128-Code entwickelt worden, der auf den EAN-Standards basiert und die Aufführung unterschiedlicher Informationen ermöglicht, die nach den individuellen Anforderungen der Unternehmen gebildet werden können. Grundsätzlich beginnen die Nummernfolgen des EAN-128 mit einem zwei- bis vierstelligen Datenbezeichner. Dieser definiert das Format der folgenden Information, wobei numerische und alphanumerische Zeichenfolgen bis zu 30 Zeichen Länge möglich sind. Diese Dateninhalte können sowohl eine fest vorgegebene als auch eine variable Länge aufweisen. Während fest definierte Dateninhalte problemlos miteinander verknüpft werden können, ist bei den Dateninhalten mit variablen Längen ein Trennzeichen notwendig oder die Platzierung nur am Ende des Symbols realisierbar. Das System der Datenbezeichner ermöglicht eine universelle und überschneidungsfreie Nutzung der Informationen. Ein weltweiter und branchenübergreifender Einsatz der meisten Datenbezeichner ist möglich [Springob, 2004: 50ff.]. Einen Auszug der Datenbezeichner des EAN-Codes 128 gibt Abbildung 16 wieder.

Abbildung 16: Transportetikett (links) und Datenbezeichner (rechts) des EAN-Code 128

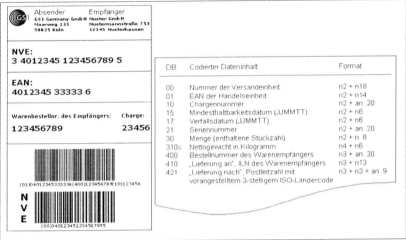

QUELLE: GS 1 GERMANY, 2006E; GS 1 GERMANY, 2006A

In jeder Phase des Produktionsprozesses müssen die relevanten Traceability-Daten aufgezeichnet werden. Dazu ist es notwendig, dass vorab diese Daten von den Unternehmen der Lieferkette oder der Branche spezifiziert werden. Zu den relevanten Daten können bspw. Auftragsnummer, Produktionsdatum, Produktionsort oder Produktionsteam zählen. Diese Daten werden zusammen mit den jeweiligen Informationsnummern erfasst und können später als Suchkriterium genutzt werden. Die Dauer der Datenarchivierung in den Unternehmen ist von einer Reihe unterschiedlicher Faktoren abhängig, dazu zählen:

- Lebensdauer der Ware,
- Datennutzung, Datenauswertung,
- Spezifikationen der Geschäftspartner,
- Zeitraum, in dem Reklamationen möglich sind,

- Sektorspezifische Empfehlungen,
- Rechtliche Rahmenbedingungen oder
- Kontrollen durch Behörden oder andere Institutionen.

In der Regel wird ein Zeitraum von sechs Monaten nach dem Verfallsdatum empfohlen. Mindestens sollten die Informationen aber länger als die Lebensdauer der Produkte archiviert werden. Bei der Archivierung von Daten über Rohmaterialien oder Vorprodukte sollte die Lebensdauer des Endproduktes berücksichtigt werden [Springob, 2004: 54].

5.2.3 Datenverarbeitung innerhalb der Lieferkette

Die Verknüpfung der Informationen entlang der Lieferkette stellt eine der größten Herausforderungen im Rahmen der Errichtung von Rückverfolgbarkeitssystemen dar.

Um eine Rückverfolgbarkeit zu erreichen, müssen drei Arten von Verknüpfungen erfolgen:
- Verknüpfungen zwischen Herstellungschargen,
- Verknüpfungen zwischen Chargen und logistischen Einheiten und
- Verknüpfungen zwischen logistischen Einheiten.

Im Rahmen der Verknüpfungen zwischen Herstellungschargen ist es notwendig, alle im Produktionsprozess erzeugten Chargen zu erfassen. Dabei sollten sowohl Rohmaterialen und Verpackungen als auch Endprodukte der Chargen erfasst werden. In Produktionsabläufen, in denen Einheiten wie z.B. Rohprodukte chargenweise verarbeitet werden, können die Informationen vergleichsweise weit gefasst werden. Schwieriger ist die Erfassung im Rahmen von Produktionsverfahren in denen eine diskontinuierliche Verarbeitung von Chargen erfolgt (z.B. durch Trennung und Vermischung von Chargen). Hier ist eine aufwendigere Dokumentation notwendig, die in der Regel die Erfassung komplexerer Informationen nach sich zieht.

Verknüpfungen von Chargen mit logistischen Einheiten sind notwendig um sicherzustellen, dass nachvollzogen werden kann, aus welchen Produktionschargen sich bspw. eine Palette zusammensetzt. Die Kennzeichnung der logistischen Einheit erfolgt in der Regel mit der Nummer der Versandeinheit (NVE).[35] Die Komplexität dieser Verknüpfung hängt in erster Linie von der Art der logisti-

---

[35] Vgl. Kapitel 5.1.1.

schen Einheit ab. Der einfachste Fall ist, dass sich die logistische Einheit aus lediglich einer Charge zusammensetzt. Hier erfolgt eine Verknüpfung zwischen der EAN plus Chargennummer und der NVE. Schwieriger gestaltet sich die Verknüpfung, wenn die logistische Einheit aus unterschiedlichen Chargen zusammengestellt wird. In diesem Fall ist es notwendig, die unterschiedlichen Chargennummern mit der NVE zu verknüpfen. Im Rahmen der Verknüpfung zwischen logistischen Einheiten muss sichergestellt werden, dass bei einer neuen Zusammenstellung logistischer Einheiten (z.B. durch Kommissionierung) die jeweiligen Informationen erhalten bleiben [Springob, 2004: 55ff.].

5.2.4 *Elektronische Kommunikation zwischen den Unternehmen der Supply Chain*

Die elektronische Kommunikation zwischen Unternehmen (EDI) bietet bei der Errichtung von Rückverfolgbarkeitssystemen eine Vielzahl von Vorteilen. Während ohne den Einsatz von EDI das logistische Etikett die einzige Information über ein Produkt darstellt, ermöglicht der Einsatz von EDI den parallelen Transport von Informationen über entsprechende Datenbanken. Die Informationen müssen dann lediglich dem entsprechenden Produkt zugeordnet werden. Dadurch ist die Weitergabe komplexerer Informationen entlang der Supply Chain möglich. Voraussetzung für die Nutzung von EDI ist die Verständigung der beteiligten Unternehmen über Inhalt, Beschreibung und Format der Informationen [Springob, 2004: 59ff.].

5.3 Radio Frequency Identification als Identifikationstechnologie der Zukunft

Das größte Potenzial im Bereich der Identifikationstechnologien wird der RFID-Technik beigemessen. Obwohl diese Technologie unterschiedliche Vorteile im Vergleich zu den Barcodes bietet, sind bis zum flächendeckenden Einsatz noch einige Probleme zu lösen. Trotzdem wird die Technik derzeit in unterschiedlichen Praxisvorhaben getestet, so dass mittelfristig mit einer Ablösung der Barcodes zu rechnen ist.

Radio Frequency Identification (RFID) beschreibt ein Verfahren, in dem Daten von einem Transponder mittels Funkwellen ausgelesen werden können. Dabei ist weder eine Berührung noch Sichtkontakt zwischen Transponder und Ausleseeinheit notwendig. RFID-Systeme zählen zu den derzeit am stärksten diskutierten Themen in der Lebensmittelwirtschaft (vgl. Abbildung 17) [Berenbeck et al., 2004: 16ff.].

Abbildung 17: Anzahl Erwähnungen RFID in europäischen Fachzeitschriften

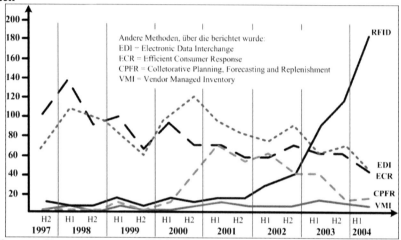

QUELLE: BERENBECK ET AL., 2004: 16

Die Unternehmen versprechen sich von der Einführung der RFID-Systeme insbesondere die Verbesserung interner Prozesse (z.B. Überwachung von Distributionsketten, Wareneingangs- und Ausgangskontrolle). Weiterhin werden die Erfüllung von Kundenanforderungen, das Upgrade aktueller Technologien und die Schaffung neuer Dienstleistungen bzw. Produkte als wichtige Anreizfaktoren genannt. Vergleichsweise unwichtig erscheint dagegen die Erfüllung gesetzlicher und versicherungstechnischer Vorgaben [Stroh et al., 2004: 5; CapGemini, 2005: 16f.].

5.3.1 Allgemeine Informationen zur RFID-Technologie

Die ersten kommerziellen Vorläufer der RFID-Systeme sind, wie Abbildung 18 zeigt, in den 70er Jahren des vorigen Jahrhunderts entwickelt worden. Diese Systeme wurden zur elektronischen Sicherung von Waren gegen Diebstahl genutzt (Electronic Article Surveillance, EAS). Die verwendeten Magnetstreifen konnten beim Durchqueren der Detektionsantennen am Ladenausgang erkannt werden, wenn sie nicht vorher deaktiviert wurden. Dadurch gelang es, ein preisgünstiges und sicheres Diebstahlschutzsystem zu installieren. Allerdings konnten die Systeme lediglich eine Information (intakt – nicht intakt) transportieren, was für diese Anwendung jedoch ausreichend war [Finkenzeller, 1998: 151ff.].

Mit der Einführung von Transpondern Ende der 70er Jahre wurden in der Landwirtschaft Systeme zur Tierkennzeichnung implementiert. Mittels dieser Systeme wurde es beispielsweise möglich, einzelne Milchkühe in entsprechenden Kraftfutterstationen automatisch zu identifizieren und somit eine individuelle Fütterung durchzuführen [Darkow und Decker, 2006: 40ff.].

Abbildung 18: Entwicklung des RFID-Einsatzes

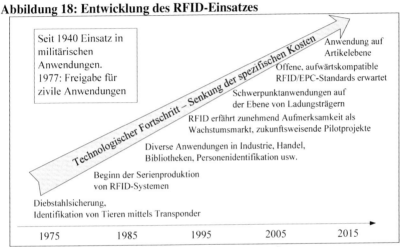

QUELLE: DARKOW UND DECKER, 2006: 56 (VERÄNDERT)

Der eigentliche Durchbruch der RFID-Technologien erfolgte in den 80er Jahren. Auslöser waren die Bestrebungen der USA und einiger skandinavischer Länder, Maut-Systeme für ihre Autobahnen einzuführen. Ausgehend vom erfolgreichen Einsatz der Technologien in diesem Bereich sind weitere Einsatzmöglichkeiten erschlossen worden, wie bspw. elektronische Wegfahrsperren, Skipässe, Tankkarten oder Zugangskontrollen. Aufgrund der mannigfaltigen Einsatzmöglichkeiten entwickelte sich eine Vielzahl unterschiedlicher Standards, die einer globalen Nutzung der RFID-Technologie zunehmend im Wege standen. Somit wurde zwischen 1999 und 2003 mit dem „Electronic Product Code (EPC)" ein einheitlicher Standard geschaffen, der es ermöglicht, jedem Produkt eine überschneidungsfreie Kennung zuzuweisen.[36] Heute besteht eine Vielzahl unter-

---

[36] Vgl. Kapitel 5.3.5.

schiedlicher Nutzungen für die RFID-Technologie. Neben der Kennzeichnung von Produkten jeglicher Art wird RFID beispielsweise zur Identifikation der Inhaber von Eintrittskarten für die Fußballweltmeisterschaft 2006, als Sicherheitsmerkmal in Banknoten oder als Identifikationstechnik in Ausweisen genutzt [Darkow und Decker, 2006: 40ff.; o.V., 2005a].

Im Lebensmittelsektor wird der Einsatz der RFID-Technologie in unterschiedlichen Pilotprojekten untersucht. Erste Ergebnisse konnten z.B. in einem Test des US-amerikanischen Lebensmittelhändlers Wal Mart etwa ein Jahr nach Einführung entsprechender Systeme in einigen Märkten gewonnen werden. Darin wird bestätigt, dass durch den Einsatz der RFID-Technologie die Out-of-Stocks-Situationen in den beteiligten Märkten signifikant zurückgegangen sind. In einer Untersuchung der Universität von Arkansas in Fayetteville wurden zwölf Märkte, die RFID-Technologien einsetzen, mit zwölf Märkten verglichen, die auf den Einsatz entsprechender Technologien verzichten. Die Märkte, die auf den Einsatz der RFID-Technologien setzen, konnten um 16 % geringere Out-of-Stocks erreichen als die Märkte mit konventioneller Technik. Zudem lief das Auffüllen Out-of-Stocks-gefährdeter Waren schneller und effektiver [o.V., 2005c: 24].

5.3.2 Technische Grundlagen

RFID-Systeme bestehen aus drei Teilen: dem RFID-Transponder, dem Schreib- bzw. Lesegerät und den jeweiligen Funkfrequenzen. Der Begriff Transponder ist aus der Zusammensetzung der Begriffe Transmitter und Responder entstanden. Analog werden auch die Begriffe RFID-Tag, RFID-Etikett oder Smart Tag verwendet. Transponder werden an den jeweils zu identifizierenden Einheiten angebracht. Sie bestehen aus einem Mikrochip, einer Antenne, einem Träger oder Gehäuse und eventuell einer Energiequelle [Füßler, 2001: 93f.]. Die Bauformen der Transponder können je nach Einsatzgebiet variieren, wobei nahezu alle Größen und Bauformen möglich sind (Abbildung 19).

Abbildung 19: Bauformen unterschiedlicher Transponder

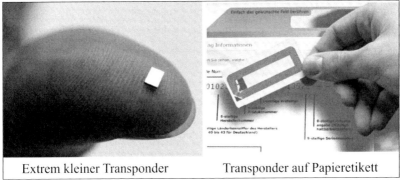

| Extrem kleiner Transponder | Transponder auf Papieretikett |

QUELLE: WDR, 2007

Transponder können in aktive und passive Tags eingeteilt werden. Während aktive Tags eine eigene Energiequelle besitzen, nutzen passive Tags die Energie aus dem elektromagnetischen Feld der Leseeinheiten. Passive Tags sind aufgrund der nicht notwendigen Energieversorgung kostengünstig, wartungsfrei und sehr kompakt. Da diese Tags zum Auslesen die Energie der Leseeinheit benötigen, ist die Reichweite der passiven Tags begrenzt. Sie beträgt je nach Frequenz und Antennenkonfiguration bis zu drei Meter. Aktive Tags verfügen demgegenüber über eine eigene Stromversorgung. Dadurch sind diese Tags aufwendiger in der Herstellung und somit teurer als passive Tags und darüber hinaus auch empfindlicher gegenüber Umwelteinflüssen. Aktive Tags werden in der Regel in Anwendungsbereichen eingesetzt, in denen höhere Reichweiten oder zusätzliche Datenverarbeitungsfunktionen notwendig sind [Darkow und Decker, 2006: 42ff.].

Die einfachste und preisgünstigste Bauform der Transponder enthält lediglich eine fest codierte, offen lesbare Kennung. Ein Überschreiben der Kennung ist bei diesen Tags nicht möglich (Read Only Memory). In diese Gruppe fallen bspw. die passiven 1 Bit-Tags, die im Rahmen der Diebstahlsicherung in Kaufhäusern eingesetzt werden. Sie enthalten keine spezifischen Informationen, sondern können lediglich bei Anwesenheit festgestellt werden. Weiterhin zählen Tags zu dieser Gruppe, die als einzige Information eine ID tragen, die zur Identifikation genutzt werden kann. Die aufwendigste Bauform dieser Gruppe sind Tags mit einem eigenen Speicher, der individuelle Daten enthalten kann. Alle Tags dieser Gruppe sind in der Regel passiv.

Die zweite Gruppe der RFID-Tags enthält einen Speicher, der beschreibbar ist (Read / Write, RW-Speicher). Diese Tags können sowohl aktiv als auch passiv sein. Nachteil dieser Tags ist in erster Linie der höhere Preis im Vergleich zu nicht beschreibbaren Tags. Die dritte und aufwendigste Form der RFID-Tags sind aktive Transponder, die neben einem wiederbeschreibbaren Speicher noch einen Prozessor oder Sensoren enthalten. Diese Tags können beispielsweise Rechenoperationen ausführen (z.B. Verschlüsselungen) oder Umweltbedingungen aufzeichnen (Temperatur, Beschleunigung etc.) [Darkow und Decker, 2006: 42ff.].

Eine besondere Bedeutung in RFID-Systemen kommt den verwendeten Frequenzen zu. Es kann grob zwischen einem niedrigen, einem mittleren und einem hohen Frequenzbereich unterschieden werden. Der gewählte Frequenzbereich ist entscheidend für die Reichweite, Übertragungsgeschwindigkeit und Kosten der Systeme. Da RFID-Systeme elektromagnetische Wellen erzeugen und abstrahlen, sind sie als Funkanlagen einzustufen. Es gibt spezielle Frequenzbereiche, die nicht in die üblichen Bereiche der Nachrichtentechnik passen. Diese als ISM-Frequenzbereiche (Industrial, Scientific, Medical) bezeichneten Bereiche werden zum Teil auch von RFID-Systemen genutzt [Finkenzeller, 1998: 87ff.; Darkow und Decker, 2006: 44ff.].

Der niedrigste von RFID-Systemen verwendete Frequenzbereich liegt zwischen 9 kHz und 135 kHz. Dieser Bereich zählt nicht zu den ISM-Frequenzbereichen, so dass er vergleichsweise stark durch andere Funkdienste genutzt wird. Es finden vorwiegend passive Transponder in diesem Bereich Verwendung, die geringe Reichweiten und Übertragungsgeschwindigkeiten aufweisen. Allerdings können Transponder dieser Frequenzbereiche kostengünstig produziert werden. Weitere Vorteile der Tags im niedrigen Frequenzbereich sind die Unempfindlichkeit gegenüber Luftfeuchtigkeit und Temperaturschwankungen und die Möglichkeit, die Tags in der Nähe von Metall einzusetzen (was bei den Tags der mittleren und hohen Frequenzbereiche zu Problemen führt). Radiowellen dieser Frequenzbereiche breiten sich vergleichsweise ungerichtet aus und sind widerstandsfähig gegen Mikrowellen. Es ist jedoch möglich, die Tags mit einer „Sollbruchstelle" zu versehen, die dazu führt, dass eine gezielte Deaktivierung erfolgen kann [Finkenzeller, 1998: 87ff.; Darkow und Decker, 2006: 44ff.].

Für einen Großteil der RFID-Anwendungen ist die Leistungsfähigkeit der Systeme im niedrigen Frequenzbereich ausreichend, so dass dieser Bereich derzeit am stärksten genutzt wird. Eine deutlich schnellere Datenübertragung bietet der mittlere Frequenzbereich zwischen 10 MHz und 15 MHz. Insbesondere die Frequenz 13,56 MHz wird verstärkt eingesetzt, da diese Frequenz aufgrund der hohen Taktfrequenzen Signalverschlüsselungen erlaubt. Systeme des mittleren Frequenzbereiches verfügen über eine geringe bis mittlere Reichweite, wobei auch in diesem Bereich in der Regel passive Tags zum Einsatz kommen. Systeme, die im hohen Frequenzbereich arbeiten (UHF: 850 MHz – 950 MHz; Mikrowellen: 2,4-2,5 und 5,8 GHz), sind leistungsfähiger als die Systeme der niedrigeren Frequenzen. Gleichzeitig steigen aber auch die Kosten der Transponder rapide mit höherer Reichweite und schnellerer Datenübertragung. Radiowellen im hohen Frequenzbereich ähneln in ihrem Ausbreitungsverhalten stärker dem Verhalten von Licht. Es tritt also eine stärkere Abschattung auf, wenn kein direkter Sichtkontakt besteht. Zudem werden Mikrowellen durch Wasser und Fett absorbiert (wie es auch in einer Haushalts-Mikrowelle passiert) [Finkenzeller, 1998: 87ff.; Darkow und Decker, 2006: 44ff.].

5.3.3 Anwendungsgebiete von RFID-Systemen

RFID-Technologien werden bereits heute in unterschiedlichen Einsatzgebieten genutzt. Insbesondere in Bereichen, die aufgrund sehr hoher Nachweispflichten eine hohe Prozesssicherheit erfordern, wird auf RFID-Technologien zurückgegriffen. Daneben spielt die Möglichkeit zur Wiederverwendung der Chips eine wichtige Rolle. Ist diese im Rahmen geschlossener Logistikkreisläufe (Closed Loop Systems) möglich, so können die Kosten der RFID-Systeme deutlich gesenkt werden, um so einen wirtschaftlichen Betrieb zu gewährleisten. Offene Systeme (Open Loop Systems), in denen eine Wiederverwendung der Chips nicht möglich ist, müssen zwangsläufig höhere Investitionen in Chips, Reader, Infrastruktur und Systemintegration tätigen und sind somit deutlich schwieriger wirtschaftlich zu betreiben. Abbildung 20 gibt einen Überblick über den Stand der Einführung von RFID-Systemen in den unterschiedlichen Branchen.

Abbildung 20: Stand der Einführung von RFID-Systemen

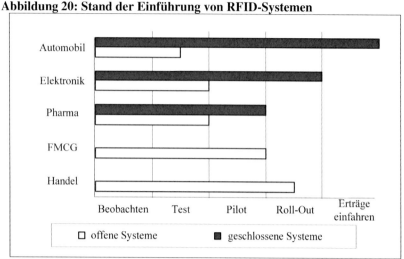

FMCG: Fast Moving Consumer Goods (z.B. Kosumgüter)
QUELLE: STROH ET AL., 2004: 3

Im Bereich der Closed Loop Systems übernimmt die Automobilindustrie eine führende Rolle. Hier werden entsprechende Systeme bereits seit etwa 10 Jahre zur Produktionskontrolle erfolgreich eingesetzt. Weitere Einsatzgebiete für geschlossene Systeme sind die Elektronik- und die Pharma-Industrie. Open Loop Systems sind die Grundlage für die RFID-Technologien in der Konsumgüterwirtschaft und dem Handel. Aufgrund der vorgenannten systembedingten Nachteile ist derzeit ein wirtschaftlicher Betrieb dieser Systeme jenseits sehr einfacher Anwendungen wie Diebstahlschutz kaum möglich. Zudem müssen noch eine Reihe technischer Probleme gelöst werden. Es werden jedoch große Anstrengungen unternommen, um die Technologie weiter zu entwickeln und die Kosten zu senken [Stroh et al., 2004: 3ff.; Gampl, 2004: 33ff.].

5.3.4 Kosten der RFID-Systeme

Die Kosten der RFID-Systeme lassen sich unterteilen in Kosten für Transponder, Datenbanken und Lesegeräte. Die Kosten für Transponder schwanken in Abhängigkeit der Bauart erheblich. Transponder, die im Rahmen einer Kennzeichnung für Endverbraucherverpackungen im Lebensmitteleinzelhandel genutzt werden können, kosten bei einer Auflage bis zu 10.000 Stück zwischen 50 Cent und einem Euro. Diese Beträge ließen sich durch größere Abnahmemengen stark reduzieren. So gehen Schätzungen davon aus, dass bei einer Auflage von einer Milliarde der Preis auf etwa 5 bis 10 Cent sinken würde. Derzeit ist es jedoch noch nicht möglich, solche Größenordnungen zu erreichen. Somit kann das System zurzeit nicht mit den Kosten für alternative Kennzeichnungstechnologien (z.B. Barcodes) konkurrieren.

Neben den Kosten für die Anschaffung der Transponder, müssten die entsprechenden Lesegeräte beschafft werden. Dies würde im Bereich des Lebensmitteleinzelhandels ebenfalls nicht zu unterschätzende Kosten nach sich ziehen. Zudem müssten derzeit funktionierende Systeme auf Barcodebasis komplett ersetzt werden. Die Kosten für portable Lesegeräte mit eine Lesedistanz von 10–30 cm beginnen bei etwa 100 €. Geräte mit einer Lesedistanz von 30–60 cm kosten zwischen 700 € und 2000 €. Tore, die ein Auslesen und Beschreiben der Tags bei Durchfahrt durchführen können, werden ab etwa 10.000 € angeboten. Weitere Kosten entstehen für das Fachpersonal, welches für die Bedienung der Systeme und insbesondere für den Aufbau und Betrieb der Datenbank notwendig ist [Gampl, 2004; 33ff.].

Berechnungen des Beratungsunternehmens A.T. Kearney gehen davon aus, dass die Investitionen im Bereich der Lebensmitteleinzelhandelsunternehmen bei etwa 300.000 € je Warenverteilzentrum und etwa 50.000 bis 100.000 € je Filiale liegen. Dabei wird erwartet, dass sich RFID-Systeme im Lebensmitteleinzelhandel frühestens in fünf bis zehn Jahren flächendeckend durchsetzen können. Das Einsparpotenzial durch den Einsatz von RFID-Technologien wird mit sechs Milliarden Euro jährlich im Bereich des deutschen Einzelhandels beziffert. Voraussetzung für die Realisierung dieses Potenzials ist jedoch, dass durchgängig bis hin zur Endverbraucherverpackung auf RFID umgestellt wird [o.V., 2004].

5.3.5 *Einsatz des EPC als Standard im Lebensmittelbereich*

Mit der Einführung des Electronic Product Code (EPC) und der gleichzeitigen Bildung des EPCglobal Netzwerks wird ein Standard etabliert, der zukünftig die Basis für die Nutzung der RFID-Technologie bilden soll. Grundidee des Netzwerkes ist es, alle Produkte mittels eines entsprechenden Codes (EPC) per RFID zu identifizieren. Dabei dient der RFID-Chip lediglich zum Transport der unbedingt notwendigen Informationen zur Identifikation des Produktes. Alle weiteren Daten werden auf dezentralen Servern hinterlegt und können bei Bedarf durch eine Verknüpfung mit den Daten des jeweiligen Produktes abgerufen werden. Dadurch ist ein vergleichsweise einfacher Aufbau der RFID-Tags ausreichend, wodurch die Kosten der Tags deutlich reduziert werden können [Füßler, 2004: 3].

5.3.5.1 AUFBAU DES ELECTRONIC PRODUCT CODES (EPC)

Der EPC ist eine definierte Ziffernfolge, die eine weltweit eindeutige Identifikation von Objekten ermöglicht. Dabei können Objekte unterschiedlichster Art bezeichnet werden, wie z.B. Produkte, logistische Einheiten, Ladungsträger, Dokumente, Lokationen oder Einzelkomponenten. Hauptanwendungsgebiet des EPC ist die Identifikation von Waren. Dabei können mittels des EPC beispielsweise Marmeladen unterschiedlicher Hersteller oder Geschmacksrichtungen unterschieden werden und darüber hinaus eine Identifikation jeder einzelnen Endverbraucherverpackung gewährleistet werden [Füßler, 2004: 3]. Einen Überblick über den Aufbau des EPC gibt Abbildung 21.

Abbildung 21: Struktur des Electronic Product Code (EPC)

Struktur des Electronic Product Code (EPC)			
Datenkopf	EPC-Manager	Object Class	Serial Number

QUELLE: FÜßLER, 2004: 3

Der EPC besteht aus unterschiedlichen Komponenten:
- Datenkopf (Header): Der Header beschreibt das im jeweiligen EPC verschlüsselte Datensystem. Dies können beispielsweise eine EAN-Artikelnummer oder eine Nummer der Versandeinheit (NVE) sein.[37]
- EPC-Manager: Der EPC-Manager transportiert die Informationen der ILN bzw. die Basisnummer der EAN und dient der Identifikation des Herstellers.
- Object Class (Objektklasse): Die Object Class bezeichnet die Objektnummer eines Produkts. So besitzen beispielsweise alle Marmeladen einer Geschmacksrichtung und Verpackungsgröße die gleiche Objektnummer.
- Serial Number (Seriennummer): Diese Nummer dient der eindeutigen Identifikation einzelner Objekte. Sie ermöglicht z.B. die Identifikation eines bestimmten Glases Marmelade [Furness, 2006: 232ff.; Gregori, 2006: 98].

---

[37] Vgl. Kapitel 5.

5.3.5.2 FUNKTIONSWEISE DER WARENIDENTIFIKATION MITTELS RFID UND EPC

Durch den Einsatz der RFID-Technologie und des EPC-Netzwerks lässt sich das häufig genannte „Internet der Dinge" realisieren. Abbildung 22 gibt einen Überblick über Aufbau des EPC-Netzwerks.

Abbildung 22: Aufbau EPC-Netzwerk

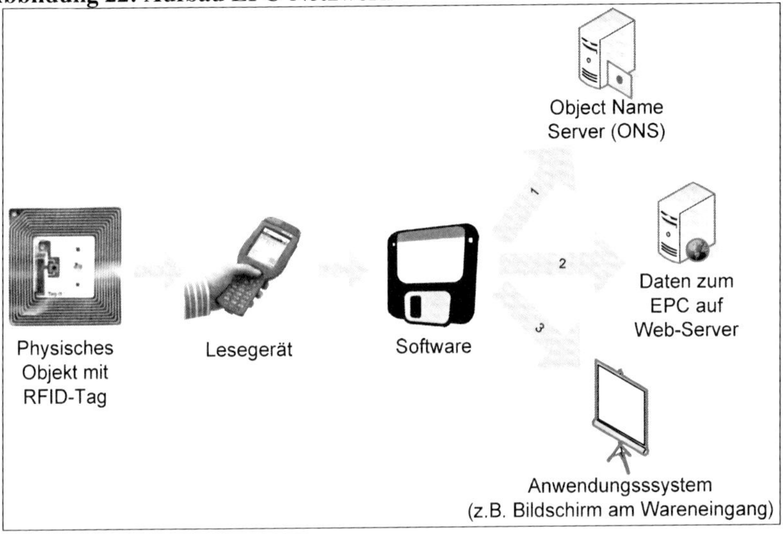

QUELLE: EIGENE DARSTELLUNG

Der jeweilige EPC wird mittels RFID-Transponder am physischen Produkt befestigt. Durch eine Leseeinheit (Handgeräte, Türschleusen o.ä.) kann der EPC ausgelesen und an die Referenzsoftware weitergeleitet werden. Hier wird der EPC des Produkts gespeichert. Zusätzlich werden ggf. weitere Daten wie bspw. der Standort des Produkts erfasst. Werden zu einem bestimmten Zeitpunkt weitere Informationen zu dem physischen Produkt benötigt, sendet die Referenzsoftware den EPC des Produkts an einen ONS-Server (Object Name Server). Dieser sendet eine IP-Adresse (URL) zurück, unter der weitere Informationen zum angefragten EPC und somit zum betreffenden Produkt hinterlegt sind. Mittels dieser Information können nun die Daten zum betrachteten Produkt im Internet abgerufen werden.

Die Vorgehensweise zum Erhalt von Informationen im Rahmen des EPC-Netzwerks gleicht im Aufbau dem Internet (Abbildung 23). Um Informationen aus dem Internet zu erhalten gibt der Nutzer die URL (z.B. www.google.de) ein. Diese wird an einen DNS-Server (Domain Name Server) gesandt, auf dem die zugehörige IP-Adresse hinterlegt ist. Diese wird an den „anfragenden" PC zurückgesendet. Dieser hat nun die Möglichkeit, auf die gewünschte Seite zuzugreifen. Daneben weist das EPC-Netzwerk weitere Ähnlichkeiten zum World Wide Web auf: So ist ähnlich wie im Internet der Einsatz von Suchmaschinen für die Suche von Informationen zu einem EPC möglich. Darüber hinaus können unterschiedliche Leserechte für die Informationen vergeben werden (bspw. bestimmte Informationen für Endverbraucher und weitergehende Informationen für gewerbliche Kunden). Des Weiteren ist es möglich, einmal gesendete und empfangene Informationen auf dem lokalen Rechner zu speichern und so Übertragungskapazitäten und Zeit zu sparen sowie ggf. die Informationen auch offline zur Verfügung zu haben [Gregori, 2006: 98ff.; Füßler, 2004: 4f.].

Abbildung 23: Vergleich World Wide Web mit dem EPC-Netzwerk

World Wide Web	EPC-Netzwerk
DNS Zentrales System, das Abfragen für Web-Seiten und E-Mails steuert	**ONS** Zentrales „Verzeichnis" von Herstellern, das Abfragen über Produktinformationen steuert
Web Sites Ort (Ressource), an dem sich Informationen zu einem bestimmten Thema befinden	**EPC Information Services** Ort (Ressource), an dem sich bestimmte Informationen (z.B. MHD) befinden
Search Engines Instrument (Tool) für das Auffinden von Web-Seiten im Internet	**EPC Discovery Services** Instrument für das Auffinden von EPC Information Services im Netz
SSL Sicherheitstool für Web-Seiten	**EPC Security Services** Tool für einen sicheren Zugang, in Abhängigkeit der erlaubten Zugangsrechte

QUELLE: FRAUNHOFER INSTITUT, 2007

5.3.6 Grenzen der RFID-Technologie

Obwohl RFID-Systeme eine Reihe von Vorteilen bieten, ist noch eine Vielzahl von Schwierigkeiten zu überwinden, die einem flächendeckenden Einsatz der Systeme zurzeit entgegenstehen. Neben den hohen Kosten der Systeme verhindert die zzt. geringe Verbreitung den unternehmensübergreifenden Einsatz dieser Systeme. Erschwerend kommt hinzu, dass vielfach die Kompatibilität nicht gewährleistet ist. Ein weiteres Problem ist die oftmals falsch eingeschätzte Leistungsfähigkeit der Systeme, insbesondere die Reichweite der Transponder wird häufig überschätzt. Vor allem passive Tags, die in erster Linie für die Produktkennzeichnung im Lebensmittelsektor genutzt werden, erreichen vielfach nicht die Leistung, die notwendig ist, um die angestrebten Vorteile nutzen zu können. Abhilfe könnte zwar durch den Einsatz aktiver Transponder geschaffen werden, diese sind derzeit jedoch zu kostspielig, um sie in den entsprechenden Gebieten einzusetzen. Ebenfalls problematisch ist die Störungsanfälligkeit der Technik. Unterschiedliche Stoffe wie z.B. Fette oder Wasser absorbieren die Funkwellen und verhindern so eine Erfassung durch die jeweiligen Leseeinheiten. In diesem Fall wäre beispielsweise eine automatische Erfassung der Einkäufe an den Kassen des LEH nicht sichergestellt und könnte nicht genutzt werden. Zudem könnte versucht werden, die Funkwellen gezielt zu absorbieren, um entsprechende Vorteile erreichen zu können [o.V., 2006b].[38]

Ein weiteres wesentliches Problem liegt im Bereich des Datenschutzes. RFID-Technologien ermöglichen eine gezielte Überwachung einzelner Personen, ohne dass diese etwas davon bemerken. Mittels versteckter RFID-Transponder können Produkte an jedem Ort der Welt geortet werden. Gelingt es, die Daten des Käufers mit den Daten des gekauften Produktes zu verbinden, ist es vergleichsweise einfach, eine Person zu überwachen. Laut einer Studie des Beratungsunternehmens CapGemini haben mehr als die Hälfte aller Konsumenten (55 %) große Bedenken, dass RFID-Technologien zur Generierung von Konsumentendaten genutzt werden. Zudem erwarten 59 % der Befragten, dass die erfassten Daten von Dritten genutzt werden [Vethman, 2005: 11f.]. Datenschützer fordern daher strenge Auflagen für den Einsatz dieser Technologien. Insbesondere wird die eindeutige Kennzeichnung von Produkten, die mittels Transpondern identifiziert werden können, verlangt [o.V., 2006a].

---

[38] Im Falle einer automatischen Erfassung der Einkäufe im LEH könnte z.B. durch eine gezielte Absorbierung der Funkwellen versucht werden, eine korrekte Erfassung des zu zahlenden Betrages zu verhindern.

6 Theoretische Grundlage der empirischen Erhebung

Nachdem in den vorangegangenen Abschnitten ein Überblick über die möglichen Gründe für Investitionen in Rückverfolgbarkeitssysteme und die technischen Rahmenbedingungen entsprechender Systeme gegeben wurde, wird im Weiteren das Investitionsverhalten deutscher Unternehmen im Lebensmittelsektor anhand einer empirischen Untersuchung geprüft. Dazu wird im folgenden Abschnitt der theoretische Rahmen der Erhebung erläutert. Im Einzelnen erfolgt zunächst eine kurze Darstellung der zugrunde liegenden Theorien, die im Weiteren als Basis für die Entwicklung eines Tracking and Tracing Investment Modells genutzt werden. Ausgehend von diesem Modell werden entsprechende Forschungshypothesen gebildet, die im Zuge der weiteren Arbeit geprüft werden.

6.1 Theory of Reasoned Action

Die Theory of Reasoned Action (TORA) geht auf Veröffentlichungen von Ajzen und Fishbein zurück [Ajzen und Fishbein, 1977: 888ff.; Ajzen und Fishbein, 1980: 5ff.]. Sie basiert auf der Annahme „that human beings are usually quite rational and make systematic use of the information available to them" [Ajzen und Fishbein 1980: 5]. Die Autoren gehen davon aus, dass Menschen die Folgen einer Handlung bedenken, bevor sie sich für eine Ausführung dieser Handlung entscheiden. Weiterhin nehmen Ajzen und Fishbein an, dass die individuelle Intention eine unmittelbare Determinante des Verhaltens ist. So haben oder bilden die Menschen in einer spezifischen Situation eine bestimmte Absicht aus, die das spätere Verhalten beeinflusst (Abbildung 24). Es wird dabei unterstellt, dass die Menschen entsprechend ihrer Einstellung handeln. Dadurch lässt sich bei Kenntnis der Einstellung einer Person deren späteres Verhalten besser vorhersagen [Ajzen und Fishbein, 1980: 5ff.].

Abbildung 24: Theory of Reasoned Action

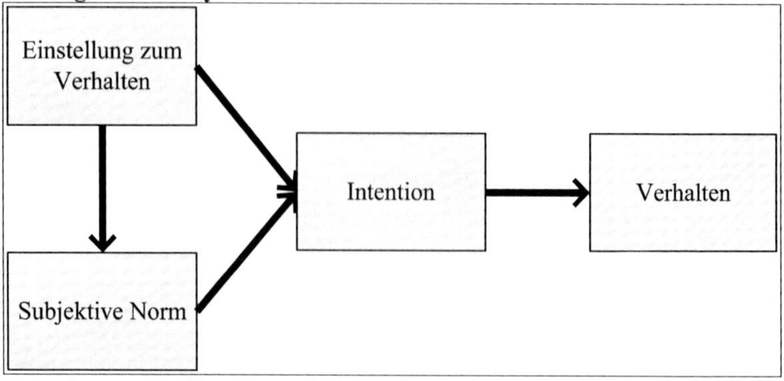

```
┌─────────────────┐
│ Einstellung zum │─────┐
│   Verhalten     │     │
└────────┬────────┘     │
         │              ▼
         │         ┌──────────┐        ┌──────────┐
         │         │ Intention│───────▶│ Verhalten│
         │         └──────────┘        └──────────┘
         ▼              ▲
┌─────────────────┐     │
│ Subjektive Norm │─────┘
└─────────────────┘
```

QUELLE: AJZEN UND FISHBEIN, 1973: 407; EIGENE DARSTELLUNG

Die Intention ihrerseits wird von zwei unabhängigen Determinanten beeinflusst: der subjektiven Norm und der Einstellung zum Verhalten. Die subjektive Norm bezieht sich nicht auf objektiv gegebene Normen, sondern bringt zum Ausdruck, wie die jeweils betrachtete Person den sozialen Druck, ein bestimmtes Verhalten zu zeigen oder nicht zu zeigen, einschätzt. Dabei ist zum einen von Belang, wie die beobachtete Person die Meinung Dritter einschätzt, und zum zweiten, wie hoch die Motivation ist, dieser Meinung gerecht zu werden [Ajzen, 1979: 174ff.; Ajzen, 1989: 251; Yaman, 2003: 51].

Die Einstellung zum Verhalten definieren Ajzen und Fishbein als „… the person´s jugdment that performing the behavior is good or bad, that he is in favor of or against performing the behavior." [Ajzen und Fishbein, 1980: 6]. Die Einstellung erfasst die positive oder negative Bewertung eines Objektes, einer Person, einer Institution oder eines Ereignisses durch ein Individuum.

Hauptkritikpunkt an der TORA ist die Annahme, die Entscheidungen stünden unter der willentlichen Kontrolle der Handelnden. Es dürften vielfach Situationen entstehen, in denen den jeweils Handelnden die Information, Fähigkeiten und Fertigkeiten fehlen. In diesen Fällen dürften sozialer Druck der Umgebung und eine positive Einstellung nicht ausreichen, um eine bestimmte Handlung auszulösen [Liska, 1984: 61ff.]. Um diesem Kritikpunkten zu begegnen ist die TORA weiterentwickelnd worden zur Theroy of Planned Behavior (TOPB).

6.2 Theory of Planned Behavior (TOPB)

In der Theory of Planned Behavior (TOPB) wird neben der Einstellung und der subjektiven Norm eine weitere Einflussgröße auf die Intention einer Person eingeführt: die „wahrgenommene Verhaltenskontrolle" (Abbildung 25).

Abbildung 25: Theory of Planned Behavior

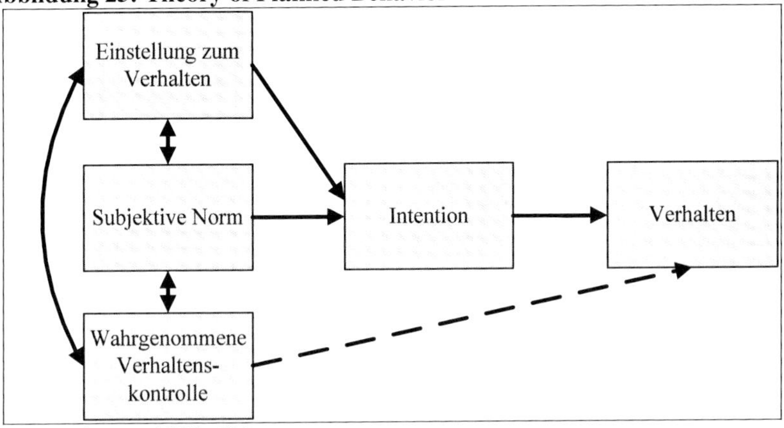

QUELLE: AJZEN, 1991: 182

Die wahrgenommene Verhaltenskontrolle bringt zum Ausdruck, als wie leicht bzw. schwierig die Ausführung einer Handlung durch die handelnde Person wahrgenommen wird. Die Variable spiegelt dabei sowohl Einschätzungen des Individuums hinsichtlich kontrollrelevanter interner Faktoren (z.B. Mangel an Fähigkeiten) als auch externer Variablen (z.B. Hindernisse) wider. Die Erweiterung der TORA um die Variable „wahrgenommene Verhaltenskontrolle" ermöglicht eine Anwendung der Theorie in einer Vielzahl neuer Gebiete. Konnte mit der TORA lediglich Verhalten untersucht werden, welches ausschließlich unter der willentlichen Kontrolle des handelnden Individuums steht, so kann mit der TOPB auch Verhalten berücksichtigt werden, das von internen bzw. externen Ressourcen und Hindernissen abhängig ist [Jonas und Doll, 1996: 19].

6.3 Technology Acceptance Modell

Das Technology Acceptance Modell (TAM) von Davis basiert auf der TOPB und wird in erster Linie als Erklärungsansatz für die Akzeptanz von Neuerungen im Bereich der IT durch Mitarbeiter in Unternehmen eingesetzt. Die Anwendung einer angepassten Version dieses Modells erscheint sinnvoll, da auch Rückverfolgbarkeitssysteme als Innovation im IT-Bereich angesehen werden können. Im Gegensatz zur ursprünglichen Nutzung des TAM wird jedoch nicht das Akzeptanzverhalten der Mitarbeiter untersucht, sondern das Verhalten der Entscheidungsträger und somit auch das „Verhalten" des jeweiligen Unternehmens.

Abbildung 26: Technology Acceptance Model

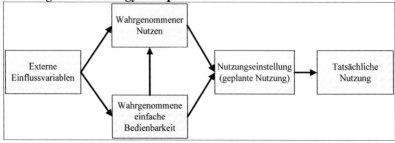

QUELLE: DAVIS, 1989: 319FF.

Das TAM ist 1989 entwickelt worden und findet insbesondere in der US-amerikanischen Forschung verbreitet Anwendung. Im Modell wird analog zur TOPB davon ausgegangen, dass die Verhaltensakzeptanz (tatsächliche Nutzung einer Innovation) abhängig ist von der Einstellungsakzeptanz (Abbildung 26). Weist eine Person eine positive Einstellungsakzeptanz auf, so wird sie auch die Innovation übernehmen. Die Einstellungsakzeptanz ist ihrerseits von zwei Faktoren abhängig:

- dem wahrgenommenen Nutzen (perceived usefulness) und
- der wahrgenommenen einfachen Bedienbarkeit (perceived ease of use).

Der wahrgenommene Nutzen wird von Davis definiert als „the prospective user´s subjective probability that using a specific application system will increase his or her job performance within an organizational context". Die wahrgenommene einfache Bedienbarkeit ist demnach „the degree to which the prospective user expect the target system would be free of effort" [Davis, 1989: 320]. Es wird davon ausgegangen, dass eine Innovation durch den Anwender um so eher übernommen wird, je höher der Nutzen eines Systems ist und je höher die wahrgenommene einfache Bedienbarkeit ist. Beeinflusst werden der wahrgenommene Nutzen und die wahrgenommene einfache Bedienbarkeit durch externe Variablen, die jedoch zunächst nicht weiter definiert wurden.

6.4 Technology Acceptance Model 2

Mit der Entwicklung des Technology Acceptance Model 2 (TAM 2) im Jahr 2000 durch Venkatesh und Davis erfolgt eine weitere Opernationalisierung dieser externen Variablen, die einen Einfluss auf den wahrgenommenen Nutzen haben [Venkatesh und Davis, 2000: 342ff.]. Eine schematische Darstellung des TAM 2 kann der Abbildung 27 entnommen werden.

Abbildung 27: Technology Acceptance Model 2

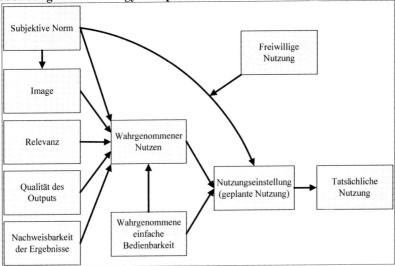

QUELLE: VENKATESH UND DAVIS, 2000: 186FF.

Im TAM 2 wird das TAM um soziale Prozessvariablen und kognitiv-instrumentelle Variablen erweitert. Unter die sozialen Variablen fallen die subjektive Norm, die Freiwilligkeit der Nutzung sowie das Image der zu Grunde liegenden Innovation. Zu den kognitiv-instrumentellen Variablen zählen die Relevanz des Systems, die Qualität des Outputs sowie die Nachweisbarkeit der Ergebnisse [Bürg und Mandl, 2004: 11f.]. Die einzelnen Bestandteile werden im Folgenden kurz erläutert.

Subjektive Norm

Die subjektive Norm übt nach Ajzen und Madden einen wesentlichen Einfluss auf die Nutzungseinstellung der Personen aus [Ajzen und Madden, 1986: 458ff.]. Sie beschreibt die Einwirkung anderer Personen auf die jeweils handelnde Person. Wenn andere Personen die Ausführung einer Handlung für wichtig erachten, führt dies zu einer steigenden Nutzungseinstellung. Entscheidend für die Ausprägung der Nutzungsänderung ist der Stellenwert, welcher der jeweiligen Person beigemessen wird. Im TAM 2 wird der direkte Einfluss der subjektiven Norm auf die Nutzungseinstellung durch eine moderierende Variable beeinflusst, die aussagt, inwieweit die Nutzung der Innovation freiwillig erfolgt. Es wird angenommen, dass lediglich ein direkter Zusammenhang zwischen der subjektiven Norm und der Nutzungseinstellung besteht, wenn die Nutzung gesetzlich vorgeschrieben ist. Ist die Nutzung jedoch freiwillig, so besteht keine Verbindung zwischen der subjektiven Norm und der Nutzungseinstellung. Neben dem Einfluss der subjektiven Norm auf die Nutzungseinstellung wird eine Beeinflussung des wahrgenommenen Nutzens durch die subjektive Norm unterstellt.

Image

Mit Image wird allgemein ein „gefühlsbetontes, über den Bereich des Visuellen hinausgehendes Vorstellungsbild über bestimmte Meinungsgegenstände (z.B. Marken, Firmen, Personen) bezeichnet" [o.V., 1997a: 421]. Im TAM 2 wird der Begriff aus der Sicht der Diffusionsforschung betrachtet. Vor diesem Hintergrund kann Image definiert werden als „the degree to which use of an innovation is perceived to enhance one´s status in one´s social system" [Moore und Benbasat, 1996: 195]. Aufgrund dieser Definition ergeben sich Wechselwirkungen mit der subjektiven Norm, die entsprechend im Modell abgebildet werden.

Relevanz

Die Relevanz oder Bedeutsamkeit ist stark vom Kontext ihrer Interpretation abhängig. Sie beschreibt das „Gewicht" eines Objektes im Vergleich zu anderen Objekten in einem definierten Kontext. Je höher das „Gewicht" des betrachteten Objektes ist, desto stärker sind die Auswirkungen einer Änderung dieses Objektes in dem gewählten Zusammenhang. Im Rahmen einer Einschätzung der Relevanz durch unterschiedliche Personen erfolgt immer eine Beeinflussung des Kontextes durch subjektive Parameter. Dadurch wird die Relevanz scheinbar identischer Objekte durch verschiedene Personen unterschiedlich beurteilt. Im TAM 2 wurde die Relevanz vor dem Hintergrund der Nutzung von IT-Neuerungen durch die Mitarbeiter von Unternehmen erhoben. Dabei wurde erfasst, inwieweit diese IT-Neuerungen tatsächlich im Arbeitsalltag der Befragten angewandt wurden (bzw. werden sollten) und somit für die Arbeitserledigung tatsächlich eine Bedeutung besitzen.

Nachweisbarkeit der Ergebnisse

Die Nachweisbarkeit der Ergebnisse beschreibt, inwieweit der Nutzen der Systeme objektiv ermittelt werden kann. Ist dies nicht oder nur begrenzt möglich, so wird die Akzeptanz der betroffenen Neuerung nur gering ausgeprägt sein. Vor dem Hintergrund der hier betrachteten Einführung von IT-Systemen erfolgt ein Nachweis der Ergebnisse, indem die Neuerungen auch tatsächlich als Ursache für den gewünschten Arbeitserfolg bzw. des verbesserten Arbeitsergebnisses wahrgenommen werden. Sofern dies der Fall ist, wird eine Implementierung und Anwendung der Systeme durch die Mitarbeiter erfolgen, da ein entsprechender Nutzen durch die Systeme erkannt wird.

Leistungsfähigkeit der Systeme

Die Leistungsfähigkeit der Systeme umschreibt, inwieweit die Systeme geeignet sind, die Erreichung der jeweiligen Zielsetzungen, die mit der Errichtung verfolgt wurde, zu gewährleisten. Dazu müssen die Leistungsfähigkeit der Systeme dem jeweils betrachteten Sachverhalt angepasst und entsprechende Parameter zur Beurteilung entwickelt werden. Im TAM 2 wird angenommen, dass die jeweilige Leistungsfähigkeit der betrachteten Systeme durch die Befragten erkannt wird und somit eine Akzeptanz der Neuerungen gewährleistet ist. Ist dagegen die Leistungsfähigkeit der Systeme nicht gegeben oder kann nicht erkannt werden, so ist der wahrgenommene Nutzen der Systeme deutlich geringer ausgeprägt.

Die weiteren Punkte des TAM 2 (wahrgenommener Nutzen, wahrgenommene einfache Bedienbarkeit, Nutzungseinstellung, tatsächliche Nutzung) entsprechen dem Technology Acceptance Model und sind bereits in Kapitel 6.3 erläutert worden.

6.5 Entwicklung eines Modells zur Erfassung des Investitionsverhaltens im Bereich der Rückverfolgbarkeitssysteme

Basierend auf dem von Venkatesh und Davis entwickelten TAM 2 ist ein Modell zur Erfassung des Investitionsverhaltens von Unternehmen im Bereich der Rückverfolgbarkeit erarbeitet worden. Dabei sind unterschiedliche Anpassungen erfolgt, die notwendig waren, um den vorliegenden Sachverhalt erfassen und abbilden zu können. So ist das „Nutzungsverhalten" aus dem TAM 2 durch „Investitionsverhalten" ersetzt worden. Dieser Punkt bildet ab, inwieweit tatsächlich eine Investition in Rückverfolgbarkeitssysteme erfolgt ist. Die „Einstellung zur Nutzung" ist dementsprechend in „Einstellung zur Investition" umformuliert worden. Ebenfalls geändert wurde die „wahrgenommene Einfachheit der Nutzung". Dieser Punkt wurde durch die „wahrgenommenen Kosten" ersetzt. Hintergrund dieses Schrittes ist die Annahme, dass im Gegensatz zur Untersuchung der Akzeptanz von IT-Neuerungen durch einzelne Mitarbeiter für die das TAM 2 Anwendung findet, in der vorliegenden Untersuchung das Entscheidungsverhalten von Unternehmen (bzw. den entsprechenden Entscheidungsträgern) erfasst werden soll. Hier sind statt der „wahrgenommenen Einfachheit der Nutzung" in erster Linie die entsprechenden Kosten zu berücksichtigen, die eine Investitionsentscheidung beeinflussen. Die subjektive Norm wird im Modell als wahrgenommener externer Druck abgebildet und gibt die Einschätzung der Meinung Dritter durch den Befragten wieder. Basierend auf diesen Änderungen ist im Rahmen dieser Arbeit ein Tracking and Tracing Investment Modell entwickelt worden (Abbildung 28).

Abbildung 28: Tracking and Tracing Investment Modell

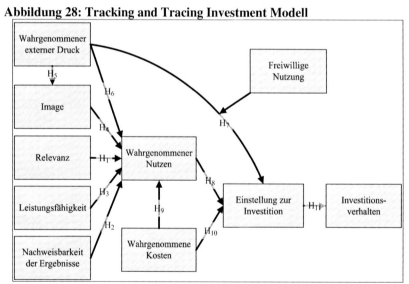

QUELLE: EIGENE DARSTELLUNG

Basierend auf diesem Modell werden im Folgenden unterschiedliche Forschungshypothesen entwickelt.

Im Zentrum des vorliegenden Kausalmodells steht der wahrgenommene Nutzen der Rückverfolgbarkeitssysteme. Dieser Nutzen wird von unterschiedlichen Parametern beeinflusst. Einen Einflussfaktor auf den wahrgenommenen Nutzen bildet die Relevanz. Sie bringt zum Ausdruck, wie wichtig oder bedeutend der Befragte die Errichtung von Rückverfolgbarkeitssystemen einschätzt. Ein entscheidender Punkt für die Einschätzung der Relevanz dürften die gesetzlichen Vorschriften im Bereich der Rückverfolgbarkeit und deren Einschätzung durch die befragten Unternehmen sein. Daneben existieren weitere Punkte, wie bspw. die Unternehmensphilosophie, die Anfälligkeit der Produkte für einen Warenrückruf oder die Strategie des Unternehmens, die ggf. einen Einfluss auf die Einschätzung der Relevanz von Rückverfolgbarkeitssystemen ausüben. Wie Hypothese eins darlegt, führt die Beimessung einer höheren Relevanz von Rückverfolgbarkeitssystemen zu einem höheren wahrgenommenen Nutzen dieser Systeme.

H_1: Je höher die Relevanz der Tracking und Tracing-Systeme ist, desto höher ist der wahrgenommene Nutzen dieser Systeme.

Für Entscheidungsträger in Unternehmen wird der wahrgenommene Nutzen einer Investition auch durch die Nachweisbarkeit der gewünschten Wirkungen dieser Investition beeinflusst. Nur wenn man sich sicher ist, dass die Investitionen auch den gewünschten Effekt erzielen, werden diese durchgeführt. Vor dem Hintergrund der Errichtung von Rückverfolgbarkeitssystemen dürfte sich dieser Punkt zum Teil schwierig gestalten. Da Rückverfolgbarkeitssysteme ihren Nutzen zum Teil nur entfalten, wenn entsprechende Rückrufaktionen durchzuführen sind, ist der Nachweis der Leistungsfähigkeit in diesen Fällen vergleichsweise schwierig. Auch Effekte, die aus der Erfüllung rechtlicher Normen, der Optimierung innerbetrieblicher Prozesse oder einer Differenzierungsstrategie resultieren, können z.T. nur begrenzt oder mit vergleichsweise hohem Aufwand erfasst werden. Ein weiterer Nutzen der Nachweisbarkeit der Ergebnisse könnte aus der Möglichkeit resultieren, interessierten Dritten diese Nachweisbarkeit zu demonstrieren und somit ein höheres Ansehen zu erreichen. Somit dürfte die Möglichkeit zum Nachweis der Leistungsfähigkeit und der damit verbundene Aufwand Auswirkungen auf den wahrgenommenen Nutzen der Rückverfolgbarkeitssysteme haben. Daraus resultiert der in der Hypothese zwei wiedergegebene Einfluss, den die Nachweismöglichkeit für die Leistungsfähigkeit des Rückverfolgbarkeitssystems auf den wahrgenommenen Nutzen ausübt.

H_2: Je leichter ein Nachweis der Ergebnisse eines Rückverfolgbarkeitssystems möglich ist, desto höher ist der wahrgenommene Nutzen der Systeme.

Darüber hinaus übt die Leistungsfähigkeit selbst einen Effekt auf den wahrgenommenen Nutzen aus. Rückverfolgbarkeitssysteme, die eine höhere Leistungsfähigkeit aufweisen, führen auch zu einem höheren wahrgenommenen Nutzen. Die Leistungsfähigkeit kann im Bereich der Rückverfolgbarkeit anhand unterschiedlicher Parameter ermittelt werden. Im Falle von Warenrückrufen von zentraler Bedeutung ist der Zeitraum, der zwischen Auftreten des Schadensfalles und dem Vorliegen der notwendigen Informationen aus dem Rückverfolgbarkeitssystem liegt. Das Optimum bieten in diesem Punkt Systeme, die in Echtzeit (also sofort) in der Lage sind, die notwendigen Informationen abzurufen und dabei die gesamte Kette abdecken. Eine deutlich geringere Leistungsfähigkeit bieten Systeme, die lediglich den gesetzlichen Minimalanforderungen genügen und somit keine unternehmensübergreifende Rückverfolgbarkeit zulassen, sondern lediglich eine Verkettung von Stufe zu Stufe ermöglichen. Neben dem Zeitraum ist im Falle eines Warenrückrufes die zurückverfolgte Charge (Traceable Resource Unit, TRU) von Bedeutung bei der Beurteilung der Leistungsfähigkeit von Rückverfolgbarkeitssystemen. Je kleiner die TRU ist, desto einfacher ist eine lokale Begrenzung der Rückrufaktion und eine Beschränkung des Rückrufs auf die jeweils betroffenen Produkte. Ein weiteres Merkmal der Leistungsfähigkeit von Rückverfolgbarkeitssystemen ist die Möglichkeit, weitere Informationen wie z.B. Testergebnisse, Rohstoffchargen o.ä. den entsprechenden TRUs zuzuordnen. Diese Informationen können bspw. im Zuge von Differenzierungsstrategien oder zur Klärung von Haftungsfragen von Bedeutung sein.[39] Hypothese drei fasst den Effekt zusammen:

H_3: Je leistungsfähiger die Rückverfolgbarkeitssysteme sind, desto höher ist der wahrgenommenen Nutzen der Systeme.

Ein weiterer Einflussfaktor auf den wahrgenommenen Nutzen von Rückverfolgbarkeitssystemen ist das Image, also das innere Bild, das sich eine Person vom Nutzen dieser Systeme macht. Abweichend von der Definition des Begriffes im Rahmen des TAM 2, die aus dem Bereich der Diffusionsforschung stammt, wird der Begriff Image im vorliegenden Modell stärker aus Sicht der Unternehmen definiert. Während im TAM 2 das Image als Maßstab zur Beurteilung herangezogen wird, inwieweit die Nutzung einer Innovation die Verbesserung des Status des Einzelnen in seinem sozialen System ermöglicht, führt im vorliegenden Modell aus Sicht des Unternehmens ein verbessertes Image von Rückverfolg-

---

[39] Vgl. Kapitel 5.

barkeitssystemen (bzw. die Investition in die entsprechenden Systeme) zu einem verbesserten Ansehen des Unternehmen im entsprechenden Bezugssystem. Dadurch steigt wiederum der wahrgenommene Nutzen dieser Systeme. Hypothese vier bringt diesen Einfluss des Images auf den wahrgenommenen Nutzen zum Ausdruck.

H_4: *Je besser das Image von Rückverfolgbarkeitssystemen ist, desto positiver fällt der Effekt auf den wahrgenommenen Nutzen aus.*

Dieses Image seinerseits wird wiederum vom wahrgenommenen externen Druck beeinflusst. Dieser beschreibt, inwieweit die vermutete Meinung Dritter die Einstellung des Befragten beeinflusst. Im Bereich der Rückverfolgbarkeit spielt die öffentliche Meinung im Bezug auf Rückverfolgbarkeitssysteme eine besondere Rolle. Hier ist in den vergangenen Jahren eine deutlich gestiegene Sensibilität in vielen Teilen der Gesellschaft für Fragen der Lebensmittelsicherheit zu verzeichnen gewesen. Diese Entwicklung resultiert nicht zuletzt aus den unterschiedlichen Lebensmittelkrisen der jüngeren Vergangenheit. Aufgrund dieses Sachverhalts beeinflusst der wahrgenommene externe Druck mehrere Parameter im vorliegenden Modell. Hypothese fünf gibt zunächst den Einfluss auf das Image wieder.

H_5: *Je höher der wahrgenommene externe Druck eingeschätzt wird, desto höher ist das Image der Rückverfolgbarkeitssysteme.*

Neben den Auswirkungen auf das Image übt der wahrgenommene externe Druck ebenfalls einen Effekt auf den wahrgenommenen Nutzen aus. Ausgehend von der hohen Sensibilität der Verbraucher und Stakeholder für Fragen der Lebensmittelsicherheit und -qualität wird in der Errichtung von Rückverfolgbarkeitssystemen ein entsprechender Nutzen gesehen. Hypothese sechs bringt diesen Zusammenhang zum Ausdruck:

H_6: *Je höher der wahrgenommene externe Druck eingeschätzt wird, desto höher fällt der wahrgenommenen Nutzen von Rückverfolgbarkeitssystemen aus.*

Der dritte Effekt wirkt direkt auf die Einstellung zur Investition. Diese Beziehung wird von der „Freiwilligkeit der Nutzung" als moderierender Variable beeinflusst. Dabei wird angenommen, dass die Einstellung zur Investition positiver ist wenn keine Wahlmöglichkeit besteht und die Errichtung zwingend erfolgen muss. Im Bereich der Errichtung von Rückverfolgbarkeitssystemen besteht zwar grundsätzlich eine rechtliche Verpflichtung zur Einrichtung entsprechender Systeme, diese beschränkt sich jedoch auf vergleichsweise geringe Anforderungen. Unternehmen, die bereits die rechtlichen Vorgaben erfüllen ohne ein gesondertes Rückverfolgbarkeitssystem errichten zu müssen, würden etwaige Investitionen in einen weiteren Ausbau dieser Systeme somit freiwillig leisten. Daher ist es möglich, dass die Einschätzung der Unternehmen inwieweit die Investitionen freiwillig erfolgen, variieren kann.

H_7: Je höher der wahrgenommene Druck ist, desto positiver fällt die Einstellung zur Investition aus, unter der Voraussetzung, dass die Errichtung der Systeme gesetzlich vorgeschrieben ist.

Dieser direkte Effekt auf die Einstellung zur Investition wird durch die beiden vorgenannten Beziehungen in den Hypothesen fünf und sechs auf indirektem Wege verstärkt. Dadurch bildet die Variable „wahrgenommener externer Druck" die bedeutendste Einflussvariable im vorliegenden Modell. Neben dem wahrgenommenen externen Druck üben zwei weitere Parameter einen Einfluss auf die Einstellung zur Investition aus. Ein Punkt ist der „wahrgenommene Nutzen" der Systeme. Dieser Nutzen entsteht in einer Reihe unterschiedlicher Bereiche des Unternehmens. So sind Rückverfolgbarkeitssysteme in vielen Unternehmen obligatorischer Bestandteil des betrieblichen Risikomanagements und ermöglichen somit ein höheres Sicherheitsniveau für die betroffenen Unternehmen. Dabei führen Rückverfolgbarkeitssysteme zwar nicht zu einer Verringerung der Wahrscheinlichkeit des Auftretens von Rückrufaktionen, sie können aber im Schadensfall die negativen Folgen deutlich begrenzen.[40] Zudem können mit der Errichtung von Rückverfolgbarkeitssystemen und der damit verbundenen gezielten Analyse der Produktionsprozesse Optimierungen im innerbetrieblichen und im zwischenbetrieblichen Bereich realisiert werden.[41] Ein weiterer Nutzen von Rückverfolgbarkeitssystemen kann aus der Nutzung der Systeme im Rahmen der wettbewerbsstrategischen Ausrichtung folgen. So kann über die eingerichteten Systeme eine Erfassung und Kommunikation von Informationen z.B. zur Herkunftssicherung, zu Produktionsprozessen oder Inhaltsstoffen erfolgen, die anschließend im Rahmen von Differenzierungsstrategien verwertet werden, um dadurch letztlich höhere Preise, eine höhere Kundentreue und / oder größere Absatzmengen zu erreichen.[42] Ein weiterer Nutzen von Rückverfolgbarkeitssyste-

---

[40] Vgl. Kapitel 4.2.
[41] Vgl. Kapitel 4.4.
[42] Vgl. Kapitel 4.1.

men resultiert aus der Möglichkeit, diese Systeme zur Erfüllung von Anforderungen im Rahmen einer Zertifizierung zu nutzen. Entsprechende Zertifikate sind in vielen Bereichen des Lebensmittelsektors inzwischen obligatorisch, so dass Unternehmen, die nicht zertifiziert sind, nicht mehr vom LEH gelistet werden.[43] Zusammenfassend kommt der Einfluss des wahrgenommenen Nutzens in folgender Hypothese zum Ausdruck:

H_8: Je höher der wahrgenommene Nutzen von Rückverfolgbarkeitssystemen ist, desto positiver ist die Einstellung zur Investition.

Analog zum wahrgenommenen Nutzen geht auch von den wahrgenommenen Kosten ein Einfluss auf die Einstellung zur Investition aus. Kosten spielen für alle betriebswirtschaftlichen Entscheidungen in Unternehmen eine zentrale Rolle und üben demnach zwangsläufig einen entsprechenden Einfluss auf die jeweiligen Einstellungen aus. Neben dem direkten Effekt auf die Einstellung zur Investition wird in Anlehnung an Davis auch ein negativer Effekt auf den wahrgenommenen Nutzen der Rückverfolgbarkeitssysteme vermutet. Dieser führt im Weiteren zu einem indirekten Effekt auf die Einstellung zur Investition. Die vorgenannten Effekte kommen in den folgenden Hypothesen zum Ausdruck:

H_9: Je höher die wahrgenommenen Kosten sind, desto geringer ist der wahrgenommene Nutzen von Rückverfolgbarkeitssystemen.

H_{10}: Je höher die wahrgenommenen Kosten sind, desto negativer fällt die Einstellung zur Investition aus.

Wie bereits in der Theory of Reasend Action angenommen wurde, bilden Personen in bestimmten Situationen zunächst eine Handlungsabsicht aus, um diese dann anschließend in eine tatsächliche Handlung umzusetzen.[44] Dieser Annahme wird auch im vorliegenden Modell mit der Hypothese elf gefolgt. Demnach beeinflusst die Einstellung der Unternehmen (bzw. der Entscheidungsträger in den Unternehmen) zu einer Investition im Bereich der Rückverfolgbarkeit direkt die tatsächlich getätigten Investitionen.

H_{11}: Je positiver Einstellung zur Investition in Rückverfolgbarkeitssysteme ist, desto höher sind die tatsächlichen Investitionen.

---

[43] Vgl. Kapitel 4.3.
[44] Vgl. Kapitel 6.1.

7 Stichprobenvorstellung und Analyse der Gründe für die Errichtung von Rückverfolgbarkeitssystemen

Im Folgenden erfolgt eine vorwiegend deskriptive Vorstellung der Stichprobe. Im Vorfeld wird zunächst die Vorgehensweise bei der Datenerhebung erläutert, bevor anschließend ein Überblick über die Einschätzung der Gründe, Kosten und Nutzen von Rückverfolgbarkeitssystemen gegeben wird. Den Gründen für die Errichtung von Rückverfolgbarkeitssysteme wird dabei besondere Aufmerksamkeit geschenkt. Hier erfolgt über die deskriptive Vorstellung der Ergebnisse hinaus eine Auswertung mittels multivariater Verfahren. Ziel dieser Analyse ist eine detailliertere Betrachtung der unterschiedlichen Gründe für die Errichtung von Rückverfolgbarkeitssystemen und deren Bedeutung für unterschiedliche Gruppen von Unternehmen. Dies Vorgehen erscheint sinnvoll, da in den anschließenden Abschnitten dieser Arbeit die Gründe für die Errichtung von Rückverfolgbarkeitssystemen eine zentrale Rolle spielen. Zum Abschluss dieses Kapitels werden einige Einschätzungen zur aktuellen und zukünftigen Bedeutung der Systeme dargestellt.

7.1 Datenerhebung

Die Ergebnisse der vorliegenden Untersuchung wurden im Rahmen einer Online-Umfrage generiert. Dazu wurde unter der Adresse www.lebensmittelsicherheit.uni-goettingen.de eine Homepage erstellt, auf der ein Fragebogen hinterlegt wurde.[45] Die Angaben der Befragungsteilnehmer wurden in einer Datenbank erfasst und anschließend zur Auswertung in die entsprechende Software eingelesen. Durch diese Vorgehensweise konnten mehrere Vorteile vereint werden: Zum einen konnten sehr kostengünstig viele Unternehmen kontaktiert und somit eine hohe Zahl an Datensätzen erhoben werden, zum zweiten war es möglich, den zeitlichen Rahmen für die befragten Unternehmen in einem vertretbaren Umfang (durchschnittlich ca. 14 Minuten) zu halten. Nachteil der Erhebungsmethode ist in erster Linie, dass auf ausführliche Erläuterungen verzichtet werden muss. Daher musste an unterschiedlichen Stellen mit recht allgemeinen

---

[45] Screenshots des Fragebogens finden sich im Anhang 1.

Formulierungen gearbeitet werden. Zudem war es nicht bzw. nur sehr begrenzt möglich, Fragen der teilnehmenden Personen zu beantworten oder sonstiges Feed-back zu geben. Um diese Nachteile soweit wie möglich auszugleichen, wurde der Fragebogen intensiven Pre-Tests unterzogen.

Im Rahmen des Fragebogens wurde vorrangig auf Statements zurückgegriffen, die von den Befragten anhand von Likert-Skalen zu beantworten waren. Diese Skalen waren in 7 Punkte unterteilt und reichten von „stimme voll und ganz zu" bis „lehne voll und ganz ab". Zudem fanden vereinzelt semantische Differenziale Verwendung, die ebenfalls eine 7fache Unterteilung aufwiesen. Die Auswertung der Daten erfolgte mittels der Softwarepakete SPSS und SmartPLS. Um eine Analyse mit SmartPLS durchführen zu können, mussten fehlende Werte ersetzt werden. Dazu wurde eine multiple Imputation mittels der Software NORM vorgenommen.

Die Umfrage wurde zwischen Oktober 2005 und Februar 2006 durchgeführt. Die zu befragenden Unternehmen wurden über E-Mails auf die Umfrage aufmerksam gemacht. Mittels eines in die E-Mails eingefügten Hyperlinks konnte man direkt zur Umfrage im Internet gelangen. Daneben wurde auch in verschiedenen Newslettern einzelner Verbände auf die Umfrage hingewiesen. Diese Vorgehensweise garantiert zwar keine repräsentative Umfrage im strengeren Sinne, erlaubt aber zumindest die Ansprache zahlreicher Unternehmen aus unterschiedlichen Teilbranchen der Ernährungswirtschaft. Die Rücklaufquote erreichte mit 8,6 % gemessen an der Zahl der Befragungsteilnehmer in Relation zur Gesamtzahl der verschickten E-Mails einen für Online-Umfragen akzeptablen Wert.

Zur Präzisierung und Vertiefung der Umfrageergebnisse erfolgte im Rahmen von leitfadengestützten Interviews eine Diskussion mit unterschiedlichen Experten. Im Einzelnen wurde je ein Vertreter/in eines Zertifizierungsstandards, eines Lebensmittelverbandes sowie eines Unternehmens aus dem Lebensmittelsektor befragt. Auf Wunsch der Befragten erfolgte die Darstellung der Interviewergebnisse anonymisiert (die Personen werden als „Zertifizierer", „Verbandsvertreter" und „Unternehmensvertreter" bezeichnet). Die kompletten Interviews können Anhang 8 entnommen werden.

7.2 Vorstellung der Stichprobe

Im Rahmen der Erhebung wurden Mitarbeiter von Unternehmen des deutschen Lebensmittelsektors befragt. Im Folgenden werden die Antworten der Befragten mit dem „Verhalten" der Unternehmen gleichgesetzt, da „nicht der Betrieb die Entscheidungen trifft, sondern die Menschen, die in dem Betrieb arbeiten" [Bartscher, 2007: 5].

7.2.1 Allgemeine Daten der befragten Unternehmen

Insgesamt haben 234 Unternehmen an der Befragung teilgenommen. Die Verteilung über die unterschiedlichen Branchen kann Abbildung 29 entnommen werden.

Abbildung 29: Branchenverteilung der befragten Unternehmen

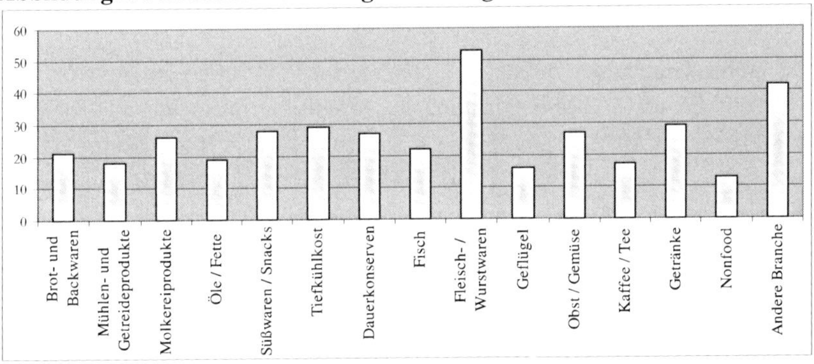

QUELLE: EIGENE ERHEBUNG

Es zeigt sich in der Branchenverteilung eine vergleichsweise gleichmäßige Struktur. Die größte Gruppe der befragten Unternehmen ist im Bereich Fleisch- und Wurstwaren tätig (53 Unternehmen). Es folgen die Branchen Molkereiprodukte, Süßwaren / Snacks, Tiefkühlkost, Dauerkonserven, Obst / Gemüse und Getränke. Diese Branchen sind mit 25 bis 30 befragten Unternehmen vertreten. Den Umsatz der befragten Unternehmen veranschaulicht Abbildung 30.

Abbildung 30: Umsatz der befragten Unternehmen (in €)

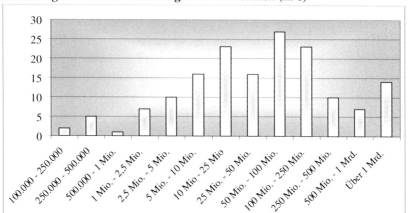

QUELLE: EIGENE ERHEBUNG

Die größte Gruppe der befragten Unternehmen (26 Unternehmen) setzt zwischen 50 Mio. und 100 Mio. € jährlich um. Jeweils 23 Unternehmen fallen in die Umsatzbereiche 10 Mio. bis 25 Mio. € sowie 100 Mio. bis 250 Mio. €. In den Kategorien 5 Mio. bis 10 Mio. € und 25 Mio. bis 50 Mio. € befinden sich jeweils 16 Unternehmen. Somit weisen etwa 2/3 der befragten Unternehmen einen Umsatz zwischen 5 Mio. und 250 Mio. € auf. 15 Unternehmen haben einen Umsatz unter 5 Mio. € und 31 Unternehmen setzen mehr als 250 Mio. € um.

Abbildung 31: Anzahl der Mitarbeiter in den befragten Unternehmen

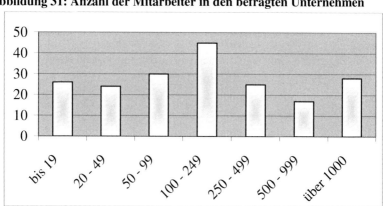

QUELLE: EIGENE ERHEBUNG

Die Mitarbeiterzahl der befragten Unternehmen streut sehr stark. Die größte Gruppe bilden Unternehmen mit 100 bis 249 Mitabeitern (n=45). Die anderen Gruppen sind relativ gleichmäßig vertreten und beinhalten jeweils zwischen 18 und 30 Unternehmen (Abbildung 31).

7.2.2 Grundsätzliche Einschätzungen zur Rückverfolgbarkeit

Um allgemeine Einschätzungen zur Rückverfolgbarkeit von den Unternehmen zu generieren, wurde in der vorliegenden Befragung zwischen unternehmensinterner und unternehmensexterner Rückverfolgbarkeit differenziert. Während unter unternehmensinterner Rückverfolgbarkeit die Möglichkeit zur Chargenverfolgung innerhalb der befragten Unternehmen verstanden wird, bezieht sich die unternehmensübergreifende Rückverfolgbarkeit auf die Möglichkeit der (Rück-)Verfolgung über die Unternehmensgrenzen hinaus und umfasst somit die gesamte Supply Chain. Einen Überblick über die Einschätzungen der befragten Unternehmen gibt Abbildung 32.

Abbildung 32: Allgemeine Einschätzungen der Befragten zur Rückverfolgbarkeit

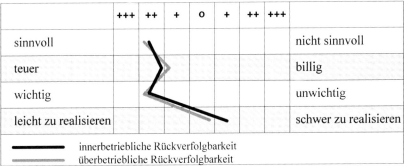

QUELLE: EIGENE ERHEBUNG

Die befragten Unternehmen halten die Einrichtung von Rückverfolgbarkeitssystemen für sehr sinnvoll und wichtig, wobei der Unterschied der Einschätzung zwischen unternehmensinterner und unternehmensübergreifender Rückverfolgbarkeit kaum auszumachen ist. Geringe Unterschiede ergeben sich bei der Einschätzung der Kosten der Systeme: In beiden Kategorien wird die Einrichtung der Systeme als teuer angesehen, wobei die Kosten unternehmensübergreifender Systeme höher eingeschätzt werden. Bezüglich der Realisierungsmöglichkeiten ergeben sich deutlichere Unterschiede: Während die Realisierbarkeit unternehmensinterner Systeme als weder leicht noch schwierig eingestuft wird, erscheint die Möglichkeit zur Realisierung unternehmensübergreifender Systeme deutlich schwieriger. Die vorgenannten Unterschiede zwischen den Einschätzungen zur innerbetrieblichen und zur unternehmensübergreifenden Rückverfolgbarkeit sind signifikant. Die detaillierten Ergebnisse sind Tabelle 19 und Tabelle 20 im Anhang dieser Arbeit zu entnehmen.

Die Bedeutung des Themas Rückverfolgbarkeit ist auch bei den befragten Experten unumstritten.

„…heutzutage aufgrund der Anforderungen (…) müssen solche Systeme vorhanden sein…" [Unternehmensvertreter, Z. 7-10]

Dabei resultieren Unterschiede in der Einschätzung der Relevanz aufgrund der Unternehmensgröße in erster Linie aus den jeweiligen Strukturen der Unternehmen.

„Ich würde sagen die Relevanz ist bei allen hoch. Der Unterschied zwischen kleinen und großen Unternehmen besteht vor allem in der Art der Umsetzung. Ich denke kleine Unternehmen machen das vergleichsweise unkonventionell, große Unternehmen etablieren eigene Systeme. Da gibt es teilweise Planungsgruppen in den Unternehmen, die sich mit dem Thema schwerpunktmäßig auseinandersetzen und in kleinen Betrieben läuft es eben unter dem Punkt Qualitätssicherung oder Logistik oder dergleichen." Verbandsvertreter, Z. 45-51]

Wichtig für die weitere Entwicklung in diesem Bereich sind die Einschätzungen bzw. die Anforderungen der Verbraucher und deren Bereitschaft, ggf. mehr für entsprechende Produktmerkmale zu zahlen.

„…also grundsätzlich denke ich ist es ein wichtiges Thema, das letzten Endes auch vom Konsumenten gewünscht wird (in Richtung Verbraucherschutz). Entscheidend ist, wie viel Transparenz will eigentlich der Verbraucher?" [Zertifizierer, Z. 3-6]

Abschließend kann festgestellt werden, dass Rückverfolgbarkeitssysteme aus Sicht der Unternehmen zwar sinnvoll und wichtig aber auch vergleichsweise teuer und schwer zu realisieren sind.

7.2.3 Stand der Errichtung von Rückverfolgbarkeitssystemen

Die Errichtung von Rückverfolgbarkeitssystemen ist in ¾ der befragten Unternehmen abgeschlossen. Weitere 19 % der befragten Unternehmen realisieren zurzeit die entsprechenden Systeme. Lediglich 7 % der befragten Untenehmen befinden sich noch in der Planungsphase oder werden kein gesondertes Rückverfolgbarkeitssystem errichten. Die genannten Gründe, warum keine Systeme realisiert wurden, reichen dabei von „zu kleiner Betrieb" über „warten Branchenlösung ab" bis hin zu „unnötig – teuer – ohne Nutzen". Eine branchespezifische Auswertung des Realisierungsgrades kann Tabelle 21 im Anhang entnommen werden.

Abbildung 33: Stand der Einrichtung innerbetrieblicher Rückverfolgbarkeitssysteme

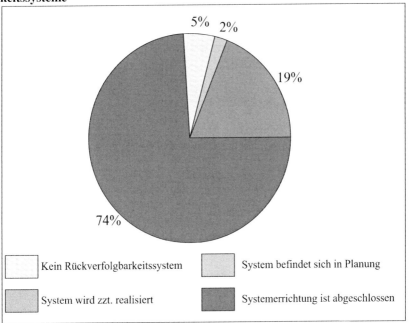

QUELLE: EIGENE ERHEBUNG

Differenziert nach der Größe der Unternehmen ist eine eindeutige Tendenz erkennbar: Je größer die Unternehmen, desto weiter ist die Errichtung von Rückverfolgbarkeitssystemen vorangeschritten. Während bei Unternehmen mit einem Umsatz unter 10 Mio. € erst 58 % die Einrichtung der Rückverfolgbarkeitssysteme abgeschlossen haben, steigt dieser Anteil bei den Unternehmen mit einem Umsatz zwischen 10 und 100 Mio. € auf 80 %. In der Gruppe der Unternehmen mit einem von Umsatz über 100 Mio. € ist ein weiterer Anstieg auf 88 % zu verzeichnen. Der Unterschied zwischen den kleineren Unternehmen und den mittleren bzw. großen Unternehmen ist auf einem Niveau von 5 % signifikant. Interessant erscheint, dass in allen Größenklassen einzelne Unternehmen keine Rückverfolgbarkeitssysteme einrichten werden (Abbildung 34).

Abbildung 34: Realisierungsgrad der Rückverfolgbarkeitssysteme unter Berücksichtigung der Unternehmensgröße

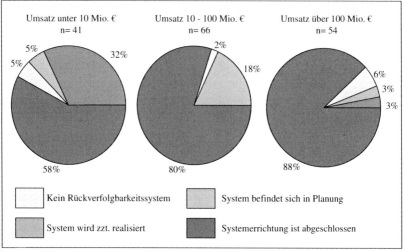

QUELLE: EIGENE ERHEBUNG

Betrachtet man die Einschätzungen zur Realisierung der Rückverfolgbarkeit entlang der Supply Chain, so sehen die Unternehmen eine Errichtung von Rückverfolgbarkeitssystemen bei ihren Lieferanten zu etwa 78 % abgeschlossen. Der Realisierungsgrad entsprechender Systeme auf Seiten der Abnehmer beträgt derzeit ca. 71 %.

7.3 Gründe für die Errichtung von Systemen zur Rückverfolgung von Lebensmitteln

7.3.1 Einschätzung der rechtlichen Rahmenbedingungen

Die Einschätzungen der befragten Unternehmen zum Artikel 18 der EU-Verordnung 178/2002 wurden mittels unterschiedlicher Statements auf einer 7-

Punkte-Likert-Skala (+3 „stimme voll und ganz zu" bis -3 „lehne voll und ganz ab") abgefragt. Die Ergebnisse gibt Abbildung 35 wieder.

Abbildung 35: Einschätzungen der rechtlichen Rahmenbedingungen

	$\bar{x}$ ¹	s ¹	stimme voll und ganz zu +3	stimme zu +2	stimme eher zu +1	teils/teils 0	lehne eher ab -1	lehne ab -2	lehne voll und ganz ab -3
Aufgrund der gesetzlichen Anforderungen haben wir in Rückverfolgbarkeitssysteme investiert.	1,36	1,70							
Die gesetzlichen Vorgaben können von uns problemlos ohne zusätzliche Investitionen erfüllt werden.	0,30	2,04							
Die Lebensmittelbasisverordnung (178/2002) führte bei uns zu einer stärkeren Auseinandersetzung mit der Rückverfolgbarkeit.	1,07	1,68							
Wir hätten auch ohne gesetzliche Verpflichtung in die Errichtung von Rückverfolgbarkeitssystemen investiert.	1,22	1,55							

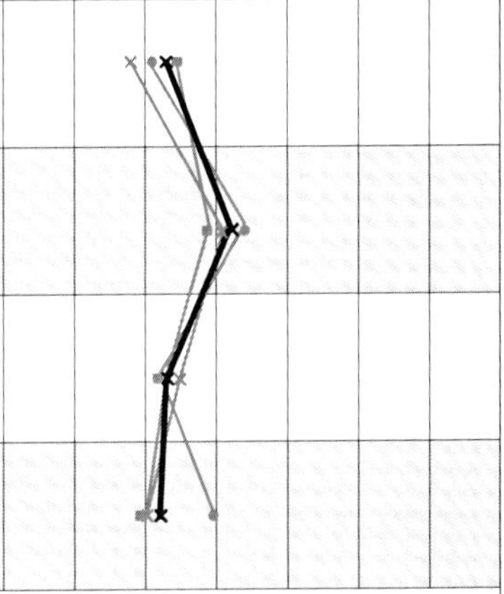

¹) Werte beziehen sich auf alle Unternehmen

—✗— alle Unternehmen   —✗— mittlere Unternehmen (10 Mio. – 100 Mio. € Umsatz)

——•—— kleine Unternehmen (unter 10 Mio. € Umsatz   ——■—— große Unternehmen (über 100 Mio. € Umsatz

QUELLE: EIGENE ERHEBUNG

In der Abbildung sind jeweils die Mittelwerte der Einschätzungen aller befragten Untenehmen aufgeführt und grafisch dargestellt. Zusätzlich sind die Einschätzungen der Unternehmen differenziert in drei Größenklassen in die Abbildung aufgenommen worden, wodurch ein Vergleich möglich wird. Die detaillierten Werte finden sich im Anhang in Tabelle 22 bis Tabelle 25. In diesen Tabellen ist auch eine Unterteilung in die einzelnen Branchen vorgenommen worden. Der Durchschnitt aller befragten Unternehmen sieht in der EU-Verordnung einen Grund für die stärkere Auseinandersetzung mit dem Thema Rückverfolgbarkeit (Statement 1: +1,36 / Statement 3: +1,07). Bei diesen Einschätzungen spielt die Größe der Untenehmen keine Rolle. Bei der Einschätzung des zweiten Statements, das abfragte, inwieweit die gesetzlichen Anforderungen ohne zusätzliche Investitionen erfüllt werden können, zeigt sich, dass dieses großen und mittleren Untenehmen leichter fällt als kleineren. Ein ähnliches Bild ergibt sich auch beim vierten Statement, mit dessen Hilfe ermittelt werden sollte, inwieweit auch ohne gesetzliche Vorgaben Rückverfolgbarkeitssysteme installiert worden wären. Hier zeigt sich bei den mittleren und größeren Unternehmen ebenfalls eine höhere Bereitschaft als bei den kleinen Unternehmen. Die Einschätzungen der kleinen Unternehmen heben sich sowohl im zweiten Statement als auch beim vierten Statement signifikant von den Angaben der anderen Unternehmen ab.

Die Aussagen der befragten Experten bestätigen zum einen die hohe Bedeutung der rechtliche Rahmenbedingungen und zum zweiten, dass die entsprechenden Regelungen von den betroffenen Unternehmen erfüllt werden.

> *"Wir haben jetzt so seit einigen Jahren Auflagen des Gesetzgebers, die auch von den Unternehmen voll und ganz erfüllt werden. Wobei die "Range" sozusagen hinsichtlich dessen wie das dann in der Praxis erfolgt sehr, sehr unterschiedlich ist." [Verbandsvertreter, Z. 7-10]*

Die Aussage zeigt auf, dass die Umsetzung der rechtlichen Anforderungen durchaus unterschiedlich verlaufen ist. Da die Lebensmittelbasisverordnung lediglich ein Minimum vorgibt, ist die Erfüllung der Anforderungen durch nahezu alle Unternehmen des Sektors gewährleistet. Daher ist es erstaunlich, dass trotzdem viele Unternehmen in den rechtlichen Anforderungen einen wichtigen Grund für die Investitionen sehen. Erklärt werden kann dies mit dem Umstand, dass infolge der Veröffentlichung der Lebensmittelbasisverordnung intensiv über deren Umsetzung und die Einführung von Rückverfolgbarkeitssystemen diskutiert wurde.

> *"...nachdem der Gesetzgeber den Vorstoß unternommen hat, war natürlich ein Hype zu beobachten, da gab es dann auch eine Unmenge an Veranstaltungen, Fortbildungsmöglichkeiten, verschiedene Dienstleister haben versucht sich am Markt zu profilieren. Danach nimmt das Thema natürlich in der Presse, in den Medien und der öffentlichen Wahrnehmung an Aufmerksamkeit ab, auch bei den Unternehmen wird es nicht mehr ganz so heiß diskutiert, aber es ist nach wie vor von Interesse." [Verbandsvertreter Z. 27-33]*

Es kann festgehalten werden, dass die rechtlichen Anforderungen als ein bedeutender Grund für die Errichtung von Rückverfolgbarkeitssystemen angesehen werden. Dies resultiert allerdings weniger aus der Tatsache, dass die Regelungen besonders weitgehend sind. Vielmehr sorgte die Diskussion zur Umsetzung der rechtlichen Vorgaben infolge der Veröffentlichung der Lebensmittelbasisverordnung zu einer intensiven Beschäftigung mit dem Thema und darauf aufbauend zu einer gesteigerten Sensibilität der Entscheidungsträger.

7.3.2 Gründe für freiwillige Investitionen in Rückverfolgbarkeitssysteme

Neben der Erfüllung gesetzlicher Verpflichtungen existieren eine Reihe weiterer Gründe, die eine Errichtung von Rückverfolgbarkeitssystemen notwendig erscheinen lassen. Dies sind in erster Linie die Möglichkeit der Schadensbegrenzung im Falle eines Warenrückrufes, die Erfüllung von Vorgaben im Rahmen einer freiwilligen Zertifizierung (ISO 9001, IFS etc.), die Optimierung innerbetrieblicher Abläufe sowie der Zusammenarbeit mit Lieferanten und Abnehmern und die Möglichkeit, Rückverfolgbarkeitssysteme im Zuge von Werbung bzw. Marketingstrategien zu nutzen, um Differenzierungsvorteile zu erzielen. Die Abbildung 36 fasst die Einschätzungen der Befragten zur Bedeutung dieser Punkte zusammen (vgl. auch Tabelle 26 bis Tabelle 32 im Anhang).

Abbildung 36: Gründe für die Errichtung von Rückverfolgbarkeitssystemen

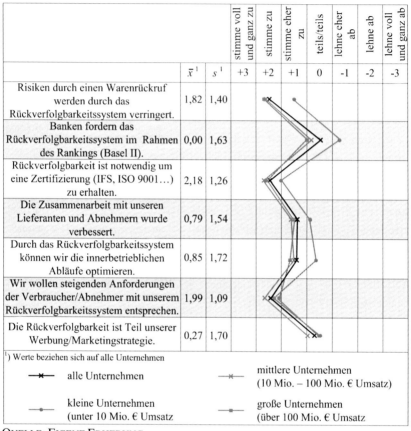

	$\bar{x}^1$	s^1	stimme voll und ganz zu +3	stimme zu +2	stimme eher zu +1	teils/teils 0	lehne eher ab -1	lehne ab -2	lehne voll und ganz ab -3
Risiken durch einen Warenrückruf werden durch das Rückverfolgbarkeitssystem verringert.	1,82	1,40							
Banken fordern das Rückverfolgbarkeitssystem im Rahmen des Rankings (Basel II).	0,00	1,63							
Rückverfolgbarkeit ist notwendig um eine Zertifizierung (IFS, ISO 9001…) zu erhalten.	2,18	1,26							
Die Zusammenarbeit mit unseren Lieferanten und Abnehmern wurde verbessert.	0,79	1,54							
Durch das Rückverfolgbarkeitssystem können wir die innerbetrieblichen Abläufe optimieren.	0,85	1,72							
Wir wollen steigenden Anforderungen der Verbraucher/Abnehmer mit unserem Rückverfolgbarkeitssystem entsprechen.	1,99	1,09							
Die Rückverfolgbarkeit ist Teil unserer Werbung/Marketingstrategie.	0,27	1,70							

[1]) Werte beziehen sich auf alle Unternehmen

— ✕ — alle Unternehmen   — ✕ — mittlere Unternehmen (10 Mio. – 100 Mio. € Umsatz)

— • — kleine Unternehmen (unter 10 Mio. € Umsatz   — ■ — große Unternehmen (über 100 Mio. € Umsatz

QUELLE: EIGENE ERHEBUNG

7.3.2.1 SCHADENSBEGRENZUNG DURCH RÜCKVERFOLGBARKEITSSYSTEME

Zur Verringerung der Schäden, die aus einem (öffentlichen) Warenrückruf resultieren, können Rückverfolgbarkeitssysteme einen zentralen Beitrag leisten. Je schneller und exakter die betroffene Charge und deren Verbleib geklärt werden können, desto besser ist die Möglichkeit der Schadensbegrenzung.

Die hohe Bedeutung der Rückverfolgbarkeitssysteme zur Risikominderung findet sich auch in der Einschätzung der befragten Unternehmen wieder. Das entsprechende Statement „Risiken durch einen Warenrückruf werden durch das

Rückverfolgbarkeitssystem verringert" wird auf einer Skala von -3 bis +3 mit durchschnittlich +1,82 bestätigt (Abbildung 36). Signifikante Unterschiede in den Einschätzungen der Unternehmen verschiedener Größenklassen lassen sich lediglich zwischen den kleineren Unternehmen und den beiden anderen Unternehmensgruppen feststellen. Demnach stimmen die kleinen Unternehmen dem Statement weniger stark zu (vgl. Tabelle 26 in Anhang).

Aufgrund der risikomindernden Auswirkungen eines Rückverfolgbarkeitssystems wurde in der Befragung zudem erhoben, ob entsprechende Systeme im Zuge der zwischenzeitlich verschärften Regelungen zur Vergabe von Fremdkapital durch die Banken (Basel II) größere Beachtung finden. Das entsprechende Statement, welches eine stärkere Berücksichtigung durch die Banken unterstellte, wurde jedoch mit einem durchschnittlichen Wert von 0,00 lediglich mit „teils / teils" beurteilt. Kleinere Unternehmen lehnten das Statement mit einem Wert von -0,81 sogar „eher ab" und weichen damit signifikant von den Einschätzungen der mittleren und größeren Unternehmen ab (vgl. Tabelle 27 im Anhang).

Grundsätzlich wurde die Bedeutung der Rückverfolgbarkeit im Bereich des Risikomanagements eines Unternehmens auch in der Diskussion mit den Experten bestätigt.

„So lang nichts passiert fragt keiner danach, sollte aber was passieren, dann müssen sie es haben und dann muss es lückenlos sein." [Unternehmensvertreter, Z. 23-24]

„…grundsätzlich ist es für die Unternehmen durchaus ein Argument zu sagen, wenn wir einen Rückruf haben, möchten wir das natürlich auch gezielt machen und keinen Rundumrückruf." [Verbandsvertreter, Z. 109-111]

Allerdings muss hier die Situation der Lebensmittelbranche Berücksichtigung finden. So verfügt der Lebensmitteleinzelhandel aufgrund der hohen Konzentration auf wenige Unternehmen eine große Marktmacht. Dadurch ist der LEH in der Lage von den jeweiligen Lieferanten, die Rücknahme aller betroffenen Produkte zu fordern, ohne eine Eingrenzung der Chargen zuzulassen. Somit ist es zwangsläufig für die jeweils betroffenen Unternehmen nicht interessant in Systeme zu investieren, die eine stärkere Eingrenzung der Chargen ermöglichen.

„Spielt tatsächlich eine Rolle. Von der Bedeutung her würde ich es im mittleren Bereich einstufen, weil es oft im Schadensfall so gehandhabt

wird, dass die komplette Charge vom LEH zurückgegeben wird. Es ist dabei egal, ob der Hersteller eine Eingrenzung der Charge vornehmen könnte z.b. in dem er feststellt, aus welchen Einzelerzeugnissen kommen denn die jeweiligen Produkte. Dafür benötigt man im Grunde genommen nur einige Grundanforderungen von Rückverfolgbarkeit und nicht die Systeme, die wir hier diskutieren. Also im LEH herrscht häufig die Devise, wir nehmen die Charge komplett raus und schicken sie zurück. Dafür braucht man keine aufwendigen / detaillierten Rückverfolgbarkeitssysteme." [Zertifizierer, Z. 78-86]

„Ich denke, für unsere Branche muss man auch sagen (…), dass bei Rückruffällen, den Unternehmen von Handelsseite, oft einfach die gesamte Warenladung oder Lieferung auf den Hof gestellt wird, ohne gezielt zu schauen was wird denn jetzt konkret zurückgerufen (…) Da spielt also das Thema Marktmacht eine wichtige Rolle." [Verbandsvertreter, Z. 102-109]

Diese Vorgehensweise im LEH dürfte die Bereitschaft zur Investition in leistungsfähige Rückverfolgbarkeitssysteme vermindern. Trotzdem ist aufgrund der hohen Risiken, die ein Warenrückruf mit sich bringt, die Errichtung entsprechender Systeme aus Sicht des betrieblichen Risikomanagements unumgänglich.

7.3.2.2 Erfüllung von Vorgaben im Rahmen einer freiwilligen Zertifizierung

In der Einschätzung der befragten Unternehmen spielen die Vorgaben im Bereich einer Zertifizierung eine bedeutende Rolle. So wurde der Notwendigkeit der Einrichtung von Rückverfolgbarkeitssystemen im Rahmen eines Zertifizierungsverfahrens mit einem Wert von durchschnittlich +2,18 deutlich zugestimmt. Dabei ist festzustellen, dass die größeren und mittleren Unternehmen dem Statement stärker zustimmten als die Gruppe der kleineren Unternehmen, wobei lediglich die Abweichung zwischen den kleineren und den mittleren Unternehmen signifikant ist (vgl. Tabelle 28).

Die bedeutende Rolle der Zertifizierungen als Auslöser für Investitionen im Rückverfolgbarkeitsbereich ist auch bei den befragten Experten unumstritten.

„Also auch durch die verschiedenen Standards z.B. IFS, BRC oder auch das QS-System muss überall eine Rückverfolgbarkeit nachgewiesen werden." [Unternehmensvertreter, Z. 32-33]

„Also, bspw. der IFS ist für unsere Unternehmen von Bedeutung. Oft werden entsprechende Anforderungen an den Handel herangetragen, und dann wird das nicht diskutiert, das wird gemacht. Insofern haben Sie vollkommen Recht indem Sie sagen, diese Standards sorgen dafür sind also sozusagen ein Druckmittel (das klingt so negativ) – sind Auslöser dafür u.a., dass die Systeme etabliert werden." [Verbandsvertreter, Z. 77-81]

Einschränkt muss jedoch festgehalten werden, dass sich Zertifizierungen immer auf den jeweils betrachteten Betrieb beziehen und somit eine unternehmensübergreifende Verknüpfung der Rückverfolgbarkeitssysteme außer Acht gelassen wird.

„Man muss differenzieren: also auf einer Stufe ja, dann wird es in den Zertifizierungen gefordert, aber stufenübergreifend gibt es momentan ganz wenig Systeme (...). Dies wird (...) auch nicht bei QS, obwohl das System stufenübergreifend ist, gefordert (weder im IFS noch EUREPGAP, in keinem der Standards wird ein übergreifende Rückverfolgbarkeit gefordert)." [Zertifizierer, 50-55]

„Bei QS, BRC, IFS und EurepGAP ist es so, dass Rückverfolgbarkeit gefordert wird, aber nicht durch die gesamte Kette. So ist der Beitrag entsprechend: Für das Eine ist es sehr hoch, für das Andere ist es gleich Null." [Zertifizierer, Z. 71-74]

Abschließend bleibt festzuhalten, dass die Anforderungen der unterschiedlichen Zertifizierungsstandards einer der wichtigsten Gründe für Investitionen in Rückverfolgbarkeitssysteme sind. Zwar betrachten die Standards in der Regel lediglich die Stufe der Wertschöpfungskette, auf der sich das jeweilige Unternehmen befindet. Dies führt aber kaum zu einer Verringerung der Bedeutung aus Sicht der betroffenen Unternehmen, da sich diese in der Regel auch vorrangig auf die Stufe konzentrieren in der sie tätig sind. Stufenübergreifende Systeme sind aus Sicht der Unternehmen in vielen Fällen nicht oder nur von nachrangiger Bedeutung.

7.3.2.3 OPTIMIERUNG DER INNERBETRIEBLICHEN ABLÄUFE SOWIE DIE VERBESSERUNG DER ZUSAMMENARBEIT MIT LIEFERANTEN UND ABNEHMERN

Die Errichtung von Rückverfolgbarkeitssystemen erfordert die Dokumentation von Produktionsprozessen innerhalb der Unternehmen. Diese Dokumentationen können im Zuge der weiteren Auswertung auch zur gezielten Analyse der Produktionsprozesse herangezogen werden, um darauf aufbauend eine Optimierung dieser Prozesse zu erzielen. Beabsichtigen die Unternehmen darüber hinaus unternehmensübergreifende Rückverfolgbarkeitssysteme entlang der gesamten Supply Chain zu errichten, so ist auch hier eine Dokumentation der entsprechenden Prozesse notwendige Voraussetzung. Daraus lassen sich dann ebenfalls Informationen generieren, die eine Verbesserung und Optimierung der Prozesse in den beteiligten Unternehmen ermöglichen. Um die Bedeutung dieser Punkte zu messen, sind ebenfalls zwei Statements in die Befragung eingeflossen.

Dem Statement, wonach Rückverfolgbarkeitssysteme zur Verbesserung der innerbetrieblichen Prozesse führen, wird mit einem durchschnittlichen Wert von +0,85 „eher zugestimmt". Insbesondere mittlere und große Unternehmen sehen in diesem Bereich Optimierungsmöglichkeiten, während die kleineren Unternehmen mit einem Wert von +0,19 eine geringe Zustimmung zu dem Statement zeigen. Auch hier sind die Unterschiede zwischen den kleineren Unternehmen und den beiden anderen Gruppen auf einem Niveau von 5 % signifikant (vgl. Tabelle 30).

Ein nahezu identisches Bild ergibt sich bei der Verbesserung der Zusammenarbeit zwischen den Unternehmen entlang der Supply Chain. Auch hier wird dem Statement, wonach durch Rückverfolgbarkeitssysteme die Zusammenarbeit mit den Lieferanten und Abnehmern verbessert wird, mit einem Wert von +0,79 „eher zugestimmt". Ähnlich wie beim vorgenannten Punkt ist auch hier die Zustimmung der großen und mittleren Untenehmen stärker als die der kleinen Unternehmen. Allerdings kann kein signifikanter Unterschied festgestellt werden (vgl. Tabelle 29).

Abschließend kann festgehalten werden, dass Optimierungen innerhalb des betreffenden Unternehmens durchaus einen wichtigen Grund für die Einführung von Rückverfolgbarkeitssysteme darstellen. Darüber hinaus erscheint eine Verbesserung der Zusammenarbeit entlang der gesamten Supply Chain möglich. Dies spiegelt sich auch in den Aussagen der befragten Experten wieder, die ebenfalls ein entsprechendes Potenzial in diesem Bereich sehen, das aber vielfach nicht abgerufen wird:

> *„…das Thema Supply Chain, wird viel diskutiert. Also die technischen Möglichkeiten sind enorm, aber ich habe den Eindruck, dass in der Pra-*

xis das Thema immer noch eine vergleichsweise untergeordnete Rolle spielt." [Verbandsvertreter, Z. 129-131]

Einschränkend wird jedoch bemerkt, dass insb. der LEH zum Teil kein Interesse an einer verstärkten Zusammenarbeit entlang der Wertschöpfungskette zeigt. Vielfach scheint die Unabhängigkeit von den Lieferanten von höherer Bedeutung zu sein. Dadurch können auch Vorteile eines stufenübergreifenden Rückverfolgbarkeitssystems in diesem Bereich kaum erzielt werden.

„Ich denke hier ist noch ein großes Potenzial vorhanden. Problematisch sind hier häufig die Einzelhändler, die keine Notwendigkeit sehen und sich oft die Freiheit sichern wollen, auch kurzfristig zu anderen Lieferanten zu wechseln." [Zertifizierer, Z. 124-127]

Demgegenüber können aber auch zunehmend Entwicklungen verzeichnet werden, in den auch der LEH eine Zusammenarbeit entlang der Wertschöpfungskette forciert und versucht die damit verbundenen Vorteile zu generieren.

„Aber zum Teil gibt es auch Einzelhändler die längerfristige Geschäftsbeziehungen aufbauen und für die ist es sogar besser, stufenübergreifende Systeme zu haben. Das gleiche gilt auch für Lieferanten und Verarbeiter. Häufig werden entsprechende Systeme über Vertragsanbau u.ä. Möglichkeiten realisiert." [Zertifizierer, Z. 127-130]

Die Zusammenarbeit entlang der Supply Chain bietet noch vielfältige Möglichkeiten, um die Leistungsfähigkeit der Rückverfolgbarkeitssysteme zu steigern und somit auch zu einer Verbesserung der Sicherheit der Lebensmittel beizutragen.

7.3.2.4 RÜCKVERFOLGBARKEIT ALS MERKMAL EINER DIFFERENZIERUNGSSTRATEGIE

Die Nutzung von Rückverfolgbarkeitssystemen im Rahmen der wettbewerbsstrategischen Ausrichtung spielt in den befragten Unternehmen eine eher nachrangige Rolle. So erreicht das zugehörige Statement lediglich eine geringe Zustimmung mit +0,27. Die Unterschiede zwischen den einzelnen Unternehmensgrößen ergeben kein einheitliches Bild. Zudem ist eine starke Streuung der Werte zu verzeichnen, was darauf hindeutet, dass es große Unterschiede zwischen den befragten Unternehmen gibt (vgl. Tabelle 32).

Rückverfolgbarkeitssysteme im Rahmen einer Differenzierungsstrategie zu nutzen, hängt von unterschiedlichen Faktoren ab. Dadurch erscheint dies nur für eine begrenzte Zahl von Unternehmen eine sinnvolle Strategie. Dies spiegelt sich auch in den geführten Interviews wieder. Der befragte Unternehmensvertreter sieht bspw. keine Möglichkeit entsprechende Systeme zur Generierung von Wettbewerbsvorteilen zu nutzen:

„...das glaub ich eigentlich weniger. Also für uns ist das eigentlich keine Frage, weil wenn wir an einen Lieferanten rangehen, dann gehen wir davon von aus, dass er die Rückverfolgbarkeit sicherstellen kann. Das müsste eigentlich heutzutage Standard sein..." [Unternehmensvertreter, Z. 76-79]

Trotzdem wird diesem Punkt eine gewisse Bedeutung beigemessen: Entscheidend für den Einfluss ist die Möglichkeit eine Mehrzahlungsbereitschaft bei den Kunden zu generieren. Sobald dies gelingt steht auch einer verstärkten Nutzung der Rückverfolgbarkeit im Zuge von Differenzierungsstrategien zumindest in bestimmten Bereichen nichts im Wege.

„Aus meiner Sicht liegt genau in diesem Punkt noch ein gewisses Potenzial. Also momentan nutzen nur sehr vereinzelt die Unternehmen entsprechende Strategien, aber ich denke schon, dass man da durchaus sowohl auf Seiten des Einzelhandels etwas machen kann als auch noch vermehrt von Lieferanten- oder Produzentenseite aus. Das geht natürlich auch Richtung längerfristige Verträge und da sind einige Einzelhändler nicht so interessiert dran." [Zertifizierer, Z. 99-104]

Die technischen Anforderungen zur Nutzung der Rückverfolgbarkeit im Zuge einer Differenzierungsstrategie sind größtenteils gelöst. Entsprechende Pilotprojekte zeigen, dass ein Informationstransfer am Point of Sale mittels entsprechender Terminals möglich ist.

„Also im Prinzip sind die entsprechenden Möglichkeiten vorhanden und für einzelne Produkte finden sie auch Anwendung aber es ist halt schwierig, den Systemen zu einer weiteren Verbreitung zu verhelfen." [Zertifizierer, Z. 109-111]

Weitere Möglichkeiten bietet vor diesem Hintergrund die Einführung der RFID-Technologie im Lebensmitteleinzelhandel. Sollte es gelingen, die in Abschnitt 5.3 geschilderten Probleme zu lösen und eine flächendeckende Einführung der

Technologie erfolgen, dürfte auch die Nutzung der Rückverfolgbarkeit im Rahmen von Differenzierungsstrategien eine verstärkte Beachtung finden.

7.3.3 Stellenwert der Gründe in den unterschiedlichen Unternehmen

In den vorangegangenen Kapiteln wurden die unterschiedlichen Gründe für die Errichtung der Rückverfolgbarkeitssysteme und deren Einschätzung durch die befragten Unternehmen dargestellt. Diese Gründe sind für die weitere Analyse im Rahmen der Untersuchung des Investitionsverhaltens der Untenehmen von zentraler Bedeutung. Daher erfolgt an dieser Stelle eine Auswertung, die über eine rein deskriptive Betrachtung hinausgeht. Ziel ist es, festzustellen, ob einzelne Gründe für bestimmte Unternehmen von besonderer Bedeutung sind. Dazu wird zunächst eine Faktoranalyse durchgeführt, da die jeweiligen Gründe in der Regel durch unterschiedliche Statements erhoben wurden. Mittels der Faktoranalyse ist es möglich die Statements zusammenzufassen und dadurch eine Dimensionsreduktion zu erreichen. Auf Basis der Faktoranalyse wird eine Clusteranalyse durchgeführt, deren Ziel die Zusammenfassung der Unternehmen zu entsprechenden Gruppen ist.

7.3.3.1 FAKTORANALYSE ZUR DIMENSIONSREDUKTION

Ziel der durchgeführten Faktoranalyse ist die Zusammenfassung einzelner Statements zu Faktoren, die in der folgenden Clusteranalyse als clusterbildende Variablen herangezogen werden können. In die Faktoranalyse sind insgesamt 10 Statements eingeflossen, die sich auf drei Faktoren verteilen. Um die Eignung der Daten für die Durchführung einer Faktoranalyse zu überprüfen, wurde der KMO-Koeffizient herangezogen (Kaiser-Meyer-Olkin, Measure of Sampling Adequacy). Mit einem Wert von 0,758 wird hier ein „ziemlich guter" Wert erreicht [Backhaus et al., 2003: 276]. Das Ergebnis der Faktoranalyse gibt Tabelle 8 wieder.

Tabelle 8: Rotierte Faktormatrix

	Optimierung, Strategie, Risikomanagement	Anforderungen Stakeholder	Rechtliche Gründe
Die Zusammenarbeit mit unseren Lieferanten und Abnehmern wurde verbessert.	,880		
Durch das Rückverfolgbarkeitssystem können wir die innerbetrieblichen Abläufe optimieren.	,847		
Risiken durch einen Warenrückruf werden durch das Rückverfolgbarkeitssystem verringert.	,672		
Die Rückverfolgbarkeit ist Teil unserer Werbung / Marketingstrategie.	,532		
Personen / Unternehmen, die wichtig für uns sind, erwarten die Einrichtung von Rückverfolgbarkeitssystemen.		,846	
Wir wollen steigenden Anforderungen der Verbraucher / Abnehmer mit unserem Rückverfolgbarkeitssystem entsprechen.		,742	
Rückverfolgbarkeit gilt in unserer Branche als Qualitätsmerkmal.		,721	
Die Lebensmittelbasisverordnung (178/2002) führte bei uns zu einer stärkeren Auseinandersetzung mit der Rückverfolgbarkeit.			,823
Aufgrund der gesetzlichen Anforderungen haben wir in Rückverfolgbarkeitssysteme investiert.		,427	,700
Wir hätten auch ohne gesetzliche Verpflichtung in Rückverfolgbarkeitssysteme investiert (umcodiert).		-,412	,606

(Werte unter 0,35 werden nicht ausgewiesen)
QUELLE: EIGENE ERHEBUNG

Der Faktor „Optimierung, Strategie, Risikomanagement" fasst Statements zusammen, die Rückverfolgbarkeit als Teil des betrieblichen Risikomanagements sehen, eine Optimierung der inner- und zwischenbetrieblichen Prozesse durch die Einrichtung entsprechender Systeme ermöglichen und die Rückverfolgbarkeit als Bestandteil einer Differenzierungsstrategie sehen. Es herrscht also eine starke Korrelation zwischen diesen Punkten. Der Faktor „Anforderungen Stakeholder" beschreibt die Einschätzungen der befragten Unternehmen zu den Anforderungen von Stakeholdern und Gesellschaft. Der dritte Faktor „Rechtliche Gründe" fasst die Einschätzung der rechtlichen Rahmenbedingungen zusammen.

Neben diesen drei Faktoren wird eine Variable, die „Rückverfolgbarkeit als Voraussetzung für eine Zertifizierung" misst, als clusterbildende Variable eingesetzt. Dieser Punkt ist lediglich mit einem Statement abgefragt worden, was eine Einbeziehung in die Faktoranalyse nicht sinnvoll erscheinen lässt. Da sich zudem nur geringe Korrelationen zwischen diesem Statement und den drei Faktoren erkennen lassen, kann dieses Statement problemlos neben den identifizierten Faktoren als clusterbildende Variable eingesetzt werden.

7.3.3.2 CLUSTERANALYSE ZUR GRUPPIERUNG DER UNTERNEHMEN

Im Zuge der Clusteranalyse wurden mittels der vorgenannten Beweggründe für die Einrichtung von Rückverfolgbarkeitssystemen Gruppen gebildet, die im Folgenden weiter vorgestellt werden. Im ersten Schritt der Clusteranalyse wurden mittels der Single-Linkage-Methode Ausreißer eliminiert. Insgesamt wurden sieben Datensätze aus der Stichprobe entfernt. Anschließend wurde auf Basis der Ward-Methode die optimale Clusterzahl ermittelt. Hierzu wurde zum einen das Elbow-Kriterium herangezogen. Da dieses in der vorliegenden Stichprobe keine eindeutigen Ergebnisse lieferte, wurden zusätzlich sachlogische Gründe bei der Ermittlung der optimalen Clusterzahl mit einbezogen. Daraufhin wurden fünf Cluster gebildet. Dies erfolgte im abschließenden Schritt mit Hilfe der K-Means-Methode. Die im Rahmen dieser Methode festzulegenden Startpartitionen entstammen den Mittelwerten der clusterbildenden Variablen.

Abbildung 37 gibt die Ausprägung der clusterbildenden Variablen durch die unterschiedlichen Cluster wieder (Die exakten Werte können Tabelle 33 im Anhang entnommen werden).

Abbildung 37: Ausprägung der clusterbildenden Variablen

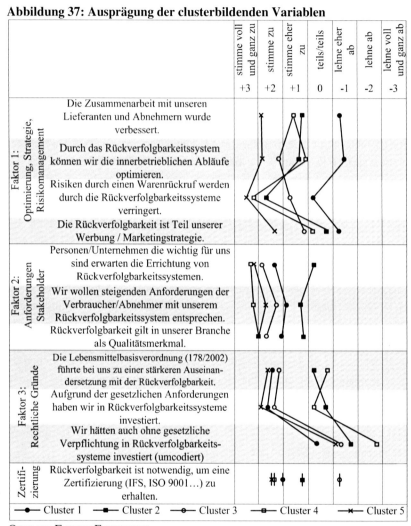

QUELLE: EIGENE ERHEBUNG

Cluster 1: „Die Zertifizierer"

Cluster eins umfasst 36 Unternehmen, die in erster Linie Rückverfolgbarkeitssysteme installiert haben, um eine Zertifizierung zu erhalten. Demgegenüber spielen die Gründe des ersten Faktors, also die Optimierung der inner- und zwischenbetrieblichen Prozesse, das Risikomanagement und die Marketingstrategie eine deutlich unterdurchschnittliche Rolle bei diesen Unternehmen. Überdurchschnittlich hoch ist in dieser Gruppe der Anteil der Unternehmen aus den Branchen Tiefkühlkost, Fisch und Getränke. Die Unternehmen dieses Clusters sind im Vergleich zu allen Unternehmen relativ klein und produzieren einen hohen Anteil an Handelsmarken. Zudem sind diese Unternehmen in der Vergangenheit nur selten von einem Warenrückruf betroffen gewesen (lediglich 15 % mussten einen Warenrückruf durchführen). Die Realisierung der Rückverfolgbarkeitssysteme ist vergleichsweise gering vorangeschritten. Zudem wird die Leistungsfähigkeit der bislang vorhandenen Systeme als eher gering eingeschätzt.

Das Ergebnis wonach in dieser Gruppe insbesondere Produzenten von Handelsmarken vertreten sind, ist nachvollziehbar, da insbesondere diese Unternehmen auf Druck des Lebensmitteleinzelhandels entsprechende Zertifizierungen benötigen. Zudem dürften Differenzierungsstrategien mit der Rückverfolgbarkeit als zentralem Merkmal für diese Unternehmen kaum interessant sein. Weiterhin ist es nicht überraschend, dass der Einsatz der Rückverfolgbarkeit als Risikomanagementinstrument kaum eine Rolle spielt. Dies resultiert sicherlich aus einer vergleichsweise geringen Sensibilität der Unternehmen für die Folgen von Warenrückrufen, da die Unternehmen in den letzten Jahren vergleichsweise selten entsprechende Rückrufe durchführen mussten.

Cluster 2: „Die Ignoranten"

Cluster zwei umfasst 28 Unternehmen. Die Unternehmen dieses Clusters messen im Vergleich zu den Unternehmen der anderen Cluster keinem der vorgegebenen Gründe einen hohen Stellenwert bei. Insbesondere die Bedeutung der Anforderungen von Stakeholdern und der rechtlichen Vorgaben wird gering eingeschätzt. Insgesamt weist diese Gruppe der Rückverfolgbarkeit die geringste Bedeutung zu. In diesem Cluster sind Unternehmen aller Größenordnungen vertreten, die einen geringen Anteil an Handelsmarken produzieren. In erster Linie sind Unternehmen der Branchen Kaffee / Tee, Geflügel und Nonfood vertreten. Auffällig ist, dass 40 % der Unternehmen dieses Clusters bereits einen Warenrückruf durchgeführt haben. Die Realisierung von Rückverfolgbarkeitssystemen ist vergleichsweise wenig vorangeschritten. Hinzu kommt ein relativ hoher Anteil von Unternehmen, die kein gesondertes Rückverfolgbarkeitssystem einrichten wollen.

Erstaunlich am Cluster zwei ist, dass obwohl ein relativ großer Teil der Unternehmen bereits einen Warenrückruf durchgeführt hat, die Bedeutung der Rückverfolgbarkeitssysteme vergleichsweise gering eingeschätzt wird. Es erscheint möglich, dass diese Unternehmen im Verlauf der durchgeführten Warenrückrufe Erfahrungen sammeln konnten, die belegen, dass der Rückruf auch ohne gesonderte Systeme mit „vorhandenen Mitteln" durchgeführt werden kann. Dies würde dann auch erklären, dass die Investitionsbereitschaft der Unternehmen in Rückverfolgbarkeitssysteme vergleichsweise gering ist. Darüber hinaus sind zum Teil auch die betroffenen Branchen ausschlaggebend. Eine Rückverfolgbarkeit von Kaffee / Tee und Nonfood dürfte sich leichter realisieren lassen als in anderen Branchen. Für die daneben in dieser Gruppe noch stark vertretene Branche Geflügel könnte man unterstellen, dass aufgrund der stark ausgeprägten vertikalen Integration in diesem Bereich, bereits vor längerer Zeit Voraussetzungen geschaffen wurden, die einen Warenrückruf erleichtern und somit in der aktuellen Diskussion der Rückverfolgbarkeit eine nachrangige Bedeutung beigemessen wird.

Cluster 3: „Die Gesetzestreuen"

Die 27 Unternehmen im Cluster drei sehen in den rechtlichen Vorgaben und den Anforderungen der Stakeholder die Hauptgründe für die Errichtung von Rückverfolgbarkeitssystemen. Diese Unternehmen weisen im Vergleich zur Gesamtstichprobe eine geringe Größe auf. Der Anteil der Handelsmarken liegt mit lediglich 13,4 % am niedrigsten im Vergleich aller fünf Cluster. Die Realisierung der Rückverfolgbarkeitssysteme ist bereits weit fortgeschritten.

Die Bedeutung der rechtlichen Regelungen scheint bei den kleineren Unternehmen weit reichender eingeschätzt zu werden. Es erscheint möglich, dass dies daraus resultiert, dass kleinere Unternehmen nicht über die personellen Ressourcen verfügen, die Entwicklungen bei der Interpretation der rechtlichen Vorgaben im Detail zu verfolgen.

Cluster 4: „Die Imageorientierten"

Im Cluster vier können die Anforderungen der Stakeholder als Hauptgrund für die Errichtung von Rückverfolgbarkeitssystemen identifiziert werden. Daneben spielt die Notwendigkeit zur Rückverfolgbarkeit im Rahmen einer Zertifizierung eine bedeutende Rolle. In diesem Cluster sind in erster Linie größere Unternehmen mit einem hohen Anteil Handelsmarken an ihrer Gesamtproduktion vertreten. Die 60 Unternehmen dieses Clusters stammen überwiegend aus den Bereichen Obst und Gemüse, Molkereiprodukte und anderen Branchen. Insgesamt wird die Bedeutung der Rückverfolgbarkeit sehr hoch eingeschätzt.

Im Gegensatz zu den kleineren Unternehmen im vorangegangen Cluster sehen die Unternehmen dieses Clusters also die Gründe für die Errichtung von Rückverfolgbarkeitssystemen verstärkt außerhalb der gesetzlichen Vorgaben. Die Anforderungen dürften in erster Linie vom Lebensmitteleinzelhandel ausgehen. Dieser fordert zum Teil direkt Rückverfolgbarkeitssysteme, um eine entsprechende Kommunikation gegenüber dem Endverbraucher durchführen zu können. Darüber hinaus werden Zertifizierungen in nahezu allen Produktbereichen vom LEH verlangt. Somit müssen die jeweiligen Vorgaben der Standards von den Unternehmen erfüllt werden.

Cluster 5: „Die Vielseitigen"

Cluster fünf vereint 73 Unternehmen, die allen hier betrachteten Gründen eine sehr hohe Bedeutung beimessen. Diese Unternehmen geben auch in den Statements zur grundlegenden Bedeutung von Rückverfolgbarkeitssystemen eine sehr hohe Bedeutung dieser Systeme an. In diesem Cluster sind Unternehmen aller Größenklassen vertreten, die vergleichsweise selten einen Warenrückruf durchgeführt haben. Der Realisierungsgrad der Rückverfolgbarkeitssysteme ist sehr hoch. Zudem wird die Leistungsfähigkeit der errichteten Systeme als sehr hoch eingeschätzt.

Diese Gruppe besteht aus Unternehmen, die Rückverfolgbarkeit insgesamt als wichtiges Instrument sehen. Dadurch lässt sich auch die hohe Einschätzung der Bedeutung aller Gründe, die im Rahmen der Umfrage vorgegeben wurden, erklären. Daher ist es auch nicht überraschend, dass die Realisierung der Systeme weit vorangeschritten ist und diese Systeme eine hohe Leistungsfähigkeit aufweisen.

7.4 Leistungsfähigkeit der Systeme

Um die Leistungsfähigkeit von Rückverfolgbarkeitssystemen zu erfassen, wurden unterschiedliche Parameter herangezogen: Im Einzelnen sind dies die Zeit, die vergeht, bis im Bedarfsfall die notwendigen Informationen vorliegen, die Größe der Charge, die rückverfolgt werden kann, und die Möglichkeit, weitere Informationen wie Prozessparameter, Testergebnisse u.ä. mit der Charge zu übermitteln.

Abbildung 38: Leistungsfähigkeit der Rückverfolgbarkeitssysteme

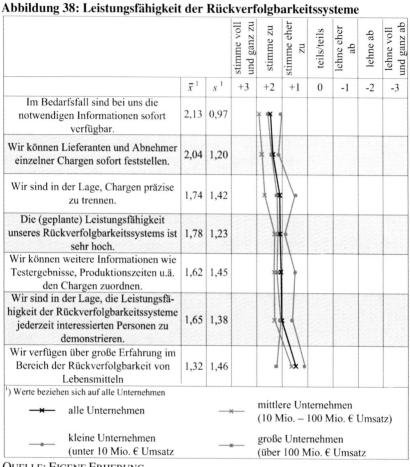

QUELLE: EIGENE ERHEBUNG

Wie sich aus Abbildung 38 ablesen lässt, variieren die Ergebnisse zwischen den Untenehmen der unterschiedlichen Größenklassen vergleichsweise deutlich. Insbesondere die Angaben der Gruppe der kleineren Unternehmen weichen mit Ausnahme des vierten und sechsten Statements signifikant von den Aussagen der anderen Unternehmen ab. Die befragten Unternehmen schätzen die Leistungsfähigkeit ihrer Rückverfolgbarkeitssysteme insgesamt sehr hoch ein. So erhalten die Statements, die auf eine sofortige Verfügbarkeit der notwendigen Informationen abstellen, eine sehr hohe Zustimmung (+2,13). Auch die Möglichkeiten zur Trennung von Chargen im Bedarfsfall sowie zur Zuordnung von weiteren Informationen wie Testergebnissen und Produktionszeiten sind in der Regel gegeben. Hier werden die zugehörigen Statements mit +1,74 bzw. +1,62 bestätigt.

Interessant erscheint, dass die Unternehmen dem Statement, wonach sie über große Erfahrung im Bereich der Rückverfolgbarkeit verfügen, mit einem Wert von +1,32 zustimmen. Dies legt den Schluss nahe, dass man sich auch schon vor Inkrafttreten der gesetzlichen Vorschriften mit dem Thema Rückverfolgbarkeit befasst hat (vgl. Tabelle 34 bis Tabelle 40 im Anhang).

Auch die befragten Experten schätzen die Leitungsfähigkeit der meisten Systeme als akzeptabel ein. Zudem wird von einigen Unternehmen über entsprechende Testläufe die Leistungsfähigkeit der Rückverfolgbarkeit laufend geprüft.

„Das sieht in der Praxis so aus, dass eine Packung aus dem LEH vorgelegt wird und eine Rückverfolgbarkeit nachgewiesen werden soll. Es wird gefragt woher kommt der Schinken bzw. der Rohstoff, woher das Gewürz, woher die Verpackung…" [Unternehmensvertreter, Z. 25-28]

Für Personen außerhalb der Unternehmen ist es allerdings schwierig einen Einblick über die Ergebnisse zu erhalten. Dadurch ist es auch kaum möglich Aussagen über die Leistungsfähigkeit der Systeme des gesamten Sektors zu machen. In diesem Punkt muss man sich auf die Mitteilungen der jeweiligen Unternehmen verlassen.

„Es gibt Unternehmen, die machen Worst-Case-Fälle und spielen das entsprechend durch. (…) Unsere Erfahrungen sind allerdings so, dass über solche Tests wenig berichtet wird. Es wird mal in internen Kreisen ausgetauscht (…) allerdings nicht an die große Glocke gehängt, gerade wenn der Rückruf nicht geklappt hat, ist das natürlich kein PR-wirksames Mittel. Es ist natürlich ein sensibles Gebiet für die Unternehmen mit entsprechend sensiblen Informationen. Es ist schwierig als Außenstehender die Situation einzuschätzen." [Verbandsvertreter, Z. 171-177]

7.5 Kosten der Rückverfolgbarkeitssysteme

7.5.1 Verteilung und Arten der Kosten

Die Errichtung von Rückverfolgbarkeitssystemen zieht eine Reihe von Kosten nach sich. Diese wurden in der vorliegenden Umfrage in Personal- und Sachkosten unterteilt. Die Personalkosten können weiter in externe und interne Personalkosten differenziert werden. Interne Personalkosten beziehen sich auf die Kosten, die durch unternehmenseigene Mitarbeiter verursacht werden. Dazu zählen Kosten für die Entwicklung von Systemen, Schulungs- und Weiterbildungskosten, laufende Personalkosten zur Datenerfassung u.a. Zu den externen Personalkosten zählen Kosten für Personen, die nicht im Unternehmen angestellt sind wie bspw. Berater oder Schulungsreferenten. Die Sachkosten umfassen alle anderen Kosten, die im Rahmen der Errichtung von Rückverfolgbarkeitssystemen anfallen wie bspw. Kosten für Hard- und Software oder Anlagen und Maschinen zur Trennung, Identifikation und Kennzeichnung der physischen Produkte. Abbildung 39 gibt einen Überblick über die Anteile der einzelnen Kostenarten.

Abbildung 39: Kosten der Errichtung von Rückverfolgbarkeitssystemen

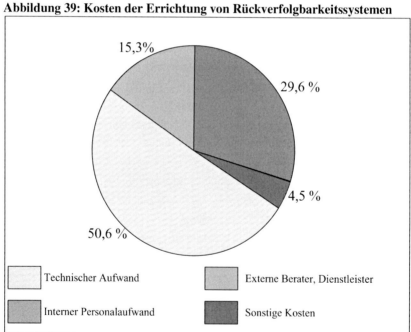

QUELLE: EIGENE ERHEBUNG

Der größte Kostenblock sind die Aufwendungen für technische Einrichtungen. Sie bilden etwa die Hälfte aller Kosten im Bereich der Rückverfolgbarkeitssysteme. Der Kostenblock interner Personalaufwand liegt mit 29,6 % an zweiter Stelle. Mit 15,3 % folgen dann die Kosten für externe Berater und Dienstleister vor den sonstigen Kosten, die 4,5 % umfassen. Zu den sonstigen Kosten zählen bspw. Kosten für zusätzliche Wartung, Lagerumbauten, externe Kontrollen, Prüfungs- oder Zertifizierungskosten.

Abbildung 40: Kostenverteilung nach Unternehmensgrößen

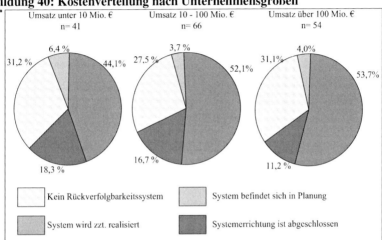

QUELLE: EIGENE ERHEBUNG

Betrachtet man die Kostenverteilung unter Berücksichtigung der Unternehmensgröße, so stellt sich heraus, dass mit steigendem Umsatz der Anteil der Kosten für technische Einrichtungen ansteigt (Abbildung 40). Im Gegenzug sinkt der Anteil der Kosten, die für externe Berater und Dienstleister anfallen. Der Anteil des internen Personalaufwandes und auch die sonstigen Kosten liefern keine einheitliche Tendenz, es scheint also keinen Zusammenhang mit der Größe der Unternehmen zu geben.

7.5.2 Höhe der Kosten für die Errichtung von Rückverfolgbarkeitssystemen

Die Erfassung der Kosten, die im Rahmen der Errichtung von Rückverfolgbarkeitssystemen entstehen, ist schwierig. Häufig sind die Unternehmen selbst nicht in der Lage, diese Kosten exakt zu quantifizieren. Problematisch gestaltet sich insbesondere die genaue Erfassung und Zuordnung der Kosten.

Aufgrund der Erhebungsmethode war es in dieser Umfrage nur begrenzt möglich, einen genauen Überblick über die Höhe der anfallenden Kosten für die Errichtung der Systeme zu gewinnen. Um diesen zu erhalten, wären intensive Dokumentenanalysen in den befragten Unternehmen notwendig gewesen, um zunächst die tatsächlichen Kosten zu erfassen. Darauf aufbauend hätte eine systematische und exakt gleiche Zuordnung der Kosten in den Unternehmen erfolgen müssen, um zu gewährleisten, dass alle Angaben vergleichbar sind.

Um jedoch (wenn auch grobe) Angaben zu erhalten, wurde in der vorliegen Befragung eine Frage den entstandenen Kosten gewidmet. Mit Hilfe der Fragestellung: „Wenn Sie alle Aufwendungen wie interner und externer Personalaufwand, Hard- und Softwarekosten sowie Kosten für technische Maschinen und Anlagen berücksichtigen, wie hoch schätzen Sie Ihre Investitionen in Rückverfolgbarkeitssysteme insgesamt ein?" wurde versucht, zumindest in etwa eine Abgrenzung der relevanten Kosten vorzunehmen und dadurch die Vergleichbarkeit der Antworten zu gewährleisten.

Abbildung 41: Kosten für die Errichtung von Rückverfolgbarkeitssystemen nach Größenklassen (in €)

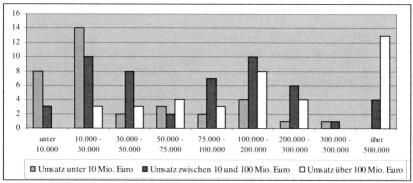

QUELLE: EIGENE ERHEBUNG

Betrachtet man die in Abbildung 41 dargestellte Verteilung der Kosten nach Umsatzklassen so ist erkennbar, dass mit steigender Größe der Unternehmen auch der Aufwand für die Errichtung der Rückverfolgbarkeitssysteme signifikant ansteigt. Während der größte Teil der kleinen Unternehmen mit einem Umsatz unter 10 Mio. € Investitionen zwischen 0 und 30.000 € für die Errichtung der Systeme getätigt hat, werden von den meisten großen Unternehmen (Umsatz über 100 Mio. €) Investitionen über 100.000 € bzw. bei 13 Unternehmen sogar über 500.000 € angegeben.

Betrachtet man die Investitionen nach Branchen so ist ein Vergleich ohne Rücksicht auf die Unternehmensgröße wenig aussagefähig. Daher werden auch im

Folgenden drei Größengruppen gebildet und analysiert. Eine Darstellung der Investitionen unterteilt nach Branchen erfolgt in Abbildung 42. Betrachtet man die Unternehmen mit einem Umsatz unter 10 Mio. €, so liegen die Investitionen der Unternehmen in der Geflügelbrache sowie im Bereich Fleisch- und Wurstwaren an der Spitze mit etwa 100.000 €. Die geringsten Investitionen dieser Gruppe wurden in den Unternehmen der Branchen Tiefkühlkost, Öle / Fette, Mühlen und Getreideprodukte sowie anderer Brachen mit etwa 20.000 € bis 50.000 € getätigt. In der Gruppe der Untenehmen mit einem Umsatz zwischen 10 und 100 Mio. € liegen die Investitionen in einer Reihe von Branchen auf etwa gleichem Niveau. Dazu zählen mit einer Investitionshöhe zwischen 75.000 und 200.000 € die Branchen Brot und Backwaren, Tiefkühlkost, Dauerkonserven, Fisch, Geflügel und Getränke. Die geringsten Investitionen dieser Gruppe werden in den Branchen Nonfood sowie Öle und Fette getätigt.

Bei den großen Unternehmen, die einen Umsatz über 100 Mio. € ausweisen, wurden die höchsten Investitionen in den Bereichen Nonfood, Getränke, Obst und Gemüse, Mühlen- und Getreideprodukte, Kaffee und Tee, Süßwaren und Snacks sowie anderer Branchen getätigt. Die Höhe der Investitionen lag in diesen Branchen zum Teil deutlich über 200.000 € bis hin zu etwa 400.000 €. In den anderen Branchen dieser Unternehmensgruppe variierten die Investitionen im Bereich zwischen 75.000 € und 200.000 €.

Abbildung 42: Investitionen in Rückverfolgbarkeitssysteme nach Branchen (in 1000 €)

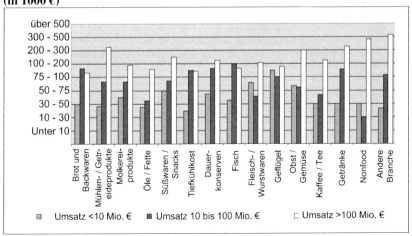

QUELLE: EIGENE ERHEBUNG

7.6 Einschätzungen zur Zukunft der Rückverfolgbarkeitssysteme

Im Folgenden wird ein Überblick gegeben, inwieweit die derzeitigen Systeme in Zukunft aus Sicht der befragten Unternehmen ausreichen werden und ob ggf. weitere Investitionen getätigt werden sollen. Zudem erfolgt eine Einschätzung der weiteren Entwicklung im Bereich der Rechtsvorschriften und des Stellenwertes der Rückverfolgbarkeit beim Verbraucher. Die Antworten der befragten Unternehmen zur Zukunft der Rückverfolgbarkeitssysteme sind in der Abbildung 43 zusammengefasst.

Abbildung 43: Zukunft der Rückverfolgbarkeitssysteme

	$\bar{x}^1$	s^1	stimme voll und ganz zu +3	stimme zu +2	stimme eher zu +1	teils/teils 0	lehne eher ab -1	lehne ab -2	lehne voll und ganz ab -3
Die von uns geplanten / eingerichteten Systeme werden auf absehbare Zeit ausreichen.	1,74	1,20							
Die gesetzlichen Anforderungen im Bereich der Rückverfolgbarkeit werden weiter verschärft.	1,45	1,26							
Wir müssen und wir werden noch mehr im Bereich der Rückverfolgbarkeitssysteme investieren.	0,76	1,28							
Rückverfolgbarkeit wird in der Gesellschaft einen höheren Stellenwert gewinnen.	1,55	1,89							

^{1}) Werte beziehen sich auf alle Unternehmen

—×— alle Unternehmen
—×— mittlere Unternehmen (10 Mio. – 100 Mio. € Umsatz)
—•— kleine Unternehmen (unter 10 Mio. € Umsatz
—■— große Unternehmen (über 100 Mio. € Umsatz

QUELLE: EIGENE ERHEBUNG

Die befragten Unternehmen erwarten überwiegend, dass die eingerichteten / geplanten Systeme zunächst ausreichend sein werden. Das zugehörige Statement wurde mit durchschnittlich +1,74 bestätigt. Tendenziell ist dabei die Zustimmung der großen und mittleren Unternehmen höher als die der kleineren Unternehmen. Trotzdem sehen die Unternehmen weiterhin eine Notwendigkeit, Investitionen in die Rückverfolgbarkeit ihrer Produkte zu tätigen (Statement 3 in Abbildung 43).

Ein ähnliches Bild ergibt sich bei der Einschätzung der zukünftigen rechtlichen Lage. Dem Statement, wonach mit einer weiteren Verschärfung der rechtlichen Bestimmungen zu rechnen ist, wird mit durchschnittlich +1,44 zugestimmt. Auch hier erwarten vor allem die großen und mittleren Unternehmen eine weitere Verschärfung, während die kleineren Unternehmen eher verhalten dem Statement zustimmen. Ebenfalls wird vermutet, dass die Rückverfolgbarkeit in Zukunft einen höheren Stellenwert bei den Verbrauchern erlangen wird (vgl. Tabelle 56 bis Tabelle 59 im Anhang). Signifikante Unterschiede zwischen den gebildeten Größengruppen können nicht festgestellt werden.

Die vermutete steigende Sensibilität der Verbraucher für Frage der Rückverfolgbarkeit findet sich auch in den Experteninterviews wieder. Basierend auf den steigenden Anforderungen der Verbraucher könnten auch im Lebensmitteleinzelhandel Prozesse einsetzen, an deren Ende verbesserte Möglichkeiten zur Rückverfolgbarkeit der Produkte stehen. Diese Prozesse dürften allerdings im Rahmen einer kontinuierlichen Verbesserung der jeweiligen Systeme ablaufen.

„…grundsätzlich glaub ich schon, dass die Transparenz noch zunehmen muss und wird. Auslöser dafür sind ja die bekannten Skandale der Vergangenheit. (…) Rückverfolgbarkeit und Transparenz hängen aber schon stark zusammen und da glaub´ ich schon, dass sich weitere Entwicklungen einstellen werden. Allerdings glaube ich nicht, dass von einer Minute auf die andere umfassende IT-Lösungen geschaffen werden, die für die gesamte Branche greifen. Es wird eher eine langsame Tendenz sein. Bewegung kommt in die Sache wenn der LEH mehr Druck macht, bspw. wenn entsprechende Anforderungen der Konsumenten vorliegen. Dies kann am ehesten zu einem schnellen Ausbau der Systeme führen." [Zertifizierer, Z. 260-269]

Bezüglich der weiteren Entwicklung der gesetzlichen Vorgaben zur Rückverfolgbarkeit werden Verschärfungen der globalen Regelungen (zzt. VO (EG)

178/2002) nicht erwartet. Vielmehr könnten in einzelnen Bereichen oder für einzelne Produkte weitergehende Regelungen gefunden werden.[46]

> „Aktuell sehen wir keine Initiative des Gesetzgebers. Grundsätzlich gewinnt das Thema Verbraucherschutz aber immer weiter an Gewicht insofern würden wir eine Verschärfung der Gesetze nicht ausschließen." [Verbandsvertreter, Z. 209-212]

Denkbar ist vor diesem Hintergrund auch die Schaffung von Vorschriften zur unternehmensübergreifenden Rückverfolgbarkeit einzelner Produkte

> „...für Eier kann ich mir eine Vorschrift zur stufenübergreifenden Rückverfolgbarkeit vorstellen. Aber ich glaub´ über alle Produkte hinweg ist das nicht zu erwarten." [Zertifizierer, Z. 248-250]

Zusammenfassend lässt sich festhalten, dass derzeit mit einer umfassenden Verschärfung der rechtlichen Anforderungen nicht zu rechnen ist. Denkbar ist allerdings die Schaffung von speziellen Regelungen für einzelne Bereiche, die es dem Gesetzgeber erlaubt, gezielt in Bereichen zu agieren, in denen Handlungsbedarf gesehen wird. Dadurch kann auch den sehr heterogenen Strukturen in der Lebensmittelbranche Rechnung getragen werden.

---

[46] Entsprechende Regelungen, die über die Anforderungen der Lebensmittelbasisverordnung hinausgehen, finden sich z.B. im Bereich gentechnisch veränderter Organismen (vgl. Kapitel 3.3.1).

8 ÜBERPRÜFUNG DES MODELLS

Nachdem in den vorangegangenen Abschnitten zunächst ein Überblick über die Aussagen der befragten Unternehmen zu Motiven, Leistungsfähigkeit und Kosten der Rückverfolgbarkeitssysteme gegeben wurde, erfolgt im Folgenden die Überprüfung des im Abschnitt 6.5 entwickelten Modells zur Erklärung von Investitionen in diese Systeme. Dazu findet die Methode der PLS-Pfadanalyse Verwendung, deren Grundzüge vorab kurz erläutert werden.

8.1 Grundlagen des PLS-Pfadmodells

8.1.1 Analyse von Kausalmodellen

In der weiteren Arbeit soll überprüft werden, inwieweit kausale Abhängigkeiten zwischen bestimmten Merkmalen (Variablen) bestehen. Voraussetzung für die Durchführung einer Analyse von Kausalmodellen ist die Erarbeitung eines theoretischen Modells auf der Basis sachlogischer Überlegungen, das die vermuteten Beziehungen zwischen den betrachteten Merkmalen (Variablen) wiedergibt. Mittels der Kausalanalyse kann anschließend ermittelt werden, inwieweit die theoretisch aufgestellten Hypothesen mit den erhobenen empirischen Daten übereinstimmen. Die Methodik der Kausalanalyse besitzt somit konfirmatorischen Charakter, ist also als hypothesenprüfendes Instrument einzustufen. Werden im Rahmen von Kausalmodellen Variablen (und deren Beziehungen zueinander) untersucht, die nicht direkt beobachtet werden können (latente Variablen), wird von Strukturgleichungsmodellen gesprochen [Backhaus et al., 2003: 334ff.]. Diese Modelle zeichnen sich im Allgemeinen durch die in der Abbildung 44 wiedergegebene Struktur aus.

Abbildung 44: Allgemeine Darstellung eines vollständigen Kausalmodells

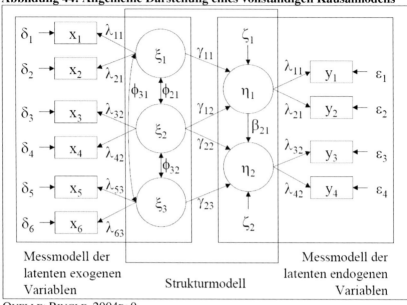

QUELLE: RINGLE, 2004B: 9

Kernpunkt des Strukturgleichungsmodells ist ein (inneres) Strukturmodell, das die vermuteten Beziehungen zwischen den latenten Variablen abbildet. Dabei werden die latenten Variablen unterschieden in unabhängige bzw. exogene Variablen und abhängige bzw. endogene Variablen. Als exogene Variablen werden Größen bezeichnet, die in der Lage sind, andere Variablen zu erklären. Endogene Variablen werden demgegenüber durch andere Variablen erklärt. Da sich latente Variablen einer direkten Messung im Rahmen der Datenerhebung entziehen, muss eine Operationalisierung über (Mess-)Indikatoren erfolgen. Diese Indikatoren werden im Rahmen der empirischen Untersuchung erhoben und bieten die Möglichkeit, auf diesem Wege indirekt die nicht messbaren latenten Variablen abzubilden. Im Rahmen des Strukturgleichungsmodells wird jeweils ein Messmodell mit Indikatoren für die Ermittlung der endogenen und der exogenen Variablen benötigt [Ringle, 2004b: 7ff.].

Zur Auswertung von Strukturgleichungsmodellen stehen mit der Kovarianzstrukturanalyse und dem Partial Least Squares-Ansatz (PLS-Pfadmodellierung) zwei unterschiedliche methodische Ansätze zur Verfügung. Derzeit wird im deutschsprachigen Raum in erster Linie auf die Kovarianzstrukturanalyse mittels Softwareanwendungen wie LISREL oder AMOS zurückgegriffen [Dautzenberg, 2005: 24ff.]. Der Partial Least Squares-Ansatz weist zurzeit eine vergleichbar geringe Verbreitung auf. Allerdings gewinnt der Ansatz in der jüngsten Vergangenheit wieder an Bedeutung und soll auch in der vorliegenden Arbeit Anwendung finden [Schulze et al., 2007: 1ff.]. Aufgrund der geringen Verbreitung der PLS-Pfadmodellierung wird Folgenden ein kurzer Überblick über die Methode gegeben.

8.1.2 Vorstellung des PLS-Ansatzes

Wie im vorigen Kapitel ausgeführt, findet die PLS-Pfadmodellierung derzeit im deutschsprachigen Raum nur vergleichsweise selten Anwendung. Zwar wurde die Methode zu Beginn der 80er Jahre des vorigen Jahrhunderts in einigen Studien eingesetzt, verlor dann aber zunehmend an Bedeutung [Apel, 1979; Balderjahn, 1986]. Erst infolge der Veröffentlichung von Arbeiten zur Fehlspezifikation reflektiver Messmodelle Anfang dieses Jahrhunderts und der daraus resultierenden Suche nach alternativen Methoden fand der PLS-Ansatz wieder stärkere Beachtung [Eberl, 2004: 21ff.]. International ist der PLS-Ansatz weiter verbreitet. Hier finden sich zahlreiche Studien im Bereich des Marketings, die sich sowohl auf die Analyse des Verbraucherverhaltens als auch auf Fragestellungen im Business-to-Business-Bereich beziehen. Daneben existieren weitere Untersuchungen auf Basis der PLS-Pfadmodellierung im Bereich der Informationstechnologien sowie des strategischen Managements [Fassott, 2005: 19ff.].

Ein Grund für die vergleichsweise schleppende Anwendung des PLS-Ansatzes ist die geringe Zahl von Softwarelösungen in diesem Bereich. Während durch Programme wie LISREL oder AMOS die Anwendung der Kovarianzstrukturanalyse eine weite Verbreitung fand, sind vergleichbare Lösungen für die PLS-Pfadanalyse erst vergleichsweise spät entwickelt und verbreitet worden. Inzwischen stehen jedoch zur Durchführung der PLS-Pfadanalyse unterschiedliche Softwarelösungen wie bspw. SmartPLS, PLS-Graph oder LVPLS zur Verfügung. Dabei sind auch in diesem Bereich Softwarelösungen mit grafischer Benutzeroberfläche vorhanden, die einen Einsatz der Methode deutlich anwenderfreundlicher gestalten [Temme und Kreis, 2005; Hildebrandt und Görz, 1999: 1ff.].

Die PLS-Pfadmodellierung unterscheidet sich von der Kovarianzstrukturanalyse in einigen grundlegenden Punkten. Gemein haben beide Methoden ihren Hauptanwendungszweck, nämlich die Analyse von Strukturgleichungsmodellen. Dabei werden jedoch verschiedene Vorgehensweisen gewählt, die zu z. T. deutlichen Unterschieden führen. Eine Gegenüberstellung der beiden Methoden liefert die Tabelle 9.

Tabelle 9: Vergleich PLS-Pfadmodellierung mit Kovarianzstrukturanalyse (LISREL)

Kriterium	PLS	LISREL
Hauptziel	Prognoseorientiert: Erklärung von latenten und / oder Indikatorvariablen	Parameterorientiert: Erklärung empirischer Datenstrukturen
Methodenansatz	Varianzbasiert	Kovarianzbasiert
Annahmen	Prädiktorspezifikation	Multinormalverteilung und unabhängige Beobachtungen
Parameterschätzer	Konsistent, wenn Fallzahl und Indikatorzahl hoch (consistency at large)	Konsistent
Latente Variable	Werte explizit geschätzt	Werte nicht determiniert
Messmodell	Reflektiv und / oder formativ	Reflektiv
Theorieanforderungen	Flexibel	Hoch
Modellkomplexität	Hochkomplexe Modelle analysierbar (z.B. 100 latente Variablen, 1000 Indikatoren)	Begrenzt
Stichprobengröße	Auch für kleine Stichproben geeignet	Hoch (200 plus)
Implikation	Optimal für Prognosegenauigkeit	Optimal für Parametergenauigkeit

QUELLE: BLIEMEL ET AL., 2005: 11

Der PLS-Ansatz ist in erster Linie prognoseorientiert und basiert auf einer Analyse der Rohdatenmatrix. Die Schätzung der PLS-Pfadmodelle erfolgt anhand einer Kleinst-Quadrat-Schätzung und kommt daher ohne strikte Verteilungsannahmen aus. Zudem erlaubt diese Vorgehensweise neben der Schätzung der Wirkzusammenhänge eine explizite Ermittlung der Werte der latenten Variablen. Weiterhin kann aufgrund der vergleichsweise geringen Anforderungen des PLS-Ansatzes die Methode auch für die Auswertung von Untersuchungen mit einem geringen Stichprobenumfang genutzt werden. Neben diesen Vorteilen beinhaltet der Schätzalgorithmus zwangsläufig auch Nachteile. So existieren derzeit keine allgemeingültigen Gütemaße zur Validierung des Gesamtmodells. Lediglich eine partielle Validierung des Mess- oder Strukturmodells ist möglich.

Zudem ist ein Vergleich von unterschiedlichen Modellen nicht möglich [Bliemel et al., 2005: 11].

Im Vergleich zur Kovarianzstrukturanalyse besteht mittels des PLS-Ansatzes die Möglichkeit, sowohl reflektive als auch formative Messmodelle zu schätzen. Darüber hinaus können mittels des PLS-Ansatzes auch komplexe Modelle mit einer Vielzahl von latenten Variablen und Indikatoren problemlos analysiert werden [Henseler, 2005, Ringle, 2004b: 12ff.].

Festzuhalten bleibt, dass die PLS-Pfadmodellierung aufgrund der geringeren theoretischen Anforderungen für eine große Zahl an Untersuchungen geeignet erscheint. Insgesamt gilt die Kovarianzstrukturanalyse jedoch als das statistisch exaktere Verfahren. Der Einsatz der PLS-Pfadanalyse bietet sich vorwiegend in Bereichen an, in denen sich die Forschung noch verstärkt auf explorative Fragestellungen fokussiert oder Prognosen gemacht werden sollen. Die Kovarianzstrukturanalyse hat demgegenüber deutliche Vorteile im Bereich des Testens und Vergleichens von Theorien [Ringle et al., 2006: 81ff.].

8.1.3 Entscheidungsgründe für die Anwendung der PLS-Pfadmodellierung bei der vorliegenden Fragestellung

Die PLS-Pfadanalyse sollte insbesondere dann Anwendung finden, wenn folgende Punkte erfüllt sind:

- Mittels des Modells sollen Vorhersagen getroffen werden.
- Das zu erforschende Phänomen ist neuartig und bewährte Messansätze existieren noch nicht.
- Es liegt ein komplexes Modell mit einer Vielzahl an Indikatoren vor.
- Die Multinominalverteilung der Daten ist nicht gegeben.
- Die Beobachtungswerte sind nicht unabhängig.
- Der Stichprobenumfang ist vergleichsweise gering.
- Im Modell sind Variablen enthalten, die mit formativen Messmodellen operationalisert werden [Bliemel et al., 2005: 10].

Einige der vorgenannten Punkte treffen auf die vorliegende Arbeit zu und führten somit zu der Entscheidung, die PLS-Pfadmodellierung als Methode zur Datenauswertung heranzuziehen. So sollen auf Basis der empirischen Erhebung Vorhersagen im Hinblick auf die Implementierung von Rückverfolgbarkeitssystemen erarbeitet werden. Weiterhin wurde ein Sachverhalt empirisch erhoben, zu dem derzeit keine vergleichbaren Arbeiten vorliegen. Somit ist ein Rückgriff auf bereits existierende Messansätze kaum möglich, was den Einsatz einer Kovarianzstrukturanalyse deutlich erschwert. Des Weiteren können mittels der gewonnenen Daten die höheren Anforderungen der Kovarianzstrukturanalyse (z.B. Normalverteilung) nur unzureichend erfüllt werden. Auch der Stichprobenumfang bewegt sich mit etwa 230 Datensätzen auf einem für die Kovarianzstrukturanalyse vergleichsweise niedrigen Niveau.

8.1.4 Berücksichtigung moderierender Effekte im PLS-Pfadmodell

Die Untersuchung moderierender Effekte stellt eine weitere Möglichkeit im Zuge der Analyse empirischer Forschungsarbeiten dar. Dabei wird analysiert, inwieweit eine moderierende Variable (die gleichzeitig auch eine endogene Variable ist) den Effekt einer unabhängigen Variable auf eine abhängige Variable beeinflusst [Götz und Liehr-Gobbers, 2004: 724]. Schematisch wird der Einfluss einer Moderatorvariablen in der Abbildung 45 dargestellt.

Abbildung 45: Schematische Darstellung eines moderierenden Effekts

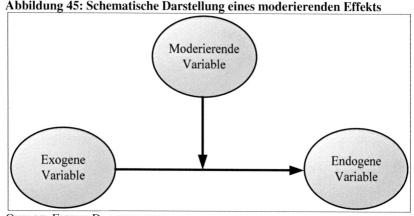

QUELLE: EIGENE DARSTELLUNG

Moderierende Effekte weisen eine hohe Relevanz in empirischen Forschungsvorhaben auf, da insbesondere komplexe Wirkzusammenhänge in der Regel von Kontextvariablen beeinflusst werden [Chin et al., 2003: 193]. Trotzdem wird vielfach auf die Modellierung entsprechender Effekte in der betriebswirtschaftlichen Forschung verzichtet [Bruhn und Homburg, 2001: 47].

Um eine Analyse moderierender Effekte mittels der PLS-Pfadanalyse durchzuführen, wird durch die Multiplikation der einzelnen Indikatorausprägungen der exogenen und der moderierenden Variablen eine Interaktionsvariable gebildet.

Anschließend wird sowohl der Einfluss der exogenen und der moderierenden Variable auf die endogene Variable als auch der direkte Einfluss der Interaktionsvariable auf die endogene Variable erfasst (Abbildung 46). Kann ein signifikanter Effekt der Interaktionsvariable auf die endogene Variable nachgewiesen werden, so ist eine Bestätigung der Hypothese, die einen moderierenden Effekt formuliert, möglich [Baron und Kenny, 1986: 1174].

Abbildung 46: Modellierung moderierender Effekte im PLS-Pfadmodell

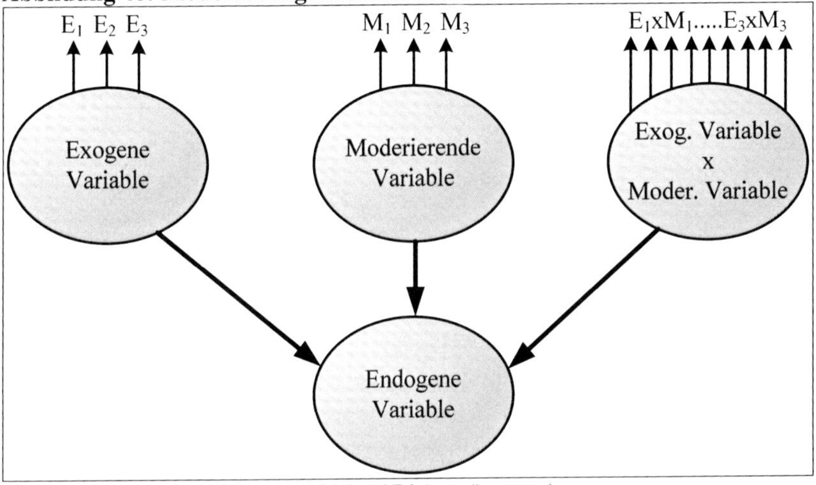

E_1 E_2 E_3 M_1 M_2 M_3 $E_1 x M_1 ..... E_3 x M_3$

Exogene Variable   Moderierende Variable   Exog. Variable x Moder. Variable

Endogene Variable

QUELLE: BARON UND KENNY, 1986: 1174 (VERÄNDERT)

Im Gegensatz zu einer Auswertung im Rahmen der Kovarianzstrukturanalyse ist die Berücksichtigung moderierender Effekte mittels der PLS-Pfadmodellierung vergleichsweise einfach durchzuführen. Die Annahme der Kovarianzstrukturanalyse, dass die Fehlerterme der Indikatorvariablen unkorreliert sind, kann nicht erfüllt werden. Dies resultiert aus der Bildung der Interaktionsvariablen, die durch eine multiplikative Verknüpfung der Ausgangsvariablen erreicht wird. Durch diese Vorgehensweise teilt die gebildete Interaktionsvariable zwangsläufig einen Teil ihrer Varianz mit den Ausgangsvariablen. Dieses Problem dürfte auch die Ursache für die vergleichsweise seltene Berücksichtigung moderierender Effekte in den jeweiligen Forschungsvorhaben sein [Bliemel et al., 2005: 107f.].

8.1.5 Beurteilung der Güte von PLS-Pfadmodellen

Wie bereits ausgeführt, kann im Rahmen der Anwendung des PLS-Pfadmodells auf strikte Verteilungsannahmen verzichtet werden. Dadurch kann diese Methode zwar für eine Vielzahl von Fragestellungen angewandt werden, es ist allerdings nicht möglich, globale Gütemaße zur Validierung des Modells abzuleiten [Hansmann und Ringle, 2005: 225]. Trotzdem besteht die Möglichkeit, über die Erhebung partieller Gütemaße eine Beurteilung der Modellgüte vorzunehmen. Im Rahmen dieses mehrstufigen Verfahrens kann zunächst die Güte des Messmodells ermittelt werden. Dabei ist zwischen formativen und reflektiven Messmodellen zu unterscheiden. Im zweiten Schritt kann dann eine Beurteilung des Strukturmodells erfolgen.

8.1.5.1 GÜTEBEURTEILUNG REFLEKTIVER MESSMODELLE

Im Rahmen der Gütebeurteilung eines reflektiven Messmodells vor dem Hintergrund des PLS-Ansatzes werden vier unterschiedliche Gütekriterien in der Literatur diskutiert.

Inhaltsvalidität

Die Inhaltsvalidität bezeichnet den Grad, zu dem die Variablen des Messmodells dem inhaltlich-semantischen Bereich des Konstrukts angehören [Bohrnstedt, 1970: 91]. Inhaltsvalidität ist gegeben, wenn alle wesentlichen Aspekte des zu messenden Konstrukts durch die Indikatoren abgebildet werden. Zur Überprüfung der Inhaltsvalidität kann mittels einer explorativen Faktoranalyse untersucht werden, wie die Faktorstruktur der verwendeten Indikatoren sich darstellt. Die Zusammenfassung der Indikatoren zu Faktoren ermöglicht weitere Aussagen bezüglich der Reliabilität und Validität [Götz und Liehr-Gobbers, 2004: 727].

Indikatorreliabilität

Die Indikatorreliabilität gibt den Anteil der erklärten Varianz eines Indikators durch die zugrunde liegende latente Variable wieder. Als Anhaltspunkt für diesen Parameter wird in der Literatur häufig ein Wert von mehr als 50 % der erklärten Varianz des Indikators gefordert, so dass die gemeinsame Varianz zwischen Konstrukt und Indikator größer ist als der Messfehler. Dadurch können Ladungen der latenten Variablen auf eine Indikatorvariable von 0,7 und höher als akzeptabel angesehen werden. Allerdings können bei Forschungsarbeiten, die neu entwickelte Skalen einsetzen, auch geringere Ladungen akzeptiert werden. Reflektive Indikatoren, die Ladungen unter 0,4 aufweisen, sollten jedoch nicht in den Modellen Verwendung finden [Krafft et al., 2005: 73f.; Hulland, 1999: 198f.].

Konstruktreliabilität

Die Konstruktreliabilität beschreibt, inwieweit ein Konstrukt durch die jeweils zugrunde liegenden Indikatoren erklärt wird. Der wohl am häufigsten angewandte Koeffizient zur Ermittlung der Konstruktreliabilität ist Cronbachs Alpha. Dieser nimmt Werte zwischen 0 und 1 an (wenn die Indikatoren positiv miteinander korreliert sind), wobei in der Regel Werte größer 0,7 als akzeptabel angesehen werden. Nachteilig für den Einsatz von Cronbachs Alpha im Zuge der Beurteilung von Messmodellen einer PLS-Pfadanalyse ist die Annahme, dass eine Tau-Äquivalenz der Daten vorliegt. Diese Annahme kann in der Regel nicht erfüllt werden, so dass Cronbachs Alpha nur bedingt als Gütemaß eingesetzt werden kann [Ringle und Henseler, 2006].

Um diesen Nachteil zu umgehen, kann die interne Konsistenzreliabilität (oder Faktorreliabilität) ermittelt werden. Sie misst die Reliabilität eines Blocks von Indikatoren einer Variablen, wobei eine Tau-Äquivalenz nicht vorausgesetzt wird [Fornell und Larcker, 1981: 45]. Die Ergebnisse liegen genau wie beim Cronbachs Alpha zwischen 0 und 1, die Interpretation der Werte ist ebenfalls identisch. Werte über 0,7 werden auch hier als akzeptabel angesehen. Allerdings sollten mit zunehmendem Erkenntnisfortschritt höhere Werte (0,8 bis 0,9) angestrebt werden. Demgegenüber sehen andere Autoren bereits ab 0,6 einen akzeptablen Wert [Götz und Liehr-Gobbers, 2004: 728; Nunally, 1978: 245]. Grundsätzlich wird die Faktorreliabilität durch die PLS-Pfadanalyse leicht überschätzt, so dass die Werte über 0,7 (besser 0,8) liegen sollten [Ringle und Henseler, 2006].

Diskriminanzvalidität

Die Überprüfung der Diskriminanzvalidität spielt neben der Untersuchung der Indikator- und Konstruktreliabilität eine bedeutende Rolle im Rahmen eines vollständigen Validierungsprozesses. Die Diskriminanzvalidität bringt die Unterschiedlichkeit der Messungen verschiedener Konstrukte mit einem Messinstrument zum Ausdruck. Als Kriterium der Diskriminanzvalidität wird in der Regel der Grundsatz herangezogen, wonach die gemeinsame Varianz der latenten Variablen mit ihren Indikatoren größer sein soll als die gemeinsame Varianz mit anderen Variablen [Hulland, 1999: 199]. Zur Beurteilung der Diskriminanzvalidität wird die „durchschnittlich erfasste Varianz" (Average Variance Extractet, AVE) herangezogen. Dieser Maßstab nimmt Werte zwischen 0 und 1 an, wobei ein Wert über 0,5 akzeptabel ist [Fornell und Larcker, 1981, 45f.]. Als weiterer Beurteilungsmaßstab kann das Fornell-Larcker-Kriterium herangezogen werden. Demnach sollte die Quadratwurzel der durchschnittlich erklärten Varianz (AVE) einer latenten Variable größer sein als die Korrelation zwischen allen anderen latenten Variablen [Ringle, 2004a: 20f.]. Zudem sollte das Vorliegen von Kreuzladungen geprüft werden. Dabei ist zu beachten, dass die Ladungen eines Indikators auf seine jeweilige latente Variable größer sein sollten als zu den übrigen latenten Konstrukten.

8.1.5.2 GÜTEBEURTEILUNG FORMATIVER MESSMODELLE

Formative Messmodelle kehren im Gegensatz zu reflektiven Modellen die Kausalrichtung um, so dass die Anwendung der Gütemaße reflektiver Modelle nicht möglich ist. Somit müssen für die Beurteilung formativer Modelle gesondert Gütemaße entwickelt werden. Vor diesem Hintergrund werden in der Literatur vorwiegend drei unterschiedliche Maßstäbe diskutiert, die im Folgenden kurz dargestellt werden.

Expertenvalidität

Die Expertenvalidität beschreibt die Übereinstimmung zwischen a priori beabsichtigter und tatsächlicher Zuordnung der Indikatoren zu den latenten Variablen. Die Expertenvalidität muss dabei bereits in der Phase der Modellerstellung geprüft werden. Dazu werden in Pre-Tests die Indikatoren durch entsprechende „Experten" den einzelnen latenten Variablen zugeordnet. Diese Zuordnung sollte sich mit dem entsprechenden Modell decken [Krafft et al., 2005: 76f.].

Indikatorrelevanz

Die Indikatorrelevanz überprüft den Beitrag eines jeden Indikators zur Konstruktbildung. Dazu erfolgt ein Vergleich der Gewichte, die jedem einzelnen Indikator im Rahmen des PLS-Ansatzes zugewiesen werden. Dabei können die Gewichte nicht so interpretiert werden wie die Ladungen der Indikatoren in reflektiven Messmodellen. Obwohl auch in formativen Messmodellen geringe Gewichte der Indikatoren auf einen geringen Einfluss auf die latente Variable hinweisen, sollten diese Indikatoren nicht voreilig gelöscht werden. Dies resultiert aus zwei Punkten: Zum einen erfolgte die Aufnahme der Indikatoren aufgrund theoretisch-konzeptioneller Überlegungen. Zum zweiten müssen die Indikatoren nicht zwingend miteinander korreliert sein, so dass die Eliminierung eines Indikators trotz eines geringen Gewichts zu einer substanziellen Verfälschung des betrachteten Konstrukts führen kann. Demgegenüber sollte eine Eliminierung von Indikatoren vorgenommen werden, wenn Multikolinearität vorliegt [Krafft et al., 2005: 77ff.].

8.1.5.3 Gütebeurteilung des Strukturmodells

Zur Beurteilung der Güte des Strukturmodells stehen im Gegensatz zur Kovarianzstrukturanalyse keine inferenzstatistischen Tests zur Verfügung. Daher werden in diesem Bereich nichtparametrische Tests angewandt.

Ausmaß und Signifikanz der Pfadkoeffizienten

Die PLS-Pfadanalyse bietet die Möglichkeit, die Wirkungsbeziehungen zwischen den unterschiedlichen Konstrukten mittels ausgewiesener Pfadkoeffizienten zu beurteilen. Diese können wie standardisierte β-Koeffizienten interpretiert werden. Je höher die Pfadkoeffizienten, desto stärker ist die Wirkbeziehung zwischen beiden Konstrukten. Die Werte der Pfadkoeffizienten werden häufig direkt in den jeweiligen Softwarelösungen wie bspw. Smart-PLS ausgegeben. Zur Überprüfung der Reliabilität der Pfadkoeffizienten können mittels einer Bootstrapping-Prozedur die jeweiligen t-Werte ermittelt werden und somit Rückschlüsse auf die Signifikanz der Wirkungsbeziehungen gemacht werden.

Bestimmtheitsmaß

Zur Beurteilung des inneren Modells kann das Bestimmtheitsmaß R^2 der endogenen Variablen aus der Regression des Strukturmodells herangezogen werden. Mit dem Bestimmtheitsmaß R^2 wird der Anteil der erklärten Varianz der latenten Variable angegeben [Huber et al., 2003: 358]. Diese Werte entsprechen den ausgegebenen Werten einer multiplen Regressionsanalyse und können demzufolge genauso interpretiert werden. Ähnlich wie die Pfadkoeffizienten werden auch die R^2-Werte direkt in vielen Softwarelösungen wie bspw. Smart-PLS angezeigt.

Substanzieller Erklärungsbeitrag

Der substanzielle Erklärungsbeitrag beschreibt den Einfluss der exogenen Variablen auf die endogenen Variablen. Er wird über die Messgröße f^2 ausgegeben. Dabei können die Werte wie folgt interpretiert werden:

- f^2 größer als 0,35: starker Effekt
- f^2 größer als 0,15: moderater Effekt
- f^2 größer als 0,02 schwacher Effekt [Cohen, 1988: 410ff.].

8.2 Überprüfung des Tracking and Tracing Investment Modells

Im Folgenden werden die theoretischen Überlegungen anhand der erhobenen empirischen Daten überprüft. Dabei erfolgt zunächst die Beurteilung der Güte des Messmodells. Da in der vorliegenden Untersuchung lediglich reflektive Messmodelle eingesetzt wurden, werden nur die dafür notwendigen Gütemaße ermittelt. Im Weiteren erfolgt die Überprüfung der Hypothesen. Abschließend werden die Ergebnisse zusammengefasst und entsprechende Schlussfolgerungen gezogen.

8.2.1 Überprüfung der Güte des Messmodells

Indikatorreliabilität

Die Indikatorreliabilität gibt den Erklärungsgrad der Indikatorvarianz durch das Konstrukt wieder. Dabei sollten grundsätzlich mindestens 50 % der Varianz des Indikators durch das Konstrukt erklärt werden. Um dieses Kriterium zu erfüllen, muss die Faktorladung einen Wert von 0,7 erreichen. Faktoren, die einen Wert unter 0,4 aufweisen, sollten aus dem Modell entfernt werden. Die Faktorladungen der im Modell verwendeten Indikatoren sind in Tabelle 10 und Tabelle 11 aufgeführt.

Tabelle 10: Faktorladungen der Indikatoren der latenten endogenen Variablen

		Faktorladung
Img1	Rückverfolgbarkeit gilt in unserer Branche als Qualitätsmerkmal.	0,778
Img2	Unternehmen, die über ein Rückverfolgbarkeitssystem verfügen, genießen höheres Ansehen.	0,837
Img3	Rückverfolgbarkeit wird in der Gesellschaft einen höheren Stellenwert gewinnen.	0,532
iEi1	Wir beabsichtigen nicht, in Systeme zur Rückverfolgbarkeit zu investieren. (umcodiert)	0,649
iEi2	Rückverfolgbarkeit hat eine hohe Bedeutung für unser Unternehmen.	0,914
Inv1	Wie ist der Stand bei der Errichtung Ihres innerbetrieblichen Rückverfolgbarkeitssystems?	1,000
wNu1	Durch das Rückverfolgbarkeitssystem können wir die innerbetrieblichen Abläufe optimieren.	0,839
wNu2	Die Zusammenarbeit mit unseren Lieferanten und Abnehmern wurde verbessert.	0,890
wNu3	Die Rückverfolgbarkeit ist Teil unserer Werbung / Marketingstrategie.	0,695
wNu4	Risiken durch einen Warenrückruf werden durch das Rückverfolgbarkeitssystem verringert.	0,661

QUELLE: EIGENE BERECHNUNG

Tabelle 11: Faktorladungen der Indikatoren der latenten exogenen Variablen

		Faktorladung
Ext1	Wir wollen steigenden Anforderungen der Verbraucher / Abnehmer mit unserem Rückverfolgbarkeitssystem entsprechen	0,794
Ext2	Banken fordern Rückverfolgbarkeit im Rahmen des Rankings (Basel II).	0,556
Ext3	Rückverfolgbarkeitssysteme werden in unserer Branche grundsätzlich von der Gesellschaft erwartet.	0,810
FrN1	Die gesetzlichen Vorgaben können von uns problemlos ohne zusätzliche Investitionen erfüllt werden.	0,583
FrN2	Wir hätten auch ohne gesetzliche Verpflichtung in die Errichtung von Rückverfolgbarkeitssystemen investiert.	0,986
Kos1	Wie hoch schätzen Sie die Gesamtkosten für die Errichtung Ihres Rückverfolgbarkeitssystems im Vergleich zu anderen Unternehmen Ihrer Branche ein?	0,397
Kos2	Innerbetriebliche Rückverfolgbarkeit ist billig bzw. teuer.	0,893
Lei1	Wir sind in der Lage, Chargen präzise zu trennen.	0,821
Lei2	Im Bedarfsfall sind bei uns die notwendigen Informationen sofort verfügbar.	0,668
Lei3	Wir können Lieferanten und Abnehmer einzelner Chargen sofort feststellen.	0,817
Lei4	Wir können weitere Informationen wie Testergebnisse, Produktionszeiten u.ä. den Chargen zuordnen.	0,751
Lei5	Die (geplante) Leistungsfähigkeit unseres Rückverfolgbarkeitssystems ist sehr hoch.	0,855
Nac1	Wir können Kosten und Nutzen unseres Rückverfolgbarkeitssystems nicht genau bestimmen. (umcodiert)	0,839
Nac2	Wir sind in der Lage, die Leistungsfähigkeit der Rückverfolgbarkeitssysteme jederzeit interessierten Personen zu demonstrieren.	0,658
Rel1	Innerbetriebliche Rückverfolgbarkeit ist wichtig bzw. unwichtig.	0,721
Rel2	Halten Sie es grundsätzlich für sinnvoll, Systeme zur Rückverfolgbarkeit von Lebensmitteln zu errichten?	0,811
Rel3	Unternehmensübergreifende Rückverfolgbarkeit ist wichtig bzw. unwichtig.	0,740

QUELLE: EIGENE BERECHNUNG

Die Faktorladung von 0,4 wird lediglich vom Indikator Kos 1 mit einem Wert von 0,397 knapp verfehlt. Da der Wert jedoch lediglich minimal unter dem Grenzwert liegt, wird der Indikator im Modell belassen. Alle anderen Indikatoren überschreiten die Grenze von 0,4 zum Teil deutlich. Dabei weisen mit insgesamt 18 Indikatoren etwa 2/3 des vorliegenden Modells eine Faktorladung von über 0,7 aus.

Konstruktreliabilität

Mit der Konstruktreliabilität wird dargestellt, wie gut ein Konstrukt durch die ihm zugewiesenen Indikatorvariablen gemessen werden kann. Als Maßstäbe stehen hier Cronbachs Alpha und die Faktorreliabilität zur Verfügung. Da Cronbachs Alpha jedoch eine Tau-Äquivalenz voraussetzt, die in der vorliegenden Erhebung nicht gewährleistet werden kann, wird auf die Faktorreliabilität zurückgegriffen. Sie sollte mindestens einen Wert von 0,7 besser 0,8 erreichen. Tabelle 12 gibt die Werte für die vorliegende Untersuchung wieder. Demnach liegt lediglich die Faktorreliabilität der wahrgenommenen Kosten mit 0,61 unter der geforderten Marke von 0,7. Die Konstrukte Nachweisbarkeit der Ergebnisse (0,72), externer Druck (0,77), Image (0,77), freiwillige Nutzung (0,78) und Investitions-Einstellung (0,77) erreichen Werte über 0,7 und sind somit als akzeptabel einzustufen. Gute Werte für die Faktorreliabilität (über 0,8) erreichen die Konstrukte Leistungsfähigkeit (0,89), Relevanz (0,80), wahrgenommener Nutzen (0,86) sowie die Variable, die den moderierenden Effekt der freiwilligen Nutzung auf den Einfluss des externen Drucks auf die Investitionsentscheidung beschreibt (Interaktionsvariable).[47] Nicht beurteilt werden kann anhand der Faktorreliabilität die latente Variable „Investitionsverhalten", da diese Variable lediglich mit einem Indikator gemessen wurde und somit zwangsläufig den Wert 1,00 annimmt.

Tabelle 12: Faktorreliabilität

	Composite Reliability
Externer Druck	0,768638
Freiwillige Nutzung	0,781623
Image	0,765195
Interaktionsvariable	0,811921
Investitions-Einstellung	0,766967
Investitionsverhalten	1,000000
Leistungsfähigkeit	0,888612
Nachweisbarkeit der Ergebnisse	0,722214
Relevanz	0,802170
Wahrgenommene Kosten	0,614371
Wahrgenommener Nutzen	0,857299

QUELLE: EIGENE BERECHNUNG

---

[47] Die Interventionsvariable ist gebildet worden, um den Effekt der Hypothese sieben mittels der PLS-Pfadanalyse beurteilen zu können (Vgl. Kapitel 8.1.4).

Diskriminanzvalidität

Zur Beurteilung der Diskriminanzvalidität können unterschiedliche Kennzahlen errechnet werden. Im Rahmen der Ermittlung der durchschnittlich erfassten Varianz (Average Variance Extracted - AVE) wird untersucht, ob die gemeinsame Varianz zwischen dem Konstrukt und den zugehörigen Indikatorvariablen größer ist als die gemeinsame Varianz der Indikatorvariablen mit anderen latenten Variablen. Der ausgegebene Wert liegt zwischen 0 und 1, wobei ein Wert über 0,5 akzeptabel ist. Einen Überblick über die AVE der vorliegenden Erhebung liefert die Tabelle 13.

Tabelle 13: Durchschnittlich erfasste Varianz (Average Variance Extracted - AVE)

	Durchschnittlich erfasste Varianz
Externer Druck	0,531885
Freiwillige Nutzung	0,656075
Image	0,529032
Interaktionsvariable	0,439482
Investitions-Einstellung	0,628648
Investitionsverhalten	1,000000
Leistungsfähigkeit	0,616411
Nachweisbarkeit der Ergebnisse	0,568766
Relevanz	0,575405
Wahrgenommene Kosten	0,477652
Wahrgenommener Nutzen	0,603967

QUELLE: EIGENE BERECHNUNG

Ähnlich wie bei der Ermittlung der Faktorreliabilität kann auch der Überprüfung der AVE das Konstrukt wahrgenommene Kosten mit einer AVE von 0,48 nicht den geforderten Wert erreichen und erfüllt somit die Anforderungen der Konvergenzvalidität nicht. Gleiches gilt für die Interaktionsvariable. Sie erreicht mit 0,44 ebenfalls einen Wert, der nicht zufrieden stellend ist. Alle anderen latenten Variablen liegen mit Werten über 0,5 in einem akzeptablen Bereich. Die Konstrukte externer Druck und Image mit jeweils 0,53 und Nachweisbarkeit der Ergebnisse sowie Relevanz mit Werten von 0,57 bzw. 0,58 liegen dabei zwar im akzeptablen Bereich, können allerdings den Wert von 0,5 nur knapp überschreiten, so dass bei den hier zugrunde liegenden Indikatorvariablen ein vergleichsweise hoher Anteil an gemeinsamer Varianz mit anderen latenten Variablen vorliegt. Daher wird diesen Konstrukten im Zuge der weiteren Prüfungen der Diskriminanzvalidität besondere Aufmerksamkeit geschenkt. Die AVE der anderen Konstrukte liegt mit über 0,6 in einem guten Bereich, wobei auch hier die latente Variable Investitionsverhalten ausgeklammert werden muss, da sie lediglich durch einen Indikator gemessen wurde.

Zur weiteren Überprüfung der Diskriminanzvalidität kann das Fornell-Larcker-Kriterium herangezogen werden. Demnach sollte die Quadratwurzel der AVE größer sein als die Korrelationen zwischen allen anderen latenten Variablen. Tabelle 14 fasst die Überprüfung dieses Kriteriums zusammen. Die fettgedruckten Werte in der Diagonalen der Tabelle geben die Quadratwurzel der AVE der betrachteten latenten Variablen aus. In den jeweils zugehörigen Zeilen und Spalten der Tabelle finden sich die Korrelationen mit den anderen latenten Variablen. Wie der Tabelle zu entnehmen ist, bilden mit Ausnahme der Interaktionsvariablen die Quadratwurzeln der AVE jeweils den höchsten Wert.

Tabelle 14: Fornell-Larcker-Kriterium

	Externer Druck	Freiwillige Nutzung	Image	Interaktionsvariable	Inv.-Einstellung	Investitionsverhalten	Leistungsfähigkeit	Nachweisbarkeit der Ergebnisse	Relevanz	wahrg. Kosten	wahrg. Nutzen
Externer Druck	**0,729**										
Freiwillige Nutzung	-0,407	**0,810**									
Image	0,627	-0,318	**0,727**								
Interaktionsvariable	-0,484	0,775	-0,352	**0,663**							
Inv.-Einstellung	0,571	-0,418	0,639	-0,345	**0,793**						
Investitionsverhalten	0,261	-0,316	0,247	-0,224	0,410	**1,000**					
Leistungsfähigkeit	0,408	-0,401	0,412	-0,303	0,563	0,546	**0,785**				
Nachweisbarkeit der Ergebnisse	0,267	-0,276	0,226	-0,219	0,389	0,371	0,491	**0,754**			
Relevanz	0,502	-0,444	0,403	-0,288	0,476	0,284	0,377	0,254	**0,759**		
Wahrg. Kosten	0,153	-0,221	0,068	-0,204	0,094	0,175	0,143	0,169	0,060	**0,691**	
Wahrg. Nutzen	0,573	-0,379	0,612	-0,365	0,494	0,177	0,375	0,308	0,443	0,143	**0,777**

QUELLE: EIGENE BERECHNUNG

Abschließend sollte im Rahmen der Überprüfung der Diskriminanzvalidität eine Kontrolle der Kreuzladungen erfolgen. Dabei wird geprüft, ob die Ladung eines Indikators auf die jeweils zugeordnete latente Variable größer ist als die Ladung dieser Indikatorvariablen auf alle anderen latenten Variablen des Modells. Eine tabellarische Zusammenstellung aller Ladungen der einzelnen Indikatoren auf die latenten Variablen findet sich im Anhang 3. Bei der Überprüfung wurde festgestellt, dass alle Indikatorvariablen jeweils am höchsten auf die zugeordnete latente Variable laden und somit dieses Kriterium erfüllt ist.

8.2.2 *Überprüfung der Hypothesen*

Im Folgenden erfolgt die Überprüfung der Forschungshypothesen. Einen Überblick über die Ergebnisse liefert die Abbildung 47. Darin sind die latenten Variablen mit den zugehörigen Indikatoren und deren Faktorladung dargestellt. Darüber hinaus sind die einzelnen Hypothesen und deren jeweiliger Pfadkoeffizient sowie ggf. das entsprechende Signifikanzniveau (*=5 %, **=1 %, ***=0,1 %) abgebildet. Ebenfalls können der Abbildung die R^2-Werte der exogenen latenten Variablen entnommen werden.

Abbildung 47: Ergebnisse der Überprüfung des Tracking and Tracing Investment Modells

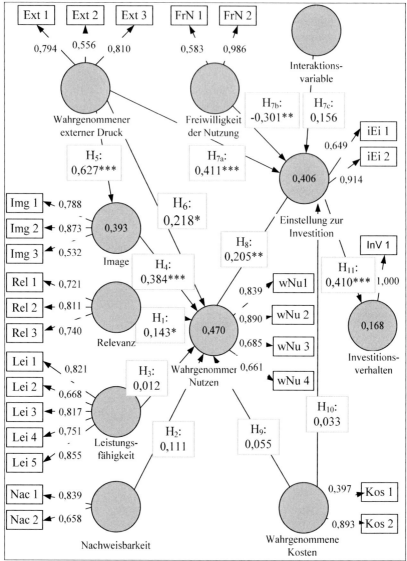

Signifikanzniveau: *=5 % - t-Wert >1,972, **=1 % - t-Wert >2,601, ***=0,1 % - t-Wert > 3,340 (200 FG)
QUELLE: EIGENE DARSTELLUNG

Neben den in Abbildung 47 dargestellten Pfadkoeffizienten und dem Bestimmtheitsmaß für die einzelnen Variablen des Modells erfolgt bei der Überprüfung der Hypothesen auch eine Betrachtung des substanziellen Erklärungsbeitrages (f^2) der einzelnen Variablen.[48] Die entsprechenden Werte sind in Tabelle 15 aufgeführt.

Tabelle 15: Substanzieller Erklärungsbeitrag (f^2)

	Image	wahrg. Nutzen	Inv.-Einstellung	Investitionsverhalten
Externer Druck	0,627	0,459	0,506	0,207
Freiwillige Nutzung			-0,301	-0,123
Image		0,384	0,079	0,032
Interaktionsvariable			0,156	0,064
Inv.-Einstellung				0,410
Leistungsfähigkeit		0,012	0,002	0,001
Nachweisbarkeit der Ergebnisse		0,111	0,023	0,009
Relevanz		0,143	0,029	0,012
Wahrgenommene Kosten		0,055	-0,021	-0,009
Wahrgenommener Nutzen			0,205	0,084

QUELLE: EIGENE BERECHNUNG

Im Weiteren erfolgt die Überprüfung der Forschungshypothesen:

Hypothese eins beschreibt den Zusammenhang zwischen der Relevanz, die der Einrichtung von Rückverfolgbarkeitssystemen beigemessen wird und dem wahrgenommenen Nutzen. Die Relevanz wurde über die drei Indikatoren Rel1, Rel2 und Rel3 erfasst. Rel1 und Rel3 resultieren aus einer Abfrage mittels eines semantischen Differentials. Darin wurde auf einer Skala von -3 bis +3 abgefragt, ob die Befragten die Einrichtung von innerbetrieblichen (Rel1) und unternehmensübergreifenden (Rel3) Systemen für wichtig / unwichtig halten. Der Indikator Rel2 resultiert aus der Abfrage „Halten Sie es grundsätzlich für sinnvoll, Systeme zur Rückverfolgbarkeit von Lebensmitteln zu errichten?". Der wahrgenommene Nutzen wurde über vier Indikatoren erfasst, die jeweils anhand einer

---

[48] Vgl. Kapitel 8.1.5.3.

7-Punkte-Likert-Skala erhoben wurden. Im Einzelnen kamen folgende Statements zum Einsatz:
- wNu1: Durch das Rückverfolgbarkeitssystem können wir die innerbetrieblichen Abläufe optimieren.
- wNu2: Die Zusammenarbeit mit unseren Lieferanten und Abnehmern wurde verbessert.
- wNu3: Die Rückverfolgbarkeit ist Teil unserer Werbung / Marketingstrategie.
- wNu4: Risiken durch einen Warenrückruf werden durch das Rückverfolgbarkeitssystem verringert.

Wie Abbildung 47 zeigt, errechnet sich als Pfadkoeffizient für die vermutete Beziehung ein Wert von 0,143. Dieser Wert ist signifikant auf einem Niveau von 5 % (t-Wert: 2,051, n=200). Somit kann die Hypothese bestätigt werden. Der substanzielle Erklärungsbetrag weist mit 0,143 einen Wert auf, der einen moderaten Effekt der Relevanz auf den wahrgenommenen Nutzen darstellt. Im Weiteren liegt der substanzielle Erklärungsbeitrag der Relevanz für die Einstellung zur Investition bei 0,029 und das Investitionsverhalten bei 0,012 und ist somit nur noch als geringer Effekt anzusehen. Abschließend bleibt festzuhalten:

H_1: „Je höher die Relevanz der Tracking und Tracing-Systeme desto höher ist der wahrgenommene Nutzen dieser Systeme" wird bestätigt.

Die Hypothese zwei formuliert den Einfluss der Möglichkeit zum Nachweis der Ergebnisse auf den wahrgenommenen Nutzen. Die Nachweisbarkeit der Ergebnisse wurde über zwei Statements anhand einer 7-Punkt-Likert-Skala erfasst (Nac1 und Nac2). Die Formulierung der Statements lautete wie folgt:
- Nac1: Wir können Kosten und Nutzen unseres Rückverfolgbarkeitssystems nicht genau bestimmen (umcodiert).
- Nac2: Wir sind in der Lage, die Leistungsfähigkeit der Rückverfolgbarkeitssysteme jederzeit interessierten Personen zu demonstrieren.

Der ermittelte Pfadkoeffizient des in dieser Hypothese geprüften Zusammenhanges liegt bei 0,012 und ist nicht signifikant (t-Wert: 0,165). Ein Zusammenhang zwischen der Möglichkeit, die Ergebnisse nachzuweisen, und dem wahrgenommenen Nutzen der Rückverfolgbarkeitssysteme kann somit empirisch nicht bestätigt werden:

H_2: „Je leichter ein Nachweis der Ergebnisse eines Rückverfolgbarkeitssystems möglich ist, desto höher ist der wahrgenommene Nutzen der Systeme" wird nicht bestätigt.

Hypothese drei unterstellt einen positiven Effekt einer höheren Leistungsfähigkeit der Rückverfolgbarkeitssysteme auf den wahrgenommenen Nutzen der Systeme. Die Leistungsfähigkeit ist mittels der folgenden fünf Statements erfasst worden (7-Punkt-Likert-Skala):

- Lei1: Wir sind in der Lage, Chargen präzise zu trennen.
- Lei2: Im Bedarfsfall sind bei uns die notwendigen Informationen sofort verfügbar.
- Lei3: Wir können Lieferanten und Abnehmer einzelner Chargen sofort feststellen.
- Lei4: Wir können weitere Informationen wie Testergebnisse, Produktionszeiten u.ä. den Chargen zuordnen.
- Lei5: Die (geplante) Leistungsfähigkeit unseres Rückverfolgbarkeitssystems ist sehr hoch.

Der ermittelte Pfadkoeffizient für diese Beziehung liegt mit 0,111 zwar im positiven Bereich und lässt somit einen positiven Zusammenhang vermuten. Die Überprüfung im Rahmen des Bootstrappings ergibt jedoch einen t-Wert von 1,710, der nicht signifikant ist. Somit kann die Hypothese nicht bestätigt werden:

H_3: „Je leistungsfähiger die Rückverfolgbarkeitssysteme sind, desto höher ist der wahrgenommenen Nutzen der Systeme" wird nicht bestätigt.

Das Image der Rückverfolgbarkeitssysteme wurde ebenfalls anhand unterschiedlicher Statements und unter Verwendung von 7-Punkt-Likert-Skalen ermittelt:

- Img1: Rückverfolgbarkeit gilt in unserer Branche als Qualitätsmerkmal.
- Img2: Unternehmen, die über ein Rückverfolgbarkeitssystem verfügen, genießen höheres Ansehen.
- Img3: Rückverfolgbarkeit wird in der Gesellschaft einen höheren Stellenwert gewinnen.

Mit einem Pfadkoeffizienten von 0,384 weist das Image einen hohen positiven Einfluss auf den wahrgenommenen Nutzen aus. Dieser Einfluss ist mit einem t-Wert von 4,948 höchst signifikant (Irrtumswahrscheinlichkeit kleiner als 0,1 %), so dass die Hypothese bestätigt werden kann. Der substanzielle Erklärungsbeitrag der latenten Variable Image weist mit 0,384 einen starken Effekt auf den wahrgenommenen Nutzen aus. Mit einem Wert von 0,079 wird zudem ein moderater bis geringer substanzieller Erklärungsbeitrag auf die Einstellung zur Investition festgestellt. Der Effekt auf das Investitionsverhalten ist mit 0,032 ebenfalls als gering einzustufen. Somit kann festgehalten werden:

H_4: „Je besser das Image von Rückverfolgbarkeitssystemen ist, desto positiver fällt der Effekt auf den wahrgenommenen Nutzen aus" wird bestätigt.

Die latente Variable wahrgenommener externer Druck bildet im vorliegenden Modell eine der zentralen Größen mit unterschiedlichen Einflüssen auf andere Variablen. Erfasst wurde die Variable über die folgenden drei Statements:

- Ext1: Wir wollen steigenden Anforderungen der Verbraucher / Abnehmer mit unserem Rückverfolgbarkeitssystem entsprechen.
- Ext2: Banken fordern Rückverfolgbarkeit im Rahmen des Rankings (Basel II).
- Ext3: Rückverfolgbarkeitssysteme werden in unserer Branche grundsätzlich von der Gesellschaft erwartet.

Hypothese fünf formuliert den Einfluss des externen Drucks auf das Image. Die Analyse mittels der PLS-Pfadmodellierung ergibt für diesen vermuteten Zusammenhang einen Pfadkoeffizienten von 0,627, der mit einem t-Wert von 12,338 höchst signifikant ist. Demzufolge liegt ein starker Einfluss des externen Drucks auf das Image der Rückverfolgbarkeitssysteme vor und die Hypothese fünf kann daher bestätigt werden:

H_5: „Je höher der wahrgenommene externe Druck eingeschätzt wird, desto höher ist das Image der Rückverfolgbarkeitssysteme" wird bestätigt.

Ein weiterer Einfluss des wahrgenommenen externen Drucks wird mit Hypothese sechs zum Ausdruck gebracht, wonach der wahrgenommene Nutzen positiv durch diese Variable beeinflusst wird. Auch dieser Zusammenhang kann bestätigt werden. Es ergibt sich ein Pfadkoeffizient von 0,218, der einen t-Wert von 2,545 aufweist, und somit einen signifikanten Einfluss bestätigt.

H_6: „Je höher der wahrgenommene externe Druck eingeschätzt wird, desto höher fällt der wahrgenommenen Nutzen von Rückverfolgbarkeitssystemen aus." wird bestätigt.

Wie im Abschnitt 8.1.4 geschildert, erfordert die Berechnung moderierender Effekte mittels der PLS-Pfadanalyse die Berechnung einer Interaktionsvariablen, die durch multiplikative Verknüpfung der Indikatoren der exogenen und der moderierenden Variablen erreicht wird. Zudem sind auch die direkten Effekte der exogenen und der moderierenden Variablen auf die endogene Variable für die Interpretation der Ergebnisse zu berücksichtigen. Daher erfolgt im Folgenden eine Aufgliederung der Hypothese sieben in drei (Teil-)Hypothesen:

H_{7a}: *Je höher der wahrgenommene externe Druck, desto positiver ist die Einstellung zur Investition.*

H_{7b}: *Je stärker die Errichtung von Rückverfolgbarkeitssystemen als gesetzliche vorgeschrieben empfunden wird, desto positiver ist die Einstellung zur Investition.*

H_{7c}: *Je höher die Einschätzung der Interaktionsvariablen aus wahrgenommenem externen Druck und Freiwilligkeit der Nutzung ist, desto positiver ist die Einstellung zur Investition.*

Die beiden im Zuge der Aufgliederung der Hypothese sieben neu entstandenen Hypothesen 7a und 7b bilden die direkten Effekte der exogenen und der moderierenden Variable auf die endogene Variable ab. Zur Messung der Freiwilligkeit der Nutzung (FrN) und zur Einstellung zur Investition (iEi) sind jeweils zwei Statements als Indikatoren in das Modell eingeflossen:

- FrN1: Die gesetzlichen Vorgaben können von uns problemlos ohne zusätzliche Investitionen erfüllt werden.
- FrN2: Wir hätten auch ohne gesetzliche Verpflichtung in die Errichtung von Rückverfolgbarkeitssystemen investiert.
- iEi1: Wir beabsichtigen nicht, in Systeme zur Rückverfolgbarkeit zu investieren (umcodiert).
- iEi2: Rückverfolgbarkeit hat eine hohe Bedeutung für unser Unternehmen.

Für die Zusammenhänge, die mittels der neu gebildeten Hypothesen 7a und 7b formuliert wurden, ergeben sind Pfadkoeffizienten von 0,411 (H_{7a}) und -0,301 (H_{7b}). Daraus resultieren t-Werte von 4,770 (H_{7a}) und 2,958 (H_{7b}). Diese Werte sind auf einem Niveau von 0,1 % bzw. 1 % signifikant. Somit kann festgehalten werden, dass sowohl ein direkter Einfluss des externen Drucks als auch ein Einfluss der freiwilligen Nutzung auf die Investitionseinstellung vorliegen. Allerdings kann aufgrund des negativen Vorzeichens bei der Überprüfung von Hypothese 7b festgehalten werden, dass der gemessene Effekt eine gegenteilige Richtung im Vergleich zur Zusammenhang der Hypothese aufweist. Es liegt also eine Beeinflussung der Einstellung zur Investition durch die Freiwilligkeit der Nutzung wenn vor, wenn die Nutzung nicht gesetzlich vorgeschrieben ist. Somit wird lediglich die Hypothese 7a bestätigt. Wie die Abbildung 47 zeigt, resultiert aus der Interaktionsvariablen, die den in Hypothese 7c formulierten moderierenden Effekt abbildet, ein Pfadkoeffizient von -0,156. Dieser Zusammenhang ist mit einem t-Wert von 1,315 nicht signifikant. Die Hypothese 7c kann somit nicht bestätigt werden. Zusammenfassend kann festgehalten werden:

H_{7a}: „Je höher der wahrgenommene externe Druck, desto positiver ist die Einstellung zur Investition" wird bestätigt.

H_{7b}: „Je stärker die Errichtung von Rückverfolgbarkeitssystemen als gesetzliche vorgeschrieben empfunden wird, desto positiver ist die Einstellung zur Investition" wird nicht bestätigt.

H_{7c}: „Je höher die Einschätzung der Interaktionsvariablen aus wahrgenommenem externen Druck und Freiwilligkeit der Nutzung ist, desto positiver ist die Einstellung zur Investition" wird nicht bestätigt.

Die Variable wahrgenommener externer Druck übt somit unterschiedliche Effekte innerhalb des Modells aus. Betrachtet man den substanziellen Erklärungsbeitrag (f^2), so kann festgestellt werden, dass diese Variable unter Berücksichtigung der direkten und indirekten Effekte einen substanziellen Erklärungsbeitrag für die Variable Einstellung zur Investition von 0,506 leistet und somit ein sehr starker Einfluss vorliegt. Auch auf das Investitionsverhalten übt der wahrgenommene externe Druck mit einem f^2-Wert von 0,207 noch einen moderaten bis starken Effekt aus.

Der in Hypothese acht berücksichtigte wahrgenommene Nutzen von Rückverfolgbarkeitssystemen besitzt ähnlich wie der wahrgenommene externe Druck eine zentrale Position im vorliegenden Modell. Entsprechend der Formulierung in Hypothese acht wurde der Einfluss des wahrgenommenen Nutzens auf die Einstellung zur Investition untersucht. Es ergibt sich ein Pfadkoeffizient von 0,205 der mit einem t-Wert von 3,042 hoch signifikant ist. Es liegt also eine positive Beeinflussung der Einstellung zur Investition durch den wahrgenommenen Nutzen vor. Mit dem f^2-Wert von 0,205 auf die Einstellung zur Investition ist ein moderater bis starker Effekt vorhanden. Der substanzielle Erklärungsbeitrag für das Investitionsverhalten liegt bei 0,084 und kann somit als moderater bis geringer Effekt angesehen werden. Es bleibt festzuhalten:

H_8: „Je höher der wahrgenommene Nutzen von Rückverfolgbarkeitssystemen eingeschätzt wird, desto positiver ist die Einstellung zur Investition" wird bestätigt.

Die Hypothesen neun und zehn beschreiben Effekte, die von den wahrgenommen Kosten auf den wahrgenommenen Nutzen bzw. auf die Einstellung zur Investition ausgeübt werden. Die wahrgenommenen Kosten wurden über ein Statement und eine Abfrage innerhalb eines semantischen Differenzials erfasst:

- Kos1: Wie hoch schätzen Sie die Gesamtkosten für die Errichtung Ihres Rückverfolgbarkeitssystems im Vergleich zu anderen Unternehmen Ihrer Branche ein?
- Kos2: Innerbetriebliche Rückverfolgbarkeit ist billig bzw. teuer (Skalierung von +3 bis -3).

Die Analyse der Daten im Rahmen der PLS-Pfadanalyse ergibt Pfadkoeffizienten von 0,055 (H_9) und 0,033 (H_{10}). Beide Werte sind nicht signifikant und lassen auch keine Tendenz erkennen. Somit sind die Hypothesen neun und zehn abzulehnen:

H_9: „Je höher die wahrgenommenen Kosten sind, desto geringer ist wahrgenommene Nutzen von Rückverfolgbarkeitssystemen" wird nicht bestätigt.

H_{10}: „Je höher die wahrgenommenen Kosten sind, desto negativer fällt die Einstellung zur Investition aus" wird nicht bestätigt.

Die Messung der „tatsächlichen Investition" in Rückverfolgbarkeitssysteme ließ sich im Rahmen der vorliegenden Studie nur auf vergleichsweise stark vereinfachtem Niveau durchführen. Sie wurde über die folgende Fragestellung und anhand einer ordinalen Skalierung mit vier Antwortmöglichkeiten erhoben:

- Inv1: Wie ist der Stand bei der Errichtung Ihres innerbetrieblichen Rückverfolgbarkeitssystems?

Die Auswertung zeigt, dass die Einstellung zur Investition einen positiven Einfluss auf das tatsächliche Investitionsverhalten ausübt. Der ausgewiesene Pfadkoeffizient von 0,410 ist mit einem t-Wert von 4,651 höchst signifikant. Es kann daher festgehalten werden:

H_{11}: „Je positiver die Einstellung zur Investition in Rückverfolgbarkeitssysteme ist, desto höher sind die tatsächlichen Investition" wird bestätigt.

8.2.3 Prüfung des Modells unter Berücksichtigung der Unternehmensgröße

Um weitere Aussagen zum Investitionsverhalten der Unternehmen im Bereich der Rückverfolgbarkeitssysteme treffen zu können, ist im Folgenden eine Auswertung anhand von zwei unterschiedlichen Teilstichproben durchgeführt worden. Die beiden Stichproben wurden anhand des von den Befragten angegebenen Umsatzes gebildet und repräsentieren somit zum einen die kleineren Unternehmen (Umsatz unter 50 Mio. €) und zum anderen die größeren Untenehmen (Umsatz über 50 Mio. €). Beide Teilstichproben umfassen jeweils 79 Datensätze.

8.2.3.1 ÜBERPRÜFUNG DER GÜTE DER MESSMODELLE

Analog zur Vorgehensweise im Abschnitt 8.2.1 wurden zunächst die Gütekriterien des Messmodells überprüft. Aufgrund des geringeren Stichprobenumfangs ist dabei grundsätzlich mit einer geringeren Güte des Messmodells zu rechnen.

Indikatorreliabilität

Bei der Überprüfung der Indikatorreliabilität fällt auf, dass lediglich jeweils ein Statement in der Gruppe der kleineren und der größeren Unternehmen die Faktorladung von 0,4 unterschreitet. Dies ist im Fall der kleineren Unternehmen das Statement Kos1 zur Messung der wahrgenommenen Kosten und bei den größeren Unternehmen das Statement Nac2 das zur Messung der Nachweisbarkeit der Ergebnisse herangezogen wurde. Die Faktorladungen aller Indikatoren sind in Tabelle 61 im Anhang aufgeführt.

Konstruktreliabilität

Die Konstruktreliabilität wird anhand der Faktorreliabilität überprüft. Die entsprechenden Ergebnisse finden sich in Tabelle 16. Es werden dabei Werte über 0,5 angestrebt, die von den vorliegenden beiden Stichproben in nahezu allen Bereichen erreicht werden. Lediglich die wahrgenommenen Kosten bei den kleineren Unternehmen und die Nachweisbarkeit der Ergebnisse bei den größeren Unternehmen erreichen diese Vorgabe nicht. Dies deckt sich mit den Ergebnissen der Überprüfung der Indikatorreliabilität.

Tabelle 16: Faktorreliabilität

	Composite Reliability	
	Kleinere Unternehmen	Größere Unternehmen
Externer Druck	0,756313	0,730614
Freiwillige Nutzung	0,857708	0,739177
Image	0,764510	0,774902
Interaktionsvariable	0,729543	0,822168
Investitions-Einstellung	0,675152	0,743327
Investitionsverhalten	1,000000	1,000000
Leistungsfähigkeit	0,890397	0,845134
Nachweisbarkeit der Ergebnisse	0,734474	0,139014
Relevanz	0,799689	0,859509
Wahrgenommene Kosten	0,479876	0,658267
Wahrgenommener Nutzen	0,853754	0,849784

QUELLE: EIGENE BERECHNUNG

Diskriminanzvalidität

Im Rahmen der Diskriminanzvalidität wird zunächst die AVE erfasst und beurteilt. Ziel ist es, dass die gemeinsame Varianz der latenten Variablen mit den entsprechenden Indikatoren größer ist als die gemeinsame Varianz mit den anderen latenten Variablen. Eine Übersicht über die AVE der beiden betrachteten Stichproben gibt die Tabelle 17 wieder. Auch hier wird die Anforderung eines Mindestwertes von 0,5 von nahezu allen latenten Variablen erfüllt. Lediglich die Interaktionvariable unterschreitet in beiden Gruppen den geforderten Wert. Zudem erreichen in der Gruppe der größeren Unternehmen die latenten Variablen externer Druck, Nachweisbarkeit der Ergebnisse und wahrgenommene Kosten nicht den Wert von 0,5. Allerdings liegt nur die latente Variable Nachweisbarkeit der Ergebnisse mit einer AVE von ca. 0,41 deutlich unter dem geforderten Wert.

Tabelle 17: Durchschnittlich erfasste Varianz (Average Variance Extracted - AVE)

	Durchschnittlich erfasste Varianz	
	Kleine Unternehmen	Große Unternehmen
Externer Druck	0,515677	0,476291
Freiwillige Nutzung	0,752158	0,612063
Image	0,522064	0,548740
Interaktionsvariable	0,340049	0,461847
Investitions-Einstellung	0,544789	0,608598
Investitionsverhalten	1,000000	1,000000
Leistungsfähigkeit	0,621702	0,526152
Nachweisbarkeit der Ergebnisse	0,581528	0,407487
Relevanz	0,571994	0,674098
Wahrgenommene Kosten	0,500680	0,491230
Wahrgenommener Nutzen	0,600555	0,593181

QUELLE: EIGENE BERECHNUNG

Im Zuge der weiteren Überprüfung der Diskriminanzvalidität wird das Fornell-Larcker-Kriterium geprüft. Demnach muss die Quadratwurzel der AVE einer latenten Variable größer sein als die Korrelationen zwischen allen anderen latenten Variablen. Eine entsprechende Übersicht liefern Tabelle 62 und Tabelle 63 im Anhang, wonach das Fornell-Larcker-Kriterium von beiden Stichproben erfüllt wird.

Abschließend erfolgt eine Überprüfung der Kreuzladungen. Dabei wird untersucht, ob die Ladung eines Indikators auf die ihm zugeordnete Variable höher ist als auf alle anderen latenten Variablen. Die Überprüfung der Kreuzladungen ist in

Tabelle 64 und Tabelle 65 im Anhang aufgeführt. In der Gruppe der kleineren Unternehmen werden die Anforderungen in Bezug auf etwaige Kreuzladungen von fast allen Indikatoren erfüllt. Lediglich die Indikatorvariable Kos1[49] lädt höher auf andere latente Variablen als auf die zugeordnete Variable wahrgenommene Kosten. Dies deckt sich mit den Ergebnissen der vorangegangenen

---

[49] Kos1: Wie hoch schätzen Sie die Gesamtkosten für die Errichtung Ihres Rückverfolgbarkeitssystems im Vergleich zu anderen Unternehmen Ihrer Branche ein?

Überprüfungen. Ein ähnliches Resultat liefert auch die Überprüfung der Kreuzladungen in der Auswertung der größeren Unternehmen. Hier erfüllt das schon in den vorigen Überprüfungen aufgefallene Statement Nac2[50] nicht die Anforderungen.

Zusammenfassend kann festgehalten werden, dass die Messmodelle der beiden Auswertungen zu großen Teilen eine akzeptable Messgüte erzielen. Lediglich die latente Variable wahrgenommene Kosten im Bereich der kleineren Unternehmen und die Variable Nachweisbarkeit der Ergebnisse in der Stichprobe der größeren Unternehmen erfüllen nicht die Vorgaben und werden daher in der weiteren Untersuchung nicht mehr aufgegriffen.

8.2.3.2 MODELLAUSWERTUNG DIFFERENZIERT NACH UNTERNEHMENSGRÖßE

Im Folgenden erfolgt die Überprüfung des Modells anhand der beiden gebildeten Teilstichproben. Abbildung 48 fasst zu diesem Zweck die Ergebnisse der Überprüfung des Modells mittels der Daten der kleineren bzw. größeren Unternehmen zusammen.

---

[50] Nac2: Wir sind in der Lage, die Leistungsfähigkeit der Rückverfolgbarkeitssysteme jederzeit interessierten Personen zu demonstrieren.

Abbildung 48: Ergebnisse der Auswertung nach Unternehmensgröße

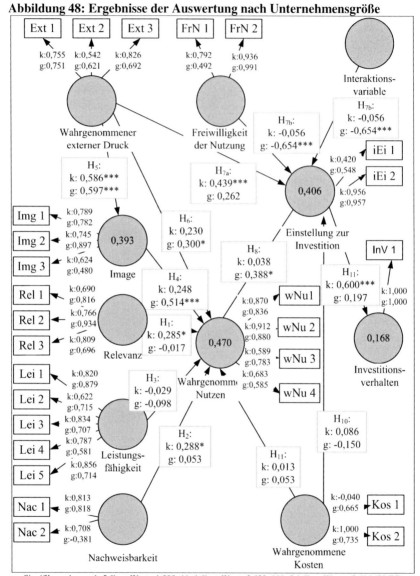

Signifikanzniveau: *=5 % - t-Wert >1,990, **=1 % - t-Wert >2,639, ***=0,1 % - t-Wert > 3,416 (80 FG)
QUELLE: EIGENE DARSTELLUNG

Im Folgenden sollen nicht mehr alle Hypothesen einzeln überprüft werden, da dies bereits im Abschnitt 8.2.2 für den gesamten Datensatz erfolgt ist. Vielmehr werden die wichtigsten Ergebnisse der Überprüfung getrennt nach Unternehmensgrößen erläutert.

Der wahrgenommene externe Druck übt sowohl in den kleineren als auch in den größeren Untenehmen einen starken Effekt auf das Image aus (größere Unternehmen: 0,586 – t-Wert 7,37; kleinere Unternehmen: 0,597 – t-Wert 7,09). Beide Einflüsse sind höchst signifikant. Allerdings übt das Image nur in der Gruppe der größeren Unternehmen mit einem Wert von 0,514 (t-Wert: 4,88) einen signifikanten Einfluss auf den wahrgenommenen Nutzen aus. Bei den kleineren Unternehmen ist mit einem Wert von 0,248 (t-Wert: 1,51) kein signifikanter Effekt nachzuweisen. Dennoch zeichnet sich auch hier eine Tendenz ab, wonach eine Beeinflussung des wahrgenommenen Nutzens durch das Image vorzuliegen scheint.

Ein umgekehrtes Bild ergibt sich beim Einfluss der Relevanz und der Nachweisbarkeit der Ergebnisse auf den wahrgenommenen Nutzen. Hier können in der Gruppe der kleineren Unternehmen signifikante Einflüsse verzeichnet werden, wohingegen bei den größeren Unternehmen kein signifikanter Einfluss und nur eine schwach ausgeprägte Tendenz erkennbar ist.[51]

Der Effekt des externen Drucks auf die Investitionseinstellung, der bei der Berücksichtigung aller Unternehmen nachgewiesen werden kann, ist in der Gruppe der kleineren Unternehmen ebenfalls vorhanden und kann auf einem Niveau von 1 % als hoch signifikant bestätigt werden. Der Einfluss der freiwilligen Nutzung als auch der Interaktionsvariablen, die den moderierenden Effekt abbildet, kann demgegenüber nicht bestätigt werden. Bei der Gruppe der großen Unternehmen weist der Zusammenhang zwischen externem Druck und Einstellung zur Investition mit 0,262 ebenfalls einen vergleichsweise hohen Wert auf. Dieser Zusammenhang kann jedoch lediglich als Tendenz gewertet werden, da ein signifikanter Wert nicht erreicht wird. Im Gegensatz dazu können die Einflüsse der freiwilligen Nutzung und der Interaktionsvariablen aufgrund signifikanter Beziehungen bestätigt werden. Analog zum Ergebnis der Gesamtstichprobe weist das negative Vorzeichen des Pfadkoeffizienten zwischen den Konstrukten Freiwilligkeit der Nutzung und Einstellung zur Investition darauf hin, dass der Effekt in entgegengesetzte Richtung im Vergleich zur Hypothese wirkt. Es liegt also eine

---

[51] Die Nachweisbarkeit der Ergebnisse kann in der Stichprobe der größeren Unternehmen nicht beurteilt werden, da die Güte des Messmodells nicht ausreichend ist (Vgl. Kapitel 8.2.3.1)

positiver Effekt auf die Einstellung zur Investition vor, wenn diese freiwillig ist. Der Einfluss des wahrgenommenen Nutzens auf die Einstellung zur Investition kann lediglich für die Gruppe der größeren Unternehmen nachgewiesen werden. Hier übt der wahrgenommene Nutzen mit einem Wert von 0,388 (t-Wert: 3,06) einen signifikant positiven Einfluss auf die Einstellung zur Investition aus. Auch der Zusammenhang zwischen Investitionseinstellung und dem Investitionsverhalten kann auf signifikantem Niveau lediglich für eine Gruppe nachgewiesen werden (kleinere Unternehmen: 0,600). Allerdings ist auch in der Gruppe der größeren Unternehmen mit einem Wert von 0,197 eine tendenziell positive Beeinflussung des Investitionsverhaltens durch die Einstellung zur Investition zu erkennen.

Betrachtet man den in Tabelle 18 dargestellten substanziellen Erklärungsbeitrag der einzelnen Variablen in den beiden Modellen, so können die Ergebnisse wie folgt dargestellt werden: Bei den kleineren Unternehmen wird die Investitionseinstellung in erster Linie direkt durch den wahrgenommenen externen Druck beeinflusst. Die Freiwilligkeit der Nutzung und der wahrgenommene Nutzen der Systeme spielen dabei eine nachrangige Rolle. In den größeren Unternehmen ist der direkte Einfluss des externen Drucks auf die Investitionseinstellung nicht so stark ausgeprägt. Hier wirk der externe Druck jedoch stark auf den wahrgenommenen Nutzen, der wiederum die Investitionseinstellung beeinflusst und somit auch einen indirekten Effekt des wahrgenommenen externen Drucks zeigt.

Tabelle 18: Substanzieller Erklärungsbeitrag (f^2)

		Image	wahrg. Nutzen	Inv.-Einstellung	Investitionsverhalten
Externer Druck	k	0,585656	0,375369	0,45327	0,272162
	g	0,59725	0,606673	0,492724	0,097174
Freiwillige Nutzung	k			-0,055775	-0,03349
	g			-0,653641	-0,12891
Image	k		0,248196	0,009617	0,005775
	g		0,513684	0,195017	0,038461
Interaktionsvariable	k			-0,209536	-0,125814
	g			0,416105	0,082063
Inv.-Einstellung	k				0,600441
	g				0,197218
Leistungsfähigkeit	k		-0,029102	-0,001128	-0,000677
	g		-0,097608	-0,037056	-0,007308
Nachweisbarkeit der Ergebnisse	k		0,208372	0,008074	0,004848
	g		0,05332	0,020243	0,003992
Relevanz	k		0,234929	0,009103	0,005466
	g		-0,016822	-0,006386	-0,00126
Wahrg. Kosten	k		0,012833	0,086725	0,052073
	g		0,052578	-0,129655	-0,02557
Wahrg. Nutzen	k			0,038749	0,023267
	g			0,379645	0,074873

k: Kleinere Unternehmen, g: Größere Unternehmen
QUELLE: EIGENE BERECHNUNG

Zusammenfassend kann festgestellt werden, dass die Ergebnisse aus der Analyse der beiden Teilstichproben sich mit denen der Gesamtstichprobe decken. Allerdings erreichen die Gütemaße der beiden Teilstichproben nicht das Niveau der Gesamtstichprobe. Zudem können nicht alle Effekte in den Teilstichproben nachgewiesen werden. Im Einzelnen kann der in der Gesamtstichprobe nachgewiesene direkte Einfluss des wahrgenommenen externen Drucks auf die Einstellung zur Investition lediglich bei den kleineren Unternehmen signifikant nachgewiesen werden. Demgegenüber wird der ebenfalls im Rahmen der Gesamtstichprobe nachgewiesen Einfluss des wahrgenommenen Nutzens auf die Einstellung zur Investition nur bei den großen Unternehmen signifikant bestätigt. Dies zeigt, dass bei kleineren Unternehmen der wahrgenommene externe Druck, also die vermuteten Ansprüche von Verbrauchern, Abnehmern oder der Gesellschaft einen hohen Stellenwert besitzen. Demgegenüber ist bei den größeren Unternehmen der wahrgenommen Nutzen, also die Nutzung der Rückverfolgbarkeit im Bereich von Zertifizierungen, Risikomanagement, Prozessoptimierung oder einer Differenzierungsstrategie von großer Bedeutung. Dies deckt sich mit den Ergebnissen der Clusteranalyse im Abschnitt 7.3.3.2. Hier wurden im Cluster drei „Die Gesetzestreuen" ebenfalls vorrangig kleinere Unternehmen identifiziert, während Cluster vier „die Imageorientierten" vorrangig größere Unternehmen beinhaltet. Weitere Unterschiede im Vergleich der Gesamtstichprobe ergeben sich im Bereich des Zusammenhangs der Konstrukte Relevanz, Nachweisbarkeit und Image mit dem wahrgenommenen Nutzen. Während in der Gruppe der größeren Unternehmen ein Einfluss des Images signifikant nachgewiesen werden kann, geht bei den kleinen Unternehmen eine entsprechende Beeinflussung des wahrgenommenen Nutzens von den anderen beiden Konstrukten aus.

8.3 Ergebnisdiskussion

Methodisch bedient sich die vorliegende Arbeit mit dem TAM einer theoretischen Grundlage, die bislang noch nicht für Fragestellungen im Bereich des Entscheidungsverhaltens von Unternehmen bzw. deren Entscheidungsträgern Verwendung fand. Das TAM baut seinerseits auf der TORA bzw. TOPB auf, die zu den am stärksten verbreiteten Theorien in den Verhaltenswissenschaften zählen. Hauptanwendungsgebiet des TAM ist die Untersuchung der Akzeptanz von IT-Neuerungen durch die Mitarbeiter von Unternehmen. Erste Anwendung des TAM im Bereich der agrarökonomischen Forschung wurde von Jahn im Bereich der Akzeptanz von Qualitätsmanagementsystemen in der Milchproduktion vorgenommen [Jahn, 2005: 278ff.]. Mit der vorliegenden Arbeit wurde der Anwendungsbereich dieser theoretischen Grundlage erneut erweitert. Grundlegender Unterschied zwischen der vorliegenden Arbeit und den bisherigen Forschungsansätzen ist die Betrachtung des „Verhaltens" von Unternehmen, die in dieser Arbeit erfolgt. Vor diesem Hintergrund kann diskutiert werden, ob der Einsatz des TAM für die vorliegende Fragestellung sinnvoll ist, da Entscheidungsprozesse in Unternehmen auch durch Parameter beeinflusst werden, die im Bereich der Entscheidung von Individuen nicht auftreten. Allerdings herrscht in der Literatur keineswegs Einigkeit bezüglich der relevanten Einflussgrößen. Vielmehr können unterschiedliche theoretische Ansätze beobachtet werden. Schreyögg differenziert vor diesem Hintergrund in drei verschiedene Strömungen [Schreyögg, 2003: 426ff.]: Im Rahmen der organisatorischen Differenzierung liegt der Fokus auf der Organisation und deren arbeitsteiligen Charakter. Entscheidungen werden nach diesem Ansatz beeinflusst durch ein konfliktäres Verhältnis der jeweiligen Organisationseinheiten zueinander und dem Bestreben jeder Einheit ihre Ziele im Rahmen der Entscheidungen umzusetzen [Ungson et al., 1981: 116ff.; Cyert und March, 1995: 4ff.; Schreyögg, 2003: 426ff.]. Die zweite Strömung sieht Entscheidungen als Ergebnis politischer Prozesse und Macht. Dieses Modell unterstellt auch eine formale Ordnung und Hierarchie, konzentriert sich im Weiteren aber gezielt auf das „Ringen um Macht und Einfluss" [Schreyögg, 2003: 429; Küpper und Ortmann, 1986: 590ff.]. Die dritte der hier betrachteten Strömungen wird als „Organisierte Anarchie" bezeichnet. Auch hier wird eine formale Ordnung vorausgesetzt, wobei den formalen Regeln lediglich begrenzte Bedeutung beigemessen wird. Vor diesem Hintergrund werden Entscheidungen als mehr oder weniger zufälliges Ergebnis einer organisatorischen Dynamik begriffen [Cohen et al., 1972: 1ff.; Schreyögg, 2003: 429].

Die vorgenannten Ausführungen zeigen, dass unterschiedliche Prozesse und Einflussfaktoren im Rahmen der Entscheidungsfindung von Unternehmen existieren. Diese finden im Bereich des TAM keine Berücksichtigung, da dieses Modell für Fragestellungen bezüglich des Verhaltens von Individuen konzipiert wurde. Auch die Anpassung des TAM an die vorliegende Fragestellung kann sicherlich nicht die komplexen Entscheidungsvorgänge in Unternehmen in ihrer Gesamtheit abbilden. Trotzdem zeigen die Ergebnisse, dass es durchaus geeignet ist, auf die vorliegende Fragestellung angewandt zu werden. Die Erfassung und Bewertung unternehmensinterner Entscheidungsprozesse und deren Auswirkungen auf die Investitionen im Bereich von Rückverfolgbarkeitssysteme könnten einen Ansatzpunkt für weitergehende Forschungsvorhaben darstellen.

Ebenfalls vergleichsweise selten angewandt wird die Auswertung empirischer Untersuchungen mittels der PLS-Pfadanalyse. Derzeit werden Analysen von Strukturgleichungsmodellen in der agrarökonomischen Forschung vorwiegend mittels kovarianzbasierter Verfahren z.B. mit Hilfe der Softwarelösungen LISREL oder AMOS durchgeführt. Vorteil der hier gewählten Auswertungsmethode ist die stärker explorativ ausgerichtete Auswertungsmöglichkeit. Dadurch können auch Sachverhalte untersucht werden, in denen noch keine umfangreichen theoretischen Erhebungen durchgeführt wurden und bei denen somit auch noch keine entsprechenden Grundlagen in die Modellbildung einfließen können. Kritiker der PLS-Pfadmodellierung bemerken häufig, dass die Methode zum einen aufgrund der geringeren Anforderungen an die Qualität der Daten (z.B. keine Normalverteilung erforderlich, geringe Zahl der Datensätze notwendig) und zum zweiten aufgrund des Fehlens globaler Gütemaße nur eine vergleichsweise geringe statistische Aussagekraft besitzt [Ringle, 2004b: 7ff.; Scholderer und Balderjahn, 2005: 87ff.]. Dieser Kritik kann im Vergleich zur kovarianzbasierten Kausalanalyse gefolgt werden. Allerdings sind die Anwendungsgebiete der beiden Auswertungsmethoden grundsätzlich zu unterscheiden: Während die PLS-Pfadanalyse sich in erster Linie zur Untersuchung von Fragestellungen mit vergleichsweise unscharf formulierten Variablen bspw. aufgrund fehlender theoretischer Informationen in Verbindung mit einer hohen Anzahl an Variablen und eines geringen Stichprobenumfangs eignet, kann die kovarianzbasierte Kausalanalyse im Bereich von Erhebungen eingesetzt werden, die bereits auf umfangreiche theoretische Kenntnisse aufbauen, über eine große Stichprobe verfügen und eine überschaubare Anzahl Variablen enthält. Es galt also nicht zu entscheiden, welche der beiden Auswertungsmethoden die „bessere" ist, sondern welche Methode aufgrund des vorliegenden theoretischen Modells, des Stichprobenumfangs und der Verteilung der Rohdatenmatrix für die Auswertung am besten geeignet erschien. Vor diesem Hintergrund ist die Entscheidung auf die PLS-Pfadanalyse zurückzugreifen, sinnvoll.

Der nachgewiesene Einfluss des wahrgenommenen externen Drucks auf die Einstellung zur Investition und somit auch auf das tatsächlich Investitionsverhalten deckt sich mit anderen Veröffentlichungen. Der wahrgenommene externe Druck bringt u.a. die Einschätzung der Befragten zu den vermuteten Anforderungen der Gesellschaft sowie insbesondere von Verbrauchern und Abnehmern zum Ausdruck. Somit wird indirekt auch abgebildet, welche Auswirkungen die gesetzlichen Regelungen (als „Anforderungen" der Gesellschaft) und die Anforderungen des LEH (insbesondere Zertifizierungen) aufweisen. Weber et. al. sehen in diesen beiden Punkt zwei Hauptgründe für die Investitionen in Rückverfolgbarkeitssysteme, und bestätigen daher auch den hier festgestellten Zusammenhang [Weber et al., 2004: 12f.].

Ein ähnliches Bild ergibt sich auch aus dem Zusammenhang zwischen wahrgenommenen Nutzen der Systeme und der Einstellung zur Investition, der in der vorliegenden Arbeit ebenfalls identifiziert wurde. Der wahrgenommene Nutzen von Rückverfolgbarkeitssystemen wurde erfasst über Statements, die eine Optimierung der innerbetrieblichen und unternehmensübergreifenden Prozesse, eine Verbesserung der Risikosituation und die Nutzung der Rückverfolgbarkeit im Rahmen einer Differenzierungsstrategie beschreiben. Diese Punkte werden auch bei Weber et. al. als wichtigste Punkte bei der Beschreibung des Nutzens von

Rückverfolgbarkeitssystemen genannt [Weber et al., 2004: 14f.]. Auch Springob und Horst et. al. sehen in den vorgenannten Punkten wichtige Einflussgrößen auf Investitionen in Rückverfolgbarkeitssysteme und bestätigen somit den identifizierten Zusammenhang [Springob, 2004: 21ff.; Horst et al., 2006: 20ff.].

Die nachgewiesenen Einflüsse des Images und der Relevanz von Rückverfolgbarkeitssysteme auf den wahrgenommenen Nutzen, sind vor dem Hintergrund der Errichtung von Rückverfolgbarkeitssysteme in der Literatur bislang nicht diskutiert worden. Ähnliches gilt auch für die in der vorliegenden Arbeit nicht nachgewiesenen Einflüsse der Nachweisbarkeit der Ergebnisse und der Leistungsfähigkeit der Systeme. Betrachtet man die Anwendung des hier zugrunde gelegte TAM 2 in anderen Fragestellungen, so werden die Zusammenhänge jeweils bestätigt [Venkatesh und Davis, 2000: 194ff.; Bürg und Mandl, 2004: 3ff.].

Interessant erscheint die Betrachtung der Kosten von Rückverfolgbarkeitssystemen. Diese wurde als wahrgenommene Kosten in der vorliegenden Arbeit erfasst. Der im Rahmen des Modells vermutete negative Einfluss auf den wahrgenommenen Nutzen und auf die Einstellung zur Investition konnten jedoch nicht nachgewiesen werden. Dies ist insoweit überraschend, als dass Kosten eine zentrale Größe im Rahmen betriebswirtschaftlicher Investitionsentscheidungen sind [Bitz, 1998: 111ff.; Schneider, 1987: 326ff.]. Es ist zu vermuten, dass dieser Punkt im Rahmen der Erhebung unzureichend erfasst wurde und somit ein Nachweis etwaiger Zusammenhänge nicht möglich war. Aufgrund der zentralen Bedeutung der Kosten im Rahmen von Investitionsentscheidungen bietet dieser Bereich einen Ansatzpunkt für weitergehende Untersuchungen.

Festzuhalten bleibt, dass die vorliegende Arbeit unterschiedliche Ergebnisse liefert, die sowohl aus wissenschaftlicher als auch aus praxeologischer Sicht von Bedeutung sind. Im theoretischen Bereich konnten mit der Übertragung eines Modells aus dem Bereich der Verhaltenswissenschaften auf Fragestellungen der Betriebswirtschaftslehre sowie des Einsatzes der bislang vergleichsweise selten genutzten Methode der PLS-Pfadanalyse eine Weiterentwicklung der agrarökonomischen Forschung erreicht werden. Aus praxeologischer Sicht bietet die vorliegende Untersuchung wertvolle Erkenntnisse, die für unterschiedliche Gruppen von Interesse sind und in entsprechende Handlungsempfehlungen im folgenden Kapitel einmünden.

8.4 Entwicklung von Handlungsempfehlungen

Für die betroffenen Unternehmen, Behörden und sonstige Interessensgruppen lassen sich aus der vorliegenden Untersuchung unterschiedliche Empfehlungen ableiten. So zeigt insbesondere der erste Teil dieser Arbeit, dass neben den rechtlichen Vorgaben weitere Gründe existieren, die Investitionen in Rückverfolgbarkeitssysteme rechtfertigen können. Hier muss jedes Unternehmen unter Berücksichtigung der individuellen wettbewerbsstrategischen Ausrichtung, der Risikobereitschaft des Unternehmens bzw. des Gefährdungsniveaus der hergestellten oder verarbeiteten Produkte oder etwaiger Anforderungen der Abnehmer im Bereich von Zertifizierungen entscheiden, welche Investitionen durchgeführt werden sollen. Zudem muss die technische Seite der Systeme beachtet werden. Neben den Kosten und der Leistungsfähigkeit der Systeme muss auch die zukünftige Entwicklung in diesem Bereich Beachtung finden. So kann es sinnvoll für einzelne Unternehmen sein, bereits jetzt die Weichen für den Einsatz RFID-gestützter Systeme zu stellen. Wie dargestellt, können diese Systeme zwar zurzeit in der Regel unter Kostengesichtspunkten nicht mit den verbreiteten Strichcodesystemen konkurrieren, das Potenzial der RFID-Systeme ist aber längst noch nicht ausgereizt, so dass diese Systeme zukünftig den Stand der Technik darstellen dürften. Hier gilt es für die Unternehmen, etwaige Investitionen vorab genau zu prüfen. Festzuhalten bleibt, dass im Rahmen einer Investitionsentscheidung unterschiedliche Parameter einfließen. Dabei versetzt die Kenntnis dieser Einflussgrößen die Entscheidungsträger in die Lage, diese gezielt einzuschätzen und somit letzten Endes eine optimale Entscheidung im Sinne des Unternehmens zu treffen.

Neben den betroffenen Unternehmen äußern unterschiedliche Gruppen ein Interesse, die Errichtung von Rückverfolgbarkeitssystemen zu beeinflussen und somit auch zwangsläufig die Investitionsbereitschaft der Unternehmen zu fördern.

Seitens der Politik wird der Sicherheit der Lebensmittel aufgrund der hohen gesellschaftlichen Bedeutung dieses Bereichs eine starke Aufmerksamkeit zu teil. Damit einhergehen verstärkte politische Bemühungen, Verbesserungen in diesem Bereich zu erzielen. Der Ausbau leistungsfähiger Rückverfolgbarkeitssysteme, die insbesondere durch eine Optimierung der Risikosituation ein höheres Sicherheitsniveau gewährleisten, spielt somit im Zielsystem vieler politischer Entscheidungsträger eine wichtige Rolle. Für diese Gruppe kann die vorliegende Arbeit Erkenntnisse liefern, wie die Bereitschaft der Unternehmen zur Investition in Systeme zur Rückverfolgbarkeit gefördert werden und dadurch eine verbesserte Lebensmittelsicherheit realisiert werden kann. So zeigt sich, dass ein höherer externer Druck, wie er bspw. durch eine Verschärfung gesetzlicher Regelungen erzeugt werden kann, insbesondere in kleineren Unternehmen einen entsprechenden Effekt erzielen kann. In größeren Untenehmen ist dieser Effekt kaum zu beobachten. In dieser Gruppe spielt vielmehr die freiwillige Nutzung eine wichtige Rolle, so dass eine Verschärfung der gesetzlichen Bestimmungen eine ablehnende Einstellung zu Einführung von Rückverfolgbarkeitssystemen führt. Aufgrund der sehr unterschiedlichen Strukturen im Lebensmittelsektor erscheint eine Verschärfung der Lebensmittelbasisverordnung, die für alle Unternehmen verbindlich wäre, nicht sinnvoll. Vielmehr sollte der Gesetzgeber versuchen, durch detailliertere Regelungen für einzelne Produkte oder Gruppen von Unternehmen, die sich durch ein hohes Gefährdungspotenzial auszeichnen, eine Verbesserung der Lebensmittelsicherheit zu erreichen.

Ähnliche Handlungsempfehlungen können auch für Interessengruppen, die sich auf dem Feld der Lebensmittelsicherheit engagieren, gegeben werden. Auch hier liefert die vorliegende Studie die Erkenntnis, dass eine einseitige Ausrichtung auf Forderungen zur Verschärfung der rechtlichen Vorschriften sowie einem Ausbau des externen Drucks nicht in allen Fällen zielführend ist. Hier könnte neben dem gesetzlichen Zwang auch über eine verstärkte Vermittlung der Relevanz von Rückverfolgbarkeitssystemen die Investitionsbereitschaft der Unternehmen gefördert werden.

Eine weitere Gruppe, die zwangsläufig ein Interesse an verstärkten Investitionen in Rückverfolgbarkeitssysteme hat, sind Hersteller bzw. Anbieter dieser Systeme. Dazu zählt ein breites Spektrum von Unternehmen, welches vom Bereich der Herstellung von Anlagen zur Trennung der physischen Produkte über Produzenten von Identifikationstechnologien bis hin zu Softwareanbietern reicht. Um eine Vermarktung ihrer Produkte fördern zu können, sind Informationen über das Investitionsverhalten der potenziellen Kunden ein unabdingbarer Bestandteil. Vor diesem Hintergrund zeigt sich, dass insbesondere der wahrgenommene Nutzen als Vermarktungsargument herangezogen werden kann. Die Vorgehensweise vieler Anbieter, insbesondere die rechtlichen Anforderungen als zentrales Argument für die Investition in entsprechende Systeme zu nutzen, ist nur für einen Teil der potenziellen Abnehmer brauchbar. Vielmehr zeigt die vorliegende Arbeit, dass sowohl die Relevanz des Themas und die Nachweisbarkeit der Ergebnisse entsprechende Einflüsse auf das Investitionsverhalten ausüben und somit im Zuge entsprechender Marketingaktivitäten berücksichtigt werden sollten.

Auch für Verbraucher, die ein Interesse an leistungsfähigen Rückverfolgbarkeitssystemen haben, kann die vorliegenden Arbeit Empfehlungen geben. So liegen leistungsfähige Systeme insbesondere dann vor, wenn es gelingt die Informationen stufenübergreifend zu verknüpfen und eine lückenlose Informationskette bis zur Primärproduktion zu gewährleisten. Unternehmen, deren Produkte diese Anforderungen erfüllen, versuchen häufig diese Information auch gegenüber dem Endverbraucher zu kommunizieren (z.B. über entsprechende Nachweise auf den Verpackungen, am Point of Sale oder auf entsprechenden Internetseiten). Trotzdem ist es unerlässlich, dass die Verbraucher die Informationen kritisch prüfen. So bedeutet bspw. eine Zertifizierung nach dem branchenübergreifenden Standard QS nicht zwangsläufig, dass auch unternehmensübergreifende Rückverfolgbarkeitssysteme entlang der gesamten Supply Chain bestehen.

Ähnliche Empfehlungen können auch für den Lebensmitteleinzelhandel gegeben werden. Auch hier sorgen die geforderten Zertifizierungen (z.B. IFS oder BRC) zwar dafür, dass eine Rückverfolgbarkeit der Produkte innerhalb der Unternehmen des jeweiligen Lieferanten gewährleistet ist. Eine Verkettung entlang der Supply Chain ist damit aber weiterhin nur von Stufe zu Stufe möglich, und birgt somit die Gefahr, dass bei fehlenden Informationen auf einer Stufe eine Rückverfolgbarkeit stark erschwert oder unmöglich wird. Daher kann auch für den LEH empfohlen werden, wenn ein Interesse an leistungsfähigen Rückverfolgbarkeitssysteme besteht, muss dies durch entsprechende Vereinbarungen mit den Lieferanten realisiert werden. Dies führt in der Regel zu einem höheren Grad an vertikaler Integration und verringert somit die Flexibilität des LEH in Bezug der Möglichkeiten zum Wechsel der Lieferanten. Im Gegenzug eröffnet eine stärkere vertikale Integration aber auch Chancen, die es entsprechend abzuwägen gilt. Entscheidend dürften letzten Endes die Anforderungen und ggf. die Mehrzahlungsbereitschaft der Endverbraucher sein.

9 Zusammenfassung und Ausblick

In der vorliegenden Arbeit wurden Einflussgrößen auf Investitionen deutscher Unternehmen des Lebensmittelsektors in Systeme zur Rückverfolgung ihrer Produkte untersucht. Zunächst wurde ein grundsätzlicher Überblick über mögliche Gründe für die Einrichtung von Rückverfolgbarkeitssystemen gegeben. Dazu zählen in erster Linie die gesetzlichen Rahmenbedingungen. In diesem Bereich ist die Lebensmittelbasisverordnung (VO EG 178/2002) die zentrale Vorschrift. Sie regelt im Artikel 18, dass alle Unternehmen des Lebensmittelsektors Systeme zur Rückverfolgbarkeit ab dem 1.1.2005 einrichten müssen. Die in dieser Verordnung zunächst recht weitgehend formulierten Forderungen wurden im Zuge der Beratungen zur konkreten Umsetzung relativiert, so dass letzten Endes lediglich die Möglichkeit zur (Rück-)Verfolgung der Produkte von bzw. bis zur jeweils vor- oder nachgelagerten Stufe erfolgen muss. Somit stellt die Erfüllung dieser Vorgabe für die meisten Unternehmen keine Herausforderung dar. Flankiert werden die Vorschriften der Lebensmittelbasisverordnung durch unterschiedliche nationale und internationale Regelungen, die häufig weitergehende Bestimmungen für bestimmte Produkte fordern (z.B. GMO). Daneben üben auch Vorschriften zur Produkthaftung einen Einfluss auf Rückverfolgbarkeitssysteme aus.

Neben den gesetzlichen Anforderungen gibt es weitere Gründe für die Einrichtung von Rückverfolgbarkeitssystemen. Dazu zählen die Möglichkeiten zum Einsatz dieser Systeme im betrieblichen Risikomanagement, im Zuge der Nutzung von Differenzierungsstrategien oder zur Erfüllung der Anforderungen im Bereich unterschiedlicher Zertifizierungen. Während die gesetzlichen Vorgaben vergleichsweise leicht zu erfüllen sind und daher eine eher nachrangige Bedeutung für die Unternehmen aufweisen, sind die vorgenannten weiteren Gründe zum Teil von größerer Bedeutung.

Im Bereich der technischen Anforderungen müssen bei der Einführung von Rückverfolgbarkeitssystemen in erster Linie die notwendigen Daten erfasst, aufbereitet und verknüpft werden. Dazu finden derzeit in erster Linie Barcodes Verwendung. Zukünftig werden jedoch vermutlich verstärkt RFID-Systeme eingerichtet werden, die einen deutlich höheres Leistungsvermögen aufweisen und somit die Präzision und Geschwindigkeit der Rückverfolgbarkeitssysteme weiter optimieren.

Aufbauend auf den grundsätzlichen Ausführungen ist im Zuge einer empirischen Untersuchung in Unternehmen des deutschen Lebensmittelsektors eine Analyse des Investitionsverhaltens durchgeführt worden. Grundlage der Untersuchung ist ein Modell, das auf Basis der Theory of Planned Behavior und des darauf basierenden Technology Acceptance Model 2 entwickelt wurde. In diesem Tracking and Tracing Investment Modell wurden die Einflussfaktoren auf die Investitionsbereitschaft der Unternehmen abgebildet. Dabei wurde grundsätzlich unterstellt, dass das Investitionsverhalten der Unternehmen (bzw. der Entscheidungsträger in Unternehmen) durch eine entsprechende Einstellung zur Investition beeinflusst wird. Diese Einstellung ist wiederum von weiteren Größen wie z.B. wahrgenommenen Kosten und Nutzen oder der subjektiven Einschätzung der Meinung Dritter (externer Druck) abhängig. Im Rahmen der Überprüfung des Modells mittels einer Prüfung entsprechender Forschungshypothesen konnten die grundsätzlichen Annahmen bestätigt werden. So bildet die Einstellung zur Investition eine wichtige Einflussgröße auf das tatsächliche Investitionsverhalten. Die Einstellung ihrerseits wird sowohl durch den wahrgenommenen Nutzen der Rückverfolgbarkeitssysteme als auch durch den externen Druck beeinflusst. Auffällig ist dabei, dass in größeren Unternehmen in erster Linie der wahrgenommene Nutzen einen Einfluss auf die Einstellung ausübt, während in kleineren Unternehmen die vermutete Meinung Dritter als stärkste Einflussgröße identifiziert wurde.

Das Thema Rückverfolgbarkeit bietet über die vorliegende Arbeit hinaus Spielraum für eine Reihe weiterer Forschungsarbeiten. Im ökonomischen Bereich ist bspw. die genauere Betrachtung der Kosten, die im Zuge der Errichtung von Rückverfolgbarkeitssystemen anfallen, ein weiterer Forschungsschwerpunkt. Während in der vorliegenden Arbeit die Kosten lediglich auf vergleichsweise abstraktem Niveau behandelt wurden, erscheint eine detailliertere Betrachtung für unterschiedliche Fragestellungen in Forschung und Praxis von hoher Bedeutung.

Ein weiterer Bereich ist die Zusammenarbeit entlang der Supply Chain und möglicher Optimierungen der zwischenbetrieblichen Austauschprozesse. Auch hier könnte eine konkretere Betrachtung am Beispiel der Rückverfolgbarkeit zu einem wertvollen Erkenntnisgewinn führen. In diesem Zusammenhang ist auch eine verstärkte Betrachtung der Entscheidungsprozesse in Unternehmen möglich.

Darüber hinaus könnten weitere Forschungsvorhaben im Bereich technischer Systeme wie bspw. der Nutzung und Einführung der RFID-Technologie oder der Optimierung der Kompatibilität der IT-Systeme einen weiterführenden Erkenntnisgewinn liefern. Zudem sind diese Bereiche auch für die praktische Anwendung von hoher Bedeutung.

Es bleibt festzuhalten, dass sich die intensive Diskussion um Rückverfolgbarkeit nach der Veröffentlichung der Lebensmittelbasisverordnung zwar etwas abgekühlt hat und inzwischen sachlichere Überlegungen im Vordergrund stehen, aber trotzdem eine Reihe von wissenschaftlichen Fragestellungen vorliegen, die noch zu klären sind. Das Thema wird also auch in Zukunft nicht an Bedeutung verlieren, denn die Sicherheit der Lebensmittel wird immer eine zentrale Größe in unserer Gesellschaft bleiben.

LITERATUR

Abell, D. F. (1980): Defining the Business. The Starting Point of Strategic Planning. Prentice-Hall, Englewood Cliffs, London, Sydney

Adam, F. (1998): Informationssysteme für die Schweineerzeugung. In: Frisch, J. (Hrsg.): Elektronische Tieridentifizierung. S. 87-94, Kuratorium für Technik und Bauwesen in der Landwirtschaft, Darmstadt

Ajzen, I. (1979): Einstellungsbezogene versus normative Botschaften: Eine Untersuchung der unterschiedlichen Effekte persuasiver Mitteilungen auf das Verhalten. In: Hormuth, S. E. (Hrsg.): Sozialpsychologie der Einstellungsänderung. S. 174-190, Verlag Anton Hain Meisenheim, Königstein

Ajzen, I. (1989): Attitude Structure and Behavior. In: Pratkanis, A. R. et al. (Hrsg.): Attitude Structure and Function. S. 241-274, Lawrence Erlbaum Associates, Hillsdale, New Jersey

Ajzen, I. (1991): The Theory of Planned Behavior. In: Organizational Behavior and Human Decision Processes. 90. Jg., 2/1991, S. 179-211

Ajzen, I. und M. Fishbein (1973): Einstellungs- und normative Variablen als Prädikatoren für spezifische Verhaltensweisen. In: Ströbe, W. (Hrsg.): Sozialpschychologie I. S. 404-444, Wissenschaftliche Buchgesellschaft, Darmstadt

Ajzen, I. und M. Fishbein (1977): Attitude-Behavior Relations: A Theoretical Analysis and Review of Empirical Research. In: Psychological Bulletin. 84. Jg., 5/1977, S. 888-918

Ajzen, I. und M. Fishbein (1980): Understanding Attitudes and Predicting Social Behavior. New Jersey

Ajzen, I. und J. T. Madden (1986): Prediction of a Goal directed Behaviour: Attitude, Intentions and perceived Behavioural Control. In: Journal of Experimental Social Psychology. 22. Jg., 4/1986, S. 453-474

Altmann, R. (1998): Elektronische Kennzeichnungssysteme und ihre Weiterentwicklung. In: Frisch, J. (Hrsg.): Elektronische Tieridentifikation S. 29-44, Kuratorium für Technik und Bauwesen in der Landwirtschaft, Darmstadt

Apel, H. (1979): Simulation sozio-ökonomischer Zusammenhänge. Toeche-Mittler, Darmstadt

Atzberger, M. (1997): Von Rindern und Rechnern. In: EuroHandelsinstitut EHI (Hrsg.): Elektronische Identifikation und Rückverfolgbarkeit von Tieren - Vom Rind zum Roastbeef. S. 16-20, Köln

Backhaus, K. et al. (2003): Multivariate Analysemethoden. 10. Auflage, Springer Verlag, Berlin, Heidelberg

Balderjahn, I. (1986): Das umweltbewusste Konsumentenverhalten: Eine empirische Studie. Duncker & Humblot, Berlin

Baron, R. R. und D. A. Kenny (1986): The Moderator - Mediator Variable Distinction in Social Psychological Research: Conceptual, Strategic and Statistical Considerations. In: Journal of Personality and Social Psychology. 51. Jg., 6/1986, S. 1173-1182

Bartscher, T. (2007): Entscheidungsorientierte Einführung in die Betriebswirtschaftslehre. Internet: www.bw.fh-deggendorf.de/kurse/gbwl/scripten/script1.pdf, Abrufdatum: 7. August 2007

Beck, T. A. (2002): Die präventive Durchsetzung der Rückrufpflicht - Möglichkeiten zur Erzwingung eines Produktrückrufes. Köhler Druck, Tübingen

Beplate-Haarstrich, L. et al. (2007): Einsatz von RFID-Transpondern zur Rückverfolgbarkeit pflanzlicher Produkte. In: Böttinger, S. et al. (Hrsg.): Agrarinformatik im Spannungsfeld zwischen Regionalisierung und globalen Wertschöpfungsketten. S. 27-30, Referate der 27. GIL-Jahrestagung, 5. bis 7. März 2007, Stuttgart

Berenbeck, K. et al. (2004): RFID: Ein kleiner Chip löst große Hoffnungen aus. In: akzente. 10. Jg., 33/2004, S. 16-23

Bitz, M. (1998): Investition. In: Bitz, M. et al. (Hrsg.): Vahlen Kompendium der Betriebswirtschaftslehre. S. 107-174, 4. Auflage, Franz Vahlen Verlag, München

Bliemel, F. et al. (2005): Die PLS-Pfadmodellierung: Mehr als eine Alternative zur Kovarianzstrukturanalyse. In: Bliemel, F. et al. (Hrsg.): Handbuch PLS-Pfadmodellierung - Methode, Anwendung, Praxisbeispiele. S. 9-16, Schäffer-Poeschel Verlag, Stuttgart

BLL (2003): Stellungnahme zu den rechtlichen Vorgaben im Hinblick auf das Gebot der Rückverfolgbarkeit in Artikel 18 der Verordnung (EG) 178/2002. Bonn

Bohrnstedt, G. W. (1970): Reliabilty and Validity Assessment in Attitude Measurement. In: Summers, G. F. (Hrsg.): Attitude Measurement. S. 80-99, Rand McNally & Company, Chicago

Bräuning, J. (2007): Fragen und Antworten zum Hazard Analysis and Critical Control Point (HACCP)-Konzept. Internet: www.bfr.bund.de/cm/234/-fragen_und_anworten_zum_hazard_analysis_and_critical_control_-point_haccp_konzept.pdf, Abrufdatum: 3. September 2007

Brenner, M. (2001): Das Weißbuch zur Lebensmittelsicherheit und das System des Europäischen Verwaltungsvollzugs - Insbesondere Verwaltungskompetenz der Mitgliedsstaaten und Grundsatz des Landesvollzugs in der Bundesrepublik Deutschland. In: Zeitschrift für das gesamte Lebensmittelrecht. 28. Jg., 3/2001, S. 359-377

British Retail Consortium (2005): BRC Globaler Standard Lebensmittel. 4. Auflage, London

Broder, I. E. und J. F. Morrall (1991): Incentives for Firms to Provide Safety: Regulatory Authority and Capital Market Reactions. In: Journal of Regulatory Economics. 3. Jg., 4/1991, S. 309-322

Bruhn, M. und C. Homburg (2001): Gabler Marketing Lexikon. Gabler Verlag, Wiesbaden

Buhr, B. (2002): Understanding the retail sector: Towards Traceability in the meat production chain. London Swine Conference - Conquering the Challenges, 11.-12. April 2002, London

Bürg, O. und H. Mandl (2004): Akzeptanz von e-learning in Unternehmen. Forschungsberichte der Ludwig-Maximilians-Universität München Nr. 167, München

Busch, A. und W. Dangelmaier (2004): Integriertes Supply Chain Management - ein koordinationsorientierter Überblick. In: Busch, A. und W. Dangelmaier (Hrsg.): Integriertes Supply Chain Management: Theorie und Praxis unternehmensübergreifender Geschäftsprozesse. S. 1-24, 2. Auflage, Gabler Verlag, Wiesbaden

Buxmann, P. (1996): Standardisierung betrieblicher Informationssysteme. Gabler Verlag, Wiesbaden

CapGemini (2005): Studie IT Trends 2005 - Paradigmenwechsel in Sicht. Internet: www.de.capgemini.com/servlet/PB/show/1556864/Capgemini_IT_Trends_2005.pdf, Abrufdatum: 20. Dezember 2005

Carmanns, R. (2007): HI-Tier Informationen. Internet: www.hi-tier.de/info99.html, Abrufdatum: 1. September 2007

Caswell, J. A. und S. Joseph (2006): Consumers´ Food Safety, Environmental and Animal Welfare Concerns: Major Determinants for Agricultural and Food Trade in the Future? IATRC Summer Symposium, Berlin

Centrale für Coorganisation (2002): Leitfaden: Rückverfolgbarkeit von Produkten und effizienter Warenrückruf. Bonn

Cheek, P. (2006): Factors impacting the Acceptance of Traceability in the Food Supply Chain in the United States of America. Internet: http://oie.int/eng/pulicat/rt/2501/pdf/24-cheek313-319.pdf, Abrufdatum: 21. Februar 2007

Chin, W. W. et al. (2003): A Partial Least Squares Latent Variable Modeling Approach for Measuring Interaction Effects: Results from a Monte Carlo Simulation Study and an Electronic-Mail Emotion / Adoption Study. In: Information Systems Research. 14. Jg., 2/2003, S. 189-217

Chrisman, J. et al. (1988): Toward a System for Classifying Business Strategies. In: Acadamy of Management Review. 13. Jg., 3/1988, S. 413-428

Clasen, M. (2006): Das EPC-Global-Netzwerk - Ein Werkzeug zur Rückverfolgbarkeit in Echtzeit. In: Elektronische Zeitschrift für Agrarinformatik. 1. Jg., 1/2006, S. 3-15

Clemens, R. (2003): Meat Traceability in Japan. In: Iowa Ag Review. 9. Jg., 4/2003, S. 4-5

Codex Alimentarius Commission (2006): Principles for traceability / Product tracing as a Tool within a Food Inspection and Certification System (CAC/GL 60-2006). Internet: http://www.codexalimentarius.net/download/standards/10603/CXG_060e.pdf, Abrufdatum: 18. April 2007

Cohen, J. (1988): Statistical Power Analysis for the Behavioral Sciences. Second Edition, Lawrence Erlbaum Associates, Hillsdale, New Jersey

Cohen, M. D. et al. (1972): A Garbage Can Model of Organizational Choice. In: Administrative Science Quarterly. 17. Jg., 1/1972, S. 1-25

Corsten, H. und R. Gössinger (2001): Einführung in das Supply Chain Management. Oldenbourg Verlag, München, Wien

Cyert, R. M. und J. G. March (1995): Eine verhaltenswissenschaftliche Theorie der Unternehmung. 2. Auflage, Schäffer-Poeschel Verlag, Stuttgart

Dahrendorf, R. (1967): Pfade aus Utopia - Arbeiten zur Theorie und Methode der Soziologie. Piper & Co. Verlag, München

Darby, M. und E. Karni (1973): Free Competition and the optimal Amount of Fraud. In: Journal of Law and Economics. 16. Jg., 1/1973, S. 67-88

Darkow, I.-L. und J. Decker (2006): Technologie und Anwendungsfelder von RFID. In: (Hrsg.): Chargenverfolgung: Möglichkeiten, Grenzen und Anwendungsgebiete. S. 39-58, Deutscher Universitäts-Verlag, Wiesbaden

Dautzenberg, K. (2005): Erfolgsfaktoren von landwirtschaftlichen Unternehmen im Marktfruchtbau in Sachsen-Anhalt. Studies on the Agricultural and Food Sector in Central and Eastern Europe, Vol. 32, Halle

Davis, F. D. (1989): Perceived Usefulness, Perceived Ease of Use and User Acceptance of Information Technology. In: MIS Quarterly. 13. Jg., 3/1989, S. 319 - 340

de Jong, P. S. (2004): RFID Benchmark Study. Internet: www.logicacmg/pdf/-rfid_study.pdf, Abrufdatum: 20. Dezmeber 2005

Deutsches Institut für Normung (DIN) (2000): DIN EN ISO 9000:2000 - Qualitätsmanagementsysteme und Begriffe. Beuth Verlag, Berlin

Dickinson, D. L. und D. Bailey (2002a): Meat Traceability: Are U.S. Consumers Willing to Pay for it? In: Journal of Agricultural and Resource Economics. 27. Jg., 2/2002, S. 348-364

Dickinson, D. L. und D. Bailey (2002b): Willingness to pay for Information: Experimental Evidence on Product Traceability for the USA, Canada, the UK and Japan. Internet: http://devweb.mygamonline.com/gamweb/-downloads/tta_internationa_paper.pdf, Abrufdatum: 31. Januar 2007

Duschl, J. (2006): Genfood - Rückverfolgbarkeit, Chancen und Risiken gentechnisch veränderter Lebensmittel. VDM Verlag Dr. Müller, Saarbrücken

Eberl, M. (2004): Formative und reflektive Indikatoren im Forschungsprozess: Entscheidungsregeln und die Dominanz des reflektiven Modells. Schriften zur Empirischen Forschung und Quantitativen Unternehmensplanung der LMU München, 19/2004, München

Eberle, A. O. (2005): Risikomanagement in der Beschaffungslogistik - Gestaltungsempfehlungen für ein System. Difo-Druck, Bamberg

Esser, H. (1996): Soziologie - Allgemeine Grundlagen. 2. Auflage, Campus Verlag, Frankfurt/Main, New York

EurepGAP (2004): EurepGAP - General Regulations Obst & Gemüse. Internet: http://www.eurepgap.org/documents/webdocs/EUREPGAP_GR_FP_V2-1Oct04_update_24Nov05_GE.pdf, Abrufdatum: 11. Januar 2007

European Commission (2004): Leitlinien für die Anwendung der Artikel 11, 12, 16, 17, 18, 19 und 20 der Verordnung (EG) Nr. 178/2002 über das allgemeine Lebensmittelrecht - Schlussfolgerungen des ständigen Ausschusses für die Lebensmittelkette und Tiergesundheit. Internet: europa.eu.int/comm/food/food/ foodlaw/guidance/guidance_rev_7_de.pdf, Abrufdatum: 20. April 2005

European Commission (2006): The Rapid Alert System for Food and Feed (RASFF) - Annual Report 2005. Internet: http://ec.europa.eu/food/food/-rapidalert/report2005_en.pdf, Abrufdatum: 12.1.2006

Falk, A. (2003): Homo Oeconomicus versus Homo Reciprocans: Ansätze für ein neues Wirtschaftspolitisches Leitbild? In: Perspektiven der Wirtschaftspolitik 4. Jg., 1/2003, S. 141-172

Fassott, G. (2005): Die PLS-Pfadmodellierung: Entwicklungsrichtungen, Möglichkeiten, Grenzen. In: Bliemel, F. et al. (Hrsg.): Handbuch PLS-Pfadmodellierung - Methode, Anwendung, Praxisbeispiele. S. 19-30, Schäffer-Poeschel Verlag, Stuttgart

Finkenzeller, K. (1998): RFID-Handbuch - Grundlagen und praktische Anwendungen induktiver Funkanlagen, Transponder und kontaktloser Chipkarten. Carl Hansen Verlag, München, Wien

Fornell, C. und D. F. Larcker (1981): Evaluating Structural Equation Models with Unobservable Variables and Measurement Error. In: Journal of Marketing Research. 18. Jg., 1/1981, S. 39-50

Foscht, T. und A. Swoboda (2005): Käuferverhalten. Gabler Verlag, Wiesbaden

Franz, S. (2004): Grundlagen des ökonomischen Ansatzes: Das Erklärungskonzept des Homo Oeconomicus. Working Paper International Economics 2/2004 der Universität Potsdam, Potsdam

Fraunhofer Institut (2007): Das Internet der Dinge wird die Welt bewegen. Internet: http://www.vdeb.de/download/Logistik_morgen_Vortrag_ten_Hompel.pdf, Abrufdatum: 18. April 2007

Freiling, J. (2001): Zertifizierung. In: Diller, H. (Hrsg.): Vahlens Großes Marketing Lexikon. S. 1935, Verlag Vahlen, München

Frey, B. S. (1990): Ökonomie ist Sozialwissenschaft - Die Anwendung der Ökonomie auf neue Gebiete. Verlag Franz Vahlen, München

Fries, E.-A. (2006): Benchmarking ausgewählter Qualitätssicherungssysteme der Fleischkette - eine vergleichende Kosten-Nutzen-Analyse. Dissertation, Gießen

Fröhlich, G. et al. (2003): Datenmanagement im EU-weiten Feldversuch zur elektronischen Tierkennzeichnung (IDEA-Projekt). EFITA 2003, 5.-9. Juli 2003, Debrecen

Fuchs, L. und C. Herrmann (2001): Regulierung genetisch veränderter Lebensmittel im Lichte aktueller Entwicklungen auf europäischer und internationaler Ebene. In: Zeitschrift für das gesamte Lebensmittelrecht. 28. Jg., 6/2001, S. 789-809

Füllbier, R. U. (2004): Wissenschaftstheorie und Betriebswirtschaftslehre. In: Wirtschaftswissenschaftliches Studium (WiSt). 33. Jg., 5/2004, S. 266-271

Furness, A. (2006): Data carriers for Traceability. In: Smith, I. und A. Furness (Hrsg.): Improving Traceability in Food Processing and Distribution. S. 199-237, CRC Press, Boca Raton, Boston, New York, Washington DC

Füßler, A. (2001): Radiofrequenztechnik zu Identifikationszwecken (RFID) für die Automatisierung von Warenströmen. In: Buchholz, W. und H. Werner (Hrsg.): Supply Chain Solutions: Best Practices in e-Business. S. 87-104, Schäffer-Poeschel Verlag, Stuttgart

Füßler, A. (2004): Mit dem Transponder in die Zukunft - EPC Was ist das? Wie kann sich Ihr Unternehmen vorbereiten? -Grundlageninformationen zum Electronic Product Code. Köln

Gaitanides, M. (2007): Prozessorganisation. 2. Auflage, Verlag Vahlen, München

Galbraith, C. und D. Schendel (1983): An Empirical Analysis of Strategy Types. In: Strategic Management Journal. 4. Jg., 2/1983, S. 153-173

Gampl, B. (2004): RFID - Technologie der Zukunft. In: Schiefer, G. et al. (Hrsg.): Integration und Datensicherheit - Anforderungen, Konflikte und Perspektiven. Referate der 25. GIL Jahrestagung, 8.- 10. September 2004, S. 33-36, Köllen Druck + Verlag, Bonn

Gampl, B. (2006): Rückverfolgbarkeit von Lebensmitteln - Eine empirische Analyse kettenübergreifender Informationssysteme. Cuvillier Verlag, Göttingen

Gawron, J.-C. und L. Theuvsen (2007): Die Bewertung des International Food Standard durch Unternehmen der Ernährungsindustrie: Ergebnisse einer empirischen Untersuchung. In: Kuhlmann, F. und P. M. Schmitz (Hrsg.): Gewisola-Tagungsband 2006. Münster-Hiltrup Verlag (im Druck)

Gawron, J.-C. et al. (2007): Qualitätsanforderungen in Zertifizierungssystemen: Ansatzpunkte für die Messung von Qualität. In: Linß, G. (Hrsg.): Messbare Qualität. S. 180-201, Shaker-Verlag, Aachen

GFSI (2004): GFSI - Guidance Document. Internet: http://www.ciesnet.com/pfiles/programmes/foodsafety/GFSI-Guidance-Document-4-Ausgabe.pdf, Abrufdatum: 8. Dezember 2006

Girnau, M. (2003a): Der Entwurf eines Gesetzes zur Neuordnung des Lebensmittel- und Futtermittelrechts - Struktur des Gesetzentwurfes und Bewertung der wesentlichen Aspekte. In: Zeitschrift für das gesamte Lebensmittelrecht. 6/2003, 30. Jg., S. 677-691

Girnau, M. (2003b): Rückverfolgbarkeit - Rechtliche Anforderungen des Art. 18 Verordnung (EG) 178/2002. BLL Seminar Rückverfolgbarkeit, 13. November 2003, Bonn

Götz, O. und K. Liehr-Gobbers (2004): Analyse von Strukturgleichungsmodellen mit Hilfe der Partial-Least-Squares(PLS)-Methode. In: Die Betriebswirtschaft (DBW). 64. Jg., 6/2004, S. 714-738

Grasser, R. (2000): Betriebliches Umwelt-Risikomanagement. Verlag Dr. Kovac, Hamburg

Gregori, G. (2006): Grenzen der RFID-Technologie in der Logistik. In: Engelhardt-Nowitzki, C. und E. Lacker (Hrsg.): Chargenverfolgung: Möglichkeiten, Grenzen und Anwendungsgebiete. S. 93-104, Deutscher Universitäts Verlag, Wiesbaden

Grüne Biotechnologie (2003): Neue EU-Verordnungen in Kraft. Internet: www.gruene-biotechnologie.de/inhalte/neuverorng.html, Abrufdatum: 30. Dezember 2003

GS 1 Germany (2006a): Datenbezeichner. Internet: http://www.gs1-germany.de/internet/content/produkte/ean/ean_128_standard/datenbezeichner/index_ger.html, Abrufdatum: 4. Februar 2006

GS 1 Germany (2006b): EAN. Internet: http://www.gs1-germany.de/VHM/internet/VHM/internet/content/e39/e50/e221/e241, Abrufdatum: 4. Februar 2006

GS 1 Germany (2006c): ILN. Internet: http://www.gs1-germany.de/VHM/-internet/VHM/internet/content/e39/e50/e221/e222, Abrufdatum: 4. Februar 2006

GS 1 Germany (2006d): NVE. Internet: http://www.gs1-germany.de/VHM/-internet/internet/content/produkte/ean/e221/e229, Abrufdatum: 4. Februar 2006

GS 1 Germany (2006e): Transportetikett. Internet: http://www.gs1-germany.de/internet/-content/produkte/ean/ean_128_standard/transportetikett/index_ger.html, Abrufdatum: 4. Februar 2006

GS 1 Germany (2007): GS1 XML-Standards bringen zählbare Vorteile für die Vorstufenindustrie. Internet: http://www.gs1-germany.de/internet/-content/produkte/ean/aktuelles/xml_standards/-index_ger.html, Abrufdatum: 24. Februar 2007

Hagenmeyer, M. (2006): Lebensmittelkennzeichnungsverordnung mit Los-Kennzeichnungs-Verordnung und Fertigpackungsverordnung (Auszug) - Kommentar. Verlag C.H. Beck, München

Hallier, B. (2001): EUREP. In: Diller, H. (Hrsg.): Vahlens Großes Marketing Lexikon. S. 432, Verlag Vahlen, München

Hansmann, K.-W. und C. M. Ringle (2005): Wirkung einer Teilnahme an Unternehmensnetzwerken auf die strategischen Erfolgsfaktoren von Partnerunternehmen - eine empirische Untersuchung. In: Die Unternehmung - Swiss Journal fo Business Research and Practice. 59. Jg., 3/2005, S. 217-236

Hassenpflug, H. G. (2007): Informationen über die anderweitigen Verpflichtungen - Cross Compliance 2007. In: Land und Forst - Sonderbeilage. 160. Jg., 14/2007, S. 1-38

Haunhorst, E. (2006): Lebensmittelkrisen bei Unternehmen aus amtlicher Sicht. In: Horst, M. und O. A. Strecker (Hrsg.): Krisenmanagement in der Lebensmittelindustrie - Ratgeber für das erfolgreiche Management von Lebensmittelkrisen. S. 49-61, Behr´s Verlag, Hamburg

Henry, X. (2004): Costs, Risks and Contracting Strategies for European Union Traceability Requirements. North Dakota State University, Fargo

Henseler, J. (2005): Einführung in die PLS-Pfadmodellierung. In: Wirtschaftswissenschaftliches Studium (WiSt). 34. Jg., 2/2005, S. 70-75

Hildebrandt, L. und N. Görz (1999): Zum Stand der Kausalanalyse mit Strukturgleichungsmodellen - Methodische Trends und Software-Entwicklungen. Internet: http://edoc.hu-berlin.de/series/sfb-373-papers/1999-46/PDF/46.pdf, Abrufdatum: 8.6.2007

Hobbs, J. E. (2002): Consumer Demand for Traceability. Annual Meeting of the International Agricultural Trade Research Consortium (IATRC), Monterey, California

Hobbs, J. E. (2004): Information Asymmetry and the Role of Traceability Systems. In: Agribusiness. 20. Jg., 4/2004, S. 397-415

Hobbs, J. E. (2005): Traceability in the Canadian Red Meat Sector: Do Consumers Care? In: Canadian Journal of Agricultural Economics. 53. Jg., 1/2005, S. 47-65

Hooker, N. H. et al. (1999): Assessing the Economics of Food Safety Activities: Studies of Beef Slaugter and Meat Processing. Factluty Paper Series 99-4, Department of Agricultural Economics Texas A&M Universitiy, College Station, Texas

Hornung, K.-H. (1999): Risikomanagement - Teil I: Konzeptionelle Ansätze zur pragmatischen Realisierung gesetzlicher Anforderungen. In: Controlling. 11. Jg., 7/1999, S. 317-325

Horst, M. (2000): Dachregelung europäisches Lebensmittelrecht - Vorschläge zur Umsetzung des Weißbuches zur Lebensmittelsicherheit. In: Zeitschrift für das gesamte Lebensmittelrecht. 27. Jg., 4/2000, S. 475-487

Horst, M. und A. Mrohs (2000): Das Europäische Lebensmittelrecht am Scheideweg - Das Weißbuch der Kommission zur Lebensmittelsicherheit. In: Zeitschrift für das gesamte Lebensmittelrecht. 2/2000, 27. Jg., S. 125-140

Horst, M. et al. (2006): Leitfaden Rückverfolgbarkeit - Die Organisation der Rückverfolgbarkeit von Produkten in der Lebensmittelkette. 2. Auflage, Bund für Lebensmittelrecht und Lebensmittelkunde, Bonn

Horst, M. und O. A. Strecker (2005): Risiko- und Krisenmanagement - Möglichkeiten und Instrumente zur Krisenprävention und Bewältigung in der deutschen Ernährungsindustrie. Bundesvereinigung der deutschen Ernährungsindustrie, Berlin

Huber, F. et al. (2003): Ein Ansatz zur Steuerung der Markenstärke. In: Zeitschrift für Betriebswirtschaft (ZFB). 73. Jg., 4/2003, S. 345-370

Hulland, J. (1999): Use of Partial Least Squares (PLS) in Strategic Management Research: A Preview of four Recent Studies. In: Strategic Management Journal. 20. Jg. , 4/1999, S. 195/2004

IFS Audit Portal (2007): IFS Version 5 erscheint am 1. August 2007. Internet: www.food-care.info, Abrufdatum: 15. September 2007

International Organization for Standardization (ISO) (2005): Managementsysteme für die Lebensmittelsicherheit - Anfoderungen an Organisationen in der Lebensmittelkette (ISO 22000:2005). Berlin

Jahn, G. (2005): Qualitätssicherungssysteme in der Landwirtschaft. Dissertation, Göttingen

Jahn, G. et al. (2003): Zur Glaubwürdigkeit von Zertifizierungssystemen: Ein ökonomische Analyse der Kontrollvalidität. Internet: http://gwdu05.gwdg.de/~uaao/spiller/-publikationen/diskussionsbeitrag0304.pdf, Abrufdatum: 27. Juli 2007

Jesse, R. und O. Rosenbaum (2000): Barcode - Theorie, Lexikon, Software. Verlag Technik, Berlin

Jonas, K. und J. Doll (1996): Eine kritische Bewertung der Theorie des überlegten Handelns und der Theorie geplanten Verhaltens. In: Zeitschrift für Sozialpsychologie. 27. Jg., 1/1996, S. 18-31

Klindtwordt, M. et al. (2003): Die elektronische Tierkennzeichnung von Rindern im Praxistest - Ergebnisse zum EU-Forschungsprojekt "IDEA". EFITA 2003, 5.-9. Juli 2003, Debrecen

Kornmeier, M. (2007): Wissenschaftstheorie und wissenschaftliches Arbeiten - Eine Einführung für Wirtschaftswissenschaftler. Physika-Verlag, Heidelberg

Kotler, P. und F. Bliemel (1999): Marketingmanagement. 9. Auflage, Schäffer-Poeschel Verlag, Stuttgart

Krafft, M. et al. (2005): Die Validierung von Strukturgleichungsmodellen mit Hilfe des Partial-Least-Squares (PLS)-Ansatzes. In: Bliemel, F. et al. (Hrsg.): Handbuch PLS-Pfadmodellierung. S. 71-86, Schäffer-Poeschel Verlag, Stuttgart

Kröber-Riel, W. und P. Weinberg (2003): Konsumentenverhalten. 8. Auflage, Verlag Vahlen, München

Kunisch, M. et al. (2007): Stand der Entwicklung von AgroXML. In: Böttinger, S. et al. (Hrsg.): Agrarinformatik im Spannungsfeld zwischen Regionalisierung und globalen Wertschöpfungsketten. S. 127-130, Referate der 27. GIL-Jahrestagung, 5. bis 7. März 2007, Stuttgart

Küpper, W. und G. Ortmann (1986): Mikropolitik in Organisationen In: Die Betriebswirtschaft (DBW). 46. Jg., 5/1986, S. 590-602

Kützemeier, T. (2003): Codex-Komitee für Grundsatzfragen - Elektronische Arbeitsgruppe zur Definition der "Rückverfolgbarkeit / Produktrückverfolgbarkeit". In: VDM Verbandszeitschrift. 4. Jg., 17/2003, S. 2

Lang, K. (2004): agroXML-Neue Technologien und Strukturen für das Datenmanagement. Fachtagung - Dokumentation und Rückverfolgbarkeit in der Landwirtschaft, Bingen/Rhein

Liska, E. A. (1984): A Critical Examination of the Causal Structure of the Fishbein/Ajzen Attitude-Behavior Model. In: Social Psychology Quarterly. 47. Jg., 1/1984, S. 61-74

Mader, C. (2000): Implementation von Transpondern zur elektronischen Tieridentifizierung unter das Scutulum am Ohrgrund bei Equiden. Dissertation, München

Mäder, R. (2006): organicXML - Datenaustauschstandard für die Rückverfolgbarkeit von Ökoprodukten. Biofach 2006, 16.-19. Februar 2006, Nürnberg

Merkle, R. (1994): Der Codex Alimentarius der FAO und WHO - die Entwicklung von Codex Standards und deren Auswirkungen auf das Europäische Gemeinschaftsrecht und die nationalen Lebensmittelrechte. Band 4, Forschungsstelle für Lebensmittelrecht an der Universität Bayreuth, P.C.O. Verlag, Bayreuth

Meyer, A. H. (2006): Risikoanalyse. In: Zeitschrift für das gesamte Lebensmittelrecht. 33. Jg, 6/2006, S. 675-690

Meyer, H. (1998): Elektronische Kennzeichnung von Pferden. In: Frisch, J. (Hrsg.): Elektronische Tieridentifizierung. S. 70-81, Kuratorium für Technik und Bauwesen in der Landwirtschaft, Darmstadt

Mikus, B. (2001): Risiken und Risikomanagement - ein Überblick. In: Götze, U. et al. (Hrsg.): Risikomanagement. S. 3-28, Physica-Verlag, Göttingen

Miles, R. und C. C. Snow (1986): Unternehmensstrategien. McGraw-Hill, New York, St. Louis, San Francisco

Mintzberg, H. (1988): Generic Strategies. Toward a Comprehensive Framework. In: Advances in Strategic Management. 5. Jg., 1/1988, S. 1-67

Möbius, J. (2007): Daten mit einem Klick übertragen - agroXML: die Datenaustauschsprache für die Landwirtschaft. In: Neue Landwirtschaft. 18. Jg., 2/2007, S. 86-89

Moore, G. C. und I. Benbasat (1996): Integrating Diffusions of Innovations and Theory of Reasond Action Model. In: Kautz, K. (Hrsg.): Diffusion and adoption of information technology : proceedings of the first IFIP WG 8.6 Working Conference on the Diffusion and Adoption of Information Technology, Oslo, Norway. S. 132-146, Chapman & Hall, London

Mousavi, A. et al. (2002): Tracking and traceability in the meat processing industry: a solution. In: British Food Journal. 104, 1/2002, S. 7-19

Nelson, P. (1970): Information and Consumer Behavior. In: Journal of Political Economy. 78. Jg., 2/1970, S. 311-329

Nücke, H. und S. Feindenhagen (1998): Integriertes Risikomanagement. Internet: http://www.kpmg.de/library/pdf/irm.pdf, Abrufdatum: 10. März 2006

Nunally, J. C. (1978): Psychometric Theory. Second Edition, McGraw-Hill Book Company, New York

o.V. (1997a): Brockhaus - Die Enzyklopädie. 20. aktualisierte und überarbeitete Auflage, Verlag F.A. Brockhaus, Leipzig, Mannheim

o.V. (1997b): Grünbuch zum Lebensmittelrecht. In: Agrar-Europe. 19/97, S. Dokumentation 1 - Dokumentation 46

o.V. (2002): Verordnung (EG) Nr. 178/2002 des Europäischen Parlaments und des Rates vom 28. Januar 2002 zur Festlegung der allgemeinen Grundsätze und Anforderungen des Lebensmittelrechts, zur Errichtung der Europäischen Behörde für Lebensmittelsicherheit und zur Festlegung von Verfahren zur Lebensmittelsicherheit.

o.V. (2003): Europäer wollen Gentechnik-Kennzeichnung. In: Agrar-Europe. 51-52/2003, S. Kurzmeldungen 9

o.V. (2004): Hoffnungsträger RFID. In: Lebensmittelzeitung. 56. Jg., 11/2004, S. 30

o.V. (2005a): Die Geschichte der drahtlosen Kennung. In: Hamburger Abendblatt. 17. November 2005, S. 7

o.V. (2005b): Lebensmittelzertifizierung - Bringt die ISO 22000 die gewünschte Harmonisierung der Lebensmittelstandards? In: Management und Qualität 6. Jg., 7-8/2005, S. 36-37

o.V. (2005c): Wal-Mart profitiert von RFID. In: Lebensmittelzeitung. 57. Jg, 48/2005, S. 24

o.V. (2006a): RFID Datenschutz. Internet: www.rfid-journal.de/rfid-bedenken.html, Abrufdatum: 15. Januar 2006

o.V. (2006b): RFID Risiken. Internet: www.rfid-journal.de/rfid-risiken.html, Abrufdatum: 15. Januar 2006

o.V. (2006c): Warnungen in der EU nehmen zu. In: Lebensmittelzeitung. 58. Jg., 28/2006, S. 22

o.V. (2007): EurepGAP. Internet: http://www.dnv.de/zertifizierung/-nahrungsmittel/EurepGap.asp, Abrufdatum: 11. Januar 2007

Peupert, M. (2006): Qualtitätsmanagement im Agribusiness: Kozeptionelle Stärken-Schwächen-Analyse und methodische Weiterentwicklung. Dissertation, Cottbus

Porter, M. E. (1989): Wettbewerbsvorteile - Spitzenleistungen erreichen und behaupten. Campus Verlag, Frankfurt/Main, New York

Qualität und Sicherheit (2007): Handbücher QS-Standard. Internet: http://www.q-s.info/Handbuecher.88.0.html, Abrufdatum: 12.1.2006

Resende-Filho, M. und B. Buhr (2006): A Pricipal-Agent Model for Evaluating the Economic Value of a Beef Traceability System: A Case Study with Injection-site Lesions in Fed Cattle. Munich Personal RePEc Archive, Paper No. 467, 14. Oktober 2006, München

Resende-Filho, M. und B. Buhr (2007): Economics of Traceability for Mitigation of Food Recall Costs. Munich Personal RePEc Archive, Paper No. 3650, 20. June 2007, München

Ringle, C. M. (2004a): Gütemaße für den Partial Least Squares-Ansatz zur Bestimmung von Kausalmodellen. Universität Hamburg, Institut für Industriebetriebslehre und Organisation, Arbeitspapier Nr. 16, Hamburg

Ringle, C. M. (2004b): Messung von Kausalmodellen - Ein Methodenvergleich. Universität Hamburg, Institut für Industriebetriebslehre und Organisation, Arbeitspapier Nr. 14, Hamburg

Ringle, C. M. et al. (2006): Messung von Kausalmodellen mit dem Partial-Least-Squares-Verfahren. In: Das Wirtschaftsstudium (WISU). 34. Jg., 1/2006, S. 81-88

Ringle, C. M. und J. Henseler (2006): Evaluierung von PLS-Modellen - Assessment von Mess- und Strukturmodellen. PLS-Pfadmodellierung - Methode und Anwendung, 28. Oktober 2006, Lüneburg

Rogler, S. (2002): Risikomanagement im Industriebetrieb. Deutscher Universitäts-Verlag, Wiesbaden

Rosada, M. (2003): Imageschäden durch öffentlichen Warenrückruf. CCG-Forum auf der ANUGA 2003 - Rückverfolgbarkeit von Lebensmitteln, 12. Oktober 2003, Köln

Rothe, L. (2004): Produkthaftung und juristische Aspekte der Qualitätssicherung. Internet: www.symposion.de/qualitaet-und-recht/qr_01.htm, Abrufdatum: 12. Januar 2004

Sander, G. G. (2000): Gesundheitsschutz in der WTO - eine neue Bedeutung des Codex Alimentarius im Lebensmittelrecht. In: Zeitschrift für europarechtliche Studien (ZEuS). 3. Jg., 4/2000, S. 337-375

Sattler, A. (2002): Der Rückruf fehlerhafter Produkte - Methoden und Verfahren des Risikomanagements. Münchener Rückversicherungs-Gesellschaft, München

Schenkel, O. (2006): Chargenverwaltung mit RFID. In: Horst, M. und O. A. Strecker (Hrsg.): Krisenmanagement in der Lebensmittelindustrie - Ratgeber für das erfolgreiche Management von Lebensmittelkrisen. S. 137-145, Behr´s Verlag, Hamburg

Schierenbeck, H. (2003): Grundzüge der Betriebswirtschaftslehre. 16. Auflage, Oldenbourg Verlag, München, Wien

Schmeisser, W. et al. (2005): Erfolgsfaktoren und Strategien international agierender Unternehmen im deutschen Einzelhandel. Hampp Verlag, München, Mering

Schneider, D. (1987): Allgemeine Betriebswirtschaftslehre. 3. Auflage, Oldenbourg Verlag, München, Wien

Schneider, D. (2001): Betriebswirtschaftslehre - Band 4: Geschichte und Methoden der Wirtschaftswissenschaft. Oldenbourg Verlag, München, Wien

Scholderer, J. und I. Balderjahn (2005): PLS versus LISREL: Ein Methodenvergleich. In: Bliemel, F. et al. (Hrsg.): Handbuch PLS-Pfadmodellierung - Methode, Anwendung, Praxisbeispiele. S. 87-100, Schäffer-Poeschel Verlag, Stuttgart

Scholz-Reiter, B. und J. Jakobza (1999): Supply Chain Management - Überblick und Konzeption. In: HMD - Praxis der Wirtschaftsinformatik. 6. Jg., 207/1999, S. 7-15

Schramm, M. und A. Spiller (2003): Farm-Audit und Farm-Advisory-System - Ein Beitrag zur Ökonomie von Qualitätssicherungssystemen. In: Berichte über Landwirtschaft - Zeitschrift für Agrarpolitik und Landwirtschaft. 81. Jg., 2/2003, S. 165-191

Schreyögg, G. (2003): Organisation: Grundlagen moderner Organisationsgestaltung - Mit Fallstudien. 4. Auflage, Gabler-Verlag, Wiesbaden

Schroeter, K. A. (2003): Das Gebot der Rückverfolgbarkeit - Gedanken zur Tragweite des Art. 18 der EU-Basisverordnung. In: Zeitschrift für das gesamte Lebensmittelrecht. 30. Jg, 4/2003, S. 509-512

Schulz, T. (1996): Risiko-Publizität - Formen der Darstellung von Marktrisiken im Jahresabschluß der Unternehmen. Deutscher Universitäts-Verlag, Wiesbaden

Schulze, H. et al. (2007): Acceptance of the organic Certification System by Farmers in Germany. 17th Annual IAMA World Forum and Symposium Conference, 23. - 26. Juni 2007, Parma

Seidel, U. M. (2005): Risikomanagement - Wie Sie alle potenziellen Gefahren für ihr Unternehmen aufspüren und entsprechend vorsorgen. Weka-Media, Kissing

Skees, J. R. et al. (2001): The potential for recall insurance to improve food safety. In: International Food and Agribusiness Management Review. 4. Jg., 1/2001, S. 99-111

Somogyi, A. (2001): Das EU-Weißbuch zur Lebensmittelsicherheit und die Einrichtung einer Europäischen Lebensmittelbehörde. Lebensmittelrecht und Lebensmittelqualtiät - Rechts- und Fachtagung, 15-17. Mai 2001, Oldenburg

Spiller, A. (2003): Qualitätssicherung in der Wertschöpfungskette - Vor- und Nachteile unterschiedlicher Organisationskonzepte. In: Isermeyer, F. et al. (Hrsg.): Lebensmittelqualität und Qualitätssicherungssysteme. S. 83-96, Schriftenreihe agrarspectrum, Band 37, DLG-Verlags-GmbH, Frankfurt/Main

Spiller, A. (2004): Herausforderungen an das Marketing der Land- und Ernährungswirtschaft. Vorträge - Hochschultagung 2004, Schriftenreihe der Agrar- und Ernährungswissenschaftlichen Fakultät der Universität Kiel, Band 102, Kiel

Springob, K. (2004): Tracking & Tracing - Von der Strategie zur Praxis. Centrale für Coorganisation, Köln

Streinz, R. (1998): Trends und Perspektiven des Europäischen Lebensmittelrechts im Zeichen des "Grünbuchs" und der Mitteilung der EG-Kommission "Gesundheit und Lebensmittelsicherheit". In: Zeitschrift für das gesamte Lebensmittelrecht. 25. Jg., 2/1998, S. 145-175

Streinz, R. (2007): Das neue Lebensmittel und Futtermittelgesetzbuch vor dem Hintergrund des Verbraucherschutzes. In: Callies, C. et al. (Hrsg.): Neue Haftungsrisiken in der Landwirtschaft: Gentechnik, Lebensmittel- und Futtermittelrecht, Umweltschadensrecht. Schriften zum Agrar-, Umwelt- und Verbraucherschutzrecht, Band 55, S. 47-78, Nomos Verlag, Baden-Baden

Stroh, S. et al. (2004): RFID-Technologie: Neuer Investitionsmotor für Logistik und Industrie? Frankfurt, St. Gallen

Swoboda, A. et al. (2004): International Food Standard - Standard zur Beurteilung von Eigenmarken. Internet: www.food-care.info, Abrufdatum: 8. Dezember 2006

Temme, D. und H. Kreis (2005): Der PLS-Ansatz zur Schätzung von Strukturgleichungsmodellen mit latenten Variablen: Ein Softwareüberblick. In: Bliemel, F. et al. (Hrsg.): Handbuch PLS-Pfadmodellierung - Methode, Anwendung, Beispiele. S. 193-210, Schäffer-Poeschel Verlag, Stuttgart

Theuvsen, L. (2003): Rückverfolgbarkeit von Lebensmitteln: Herausforderungen und Lösungsansätze aus organisatorischer Sicht. In: Berichte über Landwirtschaft - Zeitschrift für Agrarpolitik und Landwirtschaft. Band 81, 4/2003, S. 555-581

Thiemt, F. (2003): Risikomanagement im Beschaffungsbereich. Cuvillier Verlag, Göttingen

Thomsen, M. R. und A. M. McKenzie (2001): Market Incentives for Safe Foods: An Examination of Shareholder Losses from Meat and Poultry Recalls. In: American Journal of Agricultural Economics. 83. Jg., 3/2001, S. 526-538

Tietzel, M. und M. Weber (1991): Von Betrügern, Blendern und Opportunisten. In: Zeitschrift für Wirtschaftspolitik. 40. Jg., 2/1991, S. 109-137

Töpner, W. (2003): Aktuelle Entwicklung des Rückverfolgbarkeitkonzeptes im internationalen Umfeld. Mitteilung Bundesministerium für Verbraucherschutz, Ernährung und Landwirtschaft (BMVEL), Bonn

TransGen (2003): Gentechnisch veränderte Lebensmittel - Kennzeichnung. Internet: www.transgen.de/pdf/kompakt/Kennzeichnung.pdf, Abrufdatum: 30. Dezember 2003

Transparent Goods (2007a): Lückenlose Produktinformation per Mausklick. Internet: http://www.transparentgoods.de, Abrufdatum: 11. Januar 2007

Transparent Goods (2007b): Qualitätsstandards für Landwirte. Internet: http://www.transparentgoods.com/index.php.?id=26, Abrufdatum: 11. Januar 2007

Ungson, G. R. et al. (1981): Managerial Information Processing: A Research Review. In: Administrative Science Quarterly. 26. Jg., 1/1981, S. 116-134

van Betteray, K. (2005): Umsetzung der Rückverfolgbarkeit aus IT-Sicht. Future-Veranstaltung, 9. März 2005, Münster

Veeman, M. und M. White (2006): Food Safety and Quality in International Trade: The Role of Codex Alimentarius. Western Centre of Economic Research, Information Bulletin Nr. 91, Edmonton

Venkatesh, V. und F. D. Davis (2000): A Theoretical Extension of the Technology Acceptance Model: Four Longitudinal Field Studies. In: Management Science. 46. Jg., 2/2000, S. 186-204

Vethman, A. J. (2005): RFID and Consumers. Internet: http://www.de.capgemini.com/-servlet/PB/show/1567889/Capgemini_European_RFID_report.pdf, Abrufdatum: 20. Dezember 2005

von Werder, A. et al. (1990): Produkthaftungsmanagement. Poeschel Verlag, Stuttgart

Waldner, H. (2006): Rückverfolgbarkeit als generelles Gebot im Gemeinschaftsrecht. In: Journal für Verbraucherschutz und Lebensmittelsicherheit. 1. Jg., 1/2006, S. 83-87

WDR (2007): Bilder RFID-Transponder. Internet: www.wdr.de/themen/-computer/schiebwoche/2004/index_25.jhtml?pbild=2, Abrufdatum: 10. September 2007

Weber, B. et al. (2004): Rückverfolgbarkeit 2004 - Eine Studie zum Stand der Rückverfolgbarkeit in der Lebensmittelbranche. Deloitte, Lebensmittel Zeitung, Frankfurt am Main, Düsseldorf

Wegner-Hambloch, S. (2004): Rückverfolgbarkeit in der Praxis - Artikel 18 und 19 der VO (EG) schnell und einfach umgesetzt. Behr's Verlag, Hamburg

Weigert, G. et al. (2004): Anwendung von Precision Farming Technologien für ein integriertes und automatisiertes Supply Chain Management bei Getreide. In: Schiefer, G. et al. (Hrsg.): Integration und Datensicherheit - Anforderungen, Konflikte und Perspektiven. Referate der 25. GIL Jahrestagung 8.-10. September 2004, S. 37-40, Köllen Druck + Verlag, Bonn

Weindlmaier, H. (2005): Qualitätsmanagementsysteme in der Ernährungswirtschaft: Beweggründe, Entwicklungen und Perspektiven. In: Darnhofer, I. et al. (Hrsg.): Standards in der Agrar- und Ernährungswirtschaft - Lokale und globale Herausforderungen. S. 7-26, Jahrbuch der Österreichischen Gesellschaft für Agrarökonomie, Wien

Weindlmaier, H. et al. (1997): Notwendigkeit von Qualitätsmanagementsystemen in der deutschen Ernährungswirtschaft. In: e.V., F. Q. (Hrsg.): Einführung von Qualitätsmanagementsystemen nach ISO 9000ff. in der landwirtschaftlichen Produktion und im Nahrungs- und Genußmittelgewerbe. S. 14-28, Beuth Verlag, Frankfurt am Main

Weishäupl, M. (2003): Strategien zur Erreichnung von Wettbewerbsvorteilen - Ein systematischer und kritischer Überblick über die Welt des Strategischen Managements. Josef Eul Verlag, Lohmar, Köln

Wilson, W. W. et al. (2006): Contracting Strategies for EU Traceability Requirements. Agribusiness & Applied Economics Report No. 577, North Dakota State University, Fargo

Wolf, K. (2002): Potenzial derzeitiger Risikomanagementsysteme. In: DStR - Deutsches Steuerrecht. 40. Jg., 40/2002, S. 1729 - 1733

Yaman, M. (2003): Die Berücksichtigung der Robinsohnschen Curriculumdeterminanten bei der Behandlung des Themas Ernährung – Eine empirische Untersuchung bei Lehrern und Studierenden in Deutschland und in der Türkei auf der Grundlage der Theory of Planned Behavior. Gießen

Zollondz, H.-D. (2002): Grundlagen Qualtiätsmanagement: Einführung in die Geschichte, Begriffe, Systeme und Konzepte. Oldenbourg Verlag, München, Wien

ANHANG

Anhang 1: Screenshots Online Umfrage

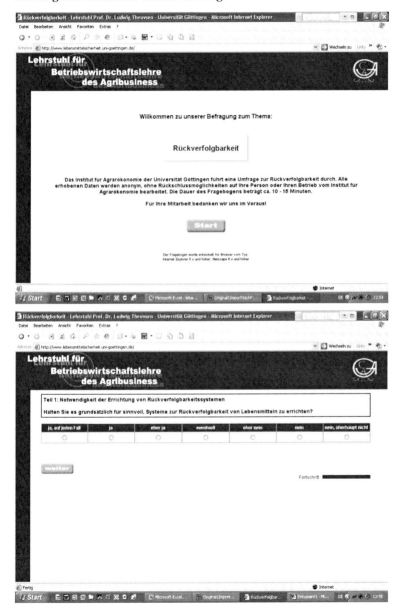

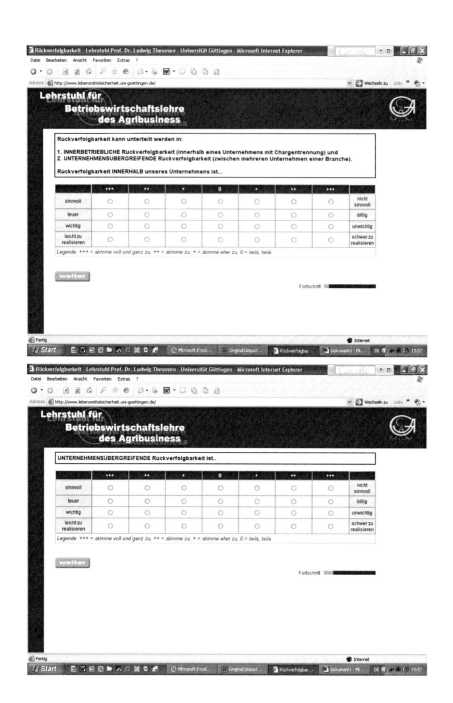

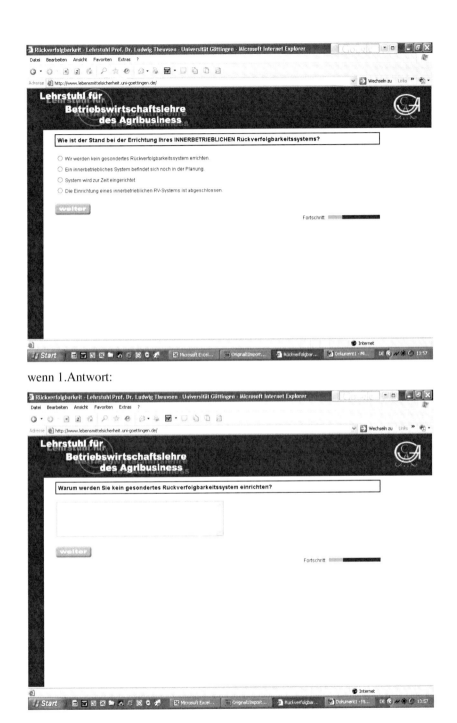

wenn 1.Antwort:

wenn 2. Antwort

wenn 3. Antwort:

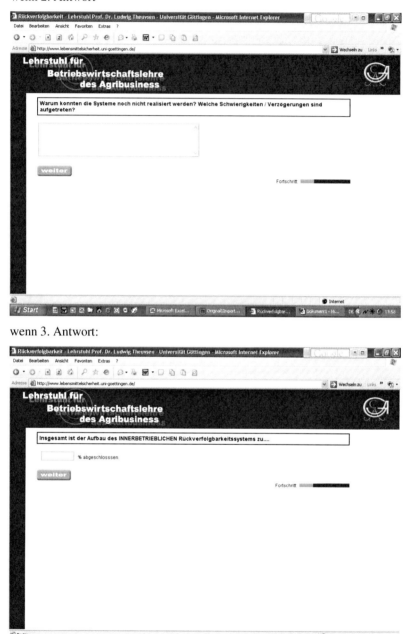

wenn 4. Antwort oder nach den anderen drei Antworten:

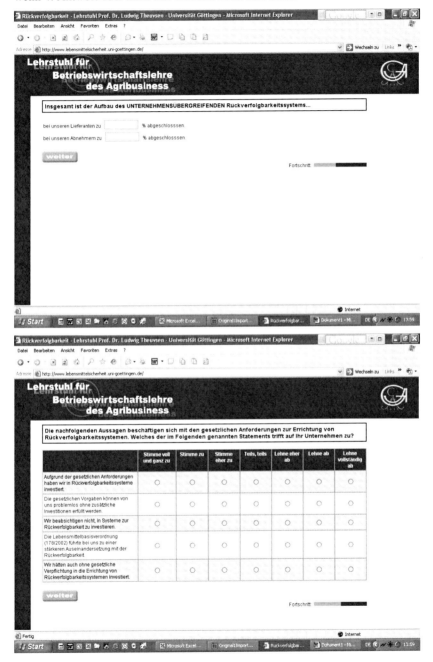

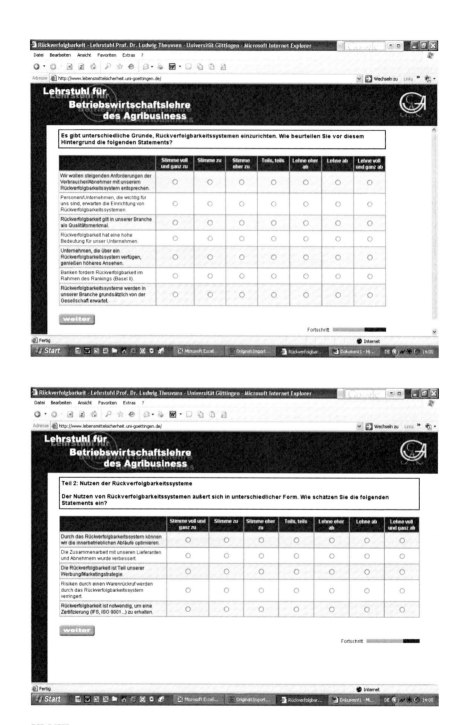

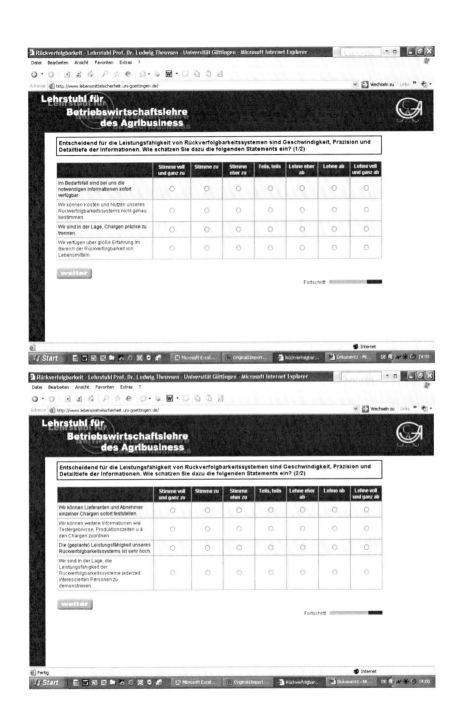

wenn ja:

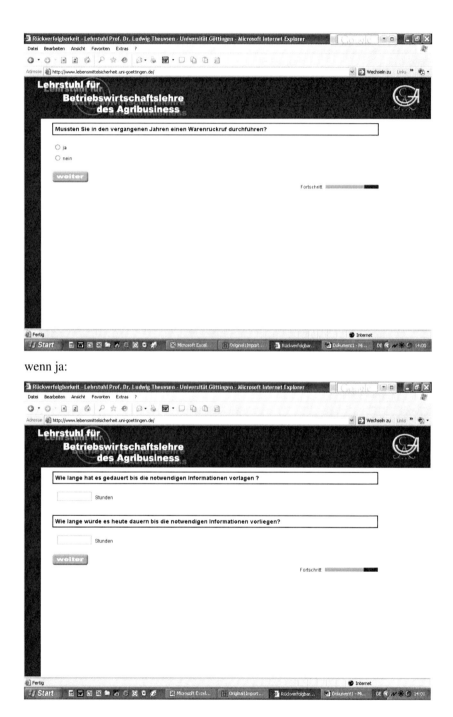

L

wenn nein:

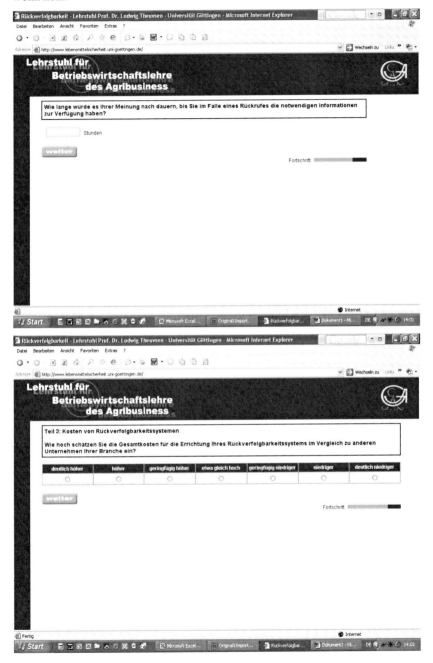

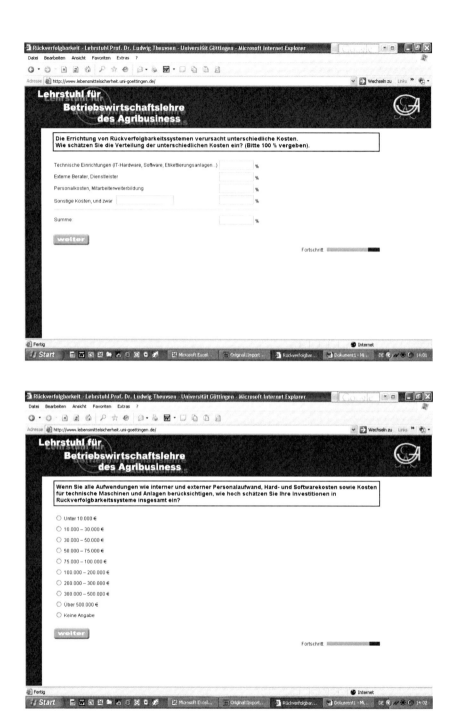

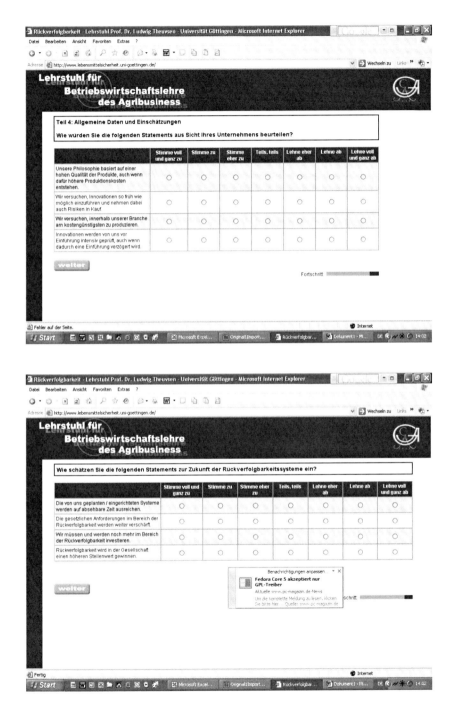

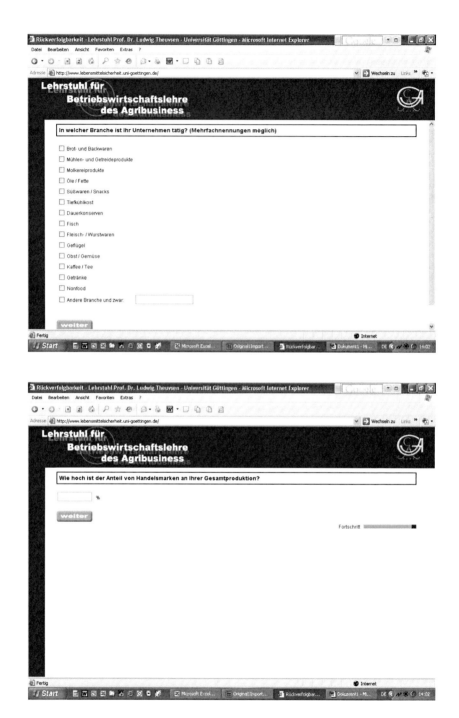

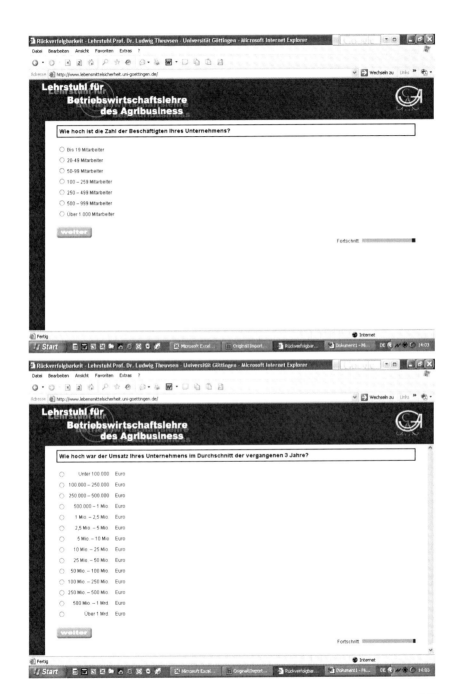

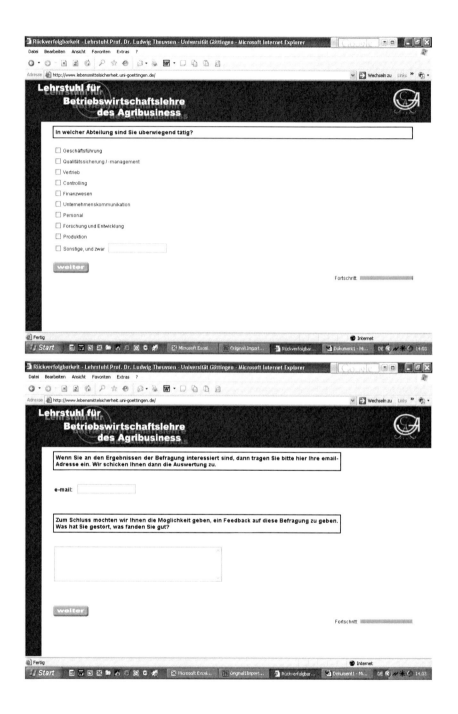

Anhang 2: Deskriptive Auswertung

Tabelle 19: Einschätzungen zur innerbetrieblichen Rückverfolgbarkeit

		sinnvoll – nicht sinnvoll	teuer - billig	wichtig - unwichtig	schwer – leicht zu realisieren
Brot- und Backwaren	$\bar{x}$	1,62	2,16	1,80	4,25
	n	21	19	20	20
	s	0,74	1,07	0,83	1,65
Mühlen- und Getreideprodukte	$\bar{x}$	1,33	2,44	1,41	4,24
	n	18	16	17	17
	s	0,69	1,03	0,71	1,82
Molkereiprodukte	$\bar{x}$	1,58	2,33	1,77	3,96
	n	26	24	26	25
	s	1,10	0,96	1,18	1,74
Öle / Fette	$\bar{x}$	1,47	2,28	1,53	4,39
	n	19	18	19	18
	s	0,70	1,23	0,70	1,97
Süßwaren / Snacks	$\bar{x}$	1,36	2,37	1,43	4,11
	n	28	27	28	27
	s	0,68	1,08	0,74	1,60
Tiefkühlkost	$\bar{x}$	1,72	2,08	1,86	4,04
	n	29	26	29	28
	s	1,16	1,32	1,33	1,60
Dauerkonserven	$\bar{x}$	1,44	2,42	1,48	4,35
	n	27	26	27	26
	s	0,75	1,10	0,85	1,77
Fisch	$\bar{x}$	1,64	2,43	1,64	4,14
	n	22	21	22	21
	s	0,90	1,54	0,95	1,71
Fleisch- / Wurstwaren	$\bar{x}$	1,52	2,47	1,65	4,04
	n	52	51	52	52
	s	0,70	1,29	0,79	1,71
Geflügel	$\bar{x}$	1,63	2,40	1,50	4,60
	n	16	15	16	15
	s	0,81	1,68	0,82	1,88
Obst / Gemüse	$\bar{x}$	1,63	2,52	1,56	4,19
	n	27	25	27	26
	s	0,79	1,26	0,75	1,55
Kaffee / Tee	$\bar{x}$	1,41	2,69	1,41	4,06
	n	17	16	17	16
	s	0,62	1,08	0,62	2,02
Getränke	$\bar{x}$	1,62	2,81	1,66	4,14
	n	29	27	29	28
	s	1,24	1,33	1,17	1,82
Nonfood	$\bar{x}$	1,46	2,42	1,46	4,50
	n	13	12	13	12
	s	0,66	1,16	0,66	1,93
Andere Branche	$\bar{x}$	1,41	2,65	1,48	3,62
	n	41	37	40	42
	s	0,95	1,23	0,88	1,81

$\bar{x}$: Mittelwert, n: Anzahl der Teilnehmer, s: Standardabweichung
Skala: 1 bis 7 (z.B. sinnvoll – nicht sinnvoll: 1 sehr sinnvoll, 2 sinnvoll, 3 eher sinnvoll, 4 teils/teils, 5 eher nicht sinnvoll, 6 nicht sinnvoll, 7 überhaupt nicht sinnvoll)

Tabelle 20: Einschätzungen zur überbetrieblichen Rückverfolgbarkeit

		sinnvoll – nicht sinnvoll	teuer - billig	wichtig - unwichtig	schwer – leicht zu realisiern
Brot- und Backwaren	$\bar{x}$	1,62	2,00	1,81	4,47
	n	21	19	21	19
	s	0,67	1,05	0,81	1,74
Mühlen- und Getreideprodukte	$\bar{x}$	1,33	2,69	1,56	4,25
	n	18	16	18	16
	s	0,49	1,25	0,70	1,57
Molkereiprodukte	$\bar{x}$	1,68	2,39	1,88	4,96
	n	25	23	24	23
	s	0,80	1,31	1,03	1,85
Öle / Fette	$\bar{x}$	1,42	2,61	1,47	4,39
	n	19	18	19	18
	s	0,61	1,46	0,70	1,82
Süßwaren / Snacks	$\bar{x}$	1,52	2,28	1,69	3,96
	n	27	25	26	25
	s	0,64	1,28	0,74	1,88
Tiefkühlkost	$\bar{x}$	2,00	2,15	2,24	4,71
	n	29	26	29	28
	s	1,16	1,35	1,15	1,44
Dauerkonserven	$\bar{x}$	2,00	2,38	1,88	5,12
	n	27	26	26	26
	s	1,62	1,60	1,31	1,66
Fisch	$\bar{x}$	1,82	2,33	2,00	4,76
	n	22	21	22	21
	s	0,96	1,49	0,98	1,70
Fleisch- / Wurstwaren	$\bar{x}$	1,56	2,49	1,70	4,63
	n	52	51	53	51
	s	0,73	1,47	0,77	1,61
Geflügel	$\bar{x}$	1,75	2,40	1,94	4,67
	n	16	15	16	15
	s	0,86	1,68	0,77	1,72
Obst / Gemüse	$\bar{x}$	1,81	2,42	1,85	4,85
	n	27	26	26	26
	s	1,08	1,53	0,88	1,76
Kaffee / Tee	$\bar{x}$	1,53	3,06	1,71	4,00
	n	17	16	17	16
	s	0,72	1,65	0,92	1,97
Getränke	$\bar{x}$	1,76	2,44	1,61	5,14
	n	29	27	28	28
	s	1,30	1,69	0,83	1,72
Nonfood	$\bar{x}$	1,62	2,58	1,77	4,25
	n	13	12	13	12
	s	0,65	1,78	0,83	2,14
Andere Branche	$\bar{x}$	1,88	2,53	1,73	4,71
	n	42	38	40	41
	s	1,53	1,50	1,20	1,81

$\bar{x}$: Mittelwert, n: Anzahl der Teilnehmer, s:Standardabweichung
Skala: 1 bis 7 (z.B. sinnvoll – nicht sinnvoll: 1 sehr sinnvoll, 2 sinnvoll, 3 eher sinnvoll, 4 teils/teils, 5 eher nicht sinnvoll, 6 nicht sinnvoll, 7 überhaupt nicht sinnvoll)

Tabelle 21: Realisierungsgrad der Rückverfolgbarkeitssysteme

	Kein Rückverfolgbarkeitssystem	System befindet sich in Planung	System wird zur Zeit realisiert	Systemerrichtung ist abgeschlossen
Brot- und Backwaren	4,76 %	0,00 %	28,57 %	66,67 %
Mühlen- und Getreideprodukte	5,56 %	0,00 %	22,22 %	72,22 %
Molkereiprodukte	3,85 %	0,00 %	15,38 %	80,77 %
Öle / Fette	3,57 %	0,00 %	25,00 %	71,43 %
Süßwaren / Snacks	3,45 %	0,00 %	34,48 %	62,07 %
Tiefkühlkost	3,70 %	0,00 %	18,52 %	77,78 %
Dauerkonserven	4,55 %	4,55 %	27,27 %	63,64 %
Fisch	3,77 %	0,00 %	24,53 %	71,70 %
Fleisch- / Wurstwaren	6,25 %	0,00 %	31,25 %	62,50 %
Geflügel	3,70 %	0,00 %	40,74 %	55,56 %
Obst / Gemüse	5,88 %	0,00 %	17,65 %	76,47 %
Kaffee / Tee	6,90 %	3,45 %	13,79 %	75,86 %
Getränke	7,69 %	0,00 %	30,77 %	61,54 %
Nonfood	4,76 %	2,38 %	16,67 %	76,19 %
Andere Branche	4,76 %	0,00 %	28,57 %	66,67 %

Tabelle 22: Statement: Aufgrund der gesetzlichen Anforderungen haben wir in Rückverfolgbarkeitssysteme investiert.

		<10 Mio. €	Umsatz 10-100 Mio. €	> 100 Mio. €	Alle
Brot- und Backwaren	$\bar{x}$	1,63	1,33	1,50	1,53
	n	8	3	4	15
	s	1,41	2,08	1,73	1,51
Mühlen- und Getreideprodukte	$\bar{x}$	1,00	1,25	1,00	1,07
	n	5	4	5	14
	s	1,58	2,22	2,00	1,77
Molkereiprodukte	$\bar{x}$	-0,33	1,50	0,07	0,29
	n	3	4	14	21
	s	2,08	1,91	2,20	2,12
Öle / Fette	$\bar{x}$	0,50	1,50	1,14	1,07
	n	4	4	7	15
	s	1,73	2,38	1,86	1,87
Süßwaren / Snacks	$\bar{x}$	1,29	2,38	1,56	1,75
	n	7	8	9	24
	s	1,50	0,52	1,81	1,42
Tiefkühlkost	$\bar{x}$	1,18	0,75	0,89	1,00
	n	11	4	9	24
	s	1,33	2,87	1,69	1,69
Dauerkonserven	$\bar{x}$	1,25	2,00	0,80	1,25
	n	4	6	10	20
	s	2,06	1,10	1,87	1,71
Fisch	$\bar{x}$	1,13	3,00	0,29	0,88
	n	8	1	7	16
	s	1,36	.	1,38	1,45
Fleisch- / Wurstwaren	$\bar{x}$	1,71	1,07	1,06	1,18
	n	7	15	17	39
	s	1,60	1,91	1,78	1,78
Geflügel	$\bar{x}$	1,75	2,00	0,86	1,25
	n	4	1	7	12
	s	1,89		1,86	1,76
Obst / Gemüse	$\bar{x}$	0,00	1,83	0,67	0,86
	n	4	6	12	22
	s	1,15	1,17	1,92	1,70
Kaffee / Tee	$\bar{x}$	0,00	2,67	0,80	1,00
	n	4	3	5	12
	s	0,82	0,58	2,17	1,76
Getränke	$\bar{x}$	0,40	1,78	1,33	1,30
	n	5	9	9	23
	s	1,52	2,05	1,73	1,82
Nonfood	$\bar{x}$	0,33	3,00	1,14	1,09
	n	3	1	7	11
	s	1,53		1,95	1,81
Andere Branche	$\bar{x}$	1,50	1,00	0,67	1,06
	n	10	14	9	33
	s	1,58	2,04	2,00	1,87

$\bar{x}$: Mittelwert, n: Anzahl der Teilnehmer, s: Standardabweichung

Skala: +3 stimme voll und ganz zu, +2 stimme zu, +1 stimme eher zu, 0 teils / teils, -1 lehne eher ab, -2 lehne ab, -3 lehne voll und ganz ab

Tabelle 23: Statement: Die gesetzlichen Vorgaben können von uns problemlos ohne zusätzliche Investitionen erfüllt werden.

		Umsatz <10 Mio. €	10-100 Mio. €	> 100 Mio. €	Alle
Brot- und Backwaren	$\bar{x}$	0,33	1,00	1,00	0,63
	n	9	3	4	16
	s	2,18	2,65	2,16	2,13
Mühlen- und Getreideprodukte	$\bar{x}$	1,17	0,50	-0,40	0,47
	n	6	4	5	15
	s	1,83	1,73	1,52	1,73
Molkereiprodukte	$\bar{x}$	-0,67	1,50	1,08	0,90
	n	3	4	13	20
	s	2,31	2,38	1,71	1,94
Öle / Fette	$\bar{x}$	-0,50	1,25	0,43	0,40
	n	4	4	7	15
	s	2,38	2,06	2,23	2,16
Süßwaren / Snacks	$\bar{x}$	0,14	0,50	-0,33	0,08
	n	7	8	9	24
	s	1,68	1,77	2,00	1,79
Tiefkühlkost	$\bar{x}$	-1,09	-0,25	0,89	-0,21
	n	11	4	9	24
	s	1,70	2,36	1,83	2,00
Dauerkonserven	$\bar{x}$	-1,25	0,50	0,10	-0,05
	n	4	6	10	20
	s	2,22	2,43	2,08	2,19
Fisch	$\bar{x}$	-0,25	-2,00	-0,86	-0,63
	n	8	1	7	16
	s	1,75	.	1,57	1,63
Fleisch- / Wurstwaren	$\bar{x}$	-1,00	1,33	0,24	0,44
	n	7	15	17	39
	s	2,16	1,29	1,82	1,86
Geflügel	$\bar{x}$	-2,00	0,00	0,29	-0,50
	n	4	1	7	12
	s	0,82	.	1,25	1,51
Obst / Gemüse	$\bar{x}$	-0,25	-1,17	-0,17	-0,45
	n	4	6	12	22
	s	1,26	1,83	2,04	1,84
Kaffee / Tee	$\bar{x}$	0,50	1,67	0,80	0,92
	n	4	3	5	12
	s	1,91	2,31	1,92	1,88
Getränke	$\bar{x}$	-1,60	-1,67	0,33	-0,87
	n	5	9	9	23
	s	2,07	1,73	2,12	2,12
Nonfood	$\bar{x}$	0,00	-1,00	-0,43	-0,36
	n	3	1	7	11
	s	2,00	.	1,90	1,75
Andere Branche	$\bar{x}$	0,18	1,29	1,00	0,86
	n	11	14	10	35
	s	2,48	1,86	1,94	2,09

$\bar{x}$: Mittelwert, n: Anzahl der Teilnehmer, s: Standardabweichung
Skala: +3 stimme voll und ganz zu, +2 stimme zu, +1 stimme eher zu, 0 teils / teils, -1 lehne eher ab, -2 lehne ab, -3 lehne voll und ganz ab

Tabelle 24: Statement: Die Lebensmittelbasisverordnung (178/2002) führte bei uns zu einer stärkeren Auseinandersetzung mit der Rückverfolgbarkeit.

		Umsatz			Alle
		<10 Mio. €	10 -100 Mio. €	> 100 Mio. €	
Brot- und Backwaren	$\bar{x}$	2,13	1,00	0,00	1,33
	n	8	3	4	15
	s	1,13	1,73	2,45	1,80
Mühlen- und Getreideprodukte	$\bar{x}$	1,60	1,25	1,20	1,36
	n	5	4	5	14
	s	1,14	2,22	1,30	1,45
Molkereiprodukte	$\bar{x}$	0,33	1,00	1,15	1,00
	n	3	4	13	20
	s	2,52	2,00	1,91	1,92
Öle / Fette	$\bar{x}$	1,00	1,25	0,57	0,87
	n	4	4	7	15
	s	0,82	2,22	1,90	1,68
Süßwaren / Snacks	$\bar{x}$	1,57	2,00	1,00	1,50
	n	7	8	9	24
	s	1,27	0,53	2,00	1,44
Tiefkühlkost	$\bar{x}$	1,09	0,75	0,89	0,96
	n	11	4	9	24
	s	1,45	1,89	1,27	1,40
Dauerkonserven	$\bar{x}$	1,50	0,83	1,00	1,05
	n	4	6	10	20
	s	1,29	1,72	1,25	1,36
Fisch	$\bar{x}$	0,63	3,00	1,00	0,94
	n	8	1	7	16
	s	1,30	.	0,82	1,18
Fleisch- / Wurstwaren	$\bar{x}$	1,29	0,53	0,59	0,69
	n	7	15	17	39
	s	1,38	1,81	1,62	1,64
Geflügel	$\bar{x}$	2,00	1,00	1,57	1,67
	n	4	1	7	12
	s	1,41	.	1,27	1,23
Obst / Gemüse	$\bar{x}$	0,25	1,33	1,25	1,09
	n	4	6	12	22
	s	2,36	1,75	1,14	1,54
Kaffee / Tee	$\bar{x}$	0,75	0,67	0,40	0,58
	n	4	3	5	12
	s	0,96	3,21	2,30	2,02
Getränke	$\bar{x}$	0,80	1,89	1,56	1,52
	n	5	9	9	23
	s	1,30	1,05	1,33	1,24
Nonfood	$\bar{x}$	0,80	1,89	1,56	1,52
	n	5	9	9	23
	s	1,30	1,05	1,33	1,24
Andere Branche	$\bar{x}$	1,00	2,00	1,71	1,55
	n	3	1	7	11
	s	1,00	.	1,38	1,21

$\bar{x}$: Mittelwert, n: Anzahl der Teilnehmer, s: Standardabweichung
Skala: +3 stimme voll und ganz zu, +2 stimme zu, +1 stimme eher zu, 0 teils / teils, -1 lehne eher ab, -2 lehne ab, -3 lehne voll und ganz ab

Tabelle 25: Statement: Wir hätten auch ohne gesetzliche Verpflichtung in die Errichtung von Rückverfolgbarkeitssystemen investiert.

		Umsatz <10 Mio. €	10-100 Mio. €	> 100 Mio. €	Alle
Brot- und Backwaren	$\bar{x}$	-0,25	1,67	1,00	0,47
	n	8	3	4	15
	s	1,39	1,53	1,63	1,60
Mühlen- und Getreideprodukte	$\bar{x}$	0,40	1,50	0,60	0,79
	n	5	4	5	14
	s	2,30	0,58	2,07	1,81
Molkereiprodukte	$\bar{x}$	-0,33	2,00	1,43	1,29
	n	3	4	14	21
	s	2,08	0,82	1,79	1,76
Öle / Fette	$\bar{x}$	0,50	1,25	1,43	1,13
	n	4	4	7	15
	s	1,91	0,50	1,40	1,36
Süßwaren / Snacks	$\bar{x}$	0,00	1,00	0,89	0,67
	n	7	8	9	24
	s	1,29	0,93	1,69	1,37
Tiefkühlkost	$\bar{x}$	0,40	1,25	1,78	1,09
	n	10	4	9	23
	s	1,90	1,50	0,97	1,59
Dauerkonserven	$\bar{x}$	0,00	1,67	1,10	1,05
	n	4	6	10	20
	s	1,63	0,52	1,66	1,47
Fisch	$\bar{x}$	0,63	1,00	1,00	0,81
	n	8	1	7	16
	s	1,69	.	1,53	1,52
Fleisch- / Wurstwaren	$\bar{x}$	0,29	1,20	1,59	1,21
	n	7	15	17	39
	s	2,21	1,26	1,18	1,47
Geflügel	$\bar{x}$	0,25	2,00	1,00	0,83
	n	4	1	7	12
	s	2,06	.	1,29	1,53
Obst / Gemüse	$\bar{x}$	1,00	0,83	1,58	1,27
	n	4	6	12	22
	s	2,16	1,17	1,44	1,49
Kaffee / Tee	$\bar{x}$	0,75	1,67	1,20	1,17
	n	4	3	5	12
	s	1,89	1,15	1,48	1,47
Getränke	$\bar{x}$	0,20	1,11	0,44	0,65
	n	5	9	9	23
	s	1,79	1,45	1,59	1,56
Nonfood	$\bar{x}$	0,00	1,00	0,86	0,64
	n	3	1	7	11
	s	2,00	.	1,07	1,29
Andere Branche	$\bar{x}$	0,40	2,50	1,78	1,67
	n	10	14	9	33
	s	2,17	0,85	1,30	1,69

$\bar{x}$: Mittelwert, n: Anzahl der Teilnehmer, s: Standardabweichung
Skala: +3 stimme voll und ganz zu, +2 stimme zu, +1 stimme eher zu, 0 teils / teils, -1 lehne eher ab, -2 lehne ab, -3 lehne voll und ganz ab

Tabelle 26: Statement: Risiken durch einen Warenrückruf werden durch das Rückverfolgbarkeitssystem verringert.

		Umsatz			Alle
		<10 Mio. €	10 -100 Mio. €	> 100 Mio. €	
Brot- und Backwaren	$\bar{x}$	1,33	2,00	2,75	1,81
	n	9	3	4	16
	s	1,41	1,00	0,50	1,28
Mühlen- und Getreideprodukte	$\bar{x}$	1,83	2,50	2,00	2,07
	n	6	4	5	15
	s	1,17	0,58	1,22	1,03
Molkereiprodukte	$\bar{x}$	1,33	2,50	2,21	2,14
	n	3	4	14	21
	s	1,15	1,00	1,12	1,11
Öle / Fette	$\bar{x}$	1,75	2,50	2,43	2,27
	n	4	4	7	15
	s	1,26	0,58	0,53	0,80
Süßwaren / Snacks	$\bar{x}$	0,71	2,25	2,33	1,83
	n	7	8	9	24
	s	1,98	0,89	1,00	1,46
Tiefkühlkost	$\bar{x}$	0,55	1,50	1,89	1,21
	n	11	4	9	24
	s	2,21	1,00	1,17	1,77
Dauerkonserven	$\bar{x}$	0,25	2,17	1,80	1,60
	n	4	6	10	20
	s	2,36	0,75	1,03	1,43
Fisch	$\bar{x}$	0,25	2,00	2,43	1,31
	n	8	1	7	16
	s	2,31	.	0,53	1,96
Fleisch- / Wurstwaren	$\bar{x}$	0,86	2,06	2,29	1,95
	n	7	16	17	40
	s	2,04	1,06	0,85	1,28
Geflügel	$\bar{x}$	1,00	2,00	2,14	1,75
	n	4	1	7	12
	s	1,15	.	1,07	1,14
Obst / Gemüse	$\bar{x}$	2,00	1,50	2,33	2,05
	n	4	6	12	22
	s	1,41	1,87	0,49	1,17
Kaffee / Tee	$\bar{x}$	1,75	2,67	2,60	2,33
	n	4	3	5	12
	s	1,26	0,58	0,55	0,89
Getränke	$\bar{x}$	-0,40	2,11	2,22	1,61
	n	5	9	9	23
	s	2,07	0,78	0,97	1,59
Nonfood	$\bar{x}$	0,33	2,00	2,57	1,91
	n	3	1	7	11
	s	1,53	.	0,53	1,30
Andere Branche	$\bar{x}$	1,82	1,64	1,90	1,77
	n	11	14	10	35
	s	1,08	1,82	1,10	1,40

$\bar{x}$: Mittelwert, n: Anzahl der Teilnehmer, s: Standardabweichung
Skala: +3 stimme voll und ganz zu, +2 stimme zu, +1 stimme eher zu, 0 teils / teils, -1 lehne eher ab, -2 lehne ab, -3 lehne voll und ganz ab

Tabelle 27: Statement: Banken fordern Rückverfolgbarkeit im Rahmen des Rankings (Basel II).

		<10 Mio. €	Umsatz 10-100 Mio. €	> 100 Mio. €	Alle
Brot- und Backwaren	$\bar{x}$	-0,88	-1,67	0,75	-0,60
	n	8	3	4	15
	s	1,46	1,53	0,96	1,55
Mühlen- und Getreideprodukte	$\bar{x}$	-1,00	0,00	0,00	-0,36
	n	5	4	5	14
	s	1,58	0,00	1,22	1,22
Molkereiprodukte	$\bar{x}$	-1,00	0,00	0,92	0,42
	n	3	4	12	19
	s	1,73	1,63	1,78	1,80
Öle / Fette	$\bar{x}$	-0,25	-0,75	-0,29	-0,40
	n	4	4	7	15
	s	1,50	1,50	1,60	1,45
Süßwaren / Snacks	$\bar{x}$	-1,17	0,38	-0,11	-0,22
	n	6	8	9	23
	s	1,17	1,60	1,62	1,57
Tiefkühlkost	$\bar{x}$	-1,20	0,75	0,22	-0,30
	n	10	4	9	23
	s	1,55	0,96	1,39	1,58
Dauerkonserven	$\bar{x}$	-1,00	0,67	0,30	0,15
	n	4	6	10	20
	s	2,16	1,03	1,57	1,60
Fisch	$\bar{x}$	-0,63	0,00	0,00	-0,31
	n	8	1	7	16
	s	1,85	.	1,41	1,58
Fleisch- / Wurstwaren	$\bar{x}$	-0,57	0,14	0,82	0,32
	n	7	14	17	38
	s	1,62	1,83	1,13	1,56
Geflügel	$\bar{x}$	-0,75	1,00	0,57	0,17
	n	4	1	7	12
	s	2,22	.	1,13	1,59
Obst / Gemüse	$\bar{x}$	-0,75	0,80	0,42	0,29
	n	4	5	12	21
	s	0,96	1,10	1,68	1,49
Kaffee / Tee	$\bar{x}$	-0,75	-0,67	0,40	-0,25
	n	4	3	5	12
	s	0,96	2,08	1,14	1,36
Getränke	$\bar{x}$	-2,00	0,11	-0,11	-0,36
	n	4	9	9	22
	s	0,82	1,54	1,36	1,53
Nonfood	$\bar{x}$	-0,67	-3,00	-0,43	-0,73
	n	3	1	7	11
	s	1,53	.	1,51	1,56
Andere Branche	$\bar{x}$	-1,20	0,50	-0,20	-0,21
	n	10	14	10	34
	s	1,75	1,65	1,48	1,74

$\bar{x}$: Mittelwert, n: Anzahl der Teilnehmer, s: Standardabweichung
Skala: +3 stimme voll und ganz zu, +2 stimme zu, +1 stimme eher zu, 0 teils / teils, -1 lehne eher ab, -2 lehne ab, -3 lehne voll und ganz ab

Tabelle 28: Statement: Rückverfolgbarkeit ist notwendig, um eine Zertifizierung (IFS, ISO 9001...) zu erhalten.

		Umsatz <10 Mio. €	10 -100 Mio. €	> 100 Mio. €	Alle
Brot- und Backwaren	$\bar{x}$	1,56	2,33	2,50	1,94
	n	9	3	4	16
	s	1,59	1,15	0,58	1,34
Mühlen- und Getreideprodukte	$\bar{x}$	1,50	0,25	2,80	1,60
	n	6	4	5	15
	s	1,76	1,71	0,45	1,68
Molkereiprodukte	$\bar{x}$	1,33	2,75	2,71	2,52
	n	3	4	14	21
	s	2,08	0,50	0,61	0,98
Öle / Fette	$\bar{x}$	1,50	-0,25	2,71	1,60
	n	4	4	7	15
	s	1,91	1,26	0,49	1,68
Süßwaren / Snacks	$\bar{x}$	1,86	2,38	2,67	2,33
	n	7	8	9	24
	s	1,57	1,06	0,50	1,09
Tiefkühlkost	$\bar{x}$	1,73	1,25	2,22	1,83
	n	11	4	9	24
	s	1,35	1,71	0,97	1,27
Dauerkonserven	$\bar{x}$	1,67	2,17	2,30	2,16
	n	3	6	10	19
	s	2,31	1,17	1,06	1,26
Fisch	$\bar{x}$	1,75	2,00	1,86	1,81
	n	8	1	7	16
	s	1,49	.	1,77	1,52
Fleisch- / Wurstwaren	$\bar{x}$	2,00	2,56	2,47	2,43
	n	7	16	17	40
	s	1,53	0,81	0,62	0,90
Geflügel	$\bar{x}$	2,00	3,00	2,43	2,33
	n	4	1	7	12
	s	2,00	.	0,53	1,15
Obst / Gemüse	$\bar{x}$	1,00	2,67	2,58	2,32
	n	4	6	12	22
	s	1,63	0,52	0,67	1,04
Kaffee / Tee	$\bar{x}$	1,25	1,00	2,60	1,75
	n	4	3	5	12
	s	1,71	1,73	0,55	1,42
Getränke	$\bar{x}$	0,50	2,56	2,33	2,09
	n	4	9	9	22
	s	1,73	0,73	1,32	1,38
Nonfood	$\bar{x}$	0,67	0,00	2,14	1,55
	n	3	1	7	11
	s	2,08	.	1,07	1,51
Andere Branche	$\bar{x}$	1,36	2,50	1,20	1,77
	n	11	14	10	35
	s	1,91	0,76	1,55	1,52

$\bar{x}$: Mittelwert, n: Anzahl der Teilnehmer, s:Standardabweichung
Skala: +3 stimme voll und ganz zu, +2 stimme zu, +1 stimme eher zu, 0 teils / teils, -1 lehne eher ab, -2 lehne ab, -3 lehne voll und ganz ab

Tabelle 29: Statement: Die Zusammenarbeit mit unseren Lieferanten und Abnehmern wurde verbessert.

		Umsatz			
		<10 Mio. €	10 -100 Mio. €	> 100 Mio. €	Alle
Brot- und Backwaren	$\bar{x}$	1,22	1,33	1,75	1,38
	n	9	3	4	16
	s	0,97	0,58	0,96	0,89
Mühlen- und Getreideprodukte	$\bar{x}$	1,17	1,50	0,80	1,13
	n	6	4	5	15
	s	1,47	1,00	0,45	1,06
Molkereiprodukte	$\bar{x}$	0,33	2,00	1,23	1,25
	n	3	4	13	20
	s	1,15	0,82	1,36	1,29
Öle / Fette	$\bar{x}$	1,00	2,00	1,29	1,40
	n	4	4	7	15
	s	1,83	0,00	0,95	1,12
Süßwaren / Snacks	$\bar{x}$	0,43	1,25	0,67	0,79
	n	7	8	9	24
	s	1,27	1,28	1,66	1,41
Tiefkühlkost	$\bar{x}$	0,00	1,75	0,56	0,50
	n	11	4	9	24
	s	1,84	0,96	2,01	1,84
Dauerkonserven	$\bar{x}$	-0,50	1,50	0,70	0,70
	n	4	6	10	20
	s	2,08	0,84	1,70	1,66
Fisch	$\bar{x}$	0,25	1,00	1,00	0,63
	n	8	1	7	16
	s	1,75	.	0,82	1,36
Fleisch- / Wurstwaren	$\bar{x}$	0,86	1,06	1,24	1,10
	n	7	16	17	40
	s	1,57	1,24	1,09	1,22
Geflügel	$\bar{x}$	0,25	0,00	0,71	0,50
	n	4	1	7	12
	s	1,89	.	0,95	1,24
Obst / Gemüse	$\bar{x}$	0,50	1,00	0,83	0,82
	n	4	6	12	22
	s	1,29	1,55	1,11	1,22
Kaffee / Tee	$\bar{x}$	0,50	1,00	1,60	1,08
	n	4	3	5	12
	s	1,29	1,73	0,89	1,24
Getränke	$\bar{x}$	-1,00	0,67	0,78	0,35
	n	5	9	9	23
	s	1,87	1,50	1,20	1,58
Nonfood	$\bar{x}$	0,67	2,00	0,43	0,64
	n	3	1	7	11
	s	1,53	.	1,62	1,50
Andere Branche	$\bar{x}$	0,45	1,14	0,00	0,60
	n	11	14	10	35
	s	1,69	1,61	1,63	1,67

$\bar{x}$: Mittelwert, n: Anzahl der Teilnehmer, s: Standardabweichung
Skala: +3 stimme voll und ganz zu, +2 stimme zu, +1 stimme eher zu, 0 teils / teils, -1 lehne eher ab, -2 lehne ab, -3 lehne voll und ganz ab

Tabelle 30: Statement: Durch das Rückverfolgbarkeitssystem können wir die innerbetrieblichen Abläufe optimieren.

		Umsatz			Alle
		<10 Mio. €	10 -100 Mio. €	> 100 Mio. €	
Brot- und Backwaren	$\bar{x}$	1,11	2,00	1,75	1,44
	n	9	3	4	16
	s	1,54	1,00	0,50	1,26
Mühlen- und Getreideprodukte	$\bar{x}$	1,17	2,75	1,40	1,67
	n	6	4	5	15
	s	1,83	0,50	1,14	1,45
Molkereiprodukte	$\bar{x}$	0,00	1,00	0,77	0,70
	n	3	4	13	20
	s	0,00	0,82	1,36	1,17
Öle / Fette	$\bar{x}$	0,75	2,75	1,14	1,47
	n	4	4	7	15
	s	0,96	0,50	0,90	1,13
Süßwaren / Snacks	$\bar{x}$	0,71	1,63	1,11	1,17
	n	7	8	9	24
	s	1,38	1,06	1,76	1,43
Tiefkühlkost	$\bar{x}$	0,00	0,75	1,22	0,58
	n	11	4	9	24
	s	1,95	0,96	1,92	1,84
Dauerkonserven	$\bar{x}$	0,50	1,33	1,30	1,15
	n	4	6	10	20
	s	1,29	1,21	1,77	1,50
Fisch	$\bar{x}$	-0,13	2,00	1,29	0,63
	n	8	1	7	16
	s	1,64	.	0,95	1,50
Fleisch- / Wurstwaren	$\bar{x}$	0,71	0,50	1,53	0,98
	n	7	16	17	40
	s	1,60	2,03	1,07	1,64
Geflügel	$\bar{x}$	0,50	0,00	1,14	0,83
	n	4	1	7	12
	s	2,08	.	0,90	1,34
Obst / Gemüse	$\bar{x}$	0,75	1,17	1,17	1,09
	n	4	6	12	22
	s	2,22	1,83	1,11	1,48
Kaffee / Tee	$\bar{x}$	1,00	1,67	1,40	1,33
	n	4	3	5	12
	s	1,15	2,31	0,89	1,30
Getränke	$\bar{x}$	-0,40	0,33	1,33	0,57
	n	5	9	9	23
	s	1,52	1,58	1,12	1,50
Nonfood	$\bar{x}$	1,33	3,00	0,71	1,09
	n	3	1	7	11
	s	1,15	.	1,80	1,64
Andere Branche	$\bar{x}$	0,55	1,14	0,80	0,86
	n	11	14	10	35
	s	2,07	1,83	1,75	1,85

$\bar{x}$: Mittelwert, n: Anzahl der Teilnehmer, s:Standardabweichung

Skala: +3 stimme voll und ganz zu, +2 stimme zu, +1 stimme eher zu, 0 teils / teils, -1 lehne eher ab, -2 lehne ab, -3 lehne voll und ganz ab

Tabelle 31: Statement: Wir wollen steigenden Anforderungen der Verbraucher/ Abnehmer mit unserem Rückverfolgbarkeitssystem entsprechen

		Umsatz			Alle
		<10 Mio. €	10 -100 Mio. €	> 100 Mio. €	
Brot- und Backwaren	$\bar{x}$	1,89	1,33	2,50	1,94
	n	9	3	4	16
	s	1,27	1,15	0,58	1,12
Mühlen- und Getreideprodukte	$\bar{x}$	1,67	2,00	2,00	1,87
	n	6	4	5	15
	s	1,51	1,41	1,73	1,46
Molkereiprodukte	$\bar{x}$	1,00	2,50	1,69	1,75
	n	3	4	13	20
	s	1,73	0,58	1,60	1,48
Öle / Fette	$\bar{x}$	1,50	2,75	1,71	1,93
	n	4	4	7	15
	s	1,73	0,50	1,60	1,44
Süßwaren / Snacks	$\bar{x}$	1,29	2,13	2,00	1,83
	n	7	8	9	24
	s	1,25	0,99	1,32	1,20
Tiefkühlkost	$\bar{x}$	1,36	2,00	1,89	1,67
	n	11	4	9	24
	s	1,21	1,41	1,45	1,31
Dauerkonserven	$\bar{x}$	1,00	1,83	1,90	1,70
	n	4	6	10	20
	s	1,83	0,98	1,45	1,38
Fisch	$\bar{x}$	1,50	2,00	1,14	1,38
	n	8	1	7	16
	s	1,41	.	1,77	1,50
Fleisch- / Wurstwaren	$\bar{x}$	1,43	2,13	1,82	1,88
	n	7	16	17	40
	s	1,27	1,09	1,13	1,14
Geflügel	$\bar{x}$	1,25	2,00	1,86	1,67
	n	4	1	7	12
	s	1,71	.	1,35	1,37
Obst / Gemüse	$\bar{x}$	1,00	1,83	2,00	1,77
	n	4	6	12	22
	s	1,41	0,98	1,35	1,27
Kaffee / Tee	$\bar{x}$	1,00	2,67	1,80	1,75
	n	4	3	5	12
	s	1,41	0,58	1,64	1,42
Getränke	$\bar{x}$	0,20	2,33	1,89	1,70
	n	5	9	9	23
	s	1,10	0,71	1,27	1,29
Nonfood	$\bar{x}$	1,00	2,00	1,57	1,45
	n	3	1	7	11
	s	1,73	.	1,27	1,29
Andere Branche	$\bar{x}$	2,00	2,50	2,10	2,23
	n	11	14	10	35
	s	1,00	0,85	1,29	1,03

$\bar{x}$: Mittelwert, n: Anzahl der Teilnehmer, s:Standardabweichung
Skala: +3 stimme voll und ganz zu, +2 stimme zu, +1 stimme eher zu, 0 teils / teils, -1 lehne eher ab, -2 lehne ab, -3 lehne voll und ganz ab

Tabelle 32: Statement: Die Rückverfolgbarkeit ist Teil unserer Werbung / Marketingstrategie.

		Umsatz			Alle
		<10 Mio. €	10 -100 Mio. €	> 100 Mio. €	
Brot- und Backwaren	$\bar{x}$	-0,11	0,00	1,00	0,19
	n	9	3	4	16
	s	1,17	1,73	0,82	1,22
Mühlen- und Getreideprodukte	$\bar{x}$	-0,17	1,00	0,25	0,29
	n	6	4	4	14
	s	1,33	1,15	0,96	1,20
Molkereiprodukte	$\bar{x}$	-1,67	0,25	0,46	0,10
	n	3	4	13	20
	s	1,53	1,50	2,11	2,00
Öle / Fette	$\bar{x}$	0,25	1,50	0,71	0,80
	n	4	4	7	15
	s	2,06	1,00	1,11	1,37
Süßwaren / Snacks	$\bar{x}$	-0,43	1,13	-0,13	0,22
	n	7	8	8	23
	s	0,98	1,46	1,55	1,48
Tiefkühlkost	$\bar{x}$	0,27	1,00	0,56	0,50
	n	11	4	9	24
	s	1,49	1,83	2,01	1,69
Dauerkonserven	$\bar{x}$	-1,00	0,67	-0,22	-0,11
	n	4	6	9	19
	s	0,82	1,21	1,56	1,41
Fisch	$\bar{x}$	-0,13	1,00	0,71	0,31
	n	8	1	7	16
	s	1,55	.	1,38	1,45
Fleisch- / Wurstwaren	$\bar{x}$	-0,14	0,19	1,35	0,63
	n	7	16	17	40
	s	1,68	1,60	1,11	1,53
Geflügel	$\bar{x}$	-0,25	1,00	1,00	0,58
	n	4	1	7	12
	s	1,71	.	0,82	1,24
Obst / Gemüse	$\bar{x}$	0,25	0,33	0,42	0,36
	n	4	6	12	22
	s	1,71	1,63	1,56	1,53
Kaffee / Tee	$\bar{x}$	-0,50	1,67	0,80	0,58
	n	4	3	5	12
	s	1,00	0,58	0,84	1,16
Getränke	$\bar{x}$	-1,00	-0,44	-0,50	-0,59
	n	5	9	8	22
	s	0,71	0,88	1,85	1,26
Nonfood	$\bar{x}$	0,00	2,00	0,00	0,18
	n	3	1	7	11
	s	2,00	.	1,63	1,66
Andere Branche	$\bar{x}$	0,09	1,29	-0,70	0,34
	n	11	14	10	35
	s	1,81	2,09	1,49	1,98

$\bar{x}$: Mittelwert, n: Anzahl der Teilnehmer, s: Standardabweichung
Skala: +3 stimme voll und ganz zu, +2 stimme zu, +1 stimme eher zu, 0 teils / teils, -1 lehne eher ab, -2 lehne ab, -3 lehne voll und ganz ab

Tabelle 33: Mittelwerte und Standardabweichung der clusterbildenden Variablen

	Cluster 1 $\bar{x}$	Cluster 1 n	Cluster 1 s	Cluster 2 $\bar{x}$	Cluster 2 n	Cluster 2 s	Cluster 3 $\bar{x}$	Cluster 3 n	Cluster 3 s	Cluster 4 $\bar{x}$	Cluster 4 n	Cluster 4 s	Cluster 5 $\bar{x}$	Cluster 5 n	Cluster 5 s
Rückverfolgbarkeit ist notwendig, um eine Zertifizierung (IFS, ISO 9001...) zu erhalten.	2,50	36	0,61	1,68	28	1,06	0,44	27	0,64	2,70	60	0,62	2,84	73	0,37
UmCo: Wir hätten auch ohne gesetzliche Verpflichtung in Rückverfolgbarkeitssysteme inves-	0,11	36	1,37	-1,18	28	1,19	-0,81	27	1,27	-2,42	60	0,67	-0,88	73	1,58
Aufgrund der gesetzlichen Anforderungen haben wir in Rückverfolgbarkeitssysteme investiert.	1,97	36	1,21	0,11	28	1,40	1,78	27	1,22	0,48	60	1,85	2,52	73	0,77
Die Lebensmittelbasisverordnung (178/2002) führte bei uns zu einer stärkeren Auseinandersetzung mit der Rückverfolgbarkeit.	1,83	36	1,18	0,43	28	1,35	1,74	27	1,02	-0,22	60	1,63	2,12	73	1,01
Rückverfolgbarkeit gilt in unserer Branche als Qualitätsmerkmal.	1,53	36	1,18	0,71	28	1,08	2,30	27	0,99	2,48	60	1,03	2,56	73	0,65
Wir wollen steigenden Anforderungen der Verbraucher/Abnehmer mit unserem Rückverfolgbarkeitssystem entsprechen	1,44	36	1,08	0,75	28	1,17	1,89	27	0,85	2,60	60	0,53	2,25	73	0,98
Personen/Unternehmen, die wichtig für uns sind, erwarten die Einrichtung von Rückverfolgbarkeitssystemen.	2,08	36	0,91	0,32	28	1,33	2,22	27	0,75	2,55	60	0,70	2,45	73	0,71
Die Rückverfolgbarkeit ist Teil unserer Werbung/Marketingstrategie.	-0,92	36	1,61	-0,43	28	1,40	0,56	27	1,67	0,37	60	1,63	1,23	73	1,58
Risiken durch einen Warenrückruf werden durch das Rückverfolgbarkeitssystem verringert.	0,39	36	1,61	1,79	28	1,20	1,41	27	1,55	2,25	60	0,88	2,45	73	0,78
Durch das Rückverfolgbarkeitssystem können wir die innerbetrieblichen Abläufe optimieren.	-0,97	36	1,32	0,93	28	1,59	1,19	27	1,66	0,67	60	1,32	1,84	73	1,08
Die Zusammenarbeit mit unseren Lieferanten und Abnehmern wurde verbessert.	-0,86	36	1,31	0,64	28	1,16	0,93	27	1,44	0,98	60	1,14	1,74	73	1,03

Tabelle 34: Statement: Im Bedarfsfall sind bei uns die notwendigen Informationen sofort verfügbar.

		Umsatz			
		<10 Mio. €	10-100 Mio. €	> 100 Mio. €	Alle
Brot- und Backwaren	$\bar{x}$	1,44	2,33	1,75	1,69
	n	9	3	4	16
	s	1,01	0,58	0,96	0,95
Mühlen- und Getreideprodukte	$\bar{x}$	1,67	2,50	1,80	1,93
	n	6	4	5	15
	s	1,37	0,58	0,45	0,96
Molkereiprodukte	$\bar{x}$	1,67	2,25	1,79	1,86
	n	3	4	14	21
	s	1,53	0,96	0,97	1,01
Öle / Fette	$\bar{x}$	1,50	2,75	1,71	1,93
	n	4	4	7	15
	s	1,00	0,50	0,76	0,88
Süßwaren / Snacks	$\bar{x}$	1,43	2,38	1,89	1,92
	n	7	8	9	24
	s	0,79	0,74	0,78	0,83
Tiefkühlkost	$\bar{x}$	1,55	2,00	2,11	1,83
	n	11	4	9	24
	s	1,13	0,82	0,78	0,96
Dauerkonserven	$\bar{x}$	1,67	2,33	1,80	1,95
	n	3	6	10	19
	s	1,53	0,82	0,92	0,97
Fisch	$\bar{x}$	2,00	3,00	1,86	2,00
	n	8	1	7	16
	s	0,93	.	0,69	0,82
Fleisch- / Wurstwaren	$\bar{x}$	1,14	2,31	2,18	2,05
	n	7	16	17	40
	s	1,68	0,79	0,64	1,01
Geflügel	$\bar{x}$	1,50	2,00	2,00	1,83
	n	4	1	7	12
	s	1,29	.	0,82	0,94
Obst / Gemüse	$\bar{x}$	1,00	1,83	1,92	1,73
	n	4	6	12	22
	s	1,15	0,75	1,00	0,98
Kaffee / Tee	$\bar{x}$	1,50	2,67	1,80	1,92
	n	4	3	5	12
	s	1,00	0,58	0,84	0,90
Getränke	$\bar{x}$	0,00	2,44	2,11	1,86
	n	4	9	9	22
	s	1,63	0,53	0,78	1,25
Nonfood	$\bar{x}$	1,00	2,00	1,71	1,55
	n	3	1	7	11
	s	1,00	.	0,76	0,82
Andere Branche	$\bar{x}$	1,91	2,71	2,30	2,34
	n	11	14	10	35
	s	1,51	0,61	0,95	1,08

$\bar{x}$: Mittelwert, n: Anzahl der Teilnehmer, s:Standardabweichung
Skala: +3 stimme voll und ganz zu, +2 stimme zu, +1 stimme eher zu, 0 teils / teils, -1 lehne eher ab, -2 lehne ab, -3 lehne voll und ganz ab

Tabelle 35: Statement: Wir können Lieferanten und Abnehmer einzelner Chargen sofort feststellen.

		Umsatz			
		<10 Mio. €	10 -100 Mio. €	> 100 Mio. €	Alle
Brot- und Backwaren	$\bar{x}$	2,00	2,33	2,25	2,13
	n	9	3	4	16
	s	1,00	0,58	0,96	0,89
Mühlen- und Getreideprodukte	$\bar{x}$	2,00	2,50	2,40	2,27
	n	6	4	5	15
	s	1,26	0,58	0,55	0,88
Molkereiprodukte	$\bar{x}$	1,67	2,00	1,86	1,86
	n	3	4	14	21
	s	1,53	0,82	1,56	1,39
Öle / Fette	$\bar{x}$	2,00	2,25	2,00	2,07
	n	4	4	7	15
	s	1,41	0,96	0,82	0,96
Süßwaren / Snacks	$\bar{x}$	1,71	2,50	2,44	2,25
	n	7	8	9	24
	s	0,95	0,53	0,73	0,79
Tiefkühlkost	$\bar{x}$	1,64	2,75	2,00	1,96
	n	11	4	9	24
	s	1,03	0,50	1,00	1,00
Dauerkonserven	$\bar{x}$	2,00	2,33	1,80	2,00
	n	3	6	10	19
	s	1,73	0,52	1,14	1,05
Fisch	$\bar{x}$	2,13	3,00	1,43	1,88
	n	8	1	7	16
	s	0,99	.	0,79	0,96
Fleisch- / Wurstwaren	$\bar{x}$	0,86	2,25	2,06	1,93
	n	7	16	17	40
	s	1,86	0,77	0,83	1,14
Geflügel	$\bar{x}$	0,75	2,00	2,14	1,67
	n	4	1	7	12
	s	1,50	.	0,69	1,15
Obst / Gemüse	$\bar{x}$	1,25	2,00	1,83	1,77
	n	4	6	12	22
	s	0,96	0,63	0,83	0,81
Kaffee / Tee	$\bar{x}$	1,75	2,33	2,20	2,08
	n	4	3	5	12
	s	1,26	1,15	0,84	1,00
Getränke	$\bar{x}$	0,00	2,67	2,44	2,09
	n	4	9	9	22
	s	2,16	0,50	0,73	1,41
Nonfood	$\bar{x}$	1,67	1,00	2,29	2,00
	n	3	1	7	11
	s	1,53	.	0,76	1,00
Andere Branche	$\bar{x}$	1,36	2,79	2,10	2,14
	n	11	14	10	35
	s	1,96	0,43	0,99	1,35

$\bar{x}$: Mittelwert, n: Anzahl der Teilnehmer, s:Standardabweichung
Skala: +3 stimme voll und ganz zu, +2 stimme zu, +1 stimme eher zu, 0 teils / teils, -1 lehne eher ab, -2 lehne ab, -3 lehne voll und ganz ab

Tabelle 36: Statement: Wir sind in der Lage, Chargen präzise zu trennen.

		Umsatz <10 Mio. €	10-100 Mio. €	> 100 Mio. €	Alle
Brot- und Backwaren	$\bar{x}$	0,78	1,00	1,25	0,94
	n	9	3	4	16
	s	1,56	1,00	2,36	1,61
Mühlen- und Getreideprodukte	$\bar{x}$	1,33	2,00	2,00	1,73
	n	6	4	5	15
	s	1,86	1,15	0,71	1,33
Molkereiprodukte	$\bar{x}$	0,00	1,75	1,64	1,43
	n	3	4	14	21
	s	2,65	0,96	1,39	1,57
Öle / Fette	$\bar{x}$	1,00	2,00	1,29	1,40
	n	4	4	7	15
	s	2,16	1,41	1,70	1,68
Süßwaren / Snacks	$\bar{x}$	0,57	2,25	1,56	1,50
	n	7	8	9	24
	s	1,62	1,16	1,67	1,59
Tiefkühlkost	$\bar{x}$	0,82	2,75	1,22	1,29
	n	11	4	9	24
	s	1,83	0,50	1,92	1,81
Dauerkonserven	$\bar{x}$	0,67	2,50	1,00	1,42
	n	3	6	10	19
	s	2,52	0,84	1,76	1,74
Fisch	$\bar{x}$	1,25	2,00	0,86	1,13
	n	8	1	7	16
	s	1,91	.	1,46	1,63
Fleisch- / Wurstwaren	$\bar{x}$	0,86	2,19	1,71	1,75
	n	7	16	17	40
	s	1,86	0,91	1,21	1,30
Geflügel	$\bar{x}$	0,75	2,00	1,57	1,33
	n	4	1	7	12
	s	2,06	.	1,72	1,72
Obst / Gemüse	$\bar{x}$	0,50	2,00	1,50	1,45
	n	4	6	12	22
	s	1,91	0,89	1,45	1,44
Kaffee / Tee	$\bar{x}$	0,75	2,00	1,40	1,33
	n	4	3	5	12
	s	1,89	1,73	2,07	1,83
Getränke	$\bar{x}$	-0,50	2,67	1,67	1,68
	n	4	9	9	22
	s	1,73	0,50	1,73	1,73
Nonfood	$\bar{x}$	0,00	0,00	1,29	0,82
	n	3	1	7	11
	s	1,73	.	1,80	1,72
Andere Branche	$\bar{x}$	1,00	2,36	1,80	1,77
	n	11	14	10	35
	s	1,90	1,34	1,62	1,66

$\bar{x}$: Mittelwert, n: Anzahl der Teilnehmer, s: Standardabweichung
Skala: +3 stimme voll und ganz zu, +2 stimme zu, +1 stimme eher zu, 0 teils / teils, -1 lehne eher ab, -2 lehne ab, -3 lehne voll und ganz ab

Tabelle 37: Statement: Die (geplante) Leistungsfähigkeit unseres Rückverfolgbarkeitssystems ist sehr hoch.

		Umsatz			
		<10 Mio. €	10 -100 Mio. €	> 100 Mio. €	Alle
Brot- und Backwaren	$\bar{x}$	1,44	1,67	1,50	1,50
	n	9	3	4	16
	s	1,42	0,58	1,00	1,15
Mühlen- und Getreideprodukte	$\bar{x}$	1,50	2,00	2,00	1,80
	n	6	4	5	15
	s	1,87	0,00	1,00	1,26
Molkereiprodukte	$\bar{x}$	1,00	1,50	1,64	1,52
	n	3	4	14	21
	s	2,65	1,00	1,55	1,57
Öle / Fette	$\bar{x}$	1,25	1,75	1,57	1,53
	n	4	4	7	15
	s	2,22	0,50	0,98	1,25
Süßwaren / Snacks	$\bar{x}$	1,00	1,63	2,22	1,67
	n	7	8	9	24
	s	1,83	0,74	0,97	1,27
Tiefkühlkost	$\bar{x}$	1,27	2,25	2,00	1,71
	n	11	4	9	24
	s	1,35	0,50	1,12	1,20
Dauerkonserven	$\bar{x}$	1,00	1,83	1,70	1,63
	n	3	6	10	19
	s	2,65	0,98	1,06	1,30
Fisch	$\bar{x}$	1,63	3,00	1,00	1,44
	n	8	1	7	16
	s	1,60	.	1,29	1,46
Fleisch- / Wurstwaren	$\bar{x}$	1,43	1,69	2,06	1,80
	n	7	16	17	40
	s	1,81	1,08	0,75	1,11
Geflügel	$\bar{x}$	1,50	1,00	1,86	1,67
	n	4	1	7	12
	s	2,38	.	0,90	1,44
Obst / Gemüse	$\bar{x}$	0,75	1,83	1,58	1,50
	n	4	6	12	22
	s	2,22	0,98	0,67	1,14
Kaffee / Tee	$\bar{x}$				
	n	1,25	2,00	1,80	1,67
	s	4	3	5	12
Getränke	$\bar{x}$	2,22	0,00	1,10	1,37
	n	-0,25	1,78	1,78	1,41
	s	4	9	9	22
Nonfood	$\bar{x}$	1,71	0,83	0,97	1,30
	n	0,33	2,00	1,86	1,45
	s	3	1	7	11
Andere Branche	$\bar{x}$	2,08	.	1,07	1,44
	n	1,55	2,71	1,70	2,06
	s	11	14	10	35

$\bar{x}$: Mittelwert, n: Anzahl der Teilnehmer, s:Standardabweichung
Skala: +3 stimme voll und ganz zu, +2 stimme zu, +1 stimme eher zu, 0 teils / teils, -1 lehne eher ab, -2 lehne ab, -3 lehne voll und ganz ab

Tabelle 38: Statement: Wir können weitere Informationen wie Testergebnisse, Produktionszeiten u.ä. den Chargen zuordnen.

		Umsatz <10 Mio. €	10 -100 Mio. €	> 100 Mio. €	Alle
Brot- und Backwaren	$\bar{x}$	1,00	2,00	0,75	1,13
	n	9	3	4	16
	s	1,80	0,00	0,96	1,45
Mühlen- und Getreideprodukte	$\bar{x}$	2,17	1,75	1,80	1,93
	n	6	4	5	15
	s	1,17	1,26	0,45	0,96
Molkereiprodukte	$\bar{x}$	0,67	1,75	1,57	1,48
	n	3	4	14	21
	s	2,08	1,26	1,65	1,60
Öle / Fette	$\bar{x}$	2,00	1,25	1,00	1,33
	n	4	4	7	15
	s	1,41	1,26	0,82	1,11
Süßwaren / Snacks	$\bar{x}$	1,43	1,50	1,56	1,50
	n	7	8	9	24
	s	1,40	1,20	1,01	1,14
Tiefkühlkost	$\bar{x}$	1,27	2,50	1,78	1,67
	n	11	4	9	24
	s	1,19	0,58	1,20	1,17
Dauerkonserven	$\bar{x}$	1,00	1,83	1,70	1,63
	n	3	6	10	19
	s	1,73	0,98	1,06	1,12
Fisch	$\bar{x}$	1,38	2,00	1,14	1,31
	n	8	1	7	16
	s	1,51	.	0,90	1,20
Fleisch- / Wurstwaren	$\bar{x}$	0,86	1,81	1,65	1,58
	n	7	16	17	40
	s	1,46	1,11	1,00	1,15
Geflügel	$\bar{x}$	0,25	1,00	1,71	1,17
	n	4	1	7	12
	s	1,26	.	0,95	1,19
Obst / Gemüse	$\bar{x}$	0,50	0,17	1,75	1,09
	n	4	6	12	22
	s	1,00	1,83	0,87	1,38
Kaffee / Tee	$\bar{x}$	1,75	1,33	1,00	1,33
	n	4	3	5	12
	s	1,26	1,53	1,00	1,15
Getränke	$\bar{x}$	0,50	2,00	2,11	1,77
	n	4	9	9	22
	s	1,73	1,00	1,05	1,27
Nonfood	$\bar{x}$	1,00	1,00	1,57	1,36
	n	3	1	7	11
	s	1,73	.	0,98	1,12
Andere Branche	$\bar{x}$	1,36	2,79	1,30	1,91
	n	11	14	10	35
	s	1,69	0,43	2,26	1,67

$\bar{x}$: Mittelwert, n: Anzahl der Teilnehmer, s:Standardabweichung
Skala: +3 stimme voll und ganz zu, +2 stimme zu, +1 stimme eher zu, 0 teils / teils, -1 lehne eher ab, -2 lehne ab, -3 lehne voll und ganz ab

Tabelle 39: Statement: Wir sind in der Lage, die Leistungsfähigkeit der Rückverfolgbarkeitssysteme jederzeit interessierten Personen zu demonstrieren.

		Umsatz			
		<10 Mio. €	10 -100 Mio. €	> 100 Mio. €	Alle
Brot- und Backwaren	$\bar{x}$	0,89	2,00	1,50	1,25
	n	9	3	4	16
	s	1,62	1,00	1,00	1,39
Mühlen- und Getreideprodukte	$\bar{x}$	1,50	2,25	1,60	1,73
	n	6	4	5	15
	s	1,87	0,50	0,89	1,28
Molkereiprodukte	$\bar{x}$	1,00	2,00	1,43	1,48
	n	3	4	14	21
	s	2,65	0,82	1,60	1,60
Öle / Fette	$\bar{x}$	1,00	2,00	1,29	1,40
	n	4	4	7	15
	s	2,00	0,82	0,76	1,18
Süßwaren / Snacks	$\bar{x}$	0,71	1,88	1,33	1,33
	n	7	8	9	24
	s	1,80	1,25	1,50	1,52
Tiefkühlkost	$\bar{x}$	1,00	2,25	2,00	1,58
	n	11	4	9	24
	s	1,34	1,50	0,87	1,28
Dauerkonserven	$\bar{x}$	1,00	1,67	1,80	1,63
	n	3	6	10	19
	s	2,65	1,37	0,92	1,34
Fisch	$\bar{x}$	1,38	1,00	0,29	0,88
	n	8	1	7	16
	s	1,69	.	1,60	1,63
Fleisch- / Wurstwaren	$\bar{x}$	1,00	2,13	1,76	1,78
	n	7	16	17	40
	s	1,83	0,72	0,75	1,05
Geflügel	$\bar{x}$	1,25	3,00	1,57	1,58
	n	4	1	7	12
	s	2,22	.	0,79	1,38
Obst / Gemüse	$\bar{x}$	0,50	1,50	1,42	1,27
	n	4	6	12	22
	s	2,08	1,38	0,51	1,16
Kaffee / Tee	$\bar{x}$	1,25	2,00	1,40	1,50
	n	4	3	5	12
	s	2,22	1,00	0,89	1,38
Getränke	$\bar{x}$	-0,50	1,78	1,89	1,41
	n	4	9	9	22
	s	1,73	1,56	1,05	1,62
Nonfood	$\bar{x}$	-0,33	1,00	0,71	0,45
	n	3	1	7	11
	s	2,08	.	1,25	1,44
Andere Branche	$\bar{x}$	1,73	2,08	1,50	1,79
	n	11	13	10	34
	s	1,27	1,50	1,84	1,51

$\bar{x}$: Mittelwert, n: Anzahl der Teilnehmer, s:Standardabweichung
Skala: +3 stimme voll und ganz zu, +2 stimme zu, +1 stimme eher zu, 0 teils / teils, -1 lehne eher ab, -2 lehne ab, -3 lehne voll und ganz ab

Tabelle 40: Statement: Wir verfügen über große Erfahrung im Bereich der Rückverfolgbarkeit von Lebensmitteln.

		Umsatz			
		<10 Mio. €	10 -100 Mio. €	> 100 Mio. €	Alle
Brot- und Backwaren	$\bar{x}$	0,22	0,67	1,75	0,69
	n	9	3	4	16
	s	1,79	1,53	1,26	1,66
Mühlen- und Getreideprodukte	$\bar{x}$	1,33	2,25	1,60	1,67
	n	6	4	5	15
	s	2,16	0,50	0,55	1,40
Molkereiprodukte	$\bar{x}$	0,00	2,25	1,79	1,62
	n	3	4	14	21
	s	3,00	0,50	1,12	1,50
Öle / Fette	$\bar{x}$	1,00	0,75	1,57	1,20
	n	4	4	7	15
	s	2,71	2,22	0,98	1,78
Süßwaren / Snacks	$\bar{x}$	0,29	1,38	1,56	1,13
	n	7	8	9	24
	s	1,70	1,41	0,88	1,39
Tiefkühlkost	$\bar{x}$	0,55	1,50	1,67	1,13
	n	11	4	9	24
	s	1,63	0,58	0,87	1,33
Dauerkonserven	$\bar{x}$	-0,33	1,67	1,20	1,11
	n	3	6	10	19
	s	2,52	0,82	0,63	1,24
Fisch	$\bar{x}$	0,63	1,00	0,71	0,69
	n	8	1	7	16
	s	1,85	.	1,38	1,54
Fleisch- / Wurstwaren	$\bar{x}$	-0,14	1,38	2,00	1,38
	n	7	16	17	40
	s	2,12	1,15	0,79	1,43
Geflügel	$\bar{x}$	-0,50	1,00	1,71	0,92
	n	4	1	7	12
	s	1,73	.	0,76	1,51
Obst / Gemüse	$\bar{x}$	0,25	0,83	1,58	1,14
	n	4	6	12	22
	s	2,36	1,94	0,90	1,55
Kaffee / Tee	$\bar{x}$	0,75	0,67	1,80	1,17
	n	4	3	5	12
	s	2,50	2,52	1,10	1,90
Getränke	$\bar{x}$	-0,75	1,67	1,33	1,09
	n	4	9	9	22
	s	2,22	0,87	1,22	1,54
Nonfood	$\bar{x}$	-1,00	-2,00	1,57	0,55
	n	3	1	7	11
	s	2,65	.	0,79	1,97
Andere Branche	$\bar{x}$	0,18	2,36	1,90	1,54
	n	11	14	10	35
	s	2,36	0,74	0,88	1,72

$\bar{x}$: Mittelwert, n: Anzahl der Teilnehmer, s: Standardabweichung
Skala: +3 stimme voll und ganz zu, +2 stimme zu, +1 stimme eher zu, 0 teils / teils, -1 lehne eher ab, -2 lehne ab, -3 lehne voll und ganz ab

Tabelle 41: Kostenverteilung für Rückverfolgbarkeitssysteme bei den Unternehmen der Branche Brot- und Backwaren

		Umsatz			
		<10 Mio. €	10 -100 Mio. €	> 100 Mio. €	Alle
Kosten technische Einrichtungen	$\bar{x}$	36,00 %	70,00 %	56,67 %	47,14 %
	n	8	3	3	14
	s	13,89	10,00	40,41	24,55
Externe Berater, Dienstleister	$\bar{x}$	33,75 %	10,00 %	26,27 %	27,14 %
	n	8	3	3	14
	s	20,83	0,00	37,86	23,43
interner Personalaufwand	$\bar{x}$	28,13 %	14,33 %	16,67 %	22,71 %
	n	8	3	3	14
	s	16,46	13,65	5,77	14,91
Sonstige Kosten	$\bar{x}$	3,13 %	5,67 %	0,00 %	3,00 %
	n	8	3	3	14
	s	4,58	6,03	0,00	4,54

Tabelle 42: Kostenverteilung für Rückverfolgbarkeitssysteme bei den Unternehmen der Branche Mühlen- und Getreideprodukte

		Umsatz			
		<10 Mio. €	10 -100 Mio. €	> 100 Mio. €	Alle
Kosten technische Einrichtungen	$\bar{x}$	36,00 %	75,00 %	40,00 %	48,57 %
	n	5	4	5	14
	s	14,75	5,77	25,50	24,05
Externe Berater, Dienstleister	$\bar{x}$	19,00 %	3,75 %	27,00 %	17,50 %
	n	5	4	5	14
	s	11,40	4,79	28,64	19,78
interner Personalaufwand	$\bar{x}$	38,00 %	21,25 %	31,00 %	30,71 %
	n	5	4	5	14
	s	20,80	2,50	19,49	17,30
Sonstige Kosten	$\bar{x}$	7,00 %	0,00 %	2,00 %	3,21 %
	n	5	4	5	14
	s	10,95	0,00	4,47	7,23

Tabelle 43: Kostenverteilung für Rückverfolgbarkeitssysteme bei den Unternehmen der Branche Molkereiprodukte

		Umsatz			
		<10 Mio. €	10 -100 Mio. €	> 100 Mio. €	Alle
Kosten technische Einrichtungen	$\bar{x}$	51,67 %	58,75 %	56,43 %	56,19 %
	n	3	4	14	21
	s	34,03	28,39	28,72	27,88
Externe Berater, Dienstleister	$\bar{x}$	10,00 %	13,75 %	14,64 %	13,81 %
	n	3	4	14	21
	s	10,00	17,97	20,80	18,50
interner Personalaufwand	$\bar{x}$	35,00 %	23,75 %	26,79 %	27,38 %
	n	3	4	14	21
	s	22,91	24,96	18,77	19,66
Sonstige Kosten	$\bar{x}$	3,33 %	3,75 %	2,14 %	2,62 %
	n	3	4	14	21
	s	5,77	7,50	4,26	4,90

Tabelle 44: Kostenverteilung für Rückverfolgbarkeitssysteme bei den Unternehmen der Branche Öle und Fette

		Umsatz			
		<10 Mio. €	10 -100 Mio. €	> 100 Mio. €	Alle
Kosten technische Einrichtungen	$\bar{x}$	41,25 %	52,50 %	38,33 %	43,21 %
	n	4	4	6	14
	s	21,75	26,30	34,30	27,57
Externe Berater, Dienstleister	$\bar{x}$	27,50 %	8,75 %	20,00 %	18,93 %
	n	4	4	6	14
	s	5,00	14,36	25,30	18,83
interner Personalaufwand	$\bar{x}$	27,50 %	36,25 %	40,00 %	35,36 %
	n	4	4	6	14
	s	23,98	22,87	31,62	25,83
Sonstige Kosten	$\bar{x}$	3,75 %	2,50 %	1,67 %	2,50 %
	n	4	4	6	14
	s	4,79	5,00	4,08	4,27

Tabelle 45: Kostenverteilung für Rückverfolgbarkeitssysteme bei den Unternehmen der Branche Süßwaren und Snacks

		Umsatz			
		<10 Mio. €	10 -100 Mio. €	> 100 Mio. €	Alle
Kosten technische Einrichtungen	$\bar{x}$	37,14 %	66,25 %	48,13 %	51,09 %
	n	7	8	8	23
	s	27,82	17,06	26,72	26,07
Externe Berater, Dienstleister	$\bar{x}$	26,43 %	10,63 %	24,38 %	20,22 %
	n	7	8	8	23
	s	22,86	10,16	26,11	21,08
interner Personalaufwand	$\bar{x}$	32,86 %	21,88 %	26,25 %	26,74 %
	n	7	8	8	23
	s	23,95	8,84	16,64	17,03
Sonstige Kosten	$\bar{x}$	3,57 %	1,25 %	1,25 %	1,96 %
	n	7	8	8	23
	s	9,45	2,31	3,54	5,59

Tabelle 46: Kostenverteilung für Rückverfolgbarkeitssysteme bei den Unternehmen der Branche Tiefkühlkost

		Umsatz			
		<10 Mio. €	10 -100 Mio. €	> 100 Mio. €	Alle
Kosten technische Einrichtungen	$\bar{x}$	31,82 %	32,50 %	62,00 %	43,25 %
	n	11	4	9	24
	s	24,21	25,00	23,12	27,25
Externe Berater, Dienstleister	$\bar{x}$	13,18 %	10,00 %	8,11 %	10,75 %
	n	11	4	9	24
	s	16,47	8,16	10,11	12,96
interner Personalaufwand	$\bar{x}$	51,36 %	52,50 %	18,56 %	39,25 %
	n	11	4	9	24
	s	23,14	33,04	7,83	25,78
Sonstige Kosten	$\bar{x}$	3,64 %	5,00 %	11,33 %	6,75 %
	n	11	4	9	24
	s	5,05	10,00	16,73	11,61

Tabelle 47: Kostenverteilung für Rückverfolgbarkeitssysteme bei den Unternehmen der Branche Dauerkonserven

		Umsatz			
		<10 Mio. €	10 -100 Mio. €	> 100 Mio. €	Alle
Kosten technische Einrichtungen	$\bar{x}$	60,00 %	57,50 %	51,50 %	55,00 %
	n	4	6	10	20
	s	25,50	21,62	24,73	23,00
Externe Berater, Dienstleister	$\bar{x}$	13,75 %	10,00 %	18,50 %	15,00 %
	n	4	6	10	20
	s	13,77	10,00	21,61	17,09
interner Personalaufwand	$\bar{x}$	21,25 %	29,17 %	23,50 %	24,75 %
	n	4	6	10	20
	s	22,50	25,58	15,64	19,43
Sonstige Kosten	$\bar{x}$	5,00 %	3,33 %	6,50 %	5,25 %
	n	4	6	10	20
	s	10,00	6,06	15,64	11,97

Tabelle 48: Kostenverteilung für Rückverfolgbarkeitssysteme bei den Unternehmen der Branche Fisch

		Umsatz			
		<10 Mio. €	10 -100 Mio. €	> 100 Mio. €	Alle
Kosten technische Einrichtungen	$\bar{x}$	47,50 %	92,00 %	52,57 %	52,50 %
	n	8	1	7	16
	s	29,52	.	33,96	31,39
Externe Berater, Dienstleister	$\bar{x}$	14,38 %	5,00 %	7,14 %	10,63 %
	n	8	1	7	16
	s	18,02	.	7,56	13,77
interner Personalaufwand	$\bar{x}$	34,38 %	3,00 %	38,57 %	34,25 %
	n	8	1	7	16
	s	26,11	.	32,88	28,71
Sonstige Kosten	$\bar{x}$	3,75 %	0,00 %	1,71 %	2,63 %
	n	8	1	7	16
	s	5,18	.	3,73	4,43

Tabelle 49: Kostenverteilung für Rückverfolgbarkeitssysteme bei den Unternehmen der Branche Fleisch und Wurstwaren

		Umsatz			
		<10 Mio. €	10 -100 Mio. €	> 100 Mio. €	Alle
Kosten technische Einrichtungen	$\bar{x}$	47,14 %	43,63 %	54,12 %	48,70 %
	n	7	16	17	40
	s	23,43	18,19	24,06	21,75
Externe Berater, Dienstleister	$\bar{x}$	26,43 %	17,81 %	11,47 %	16,63 %
	n	7	16	17	40
	s	14,92	16,12	17,03	16,81
interner Personalaufwand	$\bar{x}$	25,00 %	33,56 %	30,88 %	30,93 %
	n	7	16	17	40
	s	15,55	19,00	16,89	17,38
Sonstige Kosten	$\bar{x}$	1,43 %	4,69 %	3,53 %	3,63 %
	n	7	16	17	40
	s	3,78	7,18	6,79	6,50

Tabelle 50: Kostenverteilung für Rückverfolgbarkeitssysteme bei den Unternehmen der Branche Geflügel

		Umsatz			
		<10 Mio. €	10 -100 Mio. €	> 100 Mio. €	Alle
Kosten technische Einrichtungen	$\bar{x}$	47,50 %	80,00 %	65,00 %	60,42 %
	n	4	1	7	12
	s	27,23	.	29,01	27,75
Externe Berater, Dienstleister	$\bar{x}$	21,25 %	5,00 %	15,00 %	16,25 %
	n	4	1	7	12
	s	14,36	.	25,33	20,68
interner Personalaufwand	$\bar{x}$	31,25 %	15,00 %	17,14 %	21,67 %
	n	4	1	7	12
	s	18,43	.	7,56	13,20
Sonstige Kosten	$\bar{x}$	0,00 %	0,00 %	2,86 %	1,67 %
	n	4	1	7	12
	s	0,00	.	4,88	3,89

Tabelle 51: Kostenverteilung für Rückverfolgbarkeitssysteme bei den Unternehmen der Branche Obst und Gemüse

		Umsatz			
		<10 Mio. €	10 -100 Mio. €	> 100 Mio. €	Alle
Kosten technische Einrichtungen	$\bar{x}$	31,25 %	29,17 %	49,17 %	40,45 %
	n	4	6	12	22
	s	12,50	22,89	28,75	26,00
Externe Berater, Dienstleister	$\bar{x}$	20,00 %	31,67 %	17,08 %	21,59 %
	n	4	6	12	22
	s	7,07	31,25	20,05	22,17
interner Personalaufwand	$\bar{x}$	40,00 %	39,17 %	30,42 %	34,55 %
	n	4	6	12	22
	s	14,72	24,58	25,80	23,35
Sonstige Kosten	$\bar{x}$	8,75 %	0,00 %	3,33 %	3,41 %
	n	4	6	12	22
	s	11,81	0,00	6,51	7,14

Tabelle 52: Kostenverteilung für Rückverfolgbarkeitssysteme bei den Unternehmen der Branche Kaffee und Tee

		Umsatz			
		<10 Mio. €	10 -100 Mio. €	> 100 Mio. €	Alle
Kosten technische Einrichtungen	$\bar{x}$	52,50 %	33,33 %	52,50 %	47,27 %
	n	4	3	4	11
	s	35,71	35,12	34,03	32,51
Externe Berater, Dienstleister	$\bar{x}$	18,75 %	31,67 %	25,00 %	24,55 %
	n	4	3	4	11
	s	13,15	50,58	31,09	29,70
interner Personalaufwand	$\bar{x}$	22,50 %	35,00 %	20,00 %	25,00 %
	n	4	3	4	11
	s	23,98	31,22	8,16	20,74
Sonstige Kosten	$\bar{x}$	6,25 %	0,00 %	2,50 %	3,18 %
	n	4	3	4	11
	s	12,50	0,00	5,00	7,83

Tabelle 53: Kostenverteilung für Rückverfolgbarkeitssysteme bei den Unternehmen der Branche Getränke

		Umsatz			
		<10 Mio. €	10 -100 Mio. €	> 100 Mio. €	Alle
Kosten technische Einrichtungen	$\bar{x}$	59,00 %	57,78 %	54,44 %	56,74 %
	n	5	9	9	23
	s	28,81	24,76	25,43	24,75
Externe Berater, Dienstleister	$\bar{x}$	12,00 %	17,78 %	18,89 %	16,96 %
	n	5	9	9	23
	s	13,04	14,81	21,03	16,70
interner Personalaufwand	$\bar{x}$	25,00 %	24,44 %	25,00 %	24,78 %
	n	5	9	9	23
	s	25,50	29,10	16,58	22,94
Sonstige Kosten	$\bar{x}$	4,00 %	0,00 %	1,67 %	1,52 %
	n	5	9	9	23
	s	8,94	0,00	3,54	4,63

Tabelle 54: Kostenverteilung für Rückverfolgbarkeitssysteme bei den Unternehmen der Branche Nonfood

		Umsatz			
		<10 Mio. €	10 -100 Mio. €	> 100 Mio. €	Alle
Kosten technische Einrichtungen	$\bar{x}$	38,33 %	30,00 %	55,00 %	48,18 %
	n	3	1	7	11
	s	18,93	.	28,14	25,33
Externe Berater, Dienstleister	$\bar{x}$	30,00 %	0,00 %	22,14 %	22,27 %
	n	3	1	7	11
	s	10,00	.	27,36	23,17
interner Personalaufwand	$\bar{x}$	30,00 %	70,00 %	21,43 %	28,18 %
	n	3	1	7	11
	s	22,91	.	6,27	18,34
Sonstige Kosten	$\bar{x}$	1,67 %	0,00 %	1,43 %	1,36 %
	n	3	1	7	11
	s	2,89	.	3,78	3,23

Tabelle 55: Kostenverteilung für Rückverfolgbarkeitssysteme bei den Unternehmen anderer Branchen

		Umsatz			
		<10 Mio. €	10 -100 Mio. €	> 100 Mio. €	Alle
Kosten technische Einrichtungen	$\bar{x}$	43,00 %	47,50 %	51,50 %	47,35 %
	n	10	14	10	34
	s	24,63	27,99	24,16	25,38
Externe Berater, Dienstleister	$\bar{x}$	18,00 %	10,00 %	6,50 %	11,32 %
	n	10	14	10	34
	s	9,49	9,81	7,84	10,02
interner Personalaufwand	$\bar{x}$	33,90 %	37,14 %	35,00 %	35,56 %
	n	10	14	10	34
	s	22,80	27,99	29,53	26,27
Sonstige Kosten	$\bar{x}$	5,10 %	6,07 %	7,00 %	6,06 %
	n	10	14	10	34
	s	8,70	8,59	16,36	11,10

Tabelle 56: Statement: Die von uns geplanten / eingerichteten Systeme werden auf absehbare Zeit ausreichen.

		Umsatz			
		<10 Mio. €	10-100 Mio. €	> 100 Mio. €	Alle
Brot- und Backwaren	$\bar{x}$	1,33	1,67	2,00	1,56
	n	9	3	4	16
	s	1,00	0,58	0,82	0,89
Mühlen- und Getreideprodukte	$\bar{x}$	1,67	2,00	2,20	1,93
	n	6	4	5	15
	s	1,03	0,82	0,84	0,88
Molkereiprodukte	$\bar{x}$	-0,67	1,25	1,92	1,37
	n	3	4	12	19
	s	1,15	0,96	0,67	1,21
Öle / Fette	$\bar{x}$	1,75	2,50	1,50	1,86
	n	4	4	6	14
	s	1,26	0,58	1,38	1,17
Süßwaren / Snacks	$\bar{x}$	1,14	1,38	2,33	1,67
	n	7	8	9	24
	s	1,21	1,60	0,71	1,27
Tiefkühlkost	$\bar{x}$	1,45	1,75	2,11	1,75
	n	11	4	9	24
	s	1,04	0,50	0,78	0,90
Dauerkonserven	$\bar{x}$	1,33	2,00	1,90	1,84
	n	3	6	10	19
	s	1,15	0,63	1,20	1,01
Fisch	$\bar{x}$	1,50	3,00	1,29	1,50
	n	8	1	7	16
	s	0,93	.	1,11	1,03
Fleisch- / Wurstwaren	$\bar{x}$	1,43	1,50	1,47	1,48
	n	7	16	17	40
	s	1,13	1,63	0,87	1,24
Geflügel	$\bar{x}$	1,50	1,00	2,00	1,75
	n	4	1	7	12
	s	1,29	.	0,58	0,87
Obst / Gemüse	$\bar{x}$	1,00	1,67	1,45	1,43
	n	4	6	11	21
	s	1,15	0,82	1,29	1,12
Kaffee / Tee	$\bar{x}$	1,50	2,67	2,00	2,00
	n	4	3	5	12
	s	1,00	0,58	0,71	0,85
Getränke	$\bar{x}$	1,25	2,25	1,67	1,81
	n	4	8	9	21
	s	0,96	1,04	1,50	1,25
Nonfood	$\bar{x}$	1,00	2,00	2,00	1,73
	n	3	1	7	11
	s	1,00	.	0,58	0,79
Andere Branche	$\bar{x}$	1,73	2,50	1,30	1,91
	n	11	14	10	35
	s	0,90	0,52	2,00	1,29

$\bar{x}$: Mittelwert, n: Anzahl der Teilnehmer, s:Standardabweichung
Skala: +3 stimme voll und ganz zu, +2 stimme zu, +1 stimme eher zu, 0 teils / teils, -1 lehne eher ab, -2 lehne ab, -3 lehne voll und ganz ab

Tabelle 57: Statement: Die gesetzlichen Anforderungen im Bereich der Rückverfolgbarkeit werden weiter verschärft.

		Umsatz <10 Mio. €	Umsatz 10 -100 Mio. €	Umsatz > 100 Mio. €	Alle
Brot- und Backwaren	$\bar{x}$	1,00	1,33	1,75	1,25
	n	9	3	4	16
	s	1,41	2,08	0,50	1,34
Mühlen- und Getreideprodukte	$\bar{x}$	1,00	2,25	1,60	1,53
	n	6	4	5	15
	s	1,26	0,96	0,55	1,06
Molkereiprodukte	$\bar{x}$	0,67	2,25	1,45	1,50
	n	3	4	11	18
	s	1,53	0,50	1,21	1,20
Öle / Fette	$\bar{x}$	1,50	2,25	1,71	1,80
	n	4	4	7	15
	s	1,91	0,96	0,49	1,08
Süßwaren / Snacks	$\bar{x}$	0,86	2,25	1,89	1,71
	n	7	8	9	24
	s	1,35	1,04	0,60	1,12
Tiefkühlkost	$\bar{x}$	0,00	2,00	1,56	0,92
	n	11	4	9	24
	s	1,73	0,82	0,73	1,53
Dauerkonserven	$\bar{x}$	1,00	1,33	1,50	1,37
	n	3	6	10	19
	s	2,00	1,97	0,53	1,30
Fisch	$\bar{x}$	1,00	1,00	1,71	1,31
	n	8	1	7	16
	s	1,41	.	0,49	1,08
Fleisch- / Wurstwaren	$\bar{x}$	1,14	1,50	1,53	1,45
	n	7	16	17	40
	s	1,35	1,51	0,72	1,18
Geflügel	$\bar{x}$	0,75	2,00	1,57	1,33
	n	4	1	7	12
	s	1,71	.	0,53	1,07
Obst / Gemüse	$\bar{x}$	1,25	2,50	1,67	1,82
	n	4	6	12	22
	s	1,50	0,55	0,65	0,91
Kaffee / Tee	$\bar{x}$	0,50	1,33	1,80	1,25
	n	4	3	5	12
	s	1,29	1,53	0,45	1,14
Getränke	$\bar{x}$	0,50	0,88	1,67	1,14
	n	4	8	9	21
	s	1,29	1,64	0,87	1,31
Nonfood	$\bar{x}$	1,00	1,00	1,86	1,55
	n	3	1	7	11
	s	2,00	.	0,69	1,13
Andere Branche	$\bar{x}$	0,82	1,64	1,70	1,40
	n	11	14	10	35
	s	1,66	0,84	0,82	1,19

$\bar{x}$: Mittelwert, n: Anzahl der Teilnehmer, s:Standardabweichung
Skala: +3 stimme voll und ganz zu, +2 stimme zu, +1 stimme eher zu, 0 teils / teils, -1 lehne eher ab, -2 lehne ab, -3 lehne voll und ganz ab

Tabelle 58: Statement: Wir müssen und werden noch mehr im Bereich der Rückverfolgbarkeit investieren.

		Umsatz			
		<10 Mio. €	10 -100 Mio. €	> 100 Mio. €	Alle
Brot- und Backwaren	$\bar{x}$	0,67	-0,67	0,50	0,38
	n	9	3	4	16
	s	1,22	0,58	1,00	1,15
Mühlen- und Getreideprodukte	$\bar{x}$	0,50	1,00	1,60	1,00
	n	6	4	5	15
	s	1,38	1,83	1,14	1,41
Molkereiprodukte	$\bar{x}$	1,33	1,25	0,55	0,83
	n	3	4	11	18
	s	1,53	1,50	1,29	1,34
Öle / Fette	$\bar{x}$	1,00	1,25	1,00	1,07
	n	4	4	7	15
	s	0,82	1,71	1,00	1,10
Süßwaren / Snacks	$\bar{x}$	0,14	0,88	1,22	0,79
	n	7	8	9	24
	s	0,90	1,46	1,09	1,22
Tiefkühlkost	$\bar{x}$	0,82	1,00	1,00	0,92
	n	11	4	9	24
	s	1,47	1,41	1,32	1,35
Dauerkonserven	$\bar{x}$	1,33	1,00	1,00	1,05
	n	3	6	10	19
	s	0,58	1,26	1,25	1,13
Fisch	$\bar{x}$	0,50	0,00	1,00	0,69
	n	8	1	7	16
	s	1,41	.	1,00	1,20
Fleisch- / Wurstwaren	$\bar{x}$	1,29	0,50	1,29	0,98
	n	7	16	17	40
	s	0,76	1,79	0,99	1,37
Geflügel	$\bar{x}$	1,00	1,00	0,71	0,83
	n	4	1	7	12
	s	0,82	.	0,95	0,83
Obst / Gemüse	$\bar{x}$	1,25	1,17	1,00	1,09
	n	4	6	12	22
	s	0,96	0,75	0,85	0,81
Kaffee / Tee	$\bar{x}$	0,50	1,67	0,80	0,92
	n	4	3	5	12
	s	0,58	1,53	1,10	1,08
Getränke	$\bar{x}$	0,25	0,88	1,11	0,86
	n	4	8	9	21
	s	0,96	1,36	1,27	1,24
Nonfood	$\bar{x}$	1,33	2,00	1,29	1,36
	n	3	1	7	11
	s	0,58	.	0,95	0,81
Andere Branche	$\bar{x}$	0,64	0,71	1,00	0,77
	n	11	14	10	35
	s	1,36	1,14	1,05	1,17

$\bar{x}$: Mittelwert, n: Anzahl der Teilnehmer, s:Standardabweichung
Skala: +3 stimme voll und ganz zu, +2 stimme zu, +1 stimme eher zu, 0 teils / teils, -1 lehne eher ab, -2 lehne ab, -3 lehne voll und ganz ab

Tabelle 59: Statement: Rückverfolgbarkeit wird in der Gesellschaft einen höheren Stellenwert gewinnen.

		Umsatz			
		<10 Mio. €	10-100 Mio. €	> 100 Mio. €	Alle
Brot- und Backwaren	$\bar{x}$	1,22	1,00	1,75	1,31
	n	9	3	4	16
	s	1,09	0,00	0,50	0,87
Mühlen- und Getreideprodukte	$\bar{x}$	1,33	1,50	2,20	1,67
	n	6	4	5	15
	s	1,21	1,29	0,45	1,05
Molkereiprodukte	$\bar{x}$	0,33	2,00	1,64	1,50
	n	3	4	11	18
	s	0,58	0,00	1,12	1,04
Öle / Fette	$\bar{x}$	2,00	2,25	1,86	2,00
	n	4	4	7	15
	s	1,41	0,96	0,69	0,93
Süßwaren / Snacks	$\bar{x}$	1,14	1,88	2,22	1,79
	n	7	8	9	24
	s	0,90	1,13	0,67	0,98
Tiefkühlkost	$\bar{x}$	0,55	1,00	2,11	1,21
	n	11	4	9	24
	s	1,29	0,82	1,05	1,32
Dauerkonserven	$\bar{x}$	1,00	1,17	1,70	1,44
	n	2	6	10	18
	s	1,41	1,17	1,25	1,20
Fisch	$\bar{x}$	1,29	2,00	1,71	1,53
	n	7	1	7	15
	s	0,76	.	0,76	0,74
Fleisch- / Wurstwaren	$\bar{x}$	1,33	2,13	1,94	1,92
	n	6	16	16	38
	s	0,82	1,02	0,85	0,94
Geflügel	$\bar{x}$	1,00	1,00	2,00	1,64
	n	3	1	7	11
	s	1,00	.	0,58	0,81
Obst / Gemüse	$\bar{x}$	1,25	1,33	1,67	1,50
	n	4	6	12	22
	s	0,96	1,03	0,98	0,96
Kaffee / Tee	$\bar{x}$	1,00	2,33	2,00	1,75
	n	4	3	5	12
	s	0,82	1,15	0,71	0,97
Getränke	$\bar{x}$	0,75	1,50	1,22	1,24
	n	4	8	9	21
	s	1,50	1,07	1,64	1,37
Nonfood	$\bar{x}$	1,67	3,00	2,43	2,27
	n	3	1	7	11
	s	1,53	.	0,53	0,90
Andere Branche	$\bar{x}$	1,00	1,36	2,00	1,43
	n	11	14	10	35
	s	1,79	1,55	1,25	1,56

$\bar{x}$: Mittelwert, n: Anzahl der Teilnehmer, s:Standardabweichung
Skala: +3 stimme voll und ganz zu, +2 stimme zu, +1 stimme eher zu, 0 teils / teils, -1 lehne eher ab, -2 lehne ab, -3 lehne voll und ganz ab

Anhang 3: Kreuzladungen
Tabelle 60: Kreuzladungen

	Externer Druck	Freiwillige Nutzung	Image	Externer Druck * Freiw. Nutzung	Inv.-Einstellung	Investitions-verhalten	Leistungs-fähigkeit	Nachweisbarkeit der Ergebnisse	Relevanz	wahrg. Kosten	wahrg. Nutzen
Ext1	**0,794270**	-0,384634	0,511214	-0,377394	0,517294	0,252189	0,337970	0,197581	0,462585	0,120181	0,428258
Ext1*FrN1	-0,273692	0,540304	-0,229234	**0,706856**	-0,195765	-0,235027	-0,221539	-0,160810	-0,242651	-0,061637	-0,261822
Ext1*FrN2	-0,418050	0,794421	-0,339198	**0,844502**	-0,353354	-0,193160	-0,288004	-0,201633	-0,271145	-0,168753	-0,334636
Ext2	**0,555991**	-0,157324	0,317761	-0,296312	0,171405	0,037990	0,105462	0,130235	0,133382	0,174169	0,328874
Ext2* FrN1	-0,051036	0,061316	-0,061659	**0,341259**	-0,129389	-0,129561	-0,145281	-0,048243	0,004276	-0,111060	-0,021085
Ext2* FrN2	-0,327290	0,097003	-0,214893	**0,420763**	-0,127966	-0,031586	-0,057040	-0,094399	-0,139471	-0,175891	-0,211819
Ext3	**0,809731**	-0,308101	0,511750	-0,384427	0,481303	0,226116	0,383357	0,240500	0,423737	0,075495	0,485670
Ext3* FrN1	-0,248512	0,499384	-0,165900	**0,677026**	-0,147715	-0,184450	-0,186099	-0,103089	-0,168393	-0,093471	-0,239060
Ext3* FrN2	-0,470417	0,675527	-0,282714	**0,819878**	-0,286263	-0,113990	-0,226412	-0,188533	-0,226463	-0,192691	-0,289570
Img1	0,549675	-0,309985	**0,777526**	-0,311557	0,677082	0,344507	0,452410	0,298842	0,391196	0,118409	0,477666
Img2	0,487856	-0,246040	**0,836560**	-0,263975	0,398263	0,104383	0,256169	0,128103	0,213342	0,019394	0,541020
Img3	0,285963	-0,089028	**0,531712**	-0,171808	0,257766	0,037681	0,137395	0,005106	0,300699	-0,016397	0,268283
InV1	0,260735	-0,315767	0,246846	-0,224208	0,409763	**1,000000**	0,546196	0,370979	0,284063	0,175275	0,177375
Kos1	0,042011	-0,085972	0,059036	-0,098234	0,081669	0,045164	-0,002057	-0,070837	-0,050879	**0,396946**	0,034611
Kos2	0,145705	-0,198301	0,044865	-0,173955	0,062749	0,168510	0,156447	0,218783	0,090287	**0,893161**	0,139077
Lei1	0,360082	-0,372607	0,447770	-0,289768	0,477185	0,438508	**0,820540**	0,349082	0,388273	0,110626	0,382140
Lei2	0,311313	-0,234355	0,274898	-0,280775	0,345783	0,379072	**0,668325**	0,310981	0,162676	0,166183	0,233413
Lei3	0,301881	-0,233708	0,264455	-0,148666	0,422194	0,429147	**0,817211**	0,404126	0,259287	0,134969	0,203024

	Externer Druck	Freiwillige Nutzung	Image	Externer Druck * Freiw. Nutzung	Inv.-Einstellung	Investitions-verhalten	Leistungsfähig-keit	Nachweisbarkeit der Ergebnisse	Relevanz	wahrg. Kosten	wahrg. Nutzen
Lei4	0,272215	-0,316111	0,195309	-0,243425	0,416180	0,413357	**0,750715**	0,365715	0,278221	0,117403	0,210222
Lei5	0,333047	-0,362483	0,342383	-0,210409	0,511516	0,476000	**0,854811**	0,489013	0,325267	0,066142	0,353024
Nac1	0,151422	-0,175696	0,179180	-0,136909	0,293141	0,217092	0,265545	**0,839195**	0,228320	0,129886	0,265805
Nac2	0,276217	-0,259476	0,163376	-0,208686	0,302660	0,374637	0,525783	**0,658243**	0,147000	0,128201	0,192019
Rel1	0,416875	-0,289143	0,359270	-0,274557	0,347996	0,137569	0,237245	0,153021	**0,720843**	0,063054	0,277564
Rel2	0,397062	-0,407007	0,298173	-0,218313	0,413082	0,359336	0,393282	0,264444	**0,811413**	0,052259	0,401728
Rel3	0,334847	-0,295968	0,275078	-0,173030	0,314251	0,103816	0,195843	0,140583	**0,740412**	0,022340	0,310857
FrN1	-0,214015	**0,583086**	-0,167621	0,661019	-0,091174	-0,202547	-0,201330	-0,178976	-0,205586	-0,087864	-0,268122
FrN2	-0,406488	**0,985982**	-0,316951	0,721339	-0,443929	-0,307557	-0,401889	-0,268663	-0,448736	-0,226377	-0,364165
iEi1	0,242840	-0,145174	0,261643	-0,051404	**0,649286**	0,306144	0,395549	0,340611	0,247007	-0,052460	0,181103
iEi2	0,590581	-0,449918	0,665648	-0,407507	**0,914179**	0,353232	0,499072	0,309043	0,468667	0,147025	0,525783
wNu1	0,472445	-0,314554	0,432110	-0,241982	0,398118	0,173018	0,324126	0,223841	0,417458	0,075424	**0,839009**
wNu2	0,477164	-0,341639	0,543013	-0,317151	0,421760	0,150801	0,289305	0,243937	0,377935	0,085168	**0,889878**
wNu3	0,404056	-0,255876	0,546980	-0,318148	0,395975	0,105883	0,252067	0,184328	0,182801	0,110906	**0,695218**
wNu4	0,424252	-0,257956	0,362949	-0,252435	0,307712	0,117968	0,301682	0,312806	0,401555	0,186407	**0,660847**

Anhang 4: Indikatorreliabilität kleine und große Unternehmen

Tabelle 61: Indikatorreliabilität kleine und große Unternehmen

		Faktorladung	
		Kleine Unternehmen	Große Unternehmen
Ext1	Wir wollen steigenden Anforderungen der Verbraucher / Abnehmer mit unserem Rückverfolgbarkeitssystem entsprechen	0,755	0,751
Ext2	Banken fordern Rückverfolgbarkeit im Rahmen des Rankings (Basel II).	0,542	0,621
Ext3	Rückverfolgbarkeitssysteme werden in unserer Branche grundsätzlich von der Gesellschaft erwartet.	0,826	0,692
FrN1	Die gesetzlichen Vorgaben können von uns problemlos ohne zusätzliche Investitionen erfüllt werden.	0,792	0,492
FrN2	Wir hätten auch ohne gesetzliche Verpflichtung in die Errichtung von Rückverfolgbarkeitssystemen investiert.	0,936	0,991
Img1	Rückverfolgbarkeit gilt in unserer Branche als Qualitätsmerkmal.	0,789	0,782
Img2	Unternehmen, die über ein Rückverfolgbarkeitssystem verfügen, genießen höheres Ansehen.	0,745	0,897
Img3	Rückverfolgbarkeit wird in der Gesellschaft einen höheren Stellenwert gewinnen.	0,624	0,480
Kos1	Wie hoch schätzen Sie die Gesamtkosten für die Errichtung Ihres Rückverfolgbarkeitssystems im Vergleich zu anderen Unternehmen Ihrer Branche ein?	-0,040	0,665
Kos2	Innerbetriebliche RV ist billig - teuer	1,000	0,735
Lei1	Wir sind in der Lage, Chargen präzise zu trennen.	0,820	0,879
Lei2	Im Bedarfsfall sind bei uns die notwendigen Informationen sofort verfügbar.	0,622	0,715
Lei3	Wir können Lieferanten und Abnehmer einzelner Chargen sofort feststellen.	0,834	0,707
Lei4	Wir können weitere Informationen wie Testergebnisse, Produktionszeiten u.ä. den Chargen zuordnen.	0,787	0,581
Lei5	Die (geplante) Leistungsfähigkeit unseres Rückverfolgbarkeitssystems ist sehr hoch.	0,856	0,714
Nac1	Wir können Kosten und Nutzen unseres Rückverfolgbarkeitssystems nicht genau bestimmen. (umcodiert)	0,813	0,818
Nac2	Wir sind in der Lage, die Leistungsfähigkeit der Rückverfolgbarkeitssysteme jederzeit interessierten Personen zu demonstrieren.	0,708	-0,381

		Faktorladung	
		Kleine Unternehmen	Große Unternehmen
Rel1	Unternehmensübergreifende RV wichtig - unwichtig	0,690	0,816
Rel2	Halten Sie es grundsätzlich für sinnvoll, Systeme zur Rückverfolgbarkeit von Lebensmitteln zu errichten?	0,766	0,934
Rel3	Innerbetriebliche RV ist wichtig - unwichtig	0,809	0,696
iEi1	Wir beabsichtigen nicht, in Systeme zur Rückverfolgbarkeit zu investieren. (umcodiert)	0,420	0,548
iEi2	Rückverfolgbarkeit hat eine hohe Bedeutung für unser Unternehmen.	0,956	0,957
Inv1	Wie ist der Stand bei der Errichtung Ihres innerbetrieblichen Rückverfolgbarkeitssystems?	1,000	1,000
wNu1	Durch das Rückverfolgbarkeitssystem können wir die innerbetrieblichen Abläufe optimieren.	0,870	0,836
wNu2	Die Zusammenarbeit mit unseren Lieferanten und Abnehmern wurde verbessert.	0,912	0,880
wNu3	Die Rückverfolgbarkeit ist Teil unserer Werbung / Marketingstrategie.	0,589	0,783
wNu4	Risiken durch einen Warenrückruf werden durch das Rückverfolgbarkeitssystem verringert.	0,683	0,585

Anhang 5: Fornell-Larcker-Kriterium

Tabelle 62: Fornell-Larcker-Kriterium (Gruppe der kleinen Unternehmen)

	Externer Druck	Freiwillige Nutzung	Image	Interaktionsvariable	Inv.-Einstellung	Investitionsverhalten	Leistungsfähigkeit	Nachweisbarkeit der Ergebnisse	Relevanz	wahrg. Kosten	wahrg. Nutzen
Externer Druck	**0,718**										
Freiwillige Nutzung	-0,348	**0,867**									
Image	0,586	-0,295	**0,723**								
Interaktionsvariable	-0,425	0,739	-0,316	**0,583**							
Inv.-Einstellung	0,585	-0,415	0,647	-0,487	**0,738**						
Investitionsverhalten	0,355	-0,397	0,386	-0,348	0,600	**1,000**					
Leistungsfähigkeit	0,497	-0,620	0,438	-0,505	0,567	0,587	**0,788**				
Nachweisbarkeit der Ergebnisse	0,314	-0,418	0,318	-0,424	0,473	0,390	0,537	**0,763**			
Relevanz	0,501	-0,458	0,519	-0,355	0,430	0,185	0,389	0,300	**0,756**		
wahrg. Kosten	0,193	-0,355	0,163	-0,362	0,273	0,281	0,052	0,196	0,128	**0,708**	
wahrg. Nutzen	0,547	-0,533	0,561	-0,471	0,421	0,236	0,398	0,417	0,532	0,167	**0,775**

QUELLE: EIGENE BERECHNUNG

Tabelle 63: Fornell-Larcker-Kriterium (Gruppe der größeren Unternehmen)

	Externer Druck	Freiwillige Nutzung	Image	Interaktionsvariable	Inv.-Einstellung	Investitionsverhalten	Leistungsfähigkeit	Nachweisbarkeit der Ergebnisse	Relevanz	wahrg. Kosten	wahrg. Nutzen
Externer Druck	**0,690**										
Freiwillige Nutzung	-0,416	**0,782**									
Image	0,597	-0,374	**0,741**								
Interaktionsvariable	-0,586	0,826	-0,449	**0,680**							
Inv.-Einstellung	0,440	-0,481	0,686	-0,410	**0,780**						
Investitionsverhalten	0,381	-0,357	0,201	-0,296	0,197	**1,000**					
Leistungsfähigkeit	0,462	-0,331	0,466	-0,344	0,624	0,447	**0,725**				
Nachweisbarkeit der Ergebnisse	-0,150	-0,097	-0,080	-0,099	0,022	-0,037	0,128	**0,638**			
Relevanz	0,405	-0,392	0,227	-0,253	0,333	0,197	0,188	0,010	**0,821**		
wahrg. Kosten	0,444	-0,178	0,219	-0,206	0,093	0,363	0,353	-0,176	0,150	**0,701**	
wahrg. Nutzen	0,570	-0,233	0,651	-0,431	0,464	0,096	0,303	-0,055	0,211	0,252	**0,770**

QUELLE: EIGENE BERECHNUNG

Anhang 6: Kreuzladungen kleine Unternehmen
Tabelle 64: Kreuzladungen kleine Unternehmen

	Externer Druck	Freiwillige Nutzung	Image	Interaktionsvariable	Inv.-Einstellung	Investitionsverhalten	Leistungsfähigkeit	Nachweisbarkeit der Ergebnisse	Relevanz	wahrg. Kosten	wahrg. Nutzen
Ext1	**0,755405**	-0,255234	0,416863	-0,285896	0,446946	0,294702	0,292862	0,160170	0,394684	0,278566	0,400135
Ext1*FrN1	-0,157990	0,694499	-0,132919	**0,674909**	-0,165775	-0,246186	-0,345092	-0,234814	-0,269330	-0,195880	-0,367835
Ext1*FrN2	-0,441791	0,821997	-0,325886	**0,817557**	-0,435619	-0,361438	-0,567732	-0,361672	-0,434118	-0,328042	-0,497577
Ext2	**0,541804**	-0,045179	0,295257	-0,148896	0,140184	-0,084383	0,130490	0,204164	0,268564	0,029557	0,186031
Ext2*FrN1	0,181744	-0,131315	0,013327	**0,288971**	-0,224295	-0,105459	0,010759	-0,074306	0,199019	-0,005774	0,123650
Ext2*FrN2	-0,144650	-0,197095	-0,130393	0,259845	-0,216033	-0,061044	-0,056773	-0,255298	-0,106561	-0,057171	-0,037261
Ext3	**0,826342**	-0,350678	0,513303	-0,411531	0,549413	0,381463	0,533123	0,308086	0,402357	0,081524	0,505581
Ext3*FrN1	-0,109114	0,519169	-0,125818	**0,533737**	-0,092635	-0,152249	-0,176999	-0,123386	-0,090060	-0,259783	-0,286300
Ext3*FrN2	-0,469923	0,587995	-0,222763	**0,693177**	-0,296221	-0,149610	-0,321149	-0,263436	-0,267387	-0,310977	-0,381878
Img1	0,515065	-0,341737	**0,789008**	-0,454196	0,773141	0,580998	0,534864	0,410197	0,446623	0,245840	0,490033
Img2	0,350578	-0,220221	**0,744548**	-0,074102	0,303212	0,133102	0,235778	0,120858	0,240804	-0,016663	0,435475
Img3	0,386814	-0,013761	**0,623945**	-0,073866	0,211242	-0,003983	0,087476	0,090627	0,444325	0,086103	0,252799
InV1	0,354792	-0,396597	0,385827	-0,347879	0,600441	**1,000000**	0,587450	0,389587	0,184882	0,280805	0,236230
Kos1	-0,261002	0,106032	-0,136761	0,062541	0,051309	-0,031506	-0,088185	-0,008452	-0,253231	**-0,04000**	-0,093341
Kos2	0,188625	-0,353037	0,160751	-0,360930	0,273687	0,280456	0,050381	0,196010	0,124117	**0,999880**	0,165580
Lei1	0,455511	-0,550606	0,458957	-0,415869	0,409406	0,495569	**0,819935**	0,399910	0,463694	0,147978	0,408461
Lei2	0,374759	-0,350291	0,294794	-0,365447	0,425733	0,419628	**0,622148**	0,275692	0,116075	0,130155	0,133964
Lei3	0,402303	-0,447145	0,334231	-0,385170	0,525888	0,546644	**0,834426**	0,436676	0,215380	0,137325	0,232366

	Externer Druck	Freiwillige Nutzung	Image	Interakti-onsvariable	Inv.-Einstellung	Investiti-ons-verhalten	Leistungs-fähigkeit	Nachweis-barkeit der Ergebnisse	Relevanz	wahrg. Kosten	wahrg. Nutzen
Lei4	0,327780	-0,532357	0,252403	-0,481711	0,466550	0,435489	**0,787023**	0,474645	0,290936	-0,021635	0,277172
Lei5	0,406130	-0,507776	0,346558	-0,372405	0,473376	0,454083	**0,856433**	0,492055	0,298854	-0,116014	0,379541
Nac1	0,174004	-0,191124	0,245304	-0,210205	0,314919	0,130726	0,155810	**0,813292**	0,179430	0,286369	0,346851
Nac2	0,321138	-0,476504	0,241424	-0,463665	0,419365	0,501745	0,720656	**0,708246**	0,291006	-0,015155	0,285874
Rel1	0,357594	-0,183674	0,518905	-0,292360	0,339513	0,120918	0,253686	0,202594	**0,689615**	0,068876	0,373054
Rel2	0,456848	-0,485391	0,294468	-0,313048	0,380195	0,218598	0,394410	0,331554	**0,765749**	0,142662	0,449254
Rel3	0,305511	-0,341007	0,383558	-0,190531	0,244191	0,063477	0,212318	0,124761	**0,808729**	0,069167	0,373646
FrN1	-0,247551	**0,792281**	-0,253056	0,579217	-0,249568	-0,289955	-0,459666	-0,295827	-0,397484	-0,225878	-0,444607
FrN2	-0,342065	**0,936272**	-0,265557	0,695377	-0,433491	-0,385291	-0,598283	-0,411612	-0,409216	-0,363573	-0,486453
iEi1	0,297166	-0,035630	0,233591	-0,014427	**0,419934**	0,201170	0,237005	0,235262	0,161497	-0,095470	0,072477
iEi2	0,542256	-0,441057	0,630964	-0,526627	**0,955633**	0,590346	0,542540	0,439941	0,417373	0,328813	0,436641
wNu1	0,465060	-0,473966	0,385561	-0,391547	0,344364	0,140447	0,333320	0,333644	0,409231	0,040342	**0,870306**
wNu2	0,500586	-0,541229	0,555411	-0,455478	0,410237	0,262517	0,408771	0,437730	0,523676	0,154163	**0,911856**
wNu3	0,235497	-0,317041	0,410783	-0,334662	0,332098	0,200318	0,254245	0,160493	0,199092	0,141743	**0,589076**
wNu4	0,452739	-0,273983	0,368980	-0,260171	0,207901	0,118198	0,205767	0,306849	0,463010	0,192709	**0,682861**

Anhang 7: Kreuzladungen große Unternehmen
Tabelle 65: Kreuzladungen große Unternehmen

	Externer Druck	Freiwillige Nutzung	Image	Interaktions-variable	Inv.-Einstellung	Investitions-verhalten	Leistungsfähigkeit	Nachweisbarkeit der Ergebnisse	Relevanz	wahrg. Kosten	wahrg. Nutzen
Ext1	**0,751124**	-0,443624	0,467208	-0,436341	0,552480	0,402744	0,536616	-0,017796	0,488149	0,289710	0,328813
Ext1*FrN1	-0,403826	0,524012	-0,346968	**0,726015**	-0,240600	-0,202732	-0,165684	-0,017372	-0,201102	-0,129926	-0,399935
Ext1*FrN2	-0,414529	0,781579	-0,371307	**0,880415**	-0,416486	-0,230689	-0,296328	-0,115380	-0,124600	-0,114034	-0,284966
Ext2	**0,620981**	-0,147881	0,346859	-0,331773	0,117654	0,185254	0,166269	-0,043438	-0,023142	0,319935	0,491421
Ext2*FrN1	-0,150275	0,018063	-0,084005	**0,301279**	-0,072274	-0,096515	-0,266101	-0,123649	0,017777	-0,107641	-0,167729
Ext2*FrN2	-0,540784	0,239175	-0,335253	**0,428121**	-0,119021	-0,022224	-0,153773	-0,142895	-0,238560	-0,191691	-0,485074
Ext3	**0,692147**	-0,225076	0,412925	-0,442285	0,169206	0,161114	0,191399	-0,278187	0,312764	0,321104	0,388109
Ext3*FrN1	-0,246220	0,481275	-0,088802	**0,646455**	-0,114734	-0,158463	-0,153689	-0,207982	-0,185372	-0,066566	-0,245997
Ext3*FrN2	-0,590148	0,805815	-0,431517	**0,881414**	-0,406437	-0,338120	-0,348233	-0,003210	-0,284685	-0,241704	-0,338445
Img1	0,505736	-0,227464	**0,782294**	-0,317504	0,574077	0,265102	0,531309	-0,064067	0,152253	0,163036	0,391827
Img2	0,543358	-0,351695	**0,896643**	-0,426226	0,549121	0,114530	0,306111	-0,085667	0,140497	0,178565	0,641854
Img3	0,212686	-0,244804	**0,479862**	-0,218179	0,405530	0,065711	0,197405	-0,008494	0,274099	0,154130	0,371751
InV1	0,380522	-0,357394	0,200985	-0,296304	0,197218	**1,000000**	0,446964	-0,037325	0,197332	0,363019	0,095865
Kos1	0,354756	-0,202932	0,177051	-0,239110	0,069075	0,320013	0,196905	-0,271092	0,152599	**0,665119**	0,165401
Kos2	0,272570	-0,053792	0,132714	-0,058213	0,062170	0,195433	0,293384	0,010566	0,062881	**0,734899**	0,187262
Lei1	0,467056	-0,340271	0,506320	-0,342221	0,593704	0,309059	**0,878917**	0,091195	0,170960	0,309820	0,316172
Lei2	0,347641	-0,202580	0,251973	-0,304355	0,339940	0,368025	**0,714560**	0,326945	0,081581	0,310674	0,221750
Lei3	0,191118	-0,107832	0,198593	-0,083265	0,408855	0,191414	**0,707398**	-0,052589	0,185389	0,158477	0,066750

	Externer Druck	Freiwillige Nutzung	Image	Interaktions-variable	Inv.-Einstellung	Investitions-verhalten	Leistungs-fähigkeit	Nachweis-barkeit der Ergebnisse	Relevanz	wahrg. Kosten	wahrg. Nutzen
Lei4	0,141598	-0,210710	0,159410	-0,197680	0,329284	0,371295	**0,580710**	-0,065229	0,087566	0,178822	0,015043
Lei5	0,265694	-0,236514	0,322021	-0,167654	0,507106	0,436390	**0,714165**	-0,085371	0,170037	0,217802	0,190736
Nac1	0,023989	-0,152284	0,009642	-0,162273	0,099919	0,169605	0,316432	**0,818419**	0,015473	-0,049684	-0,041754
Nac2	0,293876	-0,081076	0,151529	-0,093432	0,124062	0,336268	0,291525	**-0,381003**	0,007559	0,218854	0,025950
Rel1	0,415581	-0,333000	0,184157	-0,158340	0,288451	0,118892	0,222614	-0,021794	**0,815748**	0,173161	0,093678
Rel2	0,364179	-0,441899	0,224529	-0,289606	0,319690	0,263754	0,176136	-0,028531	**0,934286**	0,183865	0,243439
Rel3	0,242079	-0,098702	0,132144	-0,100119	0,199626	0,001605	0,073097	0,113727	**0,695672**	-0,029903	0,113392
FrN1	-0,345642	**0,491722**	-0,223489	0,679478	-0,076469	-0,238447	-0,109709	-0,023369	-0,061063	-0,170510	-0,322462
FrN2	-0,390300	**0,991128**	-0,364614	0,776637	-0,500986	-0,344651	-0,336072	-0,099387	-0,408420	-0,163562	-0,198855
iEi1	0,092809	-0,191397	0,210336	-0,101151	**0,548271**	0,178416	0,458793	0,037857	0,171697	-0,013612	0,048265
iEi2	0,472754	-0,485289	0,714057	-0,435258	**0,957389**	0,164542	0,556882	0,011721	0,322654	0,111672	0,515958
wNu1	0,536413	-0,088943	0,483852	-0,260218	0,299843	0,042246	0,225030	-0,142356	0,264087	0,213469	**0,836057**
wNu2	0,440963	-0,250554	0,541559	-0,431947	0,368626	0,022801	0,166595	-0,090804	0,152660	0,192635	**0,880271**
wNu3	0,466841	-0,182489	0,596624	-0,349390	0,403983	0,204523	0,307371	0,052323	0,058549	0,154721	**0,782609**
wNu4	0,281887	-0,195833	0,337873	-0,266192	0,356958	-0,008568	0,230312	0,010592	0,207143	0,235357	**0,535145**

Anhang 8: Interviews

Interview 1

Befragter: Mitarbeiter im Bereich Qualitätsmanagement eines lebensmittelverarbeitenden Unternehmens

Donnerstag, 9. August 2007, 15.00 – 15.20 Uhr

F. Ist es überhaupt notwendig, dass wir Rückverfolgbarkeitssysteme haben? Brauchen wir die?

A. Ich sag mal, heutzutage aufgrund der Anforderungen und Gegebenheiten, sprich die Schnellwarnsysteme der EU und auch die Anforderungen des LEH und der Veterinäre, die besagen dass innerhalb von 2 ½ Stunden die Menge erkenntlich sein soll, müssen solche Systeme vorhanden sein. Aktuelles Beispiel dazu ist MKS. Hier ist man ständig schon dran, dass keine Ware aus betroffenen Gebieten bezogen wurde. Da ist eine Rückverfolgbarkeit natürlich schon sehr hilfreich.

F. Wie machen sie das denn, wenn sie nachweisen, dass ihre Ware nicht aus Gebieten mit MKS stammt?

A. In dem Fall haben wir eine Lieferantenliste anhand derer wir die jeweiligen Standorte kennen. Und anhand des Lieferanten können wir feststellen, woher die Ware bezogen wird. Wobei wir natürlich kein Rindfleisch verarbeiten und daher hier nicht betroffen sind. Als Lebensmittelhersteller ist man auch da in der Pflicht

F. Wie schätzen sie die Relevanz der Rückverfolgbarkeit in ihrem Unternehmen ein? Spielt das noch eine Rolle. Ich will das mal kurz erläutern: Als es das Thema bekannt wurde, so vor etwa drei Jahren gab es viele Tagungen, Kongresse und demzufolge eine entsprechende Aufmerksamkeit. Wie sehen sie die Relevanz dieses Themas heute?

A. So lang nichts passiert fragt keiner danach, sollte aber was passieren, dann müssen sie es haben und dann muss es lückenlos sein. Es ist auch so, dass unsere Abnehmer / Kunden es sehr stark kontrollieren. Das sieht in der Praxis so aus, dass eine Packung aus dem LEH vorgelegt wird und eine Rückverfolgbarkeit nachgewiesen werden soll. Es wird gefragt woher kommt der Schinken bzw. der Rohstoff, woher das Gewürz, woher die Verpackung… Es wird also schon stichpunktartig von einzelnen Kunden geprüft.

F. Wenn man den Lebensmittelsektor insgesamt sieht, dann ist der Fleischbereich sicherlich mit an der Spitze was die Leistungsfähigkeit der Rückverfolgbarkeit anbetrifft, oder wie ist ihre Einschätzung dazu?

A. Das denke ich auch. Also auch durch die verschiedenen Standards z.B. IFS, BRC oder auch das QS-System muss überall eine Rückverfolgbarkeit nachgewiesen werden. Es geht ja jetzt schon soweit, dass es jeder kleine Metzger eigentlich machen müsste.

F. Das trifft ja übrigens auch für die Landwirte zu.

A. Genau, sonst bekommen wir ja keine QS-Ware.

F. Es wird ja die ganze Kette abgebildet. IFS bleibt ja von den Landwirten fern, aber QS, durch den stufenübergreifenden Charakter, trifft ja auch auf die Landwirte zu.

A. Genau, und von dem her gesehen, denke ich mal, dass der Lebensmittelsektor, besonders auch der Fleischsektor bedingt wahrscheinlich auch durch BSE und die ganzen anderen Seuchen schon sehr weit ist in diesem Bereich.

F. Wie sehen sie die Möglichkeiten der Rückverfolgbarkeit im Bereich Warenrückruf / Risikomanagement? Da spielt es auch eine bedeutende Rolle, dass man auch die Systeme aufbaut, um eben diesen Warenrückruf durchführen zu können.

A. Ich meine, da gibt es natürlich auch „Löcher", es heißt ja im Falle eines Warenrückrufes so schnell wie möglich zu reagieren. Bis zu einem bestimmten Punkt kann ein stiller Rückruf gemacht werden und darüber hinaus geht es direkt an die Presse. Hier sind keine Zeiten angegeben, da werden eigentlich nur Empfehlungen ausgesprochen. Das ist so ein wenig noch eine Grauzone. Die Verhältnismäßigkeit muss dann auch beachtet werden. Das ist immer noch ein bisschen ja…

F. Gut, es ist ja doch ein gravierender Unterschied ob sie einen stillen Rückruf durchführen oder öffentlich werden: Ein stiller Rückruf ist für sie ja nicht ganz so problematisch, aber wenn sie an einen öffentlichen Warenrückruf vornehmen müssen…

A. Ja, das ist heutzutage wahrscheinlich der Ruin für eine Firma.

F. Zumindest dürfte es in ihrem Sektor ganz schön schwierig werden.

A. Auf jeden Fall.

F. Da spielt dann auch die Marktmacht im LEH eine wichtige Rolle.

A. Ja, und ich sag mal, wenn es dann noch in der berühmten Zeitung steht, die sich Bild schimpft, dann haben sie eh verloren. Es ist dann noch die Medienwelt, die dazu kommt, wo sie dann noch „den goldenen Stoß ins Genick" bekommen.

F. Und da haben sie kaum eine Chance, zu reagieren.

A. Gar nicht, überhaupt nicht.

F. Thema Werbung, als auslösender Punkt für die Einrichtung von Rückverfolgbarkeitssystemen. Ich habe mir auch ihre Homepage kurz angesehen und auch dort wird damit geworben, dass sie ihre Stufen überwachen und die Produkte zurückverfolgen können. Wie sehen sie das insgesamt im Lebensmittelsektor? Das ist sicherlich nur für einen Teil der Unternehmen relevant?

A. Also, wenn ich unsere Lieferanten anschaue, die müssen es alle nachweisen können. Weil im Endeffekt auch die Folienindustrie wo wir die Verpackungen beziehen, auch in der letzten Zeit Probleme aufgetreten sind, dass z.B. Stoffe aus der Verpackung in die Lebensmittel immigriert sind. Die müssen es also auch schon können.

F. Aber wird gezielt mit der Rückverfolgbarkeit geworben? Also versucht man auch wirklich den Verbraucher anzusprechen?

A. Das glaub ich eigentlich weniger. Also für uns ist das eigentlich keine Frage, weil wenn wir an einen Lieferanten rangehen, dann gehen wir davon von aus, dass er die Rückverfolgbarkeit sicherstellen kann. Das müsste eigentlich heutzutage Standard sein.

F. Ist ja wahrscheinlich größtenteils auch...

A. Größtenteils ja.

F. Letzter Punkt wären die rechtlichen Anforderungen. Das ist sicherlich auch ein Punkt warum sie sich mit Rückverfolgbarkeit beschäftigen. Wir würden sie insgesamt einschätzen? Können sie die Gesetze problemlos einhalten?

A. Gut, sollte ja eine neue Novelle kommen von Herrn Seehofer, wo dann gleich die Firmen benannt werden wobei noch nicht sichergestellt wurde, ob da überhaupt etwas war oder nicht. Ich denke mal soweit dürfte man nicht gehen. Also man muss dann dem Hersteller bzw. dem Produzenten schon noch mal die Zeit geben, „Klarheit" zu schaffen und wenn es dann eindeutig ist, OK. Ansonsten die rechtlichen Anforderungen, ich sag jetzt mal für mich ist der Standard QS das Minimalste an Anforderungen. Und dies ist für jeden umsetzbar. Wenn sie mal so ein System aufgebaut haben, da gibt es dann andere, die schon mehr verlangen.

F. Ich denke, dass QS ja auch in vielen Bereichen kaum über das hinaus geht was gesetzlich vorgeschrieben ist.

A. Genau, es sind eher die Mindestanforderungen.

F. Das ist natürlich auch schwierig, da QS versucht alle Stufen unter einen Hut zu bekommen, daher ist ein vernünftiger Konsens schwierig und man trifft sich häufig auf dem kleinsten gemeinsamen Nenner.

A. Genau.

F. Leistungsfähigkeit der Systeme. Haben alle Unternehmen die Möglichkeit, dass sie wirklich Chargen eingrenzen können und gezielt vom Markt nehmen können? Oder gibt es Unternehmen, die das nicht können?

A. Sicherlich gibt es das. Das Problem ist, jeder darf seine Chargengrößen selber bestimmen. Also wir haben hier Tageschargen, Lieferchargen sozusagen, also pro Lieferant der am Tag anliefert, bekommt eine neue Charge. Es gibt natürlich auch Firmen die machen Wochenchargen und es sind ja auch Monats- oder Jahreschargen erlaubt. Und wenn ich z.B. bei einem Brühwursthersteller eine Wochencharge oder auch Tagescharge habe ist das schon problematisch. Hier würde wahrscheinlich eine Halbtagescharge nicht reichen, um die Rückverfolgbarkeit zu gewährleisten. Also denk ich mal, dass in der Branche schon noch einiges getan werden muss, um die Effektivität zu erhöhen.

F. Nachweisbarkeit der Ergebnisse / Leistungsfähigkeit: sie testen ihre Rückverfolgbarkeitssysteme auch regelmäßig, oder?

A. Genau ja, das wird aktiv gemacht. Das fordert der Veterinär und auch unsere Kunden, die einfach eine Packung mitbringen aus irgendeinem Markt und sagen, so jetzt möchte ich hier die Rückverfolgbarkeit. Dasselbe gilt dann auch für IFS, dort wird's auch gefordert, BRC dasselbe. Also da wird man schon angehalten zu prüfen, ob es auch wirklich funktioniert. Und da muss dann auch wirklich eine Palette vom Spediteur zurückgeholt werden und es ist nicht bloß so, dass man es am Reißbrett macht oder am grünen Tisch, es muss also auch aktiv durchgeführt werden.

F. Kosten: Ist so ein System teuer?

A. Schwer zu sagen. Die Einführung war vor meiner Zeit.

F. Ja, wurde denn überhaupt Rückverfolgbarkeit eingeführt. Das ist ja wahrscheinlich so ein Gesamtkonzept im Qualitätsmanagement, oder?

A. Richtig, es floss dann mit ein, es war noch ein Baustein hinzu. Es ist also nicht komplett gesondert. Man hat Daten, die man eh schon hatte mit verwendet.

F. Dann ist es von den Kosten her wahrscheinlich auch nicht so schlimm...

A. Eigentlich nicht

F. Aber es ist schwer zu quantifizieren weil man nicht weiß, wo gehören die Kosten nun eigentlich hin?

A. Richtig.

F. Zum Abschluss: Wie sehen sie die Zukunft, wird da der Gesetzgeber noch mehr machen? Wird der noch verschärfen, wird der für einzelne Sachen mehr fordern?

A. Bestimmt. Also davon geh ich sehr stark aus. Die Transparenz der Lebensmittel, z.B. Nährwertkennzeichnung, Health Claims…

F. Gentechnik…

A. Gentechnik, genau, dadurch wird auch Rückverfolgbarkeit noch extremer werden. Weil dann muss es wirklich gesichert sein im Bereich der Rohstoffe, sind sie genmanipuliert, sind sie nicht genmanipuliert und das muss ich dann wiederum über eine Rückverfolgbarkeit gewährleisten und daher ist meine Vermutung dass sich der Bereich weiter ausbauen wird.

164 F. Ich denke, dass auch der Verbraucher da Druck machen wird, weil Gen-
165 technik ein sehr sensibles Thema ist.
166   A. Absolut ja,
167 F. Wahrscheinlich wird auch der LEH mehr Druck machen, wenn die
168 Verbraucher es fordern…
169   A. Bestimmt ja, es ist halt so, wenn einer anfängt ziehen die anderen häu-
170   fig nach.
171 F. Vielen Dank für das Interview.

Interview 2

Vertreterin eines bundesweit tätigen Verbandes im Lebensmittelsektor

Donnerstag, 9. August 2007, 14.00 – 14.30 Uhr

1 Frage: Wie schätzen sie die Notwendigkeit von Rückverfolgbarkeitssyste-
2 men ein?
3 A. Zielt ihre Frage jetzt auf die Anforderungen des Gesetzgebers? Also in
4   der Ernährungsindustrie ist es so, dass bereits die Unternehmen sehr
5   gute Systeme zur Rückverfolgbarkeit installiert haben, einfach weil
6   die Unternehmen sich ihrer Verantwortung als Produzenten von Le-
7   bensmitteln durchaus bewusst sind, sehr bewusst sind und schon aus
8   Eigeninteresse entsprechende Systeme installiert haben, die eine
9   Rückverfolgbarkeit ermöglichen. Wir haben jetzt so seit einigen Jah-
10   ren Auflagen des Gesetzgebers, die auch von den Unternehmen voll
11   und ganz erfüllt werden. Wobei die „Range" sozusagen hinsichtlich
12   dessen wie das dann in der Praxis erfolgt sehr, sehr unterschiedlich ist.
13 F. Zusammenfassung: Es ist notwendig, dass wir solche Systeme haben.
14   Auch gesetzlich vorgeschrieben aber auch ansonsten sehen die Unterneh-
15   men soweit sie das beurteilen können eine gewisse Notwendigkeit, entspre-
16   chende Systeme einzuführen.
17 A. Ja.
18 F. Wie relevant ist das Thema noch für die Unternehmen? Ist es eher nach-
19   rangig nach dem Motto „Wir haben das Ganze schon und das ist eigentlich
20   soweit ein alter Hut" oder ist das Thema weiterhin aktuell?
21 A. Ich denke, das Thema ist sozusagen ein Dauerbrenner bei den Unter-
22   nehmen, man beschäftigt sich kontinuierlich damit. Die Systeme müs-
23   sen ja auch weiterentwickelt werden. Insofern ist es ein echter Dauer-
24   brenner, sozusagen.
25 F. Meine Ergebnisse zeigen, dass 2005 als die Lebensmittel-
26   basisverordnung in Kraft getreten ist (bzw. 2 Jahre vorher als sie veröffent-
27   licht wurde), ein ziemlicher Hype zu verzeichnen war und inzwischen et-
28   was mehr Ruhe eingekehrt ist und man eher zu einem pragmatischen Um-
29   gang gekommen ist…
30 A. Pragmatisch mit Sicherheit, aber es ist einfach immer wieder ein The-
31   ma bei dem man sich immer wieder auf dem Laufenden hält, wo man

CV

immer mal wieder schaut, was es denn so neues gibt. Klar, nachdem der Gesetzgeber den Vorstoß unternommen hat, war natürlich ein Hype zu beobachten, da gab es dann auch eine Unmenge an Veranstaltungen, Fortbildungsmöglichkeiten, verschiedene Dienstleister haben versucht sich am Markt zu profilieren. Danach nimmt das Thema natürlich in der Presse, in den Medien und der öffentlichen Wahrnehmung an Aufmerksamkeit ab, auch bei den Unternehmen wird es nicht mehr ganz so heiß diskutiert, aber es ist nach wie vor von Interesse.

F. Das deckt sich auch mit meinen Erkenntnissen. Also das Thema wird mittlerweile eher pragmatische angegangen und der große Boom ist zunächst vorbei (z.B. Veranstaltungen zu diesem Thema).

A. Ja, ich denke, bei den Unternehmen war es ganz wichtig, in dem Moment in dem es gesetzliche Auflagen gab, sich kundig zu machen, was fordert der Gesetzgeber, was müssen wir tun. Also die Unternehmen waren gefordert sich auf den neuesten Stand zu bringen und überhaupt in Erfahrung zu bringen, welche Auflagen erfüllt werden müssen.

F. Relevanz dieses Themas. Gibt es Unterschiede aufgrund der Größe der Unternehmen, also dass bspw. kleinere Unternehmen dem Thema eine geringere Relevanz beimessen als größere Unternehmen?

A. Ich würde es eher anders ausdrücken. Ich würde sagen die Relevanz ist bei allen hoch. Der Unterschied zwischen kleinen und großen Unternehmen besteht vor allem in der Art der Umsetzung. Ich denke kleine Unternehmen machen das vergleichsweise unkonventionell, große Unternehmen etablieren eigene Systeme. Da gibt es teilweise Planungsgruppen in den Unternehmen, die sich mit dem Thema schwerpunktmäßig auseinandersetzen und in kleinen Betrieben läuft es eben unter dem Punkt Qualitätssicherung oder Logistik oder dergleichen (so ein bisschen nebenher).

F. Gut, kleinere Unternehmen kommen ja in der Regel auch mit einfacheren Systemen aus, weil es einfach nicht so komplexe Vorgänge sind.

A. Genau.

F. Gibt es in diesem Punkt Unterschiede zwischen den Branchen?

A. Also, ich denke es gibt Paradebrachen, die Vorreiter sind, z.B. Pharmazie, die müssen allein schon aufgrund der Gesetzgebung andere

Auflagen erfüllen. Ich denke die Ernährungsindustrie nimmt das Thema auch sehr ernst, ich kann nicht so genau einschätzen in wie weit bspw. auch im Maschinebau Hersteller aufgrund ihrer Verträge mit den Abnehmern (z.b. Automobilzulieferbetriebe) entsprechende Systeme notwendig sind.

F. Wenn wir mal innerhalb des Lebensmittelsektors bleiben. Auch da gibt es wahrscheinlich Unterschiede, z.b. ist der Fleischbereich relativ sensibel während andere Bereiche wie z.b. Getränke, eher wenige Probleme aufweisen und daher auch eine geringere Relevanz existiert.

A. Ich denke das Thema hat für alle Teilsektoren der Ernährungsindustrie Relevanz und man ist sich der Bedeutung auch überall bewusst, ich denke die Fleischbranche hat da besondere Aktivitäten entwickelt, aber das ist in erster Linie vor dem Hintergrund zu sehen, dass die in der Vergangenheit auch immer wieder Krisenfälle hatten (z.B. BSE). Aufgrund dieser Erfahrungen wurden da besondere Systeme entwickelt.

F. Ein Ergebnis meiner Arbeit ist, dass wir fünf verschiedene Gründe für die Rückverfolgbarkeit ausgemacht werden können. Als erstes ist hier die Zertifizierung zu nennen, also bspw. IFS, BRC, ISO 9000 u.ä., wurden immer wieder als Grund genannt, warum die Unternehmen Rückverfolgbarkeitssysteme installieren. Wie schätzen sie die Bedeutung dieses Grundes ein?

A. Also, bspw. der IFS ist für unsere Unternehmen von Bedeutung. Oft werden entsprechende Anforderungen an den Handel herangetragen, und dann wird das nicht diskutiert, das wird gemacht. Insofern haben sie vollkommen Recht in dem sie sagen, diese Standards sorgen dafür, sind also sozusagen ein Druckmittel (das klingt so negativ) – sind Auslöser dafür u.a., dass die Systeme etabliert werden.

F. Häufig gehen die Standards ja auch weiter als der Gesetzgeber…

A. Ja, gerade beim IFS ist das der Fall.

F. Deswegen führen sie natürlich dazu, dass Systeme eingerichtet werden. Allerdings habe ich gestern in einem anderen Interview die Aussage erhalten, auf Unternehmensebene also auf einer Stufe sorgen die Zertifizierungen zur Einführung von Rückverfolgbarkeitssystemen, aber eine Vernetzung zwischen den Stufen entlang der Wertschöpfungskette wird durch die

Standards eigentlich nicht ausgelöst, da die Zertifizierungsstandards in der Regel ja nur eine Stufe umfassen und in der Regel nicht fordern, dass entsprechende Informationen von den vor- und nachgelagerten Stufen vorgehalten werden bzw. dass entsprechende Verknüpfungen mit den Unternehmen geschaffen werden. Könnte man dem so folgen?

    A. Ich weiß nicht, ob man das so hart formulieren kann. Ich denke die Systeme sind dann ja vorhanden, sind aufgebaut diese Verknüpfungen werden ja erst aktiv wenn es zu einem Rückverfolgbarkeitsfall kommt. Also insofern, ist das sicherlich sehr strickt formuliert.

F. Ich geh mal zum zwieten Grund: Warenrückruf bzw. Risikomanagement: Also die Möglichkeit, im Ernstfall möglichst schnell eine möglichst kleine Charge zu identifizieren, die anschließend zurückgerufen wird, als auslösender Faktor für die Einrichtung von Rückverfolgbarkeitssystemen. Wie schätzen sie diesen Grund ein?

    A. Das wird immer als ein ganz wesentlicher Grund genannt, da es ja auch ein ökonomischer Grund ist, also da geht es ja gleich um richtig Geld. Ich denke, für unsere Branche muss man auch sagen, wir haben die Erfahrung gemacht, dass bei Rückruffällen, den Unternehmen von Handelsseite, oft einfach die gesamte Warenladung oder Lieferung auf den Hof gestellt wird ohne gezielt zu schauen, was wird denn jetzt konkret zurückgerufen. Das ist vielleicht eine Besonderheit unserer Branche, weil unserer Branche sehr stark mittelständig geprägt ist und steht einem Handel gegenüber, in dem 10 große Anbieter am Markt sind, Abnehmer in dem Fall. Da spielt also das Thema Marktmacht eine wichtige Rolle. Aber grundsätzlich ist es für die Unternehmen durchaus ein Argument zu sagen, wenn wir einen Rückruf haben, möchten wir das natürlich auch gezielt machen und keinen Rundumrückruf.

F. Nächster Grund: Werbung, Sicherheit der Lebensmittel, Herkunftsnachweise im Bereich der Marketingaktivitäten der Unternehmen. Das wird sicherlich nicht von allen Unternehmen gemacht, sondern spielt nur für einen Teil der Unternehmen eine Rolle…

    A. Würde ich auch so einschätzen.

F. Wie sehen sie in diesem Bereich die zukünftige Entwicklung?

A. Das ist schwierig zu sagen. Ich denke da muss differenziert werden zwischen den Herstellern von Handelswaren und den Herstellern von Markenartikeln. Das ist sicherlich für Hersteller von Fleischwaren ein anderes Thema als für Hersteller von Keksen oder Dauerbackwaren. Eine pauschale Aussage kann man für unsere Branche kaum treffen. Also für Waren wo der Verbraucher auf dieses Thema sensibel reagiert, da wird es sicherlich eine Rolle spielen. Darüber hinaus sicherlich eher im hoch-preisigem Segment.

F. Also die Sensibilität der Verbraucher ist ein Hauptpunkt in diesem Bereich und hängt stark vom Produkt ab. Vierter Grund: Optimierung in der Supply Chain. Also eine Verbesserung des Datenaustausches mit Lieferanten und Abnehmern, vor allem wenn man unternehmensübergreifende Systeme schaffen würde. Ist das ein Punkt, der dazu führen kann, dass auch in den Bereich der Rückverfolgbarkeit investiert wird?

A. Ja, das Thema Supply Chain, wird viel diskutiert. Also die technischen Möglichkeiten sind enorm, aber ich habe den Eindruck, dass in der Praxis das Thema immer noch eine vergleichsweise untergeordnete Rolle spielt. Im Vergleich zu dem was man technisch alles umsetzen könnte.

F. Wie sehen sie vor diesem Hintergrund die Einführung von RFID? Spielt das schon eine Rolle oder wartet man erstmal ab?

A. Also das Thema RFID wird in der Lebensmittelbranche sehr stark von Metro vorangetrieben. Die haben ja bereits große Projekte umgesetzt und es werden auch immer wieder Forderungen an die Lebensmittelhersteller gestellt. Aus unserer Perspektive ist das vor allem Dingen auch ein Kostenfaktor. Gerade bei Produkten, die sich im Cent oder im wenige Euro-Bereich bewegen, macht das natürlich einen erheblichen Unterschied aus, ob man noch mal diese Tags draufkleben muss. Insofern reagiert man eher zurückhaltend und beobachtet zunächst die weitere Entwicklung. Der wesentliche ausschlaggebende Faktor ist die Entwicklung von billigen Tags in diesem Zusammenhang. Insofern spielt RFID zzt. vor allem im Bereich Chargenrückverfolgbarkeit eine Rolle, aber auf der Ebene einzelner Produkte ist das sicherlich nur für einige spezielle Produkte von Bedeutung

F. Letzter Grund wären die rechtlichen Vorgaben, die derzeit existieren. Das Thema haben wir vorhin schon kurz aufgegriffen, am Anfang gab es einen ziemlichen Hype inzwischen ist es eigentlich klar, was gesetzliche gefordert wird und das ist aus meiner Sicht nicht besonders viel...

A. Es existiert einzig und allein die Forderung, dass Rückverfolgbarkeit möglich sein muss. Es bleibt den Unternehmen freigestellt in welcher Weise dies erfolgt. Wenn ein Unternehmen sagt: wir holen unsere gesamte Produktion zurück, akzeptiert der Gesetzgeber das. Wenn ein Unternehmen ein aufwendiges System installiert, mit dem man ganz gezielte Rückrufe durchführen kann ist das auch in Ordnung. Also, es muss nur die Rückrufbarkeit gewährleistet sein, in welcher Form das passiert ist offen gelassen worden.

F. Also ich denke, da hat der Gesetzgeber doch eine relativ weiche Formulierung gefunden.

A. Genau, ja.

F. Ich wechsle jetzt mal zu einem anderen Punkt: Leistungsfähigkeit der Systeme. Wie leistungsfähig sind die Systeme, gibt es Unterschiede zwischen den Branchen?

A. Also hier sind die schon vorhin genannten gesetzlichen Unterschiede ausschlaggebend. Dadurch hat sicherlich die pharmazeutische Branche im Moment eine Vorreiterrolle inne.

F. Und wenn man den Lebensmittelbereich betrachtet, ist es in erster Linie der Fleischsektor?

A. Ja.

F. Punkt: Nachweisbarkeit der Ergebnisse. Können die Unternehmen eigentlich einschätzen, wie gut ihre Systeme sind? Werden die Systeme getestet? Kennen die Unternehmen entsprechende Daten und spielt das überhaupt eine Rolle?

A. Es gibt Unternehmen, die machen Worst-Case-Fälle und spielen das entsprechend durch. Es kommt natürlich auch zu Rückrufaktionen. Unsere Erfahrungen sind allerdings so, dass über solche Tests wenig berichtet wird. Es wird mal in internen Kreisen ausgetauscht. Das wird allerdings nicht an die große Glocke gehängt, gerade wenn der Rückruf nicht geklappt hat, ist das natürlich kein PR-wirksames Mittel. Es ist natürlich ein sensibles Gebiet für die Unternehmen mit entsprechend sensiblen Informationen. Es ist schwierig als Außenstehender die Situation einzuschätzen.

F. Nächster Punkt: Kosten der Systeme. Es ist ja nahezu unmöglich pauschale Aussagen zu diesem Punkt zu treffen. Wie ist ihre subjektive Einschätzung, ist es schwierig Rückverfolgbarkeitssysteme mit einem entsprechenden Wirkungsgrad (also das Chargen zumindest halbwegs eingegrenzt werden können) einzurichten? Kann man hier Aussagen treffen, gibt es vielleicht besondere Branchen in den es besonders schwierig ist?

A. Wir würde es so sehen: es ist grundsätzlich nicht schwierig also technisch machbar. Für unsere Unternehmen stellt sich die Situation vor allen Dingen so dar, wir operieren in einem Bereich in dem die Margen und die Unternehmensgewinne bereits sehr niedrig sind. Die Ernährungsindustrie leidet unter der „Discoutisierung", also wir haben über 45 % Anteil im LEH an Discoutern und die haben über Jahre hinweg die Preise gedrückt. Dadurch liegen die Gewinnspannen in Deutschland, europaweit oder sogar weltweit auf einem sehr niedrigen Niveau. Die Unternehmen befinden sich in einem unternehmerischen Umfeld mit steigenden Preisen z.B. für Energie oder landwirtschaftliche Rohwaren. Wenn man dann vor diesem Hintergrund sozusagen als zusätzliches Extra noch höhere Kosten für die Bereitstellung eines Rückverfolgbarkeitssysteme tragen soll wird das natürlich von den Unternehmen kritisch beleuchtet.

F. Zumal man ja den Nutzen teilweise nicht direkt erkennen kann…

A. Ja,

F. Wenn man bspw. die Rückverfolgbarkeit vor allem aus der Sicht des Risikomanagements betreibt und kein Schadensfalls eintritt, entsteht ja auch kein direkt sichtbarer Nutzen. Dadurch wird es sicherlich schwieriger für die jeweiligen Entscheidungsträger, die Investitionsentscheidung zu treffen. So, zum Abschluss noch ein paar Fragen zum Bereich der Zukunft von Rückverfolgbarkeitssystemen. Wie schätzen sie die Zukunft ein, wird der Gesetzgeber noch mehr fordern?

A. Schwierig…

F. Ich kann die Frage noch mal präzisieren: Wird der Gesetzgeber die Lebensmittelbasisverordnung verschärfen, also eine globale Regelung für alle

Bereiche, oder wird er für einzelnen Produkte oder Bereiche eine Verschärfung einführen (z.B. Gentechnik) oder wird es bei den jetzigen Regelungen bleiben?

A. Also das Thema Gentechnik hätte ich in diesem Zusammenhang auch genannt. Hier ist ja bereits eine Verschärfung erfolgt. Aktuell sehen wir keine Initiative des Gesetzgebers. Grundsätzlich gewinnt das Thema Verbraucherschutz aber immer weiter an Gewicht, insofern würden wir eine Verschärfung der Gesetze nicht ausschließen.

F. Es ist weiterhin ein relevantes Thema, da auch die Sensibilität der Verbraucher da ist, nicht speziell Rückverfolgbarkeit aber insgesamt die Sicherheit der Lebensmittel. Es hängt sicherlich auch davon ab was in Zukunft passiert. Wenn wir wieder ein paar Skandale bekommen werden in den nächsten Monaten, dann ist sicherlich auch die Politik wieder stärker geneigt einzugreifen.

A. Das würde das Thema zumindest wieder stärker beleben und der ganzen Entwicklung wieder mehr Dynamik geben. Man sah diese Entwicklung ja am Fall BSE.

F. Dann ist natürlich eine sehr große Aufmerksamkeit in den Medien zu verzeichnen. So latent haben wir ja immer wieder Artikel oder Reportagen im Fernsehen zu diesem Bereich, so dass man schon sieht, es hat eine gewisse Bedeutung aber im Moment ist es ja vergleichsweise ruhig.

A. Ja, im Moment…

F. Vielen Dank für das Interview.

Interview

Mitarbeiterin eines Zertifizierungsstandards

Mittwoch, 8. August 2007, 15.00 – 15.30 Uhr

1 F. Wie schätzen sie die Notwendigkeit von Rückverfolgbarkeitssystemen
2 ein? Brauchen wir die Systeme?

3   A. Das ist eine gute Frage, also grundsätzlich denke ich ist es ein wichti-
4   ges Thema, das letzten Endes auch vom Konsumenten gewünscht wird
5   (in Richtung Verbraucherschutz). Entscheidend ist, wie viel Transpa-
6   renz will eigentlich der Verbraucher? Wenn in diesem Bereich eine
7   große Nachfrage entsteht, ist es sicherlich, ein Grund für den Einzel-
8   handel noch mehr zu fordern. Es ist halt immer so eine Sache, grund-
9   sätzlich fördert die Rückverfolgbarkeit eben die Transparenz. Viele
10 Unternehmen wollen vielleicht gar keine Transparenz und werden
11 dann sicherlich sagen, wir brauchen die Systeme eigentlich gar nicht.
12 Aber momentan ist schon eine Tendenz erkennbar, dass man mehr
13 Transparenz will und der Verbraucher eben wissen will woher die
14 Produkte stammen. Und dadurch macht auch der Einzelhandel auch
15 vermehrt Druck in diesem Bereich.

16 F. Wie würden sie die Relevanz dieses Themas einschätzen? Spielt das eine
17 große Rolle in den Unternehmen?

18 A. Ja, ich denke da muss man die unterschiedlichen Stufen sehen. Also in
19 den vorderen Stufen spielt es mittlerweile eine große Rolle, weil die
20 schon einiges dazu umsetzen müssen. Also sprich z.B. die ganzen La-
21 bels, die die auf ihre Produkte draufmachen, z.T. auch verbunden mit
22 einer IT-Struktur, allerdings eben oft nicht durch die gesamte Kette,
23 sondern nur one step up und one step down (entsprechend der gesetz-
24 lichen Vorgaben). Also sprich auf den Stufen spielt sich relativ viel ab,
25 beim LEH ist eine Nachfrage da, aber die Priorität würde ich nicht all-
26 zu hoch sehen. Genauso sieht es auch bei Konsumenten aus, auch hier
27 ist keine allzu hohe Priorität zu verzeichnen.

28 F. Sie würden also auch schon sagen, dass die Relevanz in der Gesellschaft
29 nicht so stark ausgeprägt ist…

30 A. Nein, also ich denke es kommt darauf an, was auch so an Informatio-
31 nen weitergegeben wird. Es wäre sicherlich schön für den Verbrau-

cher, dass es gewünscht wird. Aber momentan sind im Lebensmittelbereich ganz andere Themen aktuell, z.b. Pestizidrückstände in Lebensmitteln. Diese Themen werden gerade viel stärker diskutiert als die Rückverfolgbarkeit.

F. Wenn in Zukunft wieder ein Fall auftritt der ggf. auch nur z.t. auf mangelnde Rückverfolgbarkeit zurück zu führen ist, dann wird dieses Thema vielleicht auch wieder eine höhere Relevanz beim Verbraucher gewinnen...?

A. Wobei wenn man da jetzt noch ein Stück weitergeht, die Tatsache, dass ein Rückverfolgbarkeitssystem gut greift, könnte wahrscheinlich eine ganze Menge Skandale oder viele Probleme verhindern. Aber es könnte schon einiges was da momentan im Gespräch ist, entsprechend reduziert werden.

F. Gründe für die Rückverfolgbarkeitssysteme: Warum beschäftigen wir uns überhaupt damit, warum richten die Unternehmen entsprechende Systeme ein? Dazu habe ich fünf Gründe identifiziert. Ich fang mal vorne mit ihrem Kerngebiet an, nämlich Zertifizierung. Ist das ein wichtiger Grund, der zum Einrichten entsprechender Rückverfolgbarkeitssysteme führt? Ich erläutere noch mal kurz dazu: Ich habe mit verschiedenen Personen gesprochen und demnach ist Zertifizierung, da sie vom LEH gefordert wird, überhaupt keine Frage. Die Aussage war: Man kommt ohne die entsprechende Zertifizierung nicht mehr in die jeweiligen Märkte rein (also z.B. IFS in Deutschland oder BRC in England). Ohne eine solche Zertifizierung hat man kaum eine Chance. Und da diese Standards Rückverfolgbarkeit letzten Endes fordern...

A. Ja, aber nur one step down und one step up, also nur eine Stufe, und somit keine übergreifende Rückverfolgbarkeit. Man muss differenzieren: also auf einer Stufe ja, dann wird es in den Zertifizierungen gefordert, aber stufenübergreifend gibt es momentan ganz wenig Systeme nur. Dies wird auch nicht in den Zertifizierungssystemen, auch nicht bei QS, obwohl das System stufenübergreifend ist, gefordert (weder im IFS noch EUREPGAP, in keinem der Standards wird ein übergreifende Rückverfolgbarkeit gefordert).

F. Ja, IFS bezieht sich ja auch nur auf eine Stufe

A. Genau.

F. So dass es eine stufenübergreifende Rückverfolgbarkeit auch nicht fordern kann, ähnlich auch beim BRC. Und stufenübergreifende Systeme haben wir nicht viele: QS arbeitet fast nur auf dem Niveau der gesetzlichen Anforderungen, so dass das eigentlich kein gesonderter Grund sein kann.

A. Also genau wie gesagt, es geht nicht durch die gesamte Kette durch. Es wird zwar sowohl im Gesetz als auch bei den Zertifizierungssystemen gefordert, dass es eine Möglichkeit zur Rückverfolgbarkeit geben muss (auch bei EUREPGAP ist das der 1. Kontrollpunkt) aber lediglich auf einer Stufe.

F. Da die meisten Standards eben nur für eine Stufe greifen, greifen auch da nur die Rückverfolgbarkeitssysteme…

A. Aber auch die Systeme die für mehrere Stufen greifen, also z.B. QS, prüfen keine übergreifende Rückverfolgbarkeit, sondern beschränken sich nur auf die Stufe des jeweils betrachteten Betriebes. Das ist, denke ich, bei allen klassischen Zertifizierungssystemen so, Öko-Zertifizierung ist da schon etwas anders Bei QS, BRC, IFS und EurepGAP ist es so, dass Rückverfolgbarkeit gefordert wird, aber nicht durch die gesamte Kette. So ist der Beitrag entsprechend: Für das Eine ist es sehr hoch, für das Andere ist es gleich Null.

F. Der nächste Grund, den ich identifiziert habe der Bereich Risikomanagement, eben sprich Verhinderung oder Optimierung von Warenrückrufaktionen. Wie sehen sie das als Grund für Unternehmen Rückverfolgbarkeitssysteme einzurichten?

A. Spielt tatsächlich eine Rolle. Von der Bedeutung her würde ich es im mittleren Bereich einstufen, weil es oft im Schadensfall so gehandhabt wird, dass die komplette Charge vom LEH zurückgegeben wird. Es ist dabei egal, ob der Hersteller eine Eingrenzung der Charge vornehmen könnte z.B. in dem er feststellt, aus welchen Einzelerzeugnissen kommen denn die jeweiligen Produkte. Dafür benötigt man im Grunde genommen nur einige Grundanforderungen von Rückverfolgbarkeit und nicht die Systeme, die wir hier diskutieren. Also im LEH herrscht häufig die Devise, wir nehmen die Charge komplett raus und schicken sie zurück. Dafür braucht man keine aufwendigen / detaillierten Rückverfolgbarkeitssysteme.

F. Ja, ein optimales Rückverfolgbarkeitssystem könnte ja dazu dienen die Charge einzugrenzen oder nur eine Teilcharge zurückzurufen. Aber darauf wird dann ja offensichtlich verzichtet, sondern es wird gleich gesagt, wir nehmen sicherheitshalber die gesamte Charge vom Markt und dafür reichen allerdings recht großzügige Systeme...

A. Genau da kann dann auch mal ein ganzer Lieferant rausfallen. Das ist dem LEH dann egal. Egal nicht, es kommt dann drauf an, wie viel Vertrauen noch in den Lieferanten gesetzt wird. Es kann ansonsten auch sein, dass der Lieferant ausgelistet wird. Daher besteht nur ein bedingter Druck.

F. Der nächste Punkt, Werbung / Differenzierungsstrategie. Die Sicherheit der Produkte, Unternehmen wie Wiesenhof, die relativ stark mit entsprechenden Argumenten werben. Wie schätzen sie diesen Grund ein? Ist der Bedeutsam oder trifft der nur auf einzelne Unternehmen zu?

A. Aus meiner Sicht liegt genau in diesem Punkt noch ein gewisses Potenzial. Also momentan nutzen nur sehr vereinzelt die Unternehmen entsprechende Strategien, aber ich denke schon, dass man da durchaus sowohl auf Seiten des Einzelhandels etwas machen kann als auch noch vermehrt von Lieferanten- oder Produzentenseite aus. Das geht natürlich auch Richtung längerfristige Verträge und da sind einige Einzelhändler nicht so interessiert dran.

F. Meistens ist ja auch die Rückverfolgbarkeit nur ein Teil eines ganzen Paketes. Da wird ja häufig mit Herkunftssicherung allgemein oder Qualitätsaspekten aus anderen Bereich geworben. Ich denke in der Regel handelt es sich um ein Gesamtpaket.

A. Wir haben ja auch so Pilotprojekte mit Metro gemacht und die haben dies auch mit einem entsprechenden Terminal ausgetestet. Also im Prinzip sind die entsprechenden Möglichkeiten vorhanden und für einzelne Produkte finden sie auch Anwendung aber es ist halt schwierig den Systemen zu einer weiteren Verbreitung zu verhelfen.

F. Problematisch könnte es für der Hersteller oder den LEH sein, eine Mehrzahlungsbereitschaft der Verbraucher zu erreichen, oder?

A. Gut, auf der anderen Seite kann es für den LEH eine Möglichkeit sein, das Image der Produkte zu verbessern.

F. Ja, das wäre auch eine Argumentation für den LEH, um höhere Preise zu rechtfertigen.

    A. Wobei es auch oft nicht nur ums Marketing geht, sondern auch die eigene Qualitätssicherung von Bedeutung ist.

F. Kommen wir zum nächsten Punkt: Wenn wir nun tatsächlich stufenübergreifende Systeme etablieren, dann muss ja ein entsprechender Austausch von Daten erfolgen und dadurch könnte man ja auch die Zusammenarbeit in der gesamten Kette verbessern und optimieren. Kann das ein Grund sein für die Unternehmen sich mit der Rückverfolgbarkeit zu beschäftigen?

    A. Auf jeden Fall. Ich denke hier ist noch ein großes Potenzial vorhanden. Problematisch sind hier häufig die Einzelhändler, die keine Notwendigkeit sehen und sich oft die Freiheit sichern wollen, auch kurzfristig zu anderen Lieferanten zu wechseln. Aber zum Teil gibt es auch Einzelhändler die längerfristige Geschäftsbeziehungen aufbauen und für die ist es sogar besser, stufenübergreifende Systeme zu haben. Das gleiche gilt auch für Lieferanten und Verarbeiter. Häufig werden entsprechende Systeme über Vertragsanbau u.ä. Möglichkeiten realisiert.

F. Der letzte Grund auf meiner Liste sind die rechtlichen Vorgaben, also Gesetze und Vorschriften, die entsprechende Systeme fordern. Spielt das eine Rolle für die Errichtung von Rückverfolgbarkeitssystemen? Ich kann dazu noch mal erläutern: Die VO 178 kam ja 2002, es gab dann einen ziemlichen Hype, da Rückverfolgbarkeit nach dieser Vorschrift „über alle Produktions-, Verabeitungs- und Vertriebsstufen" sicherzustellen war. Es war erstmal eine große Verunsicherung festzustellen, aber wenn man es genau sieht, ist doch eigentlich mit dem Grundsatz „one step up" und „one step down" eine vergleichsweise leicht zu erfüllende Vorgabe gemacht worden. Sind die rechtlichen Gründe trotzdem ein Auslöser für Investitionen in Rückverfolgbarkeitssysteme?

    A. Also ich hab das auch mal versucht ein wenig rauszukitzeln inwieweit das eine Rolle spielt und es ist im Prinzip so, dass die Unternehmen total vorsichtig sind und wenig investieren. Ich denke die gesetzliche Anforderungen und auch die Anforderungen aus Zertifizierungen werden erfüllt. Da wurde teilweise investiert, aber nicht weiter. Manche haben sogar von Fehlinvestitionen gesprochen und sich entsprechend geärgert, dass sie sich zum Teil auch zu früh mit dem Thema auseinander gesetzt haben.

F. Da waren ja auch relativ schnell Anbieter am Markt, die Softwarelösungen u.ä. verkauft haben und auch stark im Rahmen ihrer Werbung mit den gesetzlichen Vorgaben argumentiert haben. Dazu habe ich in meiner Erhebung festgestellt, dass insb. kleinere Unternehmen rechtliche Gründe als ausschlaggebend für die Beschäftigung mit dem Thema Rückverfolgbarkeit angegeben haben. Die größeren haben demgegenüber eher gesagt, dass Gründe wie Zertifizierung und Warenrückruf von Bedeutung sind. Wie würden sie dieses einschätzen.

A. Da muss ich passen. Es kann höchstens sein, dass kleinere weniger Druck durch Abnehmen spüren (z.b. Direktvermarkter). Ansonsten kann ich mir keine Gründe für dieses Ergebnis vorstellen

F. Vielleicht schätzen die kleineren die rechtliche Lage etwas schärfer ein?

A. Ich wüsste nicht warum.

F. Könnten sie sich Unterschiede zwischen den Gründen, als Zertifizierung, Warenrückruf, Werbung, Optimierung Supply Chain und rechtliche Vorgaben, in den verschiedenen Branchen vorstellen?

A. Auf jeden Fall, wobei mittlerweile in allen Branchen bspw. Zertifizierungen verlangt werden. Hier ist sicherlich von Bedeutung, welche Vermarktungswege der jeweilige Betrieb nutzt und wie stark die Anforderungen dort sind. Warenrückruf dürfte ähnlich sein.

F. Warenrückruf hängt sicherlich auch von den hergestellten Produkten ab...?

A. Also, Getreide wird vielleicht seltener betroffen, aber auch da kann es passieren. Was ich ganz wichtig finde sind die unterschiedlichen Skandale. Insbesondere Branchen, die davon betroffen sind (z.B. Fleisch oder im Moment Gemüse) werden hier reagieren.

F. Dadurch ist ja auch der Fleischbereich schon fast traditionell betroffen. Die Krisen wie BSE haben dazu geführt, dass eine hohe Sensibilität der Verbraucher vorhanden ist. Andere Produkte wie Kaffee oder Tee sind natürlich kaum betroffen, so dass hier dieser Grund nicht so stark greift.

A. Auslöser dafür ist aber vor allem die Verbreitung über die Medien und damit die Öffentlichkeitswirksamkeit. Und wenn man die unterschiedlichen Branchen vergleicht ist bspw. der Milchbereich selten betroffen, da die Produkte relativ kurze Strecken zurücklegen und eine starke Produktkontrolle notwendig ist. Bei Fleisch sind da natürlich andere Strukturen vorhanden, die zum Teil zu einer höheren Anfälligkeit für Skandale geführt haben.

F. Wie ist der Stand bei der Errichtung von Rückverfolgbarkeitssystemen? Haben alle Unternehmen inzwischen entsprechende Systeme oder gibt es noch Branchen in denen das zzt. noch nicht der Fall ist?

  A. Also, so ganz einfache Sachen haben bestimmt alle. Aber das Problem, was wir halt immer wieder sehen, ist, dass die Informationen über die Kette verloren gehen. Also, bspw. der Landwirt auf Stufe der Produktion nimmt viele Daten auf, die dann aber nicht mehr zur nächsten Stufe weitergegeben werden und das ist eigentlich das Hauptproblem. Ansonsten glaub ich schon, dass z.B. Labels entsprechende Rückverfolgbarkeitsinformationen enthalten und damit die Verpflichtungen auch von allen Untenehmen umgesetzt wurden.

F. Aber es ist immer ein Problem des Informationstransfers. Es sind unterschiedliche IT-Systeme und Kennzeichnungssysteme vorhanden und die Daten gehen verloren von Stufe zu Stufe.

  A. Genau, sie sind häufig bspw. auf Stufe der Landwirtschaft da und können nicht an die weiteren Stufen übertragen werden.

F. Ja, und wenn die Produkte zur nächsten Stufe wandern, erfolgt dort die Erhebung neuer Daten, die aber ebenfalls nicht an die folgenden Stufen weitergegeben werden. Somit kann dann im Bedarfsfall nur von Stufe zu Stufe rückverfolgt werden. Wodurch dann u.a. die entsprechenden Zeitverluste eintreten. Verschärft wird dieses Problem sicherlich noch durch Strukturen in der Stufe, insb. in der Primärproduktion bestehen vergleichsweise viele Betriebe mit jeweils individuellen Systemen, so dass die nachgelagerte Stufe es mit einer Vielzahl unterschiedlicher Datensätze zu tun bekommt. Dies erschwert weiterhin eine Übernehme der Daten durch die nachgelagerte Stufe…

  A. Also, ich denke in manchen Ketten läuft es schon ganz gut, z.B. Wiesenhof oder auch bei einzelnen Produkten wie Eiern mit dem KAT-System. Die haben schon sehr viele Informationen, die über die Stufen weitergegeben werden.

F. Aber das funktioniert nur, wenn stufenübergreifende Vorgaben zu den Informationen gemacht werden…

A. Das geht halt in der Eierbranche, da die entsprechenden Strukturen vorliegen. In anderen Branchen z.B. Fleisch oder Obst und Gemüse ist das deutlich schwieriger.

F. Testen die Unternehmen ihre Systeme? Wissen die Unternehmen wie „gut" bzw. leistungsfähig die Systeme sind und wo etwaige Schwachstellen bestehen?

A. Meinen sie jetzt die IT?

F. Ja auch, aber die Frage ist eher allgemeiner Natur. Man kann ja ziemlich viele Daten erheben, wenn diese dann im Ernstfall nicht verfügbar sind, ist das natürlich problematisch.

A. Also, Testläufe direkt werden sicherlich auch gemacht, das kann ich aber nicht abschließend beurteilen. Als Beispiel habe ich da eine Erzeugergemeinschaft in Südtirol und die sichern dem LEH auch zu, dass innerhalb weniger Stunden die notwendigen Daten vorliegen. Und das können sicherlich auch andere Unternehmen. Soweit sind die Systeme auch ausgetestet. Die Leistungsfähigkeit hängt natürlich von der Ausgestaltung der jeweiligen Systeme ab. Es wird in vielen Unternehmen auch noch stark mit papiergebundenen Verfahren gearbeitet und das führt natürlich zu den entsprechenden Zeitverlusten, gerade im Obst- und Gemüsebereich.

F. Kosten. Wie teuer sind die Systeme? Wie ist ihre subjektive Einschätzung: ist es schwierig Rückverfolgbarkeitssysteme einzurichten?

A. Kommt immer darauf an in welcher Ausführung. Z.B. für eine Erzeugergemeinschaft, die dann die Kosten auf ihre Landwirte umlegen, ist es sicherlich machbar. Sind es einzelne Landwirte, die Systeme einrichten ist das teurer. Ein umfassendes System ist sicherlich mit entsprechenden Kosten verbunden.

F: Es hängt wahrscheinlich sehr stark von den individuellen Rahmenbedingungen ab. Eine pauschale Aussage zu treffen ist nahezu unmöglich, es hängt stark von der Unternehmensgröße ab, insb. wenn man die nachgelagerten Stufen betrachtet. Da kann festgestellt werden, dass Unternehmen die bereits über eine aufwendige IT und Kennzeichnungstechnologie verfügen, die Errichtung leistungsfähiger Systeme vergleichsweise leicht zu realisieren ist. Während andere Unternehmen größere Anstrengungen unternehmen müssen. Wie schätzen Sie diesen Punkt ein?

A. Ja, es kommt halt auch immer darauf an, welche Punkte zählt man schon zur Rückverfolgbarkeit. Reicht es schon, wenn ich meine Daten gut speichere. Also zwar auf eine Weitergaben verzichte aber zumindest in der Lage wäre auf Knopfdruck die Daten aufzurufen.

F. Wie sehen sie die Zukunft im Bereich der Rückverfolgbarkeit? Wird der Staat noch stärker eingreifen? Kommt es zu einer weiteren Verschärfung der Gesetze?

A. Schwer zu sagen. Verschärfungen der Gesetze kann ich mir kaum über die gesamte Lebensmittelbranche, sondern eher in Einzelbereich vorstellen.

F. Also, dass mit Einzelgesetzen wie z.B. im Bereich der Gentechnik weitergehende Regelunge getroffen werden... ?

A. Ja, z.B. für Eier kann ich mir eine Vorschrift zur stufenübergreifenden Rückverfolgbarkeit vorstellen. Aber ich glaube über alle Produkte hinweg ist das nicht zu erwarten. Hinzu kommt das z.B. im Obst- und Gemüsebereich die Produkte vielfach aus Drittländern importiert werden und somit Regelungen der EU nicht angewandt werden. Hier könnten Zertifizierungsstandards stärker greifen.

F. Also eine globale Vorschrift wie die VO 178/2002 weiter zu verschärfen macht eigentlich wenig Sinn, weil sie für viele Branchen nicht spezifisch genug ist. Vielmehr erscheint es sinnvoll in einzelnen Bereichen in denen man vielleicht Lücken aufgedeckt hat oder in denen ein entsprechendes Gefährdungspotenzial vorliegt, schärfere Regelungen zu erlassen. Wie schätzen sie denn im Weiteren die Zukunft ein, wird das Thema Rückverfolgbarkeit von den Unternehmen noch stärker aufgegriffen? Wird das Thema noch mehr Bedeutung erlangen oder doch eher zurückgedrängt?

A. Also grundsätzlich glaub ich schon, dass die Transparenz noch zunehmen muss und wird. Auslöser dafür sind ja die bekannten Skandale der Vergangenheit. Was jetzt Transparenz im Einzelnen heißt, ist natürlich schwierig zu sagen. Rückverfolgbarkeit und Transparenz hängen aber schon stark zusammen und da glaub ich schon, dass sich weitere Entwicklungen einstellen werden. Allerdings glaube ich nicht,

308 dass von einer Minute auf die andere umfassende IT-Lösungen ge-
309 schaffen werden, die für die gesamte Branche greifen. Es wird eher ei-
310 ne langsame Tendenz sein. Bewegung kommt in die Sache wenn der
311 LEH mehr Druck macht, bspw. wenn entsprechende Anforderungen
312 der Konsumenten vorliegen. Dies kann am ehesten zu einem schnellen
313 Ausbau der Systeme führen. Man sieht das z.B. im Bereich des Öko-
314 Landbaus.
315 F. Der dann aber aus den Anforderungen der Verbraucher oder der Gesell-
316 schaft resultiert…
317 A. Genau.
318 F. Also beim LEH nicht aus eigener Überzeugung, sondern als Reaktion
319 auf Anforderungen der Kunden.
320 A Genau. Also ich denke ansonsten gibt es für den LEH im Bereich Mar-
321 keting genug andere Maßnahmen, die schneller greifen als
322 Rückverfolgbarkeit.
323 F. Vielen Dank für das Interview.

LEBENSLAUF

Thorsten Hollmann-Hespos

Geburtsdatum /-ort	22. Oktober 1972 in Diepholz
Berufsausbildung	1989 – 1992 Ausbildung zum Landwirt
Wehrdienst	1993 – 1994 Luftwaffenausbildungsregiment 1 in Hamburg Luftwaffenmunitionsdepot 61 in Rehden
Studium	1994 – 1997 Fachhochschule Osnabrück Studium der Agrarwissenschaften Schwerpunkt Agrarökonomie Abschluss: Diplomagraringeneur (FH)
	2001 – 2003 Universität Göttingen Studium der Agrarwissenschaften, Vertiefungsrichtung:Wirtschafts- und Sozialwissenschaften des Landbaus Abschluss: Master of Science (M. Sc.)
Promotion:	2003 - 2007 Universität Göttingen Department für Agrarökonomie und Rurale Entwicklung Lehrstuhl für Betriebswirtschaftslehre im Agribusiness
Berufliche Tätigkeiten	November 1997- April 1999 Vorbereitungsdienst für den gehobenen, landwirtschaftlich-technischen Dienst bei der Landwirtschaftskammer Hannover
	November 1998 - November 2006 Sachbearbeiter im Referat Berufsbildung der Landwirtschaftskammer Hannover
	seit November 2006 Sachbearbeiter im Fachbereich Direktzahlungen der Landwirtschaftskammer Niedersachsen

Göttingen, im September 2007

Aus unserem Verlagsprogramm:

Schriftenreihe agrarwissenschaftliche Forschungsergebnisse

Simone Brand
Elektronischer Handel in der Agrar- und Ernährungswirtschaft
Entwicklung eines Geschäftsmodells für den Biomarkt
Hamburg 2007 / 274 Seiten / ISBN 978-3-8300-3054-6

Panagiotis Trouboukis
Analyse des griechischen Marktes für Milch- und Fleischprodukte sowie Bier
Im Hinblick auf Absatzchancen deutscher mittelständischer Unternehmen der entsprechenden Branchen
Hamburg 2007 / 388 Seiten / ISBN 978-3-8300-3224-3

Jörg Zimmermann
Planungs-, Informations- und Controllingsysteme für Agrarunternehmen
Am Beispiel russischer Großbetriebe
Hamburg 2007 / 288 Seiten / ISBN 978-3-8300-2942-7

Heinrich Linder
Erzeugung und Einsatz von Biodiesel aus tierischen Fetten (FME)
Unter besonderer Berücksichtigung der ökologischen Wirkungen
Hamburg 2007 / 206 Seiten / ISBN 978-3-8300-2805-5

Eike Christian Schmedes
Preissetzungsverhalten im deutschen Lebensmitteleinzelhandel
Eine empirische Analyse
Hamburg 2005 / 214 Seiten / ISBN 978-3-8300-2107-0

Thomas Rieping
Unternehmensgründungen im Agribusiness
Hamburg 2004 / 182 Seiten / ISBN 978-3-8300-1552-9

VERLAG DR. KOVAČ
FACHVERLAG FÜR WISSENSCHAFTLICHE LITERATUR

Postfach 57 01 42 · 22770 Hamburg · www.verlagdrkovac.de · info@verlagdrkovac.de

Einfach Wohlfahrtsmarken helfen!